[redacted]

Manfred Josuttis

Der Weg in das Leben

Eine Einführung in den Gottesdienst auf verhaltenswissenschaftlicher Grundlage

Chr. Kaiser
Gütersloher
Verlagshaus

Die Deutsche Bibliothek - CIP-Einheitsaufnahme

Josuttis, Manfred:
Der Weg in das Leben:
eine Einführung in den Gottesdienst
auf verhaltenswissenschaftlicher Grundlage/
Manfred Josuttis. - 2. Aufl. -
Gütersloh: Kaiser; Gütersloh:
Gütersloher Verl.-Haus, 1993
ISBN 3-579-02042-0

ISBN 3-579-02042-0
2. Auflage, 1993

Umschlag: Ingeborg Geith, München,
unter Verwendung des Motivs
»Heiliges Abendmahl« (Ausschnitt), 13./14. Jh. Barcelona
Gesamtherstellung: Breklumer Druckerei Manfred Siegel KG, Breklum
Printed in Germany

Dem Engel
meines Lebens

Inhalt

Singen

Hören

Essen

Gehen

Vorwort

Der mitteleuropäische Protestantismus versucht wieder einmal, den Gottesdienst zu entdecken. Nach zwei Jahrzehnten, die von der Bemühung um eine zeitgemäße Liturgiegestaltung geprägt waren, will die Erneuerte Agende, deren Vorentwurf gerade veröffentlicht ist, die verschiedenen Reformansätze in den Rahmen der gottesdienstlichen Tradition integrieren und die Gemeinden zu einer kreativen Arbeit am Gottesdienst anregen. Nachdem die Verkündigungstheologie das kirchliche Reden und die Seelsorgebewegung das kirchliche Helfen in den Mittelpunkt der Aufmerksamkeit gerückt hatten, muß nun eine theologische Liturgik das kultische Handeln für das Bewußtsein der evangelischen Kirche wieder zugänglich machen. Im Zeitalter der Lebensgefahr ist »Der Weg in das Leben«, den jeder Gottesdienst geht, neu wahrzunehmen.

Deshalb kann dieses Buch kein gottesdienstliches Reformmodell präsentieren und auch kein liturgisches Erziehungsprogramm entwerfen. Indem es den Grundlinien der Agende nachgeht, will es zunächst nur verstehen, was jeden Sonntag in den christlichen Kirchen geschieht. Um ein solches Ziel zu erreichen, muß man gegenwärtig freilich auf dogmatische Formeln und exegetische Selbstverständlichkeiten verzichten. Die befremdliche Abgründigkeit gottesdienstlicher Praxis erschließt sich heute erst mit Hilfe fremdartiger Kategorien. Liturgische Orthodoxie erwächst aus Einsichten von Ethnologie und Ethologie, von Sozialpsychologie und Religionsphänomenologie. Die Tiefendimension kultischer Realität lernt man erst auszuloten, wenn man theologische Rationalisierungen hinter sich läßt und auf das Verhalten der den Gottesdienst Feiernden zu achten beginnt. Eine solche Perspektive ermöglicht auch die Überwindung jener Engführungen, die mit dem Einsatz bei dogmatischen Normen und pastoralen Aufgaben unvermeidlich verbunden sind. Gerade eine theologisch unverbrauchte Begrifflichkeit kann die Lebendigkeit wie das Geheimnis des Gottesdienstes entdecken helfen. Eine Liturgik auf verhaltenswissenschaftlicher Grundlage arbeitet also nicht pastorenzentriert, sondern gemeindeorientiert, nicht ideen-, sondern körperbezogen, nicht dogmatisch, sondern anthropologisch. Sie betrachtet das Altvertraute exotisch, mit den Augen des Ethnologen, und unterläuft den Schein der Eindeutigkeit zugunsten der Ambivalenzen, die alles symbolische Handeln charakterisieren. Daß sich von solchen Einsichten aus gerade schwierige Texte auf neue Weise erschließen, habe ich während der Arbeit an diesem Buch auch homiletisch, beim Predigen mit dem Hebräerbrief, erfahren.

Auf der Ebene existentiellen Erlebens haben mich in den letzten Jahren ein Film und ein Buch tief angerührt und mir Wahrnehmungsmöglichkeiten gegenüber liturgischer Praxis eröffnet, die sich in dieser Arbeit an vielen Stellen niederschlagen. Der russische Regisseur A. Tarkowskij in seinem Film

»Stalker« wie die amerikanische Ethnologin B. G. Myerhoff in ihrem Werk über den »Peyote Kult« berichten von Expeditionen in verborgene und verbotene Zonen der Wirklichkeit, in der Intellektuelle wie Slumbewohner für ihr beschädigtes Leben Heil, Segen und Glück finden können. Um nichts anderes geht es in jedem Gottesdienst, wenn in, mit und unter menschlichem Verhalten Gottes Handeln geschieht.

Erste Überlegungen zu dieser »Einführung in den Gottesdienst« sind in mehreren Vorlesungen gewachsen. Besonders gern denke ich an die Lehrveranstaltung zurück, zu der mich im Sommersemester 1987 die Theologische Fakultät Bern eingeladen hatte. Der Diskussion mit den Student/innen habe ich viel zu verdanken. Ebenso den Teilnehmer/innen eines Pastoralkollegs, das 1987 in Villigst stattgefunden hat, und eines Seminars, das 1989 im Evangelischen Zentrum Rissen veranstaltet wurde. Darüber hinaus haben mir Kollegen, Freunde und Schüler mit vielen Literaturhinweisen weitergeholfen. Dr. Jochen Cornelius-Bundschuh und Frank Pritzke haben die Korrekturen gelesen; letzterer hat auch das Namenregister erstellt. Ihnen allen danke ich herzlich.

Friedland, am 21. Februar 1991 Manfred Josuttis

Verhalten

Alles Leben verhält sich - einiges Leben verhält sich manchmal nach der Agende. Dieser Leitsatz soll das Verständnis des protestantischen Gottesdienstes in Mitteleuropa erhellen. Damit ist eine Perspektive gewählt, die mindestens für die binnentheologische Betrachtung des religiösen Rituals ungewöhnlich erscheint. Der Ablauf des Gottesdienstes wird nicht als Exekution theologischer Lehren verstanden und demgemäß weder aus theologischen Prinzipien deduziert noch von biblisch begründeten Einsichten her reformiert. Das gottesdienstliche Geschehen gilt auch nicht primär als Expression von individuellen Gefühlen der schlechthinnigen oder kollektiven Konflikten der relativen Abhängigkeit. Der Gottesdienst, wie ihn die Agende vorschreibt, ist zunächst nichts anderes als eine Verhaltenssequenz, die in regelmäßigen Abständen von bestimmten Menschen vollzogen wird. Ziel einer wissenschaftlichen Betrachtung dieser Verhaltenssequenz kann nur sein, der inneren Logik ihres Ablaufs auf die Spur zu kommen. Die Liturgik muß also Material zur Genese, zur Funktion und zur Phänomenologie dieser Verhaltenssequenz zusammentragen.

In seinem umfassenden Literaturbericht über »Ansätze zu einer Theorie des Gottesdienstes« hatte K.-H. Bieritz schon 1975 die Tatsache konstatiert, »daß es zur Zeit sicher nicht möglich ist, eine systematisch begründete, umfassende, auf das ›Ganze‹ des Phänomens gerichtete ›Lehre von dem Gottesdienst‹ zu entwickeln«.[1] Die Verlegenheiten, die hinter dieser Feststellung standen, sind inzwischen sicher nicht geringer geworden. Dennoch wird hier der Versuch vorgelegt, durch Konzentration auf den Verhaltensbereich einen Blick auf das Ganze des Gottesdienstes zu werfen. Daß eine solche integrative Absicht nicht von vornherein zum Scheitern verurteilt scheint, ist verschiedenen Entwicklungen zu verdanken, die innerhalb und außerhalb der Theologie im letzten Jahrzehnt gelaufen sind. Als besonders bedeutsam sind hervorzuheben:

- die Thematisierung von »Symbol und Ritual« innerhalb der Praktischen Theologie, die die rein dogmatisch bestimmten Ansätze der Liturgik aufgesprengt und zur Rezeption der unterschiedlichsten sozialwissenschaftlichen Konzeptionen geführt hat;[2]
- das neue Interesse am Mythos und am Heiligen, das unter dem Eindruck der globalen Bedrohung des Lebens in den verschiedensten Disziplinen

1 K.-H. Bieritz, Ansätze zu einer Theorie des Gottesdienstes, ThLZ 100, 1975, 726.

2 Vgl. den Literaturbericht bei M. Josuttis, Gottesdienst nach Schleiermacher, VF 31, 1986/2, 47ff.

aufgebrochen ist[3] und die protestantische Ideologie einer Totalsäkularisierung des Kults zu relativieren vermag;

- die Neuentdeckung von Körperlichkeit und Sinnlichkeit[4], die zunächst in Therapieverfahren begonnen hatte, aber alsbald sich auch in die theoretische Diskussion ausgebreitet hat und von der Liturgik die Überwindung rein ideenorientierter Entwürfe verlangt;
- schließlich auch das neue Selbstbewußtsein innerhalb der Biowissenschaften, die in immer stärkerem Maße von ihren Ansätzen aus auch Beiträge zum Verständnis von Erkenntnistheorie und Ethik, von Ritualisierung und Religiosität geliefert haben[5] und damit auch die Frage provozieren, was eine Verhaltenssequenz, wie die Agende sie vorsieht, mit anderen Verhaltensabläufen innerhalb und außerhalb unserer Gattung zu tun hat.

In diesem ersten Kapitel müssen einige methodische Grundsatzprobleme erörtert werden. Dazu gehört die Forschungsgeschichte anhand der Frage, inwieweit der Verhaltensbereich schon bisher innerhalb der Liturgik beachtet worden ist (I.). Welche unterschiedliche Verhaltensdefinitionen außertheologische Wissenschaften bereitstellen, darüber soll der zweite Abschnitt kurz informieren (II.). Schließlich ist vor Beginn der Detailanalysen zu klären, welche Gesichtspunkte bei der Untersuchung der einzelnen Forschungsfelder für eine Einführung in den Gottesdienst auf verhaltenswissenschaftlicher Ebene im Vordergrund stehen müssen (III.).

3 Ohne Anspruch auf Vollständigkeit seien hier nur genannt: K.H. Bohrer (Hg.), Mythos und Moderne. Begriff und Bild einer Rekonstruktion, Frankfurt 1983; H. Blumenberg, Arbeit am Mythos, 4. Auflage, Frankfurt 1986; G. Devereux, Frau und Mythos, München 1986; K. Hübner, Die Wahrheit des Mythos, München 1985; D. Kamper/Chr. Wulf (Hg.), Das Heilige. Seine Spur in der Moderne, Frankfurt 1987; R. Schlesier (Hg.), Faszination des Mythos. Studien zu antiken und modernen Interpretationen, Frankfurt 1985. Auch der europäische Theologenkongreß hat sich 1987 in Wien mit diesem Thema beschäftigt; die Beiträge sind gesammelt bei H. H. Schmid (Hg.), Mythos und Rationalität, Gütersloh 1988.

4 Vgl. die von D. Kamper und Chr. Wulf herausgegebenen Sammelbände: Die Wiederkehr des Körpers, Frankfurt 1982, und: Das Schwinden der Sinne, Frankfurt 1984, sowie C.V.W. Brooks, Erleben durch die Sinne. »Sensory Awareness«, München 1991.

5 Aufschlußreich ist hier das von K. Immelmann, K.R. Scherer und Chr. Vogel betreute »Funkkolleg Psychobiologie. Verhalten bei Mensch und Tier«, Weinheim 1986.

I.

Das kultische Verhalten ist auch in früheren Konzepten der Liturgik mehr oder weniger ausführlich thematisiert worden. Im Rückblick auf die Forschungsgeschichte kann man zwischen einem signifikativen, einem deskriptiven und einem präskriptiven Ansatz unterscheiden. Die Relevanz der Verhaltensbeobachtung wird zudem in den verschiedenen Entwürfen unterschiedlich eingeschätzt.

Bedeutung

Ein Gesamtverständnis des Gottesdienstes will die Liturgie-Allegorese des Mittelalters aus dem Vollzug der bischöflichen bzw. priesterlichen Bewegungen und Gebärden, die den Kult konstituieren, erheben. Im Hintergrund steht eine Zeichentheorie, die Produkte von Natur und Kultur, Phänomene der Religion wie der Kunst als Bedeutungsträger zu betrachten erlaubt: »Das den Sinnen Sichtbare ist ein Zeichen für Unsichtbares, das im Sichtbaren stumm sich ausspricht. Das Geschaffene als Spur Gottes (vestigium Dei) lockt auf Suche (investigatio) nach in ihm Verborgenem. Als Zeichen gibt es Winke in Richtungen, die man gehen muß, um den Sinn zu finden. Das Zeichen ist Hinweis auf ein Ziel des Verstehens, das sich verborgen hält, weil die Zeichen noch stumm sind. Die Sprache stummer Zeichen zu hören und zu verstehen ist das Ziel des Umgangs mit Geschaffenem im Mittelalter, der Schöpfung Gottes wie der vom Geiste Gottes inspirierten Kunst«.[6]

R. Suntrup hat untersucht, wie in diesem Rahmen die mittelalterlichen Meßkommentare von Amalar aus Metz (9. Jahrhundert) bis zu Durandus von Mende (13. Jahrhundert) »die spirituelle Signifikanz« des Priesterverhaltens unter Aufnahme von Methoden der patristischen Schrifterklärung interpretieren[7]. Deren Anwendung auf den Meßvollzug liefert nuancenreiche Ergebnisse. »Die Deutungen bieten sittliche Ermahnungen (tropologisch-moralische Allegorese), weisen auf Erfüllungen des Alten Testamentes (Typologie), auf Vorgänge der Heilsgeschichte (rememorative Allegorese) und auf die endzeitliche Vollendung hin (anagogische Allegorese). Vorherrschend ist die rememorative, die auf Christus rückbezügliche Allegore-

6 F. Ohly, Probleme der mittelalterlichen Bedeutungsforschung und das Taubenbild des Hugo de Folieto, in: Schriften zur mittelalterlichen Bedeutungsforschung, Darmstadt 1977, 32.

7 R. Suntrup, Die Bedeutung der liturgischen Gebärden und Bewegungen in lateinischen und deutschen Auslegungen des 9. bis 13. Jahrhunderts, Münstersche Mittelalter-Schriften 37, München 1978, 21.

se. Alles wird gedeutet: Personen, liturgische Gewänder und Geräte, Raum und Zeit, Gebete, Gebärden und Handlungen.«[8]

Besonders aufschlußreich und in vielen Varianten durchgespielt ist die Art, wie Amalar in der rememorativen Allegorese den Ablauf des Gottesdienstes vom Lebenslauf des Erlösers her durchsichtig machen will. »So bedeutet der erste Abschnitt der Messe, der Introitus, die Ankunft Gottes in der Welt und die Vereinigung des Gottesvolkes mit ihm; der Weg des Zelebranten an die rechte Altarseite beim ›Gloria Patri‹ der Introitus-Antiphon bezeichnet den Übergang Christi von der Passion zum ewigen Leben, dagegen die auch benedictio genannte Oration vor der Epistellesung die Segnung der Jünger vor der Himmelfahrt. Zur Lesung nimmt der Bischof auf der erhöhten Kathedra Platz zum Zeichen, daß Christus nach seiner Himmelfahrt zur Rechten des Vaters sitzt. Lektor und Kantor nehmen in der Epistel und in den Responsorien das Offizium der Verkündigung des Alten und des Neuen Testamentes wahr. Das Offizium des Evangeliums, der Predigt Christi, schließt sich an. An das Offizium der Opferbereitung, das von der einleitenden Salutation, gedeutet als die Begrüßung durch das Volk beim Einzug in Jerusalem, bis zum ›Per omnia‹ vor der Präfation reicht, schließt sich das Offizium von der Salutation vor der Präfation bis zum Sanctus einschließlich an. Es erinnert an das Geschehen im Abendmahlssaal. Das Offizium des Kanons zeigt die Ereignisse um die Passion und Grablegung an, das Offizium, in dem die Subdiakone mit der Patene an den Altar treten, um das Corpus Christi aufzunehmen, erinnert an die frommen Frauen, die den Herrn im Grab besuchen. Das Offizium der Mischung zeigt die Auferstehung des Herrn von den Toten.«[9]

Eine explizite Auseinandersetzung mit diesem Typ der Gottesdienstexegese ist nicht erforderlich und auch nicht möglich, weil die hermeneutische Basis in der Gegenwart sich gegenüber den mittelalterlichen Voraussetzungen grundlegend gewandelt hat. Festzuhalten aber ist auf jeden Fall das Sperrige, das dem neuzeitlichen Verständnis Schwierigkeiten bereitet. Der Gottesdienst ist hier elementar als Verhaltenssequenz verstanden. Und das Verhalten drückt weder die subjektiven Gefühle der Akteure noch die objektiven Ordnungen einer Institution aus; vielmehr repräsentiert das rituelle Geschehen in Inhalt und Form die gottmenschliche Heilsgeschichte in kosmischen Dimensionen. Eine derartige Wahrnehmung des Kults ist für die säkularisierte Neuzeit natürlich nicht möglich. Aber die Frage bleibt, ob nicht auch der Gottesdienst heute Verhaltensmuster enthält, die als transsubjektiv, transinstitutionell, ja als transhuman zu bezeichnen sind. Aktuelle Konzepte einer Verhaltenstheorie werden auch auf dieses Problem hin zu untersuchen sein.

8 A.a.O. 53.
9 A.a.O. 55.

Beschreibung

Weil in den Rubriken der Meßbücher das Verhalten des Klerus und teilweise auch der Laien sehr detailliert geregelt ist, hat sich die römisch-katholische Liturgik mit diesem Aspekt immer beschäftigen müssen. Als Beispiel für die gegenwärtige, meist deskriptiv orientierte Behandlung dieses Bereichs wählen wir die entsprechenden Abschnitte aus der »Fundamentalliturgie« von H. Reifenberg[10].

Innerhalb der Formelemente des Gottesdienstes traktiert er auch die Sinne als Medien der Weltorientierung[11]. Im gottesdienstlichen Vollzug erscheinen vorwiegend akustische Bauteile, nämlich Sprache und Musik, aber auch sichtbare Zeichen wie Körperhaltung und Bewegungsabläufe[12]. Die Einzelaussagen, die Reifenberg in diesen Abschnitten detail- und nuancenreich zusammenträgt, kommen durch Kombination unterschiedlicher Betrachtungsweisen zustande. Auf der einen Seite werden die beschriebenen Vorgänge und Phänomene als »Elemente der Schöpfungswirklichkeit« angesehen, die im kultischen Handlungszusammenhang zeichenhafte Bedeutung gewinnen[13]. Auf der anderen Seite gilt es, ihre unterschiedliche Funktion zu betrachten: »Optisches kann sowohl Ausdruck der Gnadenverkündigung Gottes als auch menschlicher Aktivität (Lob, Preis usw.) sein. Es gibt also Gotteszeichen (Zeichen, die in seinem Dienst stehen), zum Menschen gerichtet, und Menschenzeichen, auf Gott hin orientiert«[14]. Und schließlich gibt es andeutungsweise auch den Vergleich mit dem Verhaltenskanon anderer Kulturen sowie den Hinweis auf den Bedeutungswandel, dem gerade solche Symbolelemente ausgesetzt sind[15].

Alle theoretischen Fragen, die sich in diesem Zusammenhang stellen, bleiben bei Reifenberg aber leider außer Betracht. Die differenzierte Deskription hat keine Begründung in der systematischen Reflexion. Auf außertheologische Wissenschaften wird nur gelegentlich verwiesen[16], aber bei der Durchführung seines Konzepts spielen sie faktisch keine Rolle. Und die Bedeutung, die diesen Elementen zugeschrieben wird, ist erheblich relativiert, wenn sie als »sekundäre Handlungen«[17] eingestuft werden, deren wesentliche Aufgabe die Erläuterung im Sinne der Verdeutlichung ist. Die Deskription der Verhaltensabläufe versteht sie als Illustration einer dahinter oder

10 H. Reifenberg, Fundamentalliturgie. Grundelemente des christlichen Gottesdienstes, 2 Bände, Klosterneuburg 1978.

11 A.a.O. I/26f.

12 A.a.O. 77ff, 122ff.

13 A.a.O. 116.

14 A.a.O. 120.

15 A.a.O. 123, 134.

16 A.a.O. II/26, I/73ff.

17 A.a.O. II/58.

darunter liegenden zentralen Handlung. Daß der Gottesdienst insgesamt eine in allen Teilen bedeutsame Verhaltenssequenz darstellt und sich bei der Betrachtung dieser Verhaltenssequenz dem Verstehen erschließt, diese Einsicht mittelalterlicher Meßexegese ist nach dem Zerfall der Signifikanztheorie verlorengegangen und mit den Methoden, die Reifenberg zur Verfügung stehen, auch nicht zu erneuern.

Haltung

In der protestantischen Liturgiewissenschaft wurde Verhalten bisher vorwiegend unter präskriptiven Gesichtspunkten thematisiert. So hat O. J. Mehl sein Buch über »Das liturgische Verhalten« gegen die im evangelischen Raum herrschende Beliebigkeit, ja Unordentlichkeit beim liturgischen Handeln geschrieben. In ständiger historischer Orientierung am römisch-katholischen Zeremoniell und durch gleichzeitigen Rückgriff auf die Grundentscheidungen der reformatorischen Theologie will er, wie es der Untertitel verspricht, »Beiträge zu einem evangelischen Zeremoniale und Rituale« liefern[18]. Wie soll der Liturg die Agende halten? Wie zum Altar gehen? Wie kann er längere Zeit stehend verbringen? Welche Vorteile hat die Intinctio gegenüber Einzelkelch und Communio sub una, wenn man die Austeilung durch den Gemeinschaftskelch vermeiden will? Das sind Fragen, die Mehl teils theologisch, teils pragmatisch, aber immer in praktischer Absicht traktiert.

Weniger historisch, sondern mehr systematisch-theologisch hat W. Stählin 1973 die Frage behandelt: »Was heißt ›richtig‹ liturgisch handeln?« Dabei geht es ihm nicht um die kommunikative Effizienz des kultischen Vollzugs und auch nicht um eine normorientierte Korrektheit. »Alle liturgischen Regeln lassen sich im Grunde in den einen Satz zusammenfassen, daß das liturgische Handeln sachgemäß sein soll; das heißt, es soll in der Art und in der Form seines Vollzuges dem entsprechen, was in diesem kultischen Handeln selbst geschieht und geschehen soll. Diese strenge ›Sachlichkeit‹ ist ein wirksamer Schutz gegen alles bloß Stimmungsmäßige, gegen alle psychagogische Zweckhaftigkeit«.[19] Weil diese Sache der Liturgie die Begegnung mit der Wirklichkeit Gottes zum Inhalt hat, ist für die Praxis des Liturgen alles objektivierende Verhalten ausgeschlossen. Hier können weder theologische Re-

18 O.J. Mehl, Das liturgische Verhalten. Beiträge zu einem evangelischen Zeremoniale und Rituale, Göttingen 1927.

19 W. Stählin, Was heißt »richtig« liturgisch handeln? in: Symbolon 3, Stuttgart 1973, 222. P. Cornehl, Liturgische Bildung und Ausbildung, in: F.-O. Scharbau (Hg.), Erneuerung des Gottesdienstes, Zur Sache 32, Hannover 1990, 67, hat solche Aussagen um eine wichtige Dimension erweitert: »Liturgische Haltung meint auch Ehrfurcht, Demut, Respekt vor dem, was im Gottesdienst geschieht, und vor den Menschen, mit denen wir zusammen feiern«.

flexion noch ästhetischer Genuß Selbstzweck sein, hier zählt kein formelhaftes Bekennen, kein rhetorisch gekonntes Reden, kein gebildetes Räsonieren, das auf Belehrung zielt. Das liturgische Handeln verlangt eine entsprechende Haltung. Dem »göttlichen Geheimnis kann und darf man nicht anders begegnen als in gläubiger Hinwendung, in demütiger Bereitschaft, in Ehrfurcht, Liebe und Gehorsam. Es ist das Wesen des liturgischen Handelns, daß darin nicht nur über Gott, Christus, Ewigkeit inhaltlich, theologisch einwandfrei geredet oder ›gelehrt‹ wird, sondern daß es wirklicher Gottes-Dienst ist, mit anderen Worten, daß Menschen sich betend, glaubend, opfernd, empfangend der göttlichen Welt zuwenden und mit Christus und der Kraft seines Opfers reale Verbindung suchen und erfahren«.[20] Die Entscheidung über das sachgerechte Verhalten ist damit auf die Ebene der inneren Einstellung verlagert. »Wenn der Liturg belehrt, wo er anbeten sollte, wenn er das Gebet zu einer verkappten Ansprache an das Volk mißbraucht, wenn er sich in den kultischen Rausch der Feierlichkeit hineinsteigert, wo er in demütiger Beugung bekennen sollte, wenn er ›schön‹ zu singen oder ›gewaltig‹ zu reden anfängt, in offenbarer Eitelkeit den Wohlklang und die Ausdrucksfähigkeit seiner eigenen Stimme genießend, so ist mit alledem offenbar die Art verfehlt und verfälscht, wie die Liturgie mit ihrem Inhalt allein umgehen darf«.[21]

Eine Liturgik auf verhaltenswissenschaftlicher Grundlage, wie sie hier vorgelegt wird, will im Unterschied dazu keine Empfehlungen für die äußere oder innere Haltung der Gottesdienstteilnehmer ausarbeiten. Sie will feststellen, was im agendarischen Ritual geschieht, und sie will in mehrfacher Hinsicht verstehen, warum und wie es geschieht. Aber sie will und sie kann keine Aussagen darüber machen, was im Ablauf des Gottesdienstes geschehen soll. Deshalb muß sie darauf verzichten, einen individuellen Verhaltenskodex, aber auch einen kollektiven Reformkatalog zu entwerfen. Was sich durch die Reflexion liturgischer Praxis, wie sie hier versucht wird, bei den Lesern verändert, ist das Bewußtsein gegenüber und vielleicht sogar bei dem Vollzug der liturgischen Praxis. Welche Auswirkungen ein solcher Bewußtseinsimpuls auf das äußere Verhalten, auf die innere Haltung, auf das Interesse an einer Umgestaltung des agendarischen Ablaufs aus sich entläßt, darüber ist an dieser Stelle noch nicht zu reden. Erst muß im Gespräch mit verhaltenswissenschaftlichen Konzeptionen unterschiedlicher Disziplinen wenigstens umrißhaft geklärt sein, was unter Verhalten im gottesdienstlichen Kontext eigentlich zu verstehen ist.

20 A.a.O. 225.
21 A.a.O. 225f.

II.

Eine Liturgik auf verhaltenswissenschaftlicher Grundlage unterscheidet sich von der bisherigen wissenschaftlichen Behandlung der Verhaltensaspekte im Gottesdienst auf mehrfache Weise. Sie will, indem sie von elementaren Vorgängen ausgeht, nicht einen Teilbereich des Kultus erfassen, sondern das Ganze. Deshalb kann sie auch nicht nur und nicht vorrangig die Verhaltensmuster eines Kreises der Gottesdienstteilnehmer, nämlich des Klerus, berücksichtigen, wie das in den liturgiewissenschaftlichen Entwürfen bisher fast durchweg geschehen ist; vielmehr muß sie die versammelte Gemeinde als ganze in den Blickpunkt rücken. Und sie kann das auf wissenschaftlich fundierte Weise nur tun, wenn sie im Rahmen ihrer theologischen Verantwortung die methodischen und sachlichen Einsichten verhaltenswissenschaftlicher Entwürfe aus anderen Disziplinen zu Rate zieht. Deshalb sind jetzt einige Grundlinien ethologischer, ethnologischer, psychologischer und philosophischer Verhaltenstheorien nachzuzeichnen, die entscheidend zu Anlage und Inhalt dieses Buches beigetragen haben.

Ethologie

Jede Agende präsentiert ein Verhaltensprogramm. Im Vollzug des Gottesdienstes wird dieses Programm praktiziert, und die daran beteiligten Menschen folgen mit ihren verbalen und nonverbalen Aktivitäten Anweisungen, die von religiösen Traditionen bestimmt, durch soziale Prozesse erlernt, aber auch durch biologische Gegebenheiten vorgeprägt sind. Humanethologie und Anthropologie, Sozio- und Psychobiologie sowie verwandte Wissenschaften untersuchen u.a. die Verbindungslinien, die zwischen tierischen und menschlichen Verhaltensformen bestehen. So definiert I. Eibl-Eibesfeldt als Aufgabe der Humanethologie: »Forschungsziel ist die Erhellung der einem Verhalten zugrunde liegenden physiologischen Wirkungsmechanismen, die Aufdeckung der durch das Verhalten erfüllten Funktionen und damit jener Selektionsdrucke, denen das betreffende Verhalten seine Existenz verdankt, und schließlich die Erforschung der Verhaltensentwicklung in Ontogenese, Phylogenese und Kulturgeschichte, wobei die Frage nach der Herkunft der ein Verhalten motivierenden, auslösenden, steuernden und koordinierenden Programme im Brennpunkt des Interesses steht. Die Humanethologie geht von den in der tierischen Verhaltensforschung (Ethologie) entwickelten Konzepten und Methoden aus, paßt diese jedoch an die Erfordernisse an, die sich aus der Sonderstellung des Menschen ergeben«.[22]

Für den liturgiewissenschaftlichen Kontext besonders aufschlußreich ist

22 I. Eibl-Eibesfeldt, Die Biologie des menschlichen Verhaltens. Grundriß der Humanethologie, München 1984, 22.

das Verständnis von Ritualisierung, das sich innerhalb der Verhaltensforschung etabliert hat. W. Wickler zitiert die grundlegende Aussage von J. Huxley: »Ritualisierung ist eine durch natürliche Auslese hervorgebrachte adaptive Ausrichtung von Ausdrucksverhalten. Dazu gehört eine vererbte Grundlage, zu der Lernprozesse hinzu kommen können«, und erläutert sie folgendermaßen: »Ritualisierung impliziert also (a) die Änderung einer Verhaltensweise mit Signalwirkung (b) unter dem Selektionsdruck besserer Verständigung (c) in Richtung auf größere Deutlichkeit und Unzweideutigkeit des Signals für den Empfänger«.[23] K. Lorenz hat am Beispiel des Hetzens bei verschiedenen Entenarten gezeigt, »daß durch den Vorgang der stammesgeschichtlichen Ritualisierung jeweils ein neuer und völlig autonomer Instinkt entsteht« und daß »gerade den durch Ritualisation entstandenen Trieben sehr häufig die Rolle zukommt, gegen die Aggression zu opponieren, sie in unschädliche Kanäle abzuleiten und ihre arterhaltungsschädlichen Wirkungen zu bremsen«.[24] Die Vergleichbarkeit von Körper- und Verhaltensstrukturen kann anhand der Homologie-Kriterien eingeschätzt werden, die A. Remane entwickelt hat.[25]

Die biologisch orientierten Verhaltenswissenschaften versuchen also zu klären, »welche biologischen Gesetzmäßigkeiten zur Entstehung sozialen Verhaltens führen und für welche durchaus vernünftigen sozialen Bestrebungen der Menschen sie keine Hilfe bieten können«.[26] Sie beziehen diese Fragestellung auf Gegenstände von unterschiedlicher Phänomenbreite, indem sie nämlich teils Verhaltenspartikel, teils Verhaltenssequenzen und teils Verhaltenssysteme in dieser Perspektive betrachten.

Beliebte Beispiele für das Weiterwirken des stammesgeschichtlichen Erbes liefern die Grußriten im interkulturellen Vergleich, also das Lächeln, der Augenkontakt, das Kopfnicken, die Verbeugung, das Hutlüften, der Händedruck und das Küssen.[27] Im Rahmen seiner Erforschung sogenannter biologischer Radikalen menschlichen Verhaltens hat der Paläanthropologe R. Bilz die Gebetshaltungen, die nach oben gerichtet sind, zu jener Fluchttendenz in Beziehung gesetzt, in der Säuglinge und junge Primaten oben bei der Mutter Geborgenheit suchen.[28] Er meint daraus schließen zu können, »daß

23 W. Wickler, Stammesgeschichte und Ritualisierung. Zur Entstehung tierischer und menschlicher Verhaltensmuster, München 1975, 223.

24 K. Lorenz, Das sogenannte Böse. Zur Naturgeschichte der Aggression, München 1974, 71.

25 A. Remane, Die Grundlagen des natürlichen Systems der vergleichenden Anatomie und der Phylogenetik, 2. Auflage, Leipzig 1956.

26 W. Wickler/U. Seibt, Das Prinzip Eigennutz. Ursachen und Konsequenzen sozialen Verhaltens, München 1981, 49.

27 I. Eibl-Eibesfeldt, Liebe und Haß. Zur Naturgeschichte elementarer Verhaltensweisen, München 1976, 193ff.

28 R. Bilz, Studien über Angst und Schmerz. Paläoanthropologie Band I/2, Frankfurt 1974, 134ff.

der Mensch in einem doppelten Sinne an die Vertikale und die Tendenz nach oben gebunden ist: phylogenetisch sowohl als auch ontogenetisch-biographisch«.[29]

Aber nicht nur mit Verhaltenspartikeln, sondern auch mit Verhaltenssequenzen, wie sie z.B. während eines Festes ablaufen, hat sich die Forschung beschäftigt. Bei den Waika-Indianern am oberen Orinoko hat I. Eibl-Eibesfeldt das Palmfruchtfest beobachtet und dabei funktionale wie sachliche Gemeinsamkeiten quer durch die Kulturen hindurch konstatiert: »Vergleicht man Feste in verschiedenen Kulturen und bei verschiedenen Anlässen, dann kann man über kulturelle und funktionsbedingte Abwandlungen hinweg wieder die gleichen Strukturelemente nachweisen, gleich ob es sich um ein Familien- oder ein Volksfest handelt, um ein Trauerritual auf Neu-Guinea oder ein Schützenfest in Bayern. Wir werden die Elemente der Selbstdarstellung (Imponieren), der Beschwichtigung, der Anteilnahme (Trauer, Freude), der Bewirtung, des Geschenketausches und des gemeinsamen Tuns vorfinden und auch einen grundsätzlich ähnlichen strukturellen Aufbau«.[30] Verständlich werden für ihn diese Übereinstimmungen erst auf der Basis der Annahme, »daß viele der äußerlich so verschiedenartigen kulturellen Rituale Ausdifferenzierungen von erblich angelegten Interaktionsstrategien sind, die wir als elementare Verhaltensmuster in universell ähnlicher Ausprägung bei Kindern verschiedenster Kulturbereiche finden. So gibt es bereits sehr früh Dialoge des Gebens und Nehmens als Strategie der Kontaktstiftung und Kontaktfestigung. Die oft recht komplizierten kulturell geregelten Rituale des Schenkens und Teilens dürften auf dieser Anlage ausgestaltet worden sein«.[31]

Schließlich hat man in den Biowissenschaften auch das gesamte Verhaltenssystem, wie es sich in einer Kultur darstellt, von den eigenen Voraussetzungen her aufzuhellen versucht. Nach B. Rensch sind auch die Gesetzlichkeiten in der Kulturentwicklung von den Prinzipien der Mutation, der Selektion und der Isolation bestimmt. »Die Stammesgeschichte beruhte auf erblichen Änderungen. Sie konnte normalerweise nur in Tausenden und Zehntausenden von Jahren durch Auslesevorgänge zu merklichen Änderungen führen. Die Kulturgeschichte beruhte dagegen auf nichterblichen Änderungen, erfolgte durch Traditionsanreicherung von Generation zu Generation in einem viel schnelleren Tempo, war aber labiler, und es konnten erzielte Fortschritte leichter wieder verlorengehen. Da es sich jedoch in beiden Fällen um Entwicklungsprozesse handelte, ergeben sich viele Parallelen, und es gel-

29 A.a.O. 13.

30 I. Eibl-Eibesfeldt, Der vorprogrammierte Mensch. Das Ererbte als bestimmender Faktor im menschlichen Verhalten, München 1976, 242f.

31 I. Eibl-Eibesfeldt, Stammesgeschichtliche und kulturelle Anpassungen menschlichen Verhaltens, in: Die Psychologie des 20. Jahrhunderts, Band VI: Lorenz und die Folgen, München 1978, 417.

ten viele Evolutionsregeln auch für die Kulturgeschichte«.[32] Religions- und Kirchen-, aber auch Kult- und Liturgiegeschichte wären daraufhin zu befragen, welchen Beitrag zur Lebenserhaltung sie in funktionaler Betrachtung geleistet haben, warum sich bestimmte Religionen und Riten im interreligiösen Kampf durchsetzen konnten und welche Reformmaßnahmen wirksam geworden sind, um sich an Veränderungen der sozialen Umwelt erfolgreich anzupassen.

Detailuntersuchungen, wie sie hier nicht zu leisten sind, müßten in jedem Fall klären, ob die betrachteten Verhaltenselemente auf angeborenen oder erlernten Informationen beruhen und ob es sich dabei, jedenfalls im Mensch-Tier- Vergleich, um Erbhomologien, Traditionshomologien oder funktional bedingte Verhaltensanalogien handelt.[33] Die Ethologie, wie sie in den Biowissenschaften entwickelt worden ist, zielt also keineswegs auf eine biologistische Reduktion des menschlichen Verhaltens. Umgekehrt wird sich auch eine verhaltenswissenschaftlich orientierte Liturgik davor hüten müssen, gottesdienstliche Praxis als reine Exekution genetischer Codierungen und funktionaler Befriedigungsmechanismen entlarven zu wollen. Gerade die Biowissenschaftler betonen mit Nachdruck immer wieder auch die Eigenart menschlichen Handelns, indem sie auf die Weltoffenheit, die Traditionslenkung, die Sprach- und Reflexionsfähigkeit unserer Gattung verweisen. Auf der anderen Seite kann es im Zeitalter der Lebensgefahr auch für eine theologische Liturgik nur heilsam sein, sich bewußt zu machen, daß kreatürliche Solidarität auch im Zentrum religiöser Praxis, im Gottesdienst, stattfindet. »Es preisen dich, Jahwe, alle deine Werke« (Ps. 145,10), behauptet der Psalter an vielen Stellen. Immer wieder begegnet dort die »Vorstellung, daß das von Jahwe Geschaffene nicht stumm ist, sondern eine Aussage hat, die in alle Lande hinausdringt«.[34] Was die poetische Sprache Israels in überschwenglichen Aussagen feiert, legt die Verhaltensforschung gleichsam aus der Perspektive von unten frei, daß nämlich das Verhalten im Gottesdienst von Regeln bestimmt ist, die in differenzierter Weise auch für andere Lebewesen gelten. Gebetsgesten haben, wahrscheinlich, stammesgeschichtliche Wurzeln. Der Gottesdienst ist in Ablauf und Aufbau anderen Ritualen freundlicher Begegnung vergleichbar.[35] Was dort geschieht, leistet einen wichtigen Beitrag zur Gestaltung und Erhaltung des Lebens und muß sich deshalb an veränderte Lebensbedingungen der soziokulturellen Umwelt ständig anpassen. Gottesdienstliche Praxis enthält, nicht in ihrer Bedeutung, wie es die

32 B. Rensch, Das universale Weltbild. Evolution und Naturphilosophie Frankfurt 1977, 163.

33 Zu den Einzelheiten vgl. W. Wickler, Stammesgeschichte und Ritualisierung, a.a.O. 236ff.

34 H.-J. Kraus, Theologie der Psalmen, BKAT XV/3, Neukirchen 1979, 143.

35 Vgl. I. Eibl-Eibesfeldt, Die Biologie des menschlichen Verhaltens, a.a.O. 616f; s.u. S. 160.

mittelalterlichen Meßexegeten behauptet haben, sondern in ihrem Vollzug einen transhumanen Lebenshorizont. Alles Leben verhält sich.

Ethnologie

Weil alles Leben sich verhält und weil auch der Gottesdienst unter Anleitung der Agende ein Verhaltensprogramm absolviert, deshalb ist das, was dabei geschieht, nicht nur mit den Aktivitäten anderer Gattungen, sondern auch mit den Riten anderer Kulturen und Religionen vergleichbar. Was die religionsgeschichtliche Schule in Göttingen vor über einhundert Jahren begonnen hat, muß unter veränderten und erweiterten Forschungskonstellationen weitergeführt werden. Die Frage nach dem »Sitz im Leben« des Kults ist sachgemäß zu beantworten nur, wenn auch Einsichten und Methoden der vergleichenden Religionswissenschaft, der Ästhetik[36] und der Ethnologie zum Verständnis des Gottesdienstes herangezogen werden. Als Beispiel wählen wir das Standardwerk über »Elementarformen sozialen Verhaltens«, das der Ethnologe K. E. Müller jüngst vorgelegt hat.

Wenn die Ethologie zentral nach den biologischen Faktoren, die menschliches Verhalten bestimmen, fragt, so ist die von Müller konzipierte Verhaltenstheorie, wie der Untertitel schon sagt, vorrangig an den sozial bedingten Orientierungssystemen interessiert. Sie untersucht zwar die Verhaltensgesetze in archaischen Lokalgemeinschaften, die auf Sippenbasis existieren und ca. 50-150 Personen umfassen. Aber der Identitätsbegriff, den sie auf diese Weise gewinnt, erhebt den Anspruch, »als die Basistheorie aller Humanwissenschaften zu gelten«[37], weil Menschen nur in Gruppen überleben können und weil auch in den hochkomplexen Kulturen der Industriegesellschaft der Gruppenbezug für die Lebenspraxis der Individuen entscheidend ist.

Soziales Handeln wird für Müller »von den Prinzipien der Reduktion (Vereinfachung), der Strukturierung (zur ›prägnanten Gestalt‹) und Objektivierung (Fixierung, Konventionalisierung, Standardisierung, Ritualisierung usw.) geleitet, zu denen als die eigentlich dynamische, begründende wie teleologisch bestimmte Richtgröße das Finalitätsprinzip hinzutritt«.[38] Vor allem soziale Situationen, die für die Identität einer Gruppe von besonderer Relevanz sind, werden durch Schematisierung in ihrer Bedeutsamkeit unterstrichen und in ihrer Wirksamkeit gesteigert. »Auf diese Weise wird das Geschehen gewissermaßen der freien Willkür und Beliebigkeit entzogen, die es

36 Hinzuweisen ist vor allem auf E.E. Boesch, Das Magische und das Schöne. Zur Symbolik von Objekten und Handlungen, Stuttgart 1983. Grundlegende Einsichten neuzeitlicher Kunsttheorie bilden die Basis für W. Hahne, De arte celebrandi oder Von der Kunst, Gottesdienst zu feiern. Entwurf einer Fundamentalliturgik, 2. Auflage, Freiburg 1991.

37 K.E. Müller, Das magische Universum der Identität. Elementarformen sozialen Verhaltens – Ein ethnologischer Grundriß, Frankfurt 1987, 391.

38 A.a.O. 336.

unübersichtlich und weniger kalkulierbar machen müßte. Insofern wächst das Ausmaß an Ritualisierung auch mit der Empfindlichkeit und Bedeutung der Bereiche, auf die das Handeln Bezug hat: Sie verschärft sich in kritischen Situationen, d.h. etwa auch bei allen wichtigeren Initialakten, sowie bei Prozessen mit Zentralrelevanz. Zweck ist eben, den innergesellschaftlichen Verhaltensabläufen weitgehend Eindeutigkeit, Klarheit und Regelhaftigkeit zu verleihen, um die Kommunikation und Verständigung der Gruppenmitglieder untereinander leichter und zuverlässiger, Reaktionen prognostizierbar, die Kooperation effizienter zu machen und Spannungen, wie sie häufig ja gerade aus Mißverständnissen entstehen, möglichst geringzuhalten« [39]

Alles Verhalten in einer Menschengemeinschaft ist durch die grundlegenden Orientierungssysteme in feste Strukturen gefaßt, und diese Strukturen wiederum bestehen »aus den Basisgrößen Zentrum, Umfeld und Peripherie«.[40] Das gilt für die topographische Gestaltung der Endosphäre in Wohnstätten, Siedlungen und Heiligtümern, die immer einen nur bedingt zugänglichen Zentralbereich, eine Abteilung von allgemeinerer Zugänglichkeit sowie eine Randzone enthalten. Ähnlich ist der personale Aufbau einer Gruppe durch die Dreiteilung in Führergestalten, Durchschnittsmitglieder und Außenseiter charakterisiert. Und auch die Zeitvorstellungen umfassen neben den Eckgrößen von Weltschöpfung und Weltende die durchschnittliche Gegenwart und die heilige Mitte der Zeit, die im Kultus aktualisiert werden kann.[41]

Aus der Gruppenorientierung, in der das Individuum seine soziale Heimat hat und in der es seine soziale Identität findet, ergibt sich für Müller auch die Egozentrizität bzw. Ethnozentrizität des menschlichen Verhaltens. Die Orientierungssysteme, die das Verhalten steuern, werden immer aus der Perspektive entworfen, legitimiert und interpretiert, daß sich die eigene Gruppe im Zentrum des Kosmos befindet. Der Gegensatz zwischen Endosphäre und Exosphäre ist deshalb nicht nur topographischer Natur. Zum lokalen Dualismus, der den eigenen Wohnbereich als Welt des Lebens gegen eine feindliche, lebensbedrohliche Außenwelt abgrenzt, gesellen sich der personale Dualismus (wir sind die Menschen, die anderen nicht) und der religiöse Dualismus (wir beten die richtigen Götter an). Weil sie im Grenzbereich existieren, ist der Kontakt mit den Toten, den Geistern, den Göttern durchweg vom Ambivalenzprinzip geprägt. All diese Größen verwalten die Quellen des Lebens, aber können auch gefährliche Schädigungen vornehmen. Der Kontakt mit ihnen ist deshalb Menschen vorbehalten, die aufgrund ihrer Zentralstellung in der Gemeinschaft, durch Berufung, Begabung und Ausbildung zum Umgang mit dem Unheimlichen gerüstet sind.[42]

Für die Liturgiewissenschaft ist die Rezeption dieses Konzepts einer Ver-

39 A.a.O. 353.
40 A.a.O. 121.
41 A.a.O. 3ff, 66ff, 142ff.
42 A.a.O. 237ff.

haltensethnologie aus verschiedenen Gründen aufschlußreich. Auch hier muß zunächst der Eindruck abgewehrt werden, daß man den heutigen Gottesdienst einfach als Variante archaischer Ritualmuster interpretieren kann. Auf der anderen Seite aber ist nicht zu übersehen, daß manche Strukturierungsprinzipien, etwa bei der Dreiteilung der Kirchengebäude, auch heute noch wirksam sind, daß der Akt des Segnens auch in der Gegenwart eine Prozedur darstellt, die die neuzeitliche Dichotomie von Leib und Seele, von Sprache und Handlung hinter sich läßt, und daß die Beziehung zum Fremden in sozialer wie in religiöser Hinsicht bis heute heikel geblieben ist. Vor allem konfrontiert die Verhaltensethnologie die theologische Liturgik mit der Erkenntnis, daß auch das Verhalten im Gottesdienst von Prinzipien strukturiert und von Funktionen bestimmt ist, die weder spezifisch religiös noch spezifisch christlich sind. Erst auf diesem Hintergrund läßt sich sinnvoll die Frage erörtern, ob es überhaupt so etwas wie ein christliches Proprium in der Kultpraxis gibt. Aber bevor über diese Frage nachgedacht werden kann, ist die Anerkennung vonnöten, daß gottesdienstliches Verhalten nicht nur einen transhumanen, sondern auch einen transinstitutionellen, einen transkirchlichen Horizont hat.

Psychologie

Wissenschaftsgeschichtlich ist der Verhaltensbegriff zunächst in psychologischen Lerntheorien empirisch-experimentell präzisiert worden. Der Popensohn I. P. Pawlow in der Sowjetunion und die amerikanischen Forscher W. B. Cannon, C. L. Hull, B. F. Skinner u.a. haben, teilweise unabhängig voneinander, grundlegende Einsichten in jene Prozesse erarbeitet, in denen durch reaktives und operantes Konditionieren, durch Belohnungen und Bestrafungen eingeschliffene Verhaltensmuster verändert werden. Die naturwissenschaftliche Fundierung wird deutlich in jener Definition, mit der W. Correll wichtige Ergebnisse der verhaltenspsychologischen Lerntheorien zusammenfaßt: »Verhalten schließt alles ein, was eindeutig beobachtbar am Organismus ist: seine konkreten Verhaltensäußerungen, einschließlich kognitive Prozesse und emotionale Äußerungen, seine Reizung durch Stimuli, und psychische Vorgänge, die eine ›Verarbeitung‹ der Stimuli oder eine Verbindung der Reize mit einer bestimmten Reaktionsweise ermöglichen«.[43]

Besondere Schwierigkeiten bereitet dem empirischen Ansatz die Aufgabe, im Rahmen des Reiz-Reaktions-Schemas die internen Motivationsvorgänge[44] angemessen zu bestimmen. »Weil motivationale Begriffe verschiedenartig verwendet wurden, hat sich einige Verwirrung breitge-

43 W. Correll, Lernen und Verhalten. Grundlagen der Optimierung von Lernen und Lehren, Frankfurt 1971, 11.

44 Vgl. die Übersicht bei M. Irle, Lehrbuch der Sozialpsychologie, Göttingen 1975, 143ff.

macht, für welche Funktion ein bestimmter motivationaler Begriff zu einem bestimmten Zeitpunkt gilt. Beispielsweise haben Motivationskonzepte zu verschiedenen Zeiten die Betonung auf 1. die Energie liefernde oder momentane Performanzfunktion für Verhalten, 2. auf die verstärkende Funktion für Verhalten und 3. auf das Fortbestehen von Verhalten gelegt. Ferner haben Triebkonzepte auch für angenommene physiologische Zustände oder zur Bestimmung spezifischer Eingriffe einstehen müssen, von denen man annahm, daß sie derartige Zustände hervorbringen (etwa Deprivation/Sättigung für Nahrung oder Wasser). Zugleich haben Triebbegriffe als Abstraktionen gedient, die sich ungenau auf den Aufbau spezifischer Verhaltensweisen oder Veränderungen ihrer charakteristischen Merkmale bezogen. Diese verschiedenen und häufig parallel laufenden Verwendungsweisen geben eine nur begrenzte begriffliche Genauigkeit zu erkennen. In diesem Zusammenhang ist leicht einzusehen, warum Skinner ein spezielles Motivationskonzept für unnötig erachtete und warum andere Autoren gemeint haben, daß ein genau umrissener Motivationsbegriff als funktional überflüssig letztlich verschwinden werde«.[45]

In der Kommunikationsforschung hat man daraus eine radikale Konsequenz gezogen: »Die Unmöglichkeit, die Seele ›an der Arbeit‹ zu sehen, führte in den letzten Jahren zur Übernahme des Begriffs der Black Box aus dem Gebiet der Fernmeldetechnik«. Der entscheidende Vorteil dieser Lösung besteht für P. Watzlawick darin, »daß keine letztlich unbeweisbaren intrapsychischen Hypothesen herangezogen werden müssen. Die Untersuchungen können sich vielmehr auf die direkt beobachtbaren Ein- und Ausgaberelationen menschlicher Beziehungen, also auf die Kommunikation, beschränken«.[46]

Besonders verbreitet, aber auch besonders umstritten ist der lerntheoretische Ansatz in der Verhaltenstherapie. Selbstbewußt markiert P. Halder, nachdem sie die Methoden der systematischen Desensibilisierung, der Aversionstherapie, des operanten Konditionierens und des Lernens am Modell vorgestellt hat, die problematischen Punkte, um sie dann ihrer Meinung nach argumentativ zu entkräften: »In dem Anspruch der Verhaltenstherapie auf ihre lerntheoretische Basis liegt eine zweifache Herausforderung an ihre Gegner: Sie brüskiert sie sowohl mit der Behauptung der höheren Wissenschaftlichkeit wie auch mit der unverhüllten Parallelität von Mensch und Tier«.[47] Gerade dieser Anspruch auf wissenschaftliche Exaktheit ist aber, wenn er durch das Ausschalten persongebundener klinischer Wahrnehmungen erkauft werden muß, vor allem von psychoanalytischer Seite relativiert

45 J.L. Gewirtz, Soziales Lernen, in: Die Psychologie des 20. Jahrhunderts, Band VI, a.a.O. 407.

46 P. Watzlawick/J.H. Beaven/D.D. Jackson, Menschliche Kommunikation. Formen, Störungen, Paradoxien, Bern 1969, 45.

47 P. Halder, Verhaltenstherapie, 2. Auflage, Stuttgart 1975, 145.

worden.[48] J. Scharfenberg hat schon früh darauf hingewiesen, daß vielen evangelikalen und orthodoxen Seelsorgebemühungen unreflektiert ein lerntheoretisches Verhaltensmodell zugrunde liegen dürfte: »Die Lösung eines Problems wird entweder von dem vorformulierten Behandlungsziel oder aber von der vorformulierten religiösen Antwort her erwartet, auf die hin - bewußt oder unbewußt - mit Hilfe sozialer Verstärker konditioniert wird. Der Eigenbeitrag des Betreuten innerhalb des therapeutischen oder seelsorgerlichen Prozesses selber muß somit auf ein Minimum absinken, Freiheit im Sinne von Bewußtseinserweiterung wird sich nicht ereignen können«.[49]

Auch für die Liturgik ist ein derartiges Verhaltenskonzept nur von begrenztem Wert. Man kann mit Hilfe dieser Kategorien das verbale und nichtverbale Geschehen im Gottesdienst analysieren: »Was gilt als normales Benehmen? Was hat ein Mensch gelernt, was ›kann‹ er, wenn er zur Kirche geht, wenn er neue Gottesdienste besucht? Welche sprachlichen und nichtsprachlichen Interaktionen, welche Dinge bis hin zu Kerzen und Bänken kommen vor?«[50] Man kann in diesem Rahmen Kommunikationsstörungen und Beziehungsfallen aufhellen. Auch im Gottesdienst lassen sich die Grundmuster sprachlichen Verhaltens entdecken.[51] So bildet der Wechselgruß ein Echo-Verhalten, indem auf einen stimmlichen Reiz eine stimmliche Reaktion erfolgt. Und textuelles Verhalten findet beim Singen und bei den Lesungen statt, wenn ein schriftlich fixierter Reiz stimmliche Reaktionen hervorruft. Überhaupt bildet die Agende ein fixiertes Schema von Reiz-Reaktions-Ketten, das man, um es absolvieren zu können, in einem langwierigen Prozeß zu erlernen hat.

Auf der anderen Seite enthält gerade der Gottesdienst Verhaltenssequenzen, deren Logik der lerntheoretischen Betrachtung absurd vorkommen muß. Wieso versammeln sich Menschen in gedrückter Stimmung um einen

48 Vgl. P. Fürstenau, Probleme der vergleichenden Psychotherapieforschung, in: C.H. Bachmann (Hg.), Psychoanalyse und Verhaltenstherapie, Frankfurt 1972, 49: »Da die hier ursprünglich diskutierte verhaltenstherapeutische Position - im Gegensatz beispielsweise zur Psychoanalyse - der persongebundenen klinischen Erfahrung keinerlei Reflexion widmet, würde klinische Erfahrung in einer sich so verstehenden Verhaltenstherapie besonders unreflektiert, unkontrolliert, und das heißt: unwissenschaftlich, von statten gehen. Unter diesen Umständen wäre die Objektivität, Exaktheit und wissenschaftliche Transparenz gewisser Momente der Behandlungen mit der Undurchsichtigkeit und Unkontrolliertheit aller übrigen Momente erkauft«.

49 J. Scharfenberg, Seelsorge als Gespräch. Zur Theorie und Praxis der seelsorgerlichen Gesprächsführung, Göttingen 1972, 114.

50 J. Kleemann, Wiederholung als Verhalten - Beobachtungen, Fragen und Hypothesen zur Kommunikation in agendarischen und neuen Gottesdiensten, in: Y. Spiegel (Hg.), Erinnern - Wiederholen - Durcharbeiten. Zur Sozialpsychologie des Gottesdienstes, Stuttgart 1972, 35.

51 Vgl. A.C. Catania, Verhaltensanalyse der Sprache, in: Die Psychologie des 20. Jahrhunderts, Band VI, a.a.O. 345ff.

Holztisch oder Naturstein? Warum essen sie dort ein Stück Brot und trinken einen Schluck Wein? Und wieso wird behauptet, Brot und Wein seien Fleisch und Blut eines anderen Menschen, der vor rund 2000 Jahren gelebt hat? Im Ganzen verständlich wird dieses rätselhafte Verhalten erst dann, wenn man berücksichtigt, daß die Reiz-Reaktions-Ketten, wie sie in der Agende vorgeschrieben sind, Impulse umfassen, die nicht einfach Zeichen, sondern Symbole sind. Eben darin hat die Welt, in der das Verhalten des animal symbolicum abläuft, wie E. Cassirer betont, ihre Eigenart: »Offensichtlich bildet diese Welt keine Ausnahme von jenen biologischen Regeln, die das Leben aller anderen Organismen regieren. Doch in der menschlichen Welt finden wir ein neues Charakteristikum, das das besondere Merkmal menschlichen Lebens zu sein scheint. Der Funktionskreis des Menschen ist nicht nur quantitativ vergrößert; er hat auch eine qualitative Veränderung durchgemacht. Der Mensch gewinnt gleichsam eine neue Methode, sich seiner Umwelt anzupassen. Zwischen dem Rezeptivsystem und dem Effektivsystem, die bei allen Tierarten anzutreffen sind, finden wir beim Menschen ein drittes Bindeglied, das wir als das Symbolsystem bezeichnen können. Diese Neuerwerbung verwandelt die Gesamtheit des menschlichen Lebens. Mit anderen Tieren verglichen lebt der Mensch nicht bloß in einer ausgedehnteren Realität; er lebt sozusagen in einer neuen Dimension der Realität«.[52] Auch für den Gottesdienst gilt deshalb, was J. D. Cardwell aus der Schule des symbolischen Interaktionismus so formuliert hat: »1. Menschliches Verhalten ist in den meisten seiner Aspekte kultureller Natur. - 2. Das als kulturell bezeichnete menschliche Verhalten erfolgt als Reaktion auf Symbole. - 3. Der Mensch ist fähig, Symbole zu verwenden, wenn eine Übereinkunft über ihre Bedeutung erreicht worden ist. - 4. Die Bedeutung von Symbolen wird erlernt, das heißt der Mensch eignet sie sich durch den Prozeß der Sozialisation an«.[53]

Insbesondere die Psychoanalyse hat sich seit ihren Anfängen bemüht, auch religiöse Vorstellungen und Handlungsformen als Ausdruck unbewußter Konflikte zu interpretieren. Dabei ist zunächst eine Tendenz zur Klinifizierung des Religiösen unübersehbar, wenn etwa S. Freud in der Parallelisierung von »Zwangshandlungen und Religionsübungen« konstatiert, es sei »die Neurose als eine individuelle Religiosität, die Religion als eine universelle Zwangsneurose zu bezeichnen«.[54] Um Nuancen zurückhaltender urteilt Th. Reik in seinen Studien über »Das Ritual«, wenn er feststellt, »daß die Neurosen zu Zerrbildern der bedeutsamen Leistungen der Menschheit

52 E. Cassirer, Was ist der Mensch? Versuch einer Philosophie der menschlichen Kultur, Stuttgart 1960, 38f.

53 J.D. Cardwell, Sozialpsychologie. Ein Studienbuch zur Sozialisation durch symbolische Interaktion, Freiburg 1976, 30f.

54 S. Freud, Zwangshandlungen und Religionsübungen (1907), Studienausgabe VII, Frankfurt 1982, 21.

werden; die Zwangsneurose im besonderen zu einem Zerrbild der Religion so wie das zwangsneurotische Zeremoniell zu einer unfreiwilligen Karikatur des Religiösen«.[55] Während die religiösen Rituale in dieser Frühzeit der Psychoanalyse beinahe ausschließlich als Symptome ungelöster Triebkonflikte interpretiert werden, hat insbesondere E. H. Erikson in seiner epigenetischen Perspektive sie als konstitutive Elemente für die frühkindliche Identitätsbildung angesehen. Was der Säugling in den regelmäßigen Fütterungs- und Pflegekontakten erfährt, ist die Fundierung jenes Urvertrauens, daß die Welt in Ordnung und daß das eigene Leben geborgen ist, eines Vertrauens, das für das Gelingen des weiteren Lebens unbedingt notwendig ist: »So wird die erste, noch dämmernde bejahende Bestätigung ein Grundelement allen Rituals; ich möchte es das *numinose* Element, das Gefühl gegenwärtigen Heils nennen . . . Die emotionale Wirkung ist ein Gefühl transzendierter Trennung und zugleich ein Gefühl der Bestätigung als herausgehobenes Einzelwesen«.[56] Weitere Beiträge zum Verständnis der kultischen Praxis haben neben Triebtheorie und Ich-Psychologie auch die Narzißmus- und die Pränatal-Forschung[57] geleistet.

Wesentliche Einsichten in die symbolische Qualität gottesdienstlicher Rituale verdankt die Liturgik der scharfen Kritik, der A. Lorenzer die Reformbemühungen des II. Vaticanums unterzogen hat.[58] Sie ist begründet in einer Veränderung und in einer damit verbundenen Neubewertung des Symbolverständnisses innerhalb der Psychoanalyse: »der ursprüngliche, subjektbezogene Standpunkt, dem die Symbolisierung als eine (›pathologische‹) Form des ›Verhaltens eines Subjekts‹ erschien, wird im neuen Verständnis ersetzt von der Auffassung des Symbols als Produkt eines Symbolbildungsvermögens«.[59] Folgerichtig muß der Psychoanalytiker im Interesse der Humanität Protest einlegen, wenn durch kirchliche Ritenreform die kollektive Symbolisierungsfähigkeit zugunsten von Pädagogisierung und Indoktrination eingeschränkt wird. Das aber bedeutet, daß einerseits auf die Gestaltung des Gottesdienstes nicht nur die jeweiligen Verhaltensformen einer Gesellschaft einwirken und daß andererseits der Ablauf des Gottesdienstes nicht nur Verhaltensnormen für das Leben in der Gesellschaft einschärft. Es bedeutet auch und vor allem, daß die symbolische Qualität eines Gottesdienstes humane Kreativität bei den Besuchern, besser gesagt: bei den Teilnehmern freisetzen kann.

Innerhalb der Praktischen Theologie haben sich verschiedene Forscher um die Rezeption dieser psychoanalytischen Symbol- und Ritual-Konzepte

55 Th. Reik, Das Ritual. Psychoanalytische Studien, 2. Auflage, Leipzig 1928, 16.

56 E.H. Erikson, Die Ontogenese der Ritualisierung, Psyche 22, 1968, 484.

57 Vgl. L. deMause, Grundlagen der Psychohistorie, Frankfurt 1989, 230ff.

58 A. Lorenzer, Das Konzil der Buchhalter. Die Zerstörung der Sinnlichkeit – Eine Religionskritik, Frankfurt 1981.

59 A. Lorenzer, Kritik des psychoanalytischen Symbolbegriffs, Frankfurt 1970, 64.

verdient gemacht; zu nennen sind hier vor allem Y. Spiegel[60], J. Scharfenberg[61] und H.-J. Thilo[62]. Die allen mehr oder weniger gemeinsame Grundlage hat W. Jetter in einem Werk formuliert, das für das Neuverständnis des Gottesdienstes viele wichtige Anstöße liefern konnte, weil es ihn als symbolische Kommunikation charakterisiert hat: »Der Gottesdienst kann und soll dafür sorgen, daß der Glaube nicht bloß erkennen und hören und belehrt werden will, sondern betender Glaube bleibt. Er hält als symbolische Kommunikation die religiöse Dimension in ihrer Vielschichtigkeit offen. Symbolische Kommunikation geht nicht bloß in Form von Belehrungen vor sich. In Lehrgebäuden kann der Mensch als lebendige Seele nicht wohnen; dort üben sich nur die Gedanken. Darum lebt der Glaube im christlichen Gottesdienst weder allein noch primär von den Argumenten, denen er selbstredend Raum geben will. Der Gottesdienst verkörpert vielmehr die Autorität jener Geschichte, der sich der Glaube verdankt, und den Raum, in dem man sich auf sie berufen und sie anrufen kann«.[63]

Wenn gottesdienstliches Verhalten konstitutiv mit der Symbolisierungsfähigkeit des Menschen verknüpft ist, dann ist das Verständnis dieses Geschehens nicht an das fromme Bewußtsein der christlichen Subjekte gebunden. Gewiß muß man die Bedeutung des rituellen Ablaufs und seiner Einzelteile im Prozeß der Sozialisation lernen.[64] Das kultische Verhalten wie seine Interpretation werden je nach kulturellem Kontext und angesichts der Mehrdeutigkeit des Symbolischen variieren. Auf der anderen Seite ist aber unbedingt festzuhalten, daß im Gottesdienst keine abseitigen Sonderprobleme traktiert werden, daß hier vielmehr die grundlegenden Lebenskonflikte der Triebe, der Ich-Identität, des Selbstwertgefühls zur Darstellung kommen. Das Ritual enthält immer, und sei es in scheinbar noch so verschlüsselter Form, einen Beitrag zur Lebensbewältigung. Erschließen läßt sich dieser Beitrag freilich erst dann, wenn zwischen der religiösen und der allgemeinkulturellen Vorstellungs- und Verhaltenswelt dem Bewußtsein zugängliche Verbindungslinien bestehen. Religiöses Verhalten im Kult verläuft separiert, aber nicht abgespalten und kann seine kreative Potenz nur freisetzen, wenn es nicht in Alltagsverhalten aufgelöst, aber auch nicht streng vom Alltagsver-

60 Y. Spiegel, Erinnern, Wiederholen und Durcharbeiten – therapeutisches Modell und neuer Gottesdienst, in: Y. Spiegel (Hg.), Erinnern – Wiederholen – Durcharbeiten, a.a.O. 9ff.

61 J. Scharfenberg/H. Kämpfer, Mit Symbolen leben. Soziologische, psychologische und religiöse Konfliktbearbeitung, Olten 1980, bes. 276ff.

62 H.-J. Thilo, Die therapeutische Funktion des Gottesdienstes, Kassel 1985.

63 W. Jetter, Symbol und Ritual. Anthropologische Elemente im Gottesdienst, Göttingen 1978, 141.

64 Vgl. H.-J. Fraas, Glaube und Identität. Grundlegung einer Didaktik religiöser Lernprozesse, Göttingen 1983, sowie Chr. Bizer, Liturgie und Didaktik, JRP 5, 1988, 83ff.

halten getrennt wird. Damit stellt sich die Frage nach der Realität, die sich im Kult konstituiert.

Philosophie

Die gängigen Konzepte von Ritual und Symbol sind auf die genetische und die funktionale Betrachtungsweise beschränkt.[65] Man untersucht die Herkunft in stammes- und entwicklungsgeschichtlicher Hinsicht, man beschreibt die Leistung für den individuellen und kollektiven Lebensvollzug. Selbst poimenische und religionspädagogische Symbol-Konzepte geben sich mit der hermeneutischen Relevanz der Symbol-Rezeption zufrieden. P. Biehl etwa bestimmt die Aufgabe einer Symboldidaktik folgendermaßen: »Symbolkunde zielt auf das Verstehen gegenwärtiger und überlieferter religiöser Symbole – unter Umständen durch probeweise Inanspruchnahme der Symbole zur Deutung eigener Erfahrungen und ganzheitlicher Teilhabe«.[66] Der »Wirklichkeitsbezug«, der sich in diesem Rahmen ergibt, hat seinerseits funktionalen Charakter; denn er besteht prinzipiell darin, »daß christliche Symbole Konflikte zu bearbeiten helfen«.[67] Im Rückgriff auf zwei philosophische Entwürfe ist jetzt zu zeigen, daß die funktionale Betrachtung des kultischen Verhaltens in Richtung auf eine phänomenologische Wahrnehmung weitergeführt werden kann.

In seiner kulturanthropologischen Handlungslehre hat A. Gehlen drei »Verhaltensklassen« unterschieden, die durch je spezifische Strukturen und Intentionen charakterisiert sind.[68] Es sind dies »das rational-praktische Verhalten«, das seinen Schwerpunkt in der Werkpraxis hat, aber auch in der umtriebigen Dauerreflexion des modernen Massenbewußtseins begegnet. Davon zu unterscheiden ist das rituell-darstellende Verhalten, das hier näher vorgestellt werden soll. Und schließlich redet Gehlen auch von einem Verhalten, das in der »Umkehr der Antriebsrichtung« besteht, weil diese nicht mehr nach außen, sondern nach innen tendiert und »die Veränderung des eigenen Innenzustands, der eigenen Bewußtseins- oder Antriebslage erstrebt«.

Gebildet hat sich die Fähigkeit zum darstellenden Handeln in jenem Entwicklungsprozeß der Menschheit, der den »Übergang vom Werkzeug zum

65 Vgl. die Übersicht bei H.-G. Heimbrock, Ritual als religionspädagogisches Problem, JRP 5, 1988, 45ff, der daneben noch einen dritten Aspekt, den hermeneutischen, unterscheidet.

66 P. Biehl, Symbole geben zu lernen. Einführung in die Symboldidaktik anhand der Symbole Hand, Haus und Weg, Neukirchen 1989, 166.

67 A.a.O. 184.

68 Die folgenden Zitate nach A. Gehlen, Urmensch und Spätkultur. Philosophische Ergebnisse und Aussagen, 5. Auflage, Wiesbaden 1986, 93 und 260.

Kunstwerk« ermöglicht hat.[69] Durch die Trennung zwischen Motiven und Zwecken ist selbstwertgesättigtes Handeln entstanden, und wenn Tiere nicht gejagt, sondern auch nachgeahmt und nachgebildet werden, gelingt durch die Darstellung »die Überführung in die Kategorie des Beisichbehaltens und der Dauer, sie ist zunächst in vivo als imitatorischer Ritus erfolgt und erst sekundär als Darstellung in materia, als Malerei oder Plastik«.[70] Schließlich wird man nach Gehlen annehmen dürfen, »daß mit dem Auftreten einer differenzierten Sprache sich die frühere Ausdrucksform, nämlich die Darstellung von Globalsituationen in vivo, erst von ihr abdifferenzieren und verselbständigen konnte. Sie bildete dann den beibehaltenen Rahmen für rituelles Verhalten, das somit in Reinheit erst im Gegenzug zu einer hochdifferenzierten rationalen Praxis entstanden wäre, auf die Stabilisierung von Weltsituationen gehend, wie jenes auf die Veränderung von Einzelheiten.«[71]

Diese konservative, seinsbejahende Tendenz bildet für Gehlen das Hauptkennzeichen dieser Verhaltensklasse: »Das rituell darstellende Verhalten geht nicht mehr, wie sonst jedes menschliche Handeln, auf eine Veränderung des Gegenstandes, gerade weil sein Inhalt das Sein desselben ist. Es geht also nicht mehr um ein Verbessern, Veredeln, Anreichern des Gegenstandes dieses Verhaltens, um irgendeine Veränderung, und es ist einsichtig, daß allein ein solches nichtveränderndes Handeln die Vorstellung eines dauernden, zeitüberlegenden Daseins zu tragen vermag. Es ist dies die Stufe daseiender, sichtbarer und doch transzendenter Wesenheiten, welche eine archaische Kultur geradezu charakterisiert«.[72] Zum Vollzug solcher Rituale gehört auf jeden Fall die Stabilisierung des Verhaltens und eine stilisierte Spannung, die unterschiedliche Affektlagen ausbalanciert.[73] In der unbestimmten Verpflichtung, die man im rituellen Vollzug empfindet, meldet sich »ein tief urtümlicher Rest geologisch ältester Schichten des Lebens, . . . ein automatischer, instinktresidualer ›Reaktionsdruck‹« gegenüber einer rätselhaften Macht.[74] Der Wirklichkeitsgehalt der Ritualobjekte, die im darstellenden Handeln verehrt werden, bleibt für Gehlen letztlich in der Schwebe. »Das Unwiderstehliche und schlechthin Allgemeinmenschliche in der Konzeption ›daseiender Götter‹ liegt doch wohl darin, daß hier das Weltverständnis und das Selbstverständnis sich in einer Formel durchdringen. Die ›Wesenheit‹ ist keineswegs nur eine Vorstellung, eine Idee. Sie baut sich in einer Folge von Übersteigerungen auf: das Sichidentifizieren, das darstellende Hineinnehmen eines machtvoll Belebten ist die erste Stufe, sie trägt die Evidenz eines Ego, das doch ein aliud ist. Dessen Darstellung im Bilde wie-

69 A.a.O. 29.
70 A.a.O. 55.
71 A.a.O. 59f.
72 A.a.O. 16.
73 A.a.O. 78ff.
74 A.a.O. 137.

derum verewigt es in steinerner Dauer in der Außenwelt: das lebendige Tier selbst scheint sich ins Bild zu übersteigern, und so gilt es als mystisch beseelt. Aber das Bild wiederum transzendiert sich selbst - die Wesenheit ist in ihm zwar gegenwärtig, aber sie ist zugleich ›überall‹ - sie ist ›halbunsichtbar‹: dasselbe Verhältnis, in dem noch Apollo zu seinem Kultbild stand«.[75] Erst der bildlose Monotheismus hat ein neues, das in der Spätkultur gängige Weltverhältnis geschaffen und das darstellende Verhalten quantitativ wie qualitativ entleert. »In ihm lag stets eine Tendenz zur Minimisierung des Ritus einschließlich der Stereotypisierung des Alltagsverhaltens, weiter zum Abbau aller Magie und aller unmittelbar geheiligten Außenweltbestände: das heilige Tier, der heilige Hain, der heilige Berg wurden unmöglich, und natürlich im Sinne des Monotheismus die ›daseienden Götter‹, vom Sonnenkult bis zu den bildhaften Göttern in ihren Tempelhäusern. Die letzten Evidenzen der Religion wurden von der Außenweltstützung weg in das Innere, die Seele verlegt«.[76]

Natürlich kann man darüber streiten, ob die Verlagerung des Heiligen in die totale Transzendenz Ergebnis einer innerreligiösen Entwicklung ist oder ob sie sich nicht sehr viel besser als Folge einer Befreiung oder Vertreibung verstehen läßt, weil sich ökonomische bzw. politische Mächte von der Bindung an religiöse Lebensordnungen emanzipieren wollten. Daß eine absolute Distanz zwischen Gottesdienst und Gottheit inzwischen gegeben ist, zeigen nicht zuletzt jene Ritualkonzepte, die sehr viel über die Herkunft und die Leistung darstellenden Handelns zu reden wissen, aber über dessen Wirklichkeitsgehalt buchstäblich kein Wort verlieren.

Eine Ausnahme bildet das phänomenologisch orientierte »System der Philosophie« von H. Schmitz. Darstellung versteht er als Form spielerischer Identifizierung. »Darstellung in diesem Sinn liegt vor, wo immer etwas anderes in einem anderen gesehen oder gefunden oder gehabt oder wenigstens als etwas - sei dieses das Selbe oder ein anderes - so genommen wird, daß es dabei auf das Dasein und dessen Autorität, also auf die Frage, ob die betreffende Identität tatsächlich ist, nicht mehr ankommt«.[77] So ist das Fest »eine Wiederbringung des Gewesenen als neu Gegenwärtiges durch spielerische Identifizierung in freudig hebender Atmosphäre«.[78] Und im religiösen Ritus kommt es demgemäß zur »Aufhebung der Geschichte«.[79] Weil Religion »Verhalten aus Betroffensein von Göttlichem« ist[80], besteht die Aufgabe der phänomenologischen Analyse darin, »unwillkürliche Evidenzen aufzudek-

75 A.a.O. 153f.
76 A.a.O. 57.
77 H. Schmitz, Das Göttliche und der Raum, System der Philosophie III/4, Bonn 1977, 468.
78 A.a.O. 604.
79 A.a.O. 602.
80 A.a.O. XIII.

ken, die das Vorkommen von Göttlichem so bezeugen, daß sich der Betrachtende ihrem Zeugnis bei eindringlicher Vertiefung nicht im Ernst entziehen kann, so wenig, wie dem Zugeständnis, daß Schall sich ereignet, wenn er sich oder andere sprechen hört«.[81]

In seinen Überlegungen geht Schmitz von der Beobachtung aus, daß die Geisterfahrung der ersten Christen ohne Verwendung des bestimmten Artikels beschrieben wird: »Die Jünger aber wurden von Freude und heiligem Geist erfüllt« (Act. 13,52). Er schließt daraus, »daß der heilige Geist den ursprünglichen Christen in Zusammenhängen, die dem unbefangenen Betroffensein besonders nahestehen und Platz geben, nach Art eines Gefühls und in inniger Verschmelzung mit Gefühlen als Atmosphäre vertraut war, in der man so lebt oder aufgeht, daß es fremdartig klänge, mit dem bestimmten Artikel auf sie wie auf eine Figur oder Person hinzuweisen«.[82] Eine wesentliche Voraussetzung, um die Präsenz von Atmosphären erfahren zu können, bildet der Aufenthalt in einem umfriedeten Raum, wenn nämlich Menschen »dank der Umfriedung eine Chance haben und wahrnehmen, mit ergreifenden Atmosphären in der Weise vertraut zu werden, daß sie sich unter ihnen zurechtfinden und mehr oder weniger über sie verfügen. Solche Vertrautheit entlastet von der Unruhe des unvermittelten Preisgegebenseins an die abgründigen Erregungen und läßt daher den Frieden und die entspannte Ruhe gedeihen«.[83]

Mit dem Stichwort »Atmosphäre« ist ein Begriff eingeführt, dessen Vorzug vor allem darin besteht, daß er an emotionale Erfahrungen anknüpft, ohne deren Wahrnehmungsgehalt durch die Projektionstheorie psychologistisch zu reduzieren. Nach den Analysen von Schmitz kann ein Gefühl sich darstellen »als ganzheitlich umgreifende und durchdringende Atmosphäre, die überpersönlich und zugleich insofern trans- oder besser praeobjektiv ist, als sie sich in keinem umschriebenen Objekt ›unterbringen‹ läßt«.[84] Solche Erfahrungen sind in den verschiedensten Lebensbereichen beheimatet: »Die Gegebenheit eines solchen Gefühls, das als Atmosphäre alles jeweils Erlebte umgreift und doch nirgends untergebracht werden kann, läßt sich am ehesten mit den Worten ›es liegt etwas in der Luft‹ beschreiben; in kritischen, unheimlichen und gespannten Situationen drängen sich diese Worte unwillkürlich dem Erlebenden als angemessene Beschreibung des Gegebenen auf, so bei der diffusen und ubiquitären, mit drohenden Anmutungen schwangeren ›Wahnstimmung‹ beginnender Schizophrenie und in der gespannten ›Ruhe vor dem Sturm‹ an der Front«.[85] Auch für das angemessene Verstehen religiöser Erfahrungen ist entscheidend, »daß Gefühle nicht mehr im Sinne der

81 A.a.O. 3.
82 A.a.O. 16.
83 A.a.O. 213.
84 H. Schmitz, Der Gefühlsraum, System der Philosophie III/2, Bonn 1969, 102.
85 A.a.O. 100.

Introjektion als subjektiv-private Seelen- oder Bewußtseinszustände, sondern als objektiv vorhandene Atmosphären nach der Art des phänomenalen Wetters gelten«.[86] Selbst mit der Arbeitshypothese, »daß jeder Gott ein Gefühl ist, weiß ich mich von jeder Subjektivierung, Privatisierung und Vermenschlichung der Götter - also auch Gottes schlechthin, für den Fall, daß es einen und nur einen Gott geben sollte - weit entfernt, ja vielmehr auf dem Wege in die entgegengesetzte Richtung«.[87] In seiner Religionsphänomenologie hat H. Schmitz diese Aussagen im Gespräch mit R. Otto noch präzisiert: »Ein Gefühl, das als überpersönliche Atmosphäre die von Otto dem Numinosen zugewiesenen Züge besitzt, ist genau dann numinos für einen von ihm ergriffenen Menschen zu der betreffenden Zeit, wenn seine Autorität für diesen dann unbedingten Ernst (Gewissensqualität) besitzt«.[88]

Der Philosoph H. Schmitz vertritt keineswegs die Interessen einer positiven Religion. Dennoch kann man als Theologe und Liturgiewissenschaftler von seinem Entwurf bei aller möglichen Kritik an Einzelaussagen viel lernen:

- die genaue Beobachtung, die geduldige Erörterung und die schonsame Interpretation der Phänomene auch im Handlungsfeld des Kults;
- den Verzicht auf einen psychologischen und sozialpsychologischen Reduktionismus, der das religiöse Verhalten von außerreligiösen Faktoren herleitet und in seiner Leistung für außerreligiöse Bereiche bewertet;
- überhaupt die Preisgabe einer Einstellung, die das Betroffensein von Göttlichem anthropozentrisch und subjektivistisch, in einer religiösen Anlage, in den »Bedürfnissen der Menschen nach Bergung, Rettung und Heil« fundiert.[89] »Eine Hauptthese in diesem Buch gibt an, daß Religion keine Provinz ist, so wenig wie Göttliches ein wildes Tier ist, das in den Käfig des Sonntags paßt. Die Welt ist unberechenbar von ergreifenden Atmosphären durchzogen; diese sind nicht ohne weiteres göttlich, aber dann, wenn ihre Autorität für jemand den Gipfel unbedingten Ernstes erreicht«.[90]

Von diesen Voraussetzungen her ist das rituelle Verhalten im Gottesdienst als ein methodisch reflektierter Versuch zu verstehen, sich der Wirklichkeit des Göttlichen auf angemessene Weise zu nähern. Es ist ein Versuch, weil diese Atmosphäre sich weder in den menschlichen Interessenhorizont noch von den menschlichen Handlungsmöglichkeiten einfach einfangen läßt. Es ist ein methodisch reflektierter Versuch, weil agendarisch gesteuertes Verhalten auf alten, durch geschriebene und ungeschriebene Traditionen ausgestalteten Erfahrungen im Umgang mit der Atmosphäre des Göttlichen aufbaut. Des-

86 A.a.0. 127.
87 A.a.O. 128.
88 H. Schmitz, Das Göttliche und der Raum, a.a.O. 87.
89 A.a.O. 11.
90 A.a.O. XIII.

halb partizipiert kultische Praxis an der Paradoxie alles religiösen Verhaltens. Wer sich der Realität des Göttlichen auszusetzen versucht, muß etwas tun in einem Lebensbereich, in dem kein Mensch etwas tun kann. Das kultische Ritual ist durchaus eine Technik zur Erschließung von Wirklichkeit. Aber weil die Wirklichkeit des Heiligen eine Macht darstellt und Menschen mit unbedingtem Ernst angeht, entzieht sie sich allem menschlichen Bemächtigungs- und Verwertungsstreben.

III.

Eine Liturgik auf verhaltenswissenschaftlicher Grundlage hat ein komplexes Geflecht von Fragestellungen zu bearbeiten. Was in den Konzepten der Forschungsgeschichte durchweg eindimensional betrieben wurde, hat durch die Ausdifferenzierung methodischer Ansätze in allen Disziplinen eine Vielschichtigkeit gewonnen, die detaillierte Untersuchungen immer nur für begrenzte Gegenstände und überschaubare Zeiträume erlaubt. Wer das Wagnis einer Gesamtdarstellung eingeht, ohne daß dafür schon zureichende Vorarbeiten geleistet sind, muß auf jeden Fall einen Katalog möglicher Forschungsfelder vor Augen haben, um einerseits entscheiden zu können, auf welche Problembereiche er sich selbst konzentrieren möchte, und um andererseits die Lücken, die er nicht zu schließen vermag, der künftigen wissenschaftlichen Bemühung bewußt zu machen. Deshalb ist in diesem Abschnitt zu klären, welche verschiedenen Forschungsfelder die verhaltenswissenschaftliche Analyse des Gottesdienstes umfaßt, warum sich das Unternehmen als verhaltenswissenschaftlich und nicht als handlungstheoretisch bezeichnet und welchen Beitrag für die Reform des Gottesdienstes es zu leisten vermag.

Genese

Die vorgestellten Konzepte informieren mehr oder weniger ausführlich über die Genese menschlichen Verhaltens. Die verschiedenen Dimensionen, die in dieser Hinsicht angesprochen werden, sind auch für die liturgiewissenschaftliche Betrachtung bedeutsam. Im einzelnen handelt es sich dabei um

- die biologische Frage nach Homologien und Analogien im Vergleich von Mensch-Tier-Verhalten;
- die kulturanthropologische und religionsgeschichtliche Frage nach Gemeinsamkeiten und Differenzen, die zwischen religiösen Handlungen in verschiedenen Kulturen, aber auch zwischen profanen und religiösen Verhaltensformen in jeder Kultur bestehen;
- die liturgiegeschichtliche Frage, die die Variation einzelner Verhaltenselemente und -sequenzen in der Geschichte des christlichen Gottesdienstes mit gesellschaftlichen Entwicklungen und konfessionellen Ausprägungen in Beziehung setzt;
- die genetische Frage nach den Entwicklungsprozessen beim Individuum, in dessen Sozialisation stammes-, kultur- und christentumsgeschichtliches Erbe mit personalen und familialen Konflikten zusammenwächst.

Die bisherige Forschung hat sich in ihren Untersuchungen sehr stark auf die liturgiegeschichtlichen Fragen im engeren Sinn konzentriert, hat also die Entwicklung der verschiedenen Liturgie-Familien in altkirchlicher Zeit[91] und die Ausbildung der innerreformatorischen Sondertraditionen verfolgt, hat auch mögliche Abhängigkeiten zwischen jüdischem und christlichem Gottesdienst[92] ins Auge gefaßt und insbesondere für die Aufklärungszeit den Einfluß auch außertheologischer Faktoren vorausgesetzt.[93] Aber erst neuere Arbeiten haben die Einbettung des gottesdienstlichen Geschehens in den gesellschaftlichen und kulturellen Kontext methodisch ernsthaft operationalisiert. So hat P. Cornehl des Verhältnis von »Gottesdienst und Öffentlichkeit« in der abendländischen Liturgiegeschichte beleuchtet,[94] und K.-H. Bieritz hat die Liturgik Luthers mit der Hypothese skizziert, daß die »Umstrukturierung des Zeichensystems in der Kommunikation des Evangeliums . . . ihre Entsprechung in der Umstrukturierung des kommunikativen Kodes überhaupt« hat.[95]

Diese Ansätze zu einer Ausweitung der binnenkirchlichen bzw. binnentheologischen Betrachtung werden hier versuchsweise weitergeführt. Dabei können aus der Fülle möglicher Zugangsperspektiven immer nur Einzelaspekte ausgewählt werden, und es ist von Fall zu Fall zu entscheiden, welche Faktoren für die Genese der untersuchten Verhaltenselemente verstärkt ins Blickfeld zu rücken sind. In Frage kommen:

- das stammesgeschichtliche Erbe;
- die gesellschaftlichen Traditionen;
- die religiösen bzw. konfessionellen Überlieferungen;
- individuelle Konfliktkonstellationen.

Daß bei einer solchen Vorgehensweise, die das Verhalten im christlichen Gottesdienst im Rahmen der Entwicklungsgesetze menschlichen Verhaltens überhaupt zu betrachten versucht, die Frage nach dem Proprium aufbricht, liegt auf der Hand. Eine begründete Antwort auf diese Frage, die nicht auf der Unkenntnis des Verhaltensrepertoires in anderen Kulturen und Religionen beruht, ist im Augenblick kaum möglich. Allenfalls in den sprachlichen Elemen-

91 Vgl. H.B. Meyer, Eucharistie. Geschichte, Theologie, Pastoral, Gottesdienst der Kirche 4, Regensburg 1989, 130ff, sowie G. Kretschmar, Art. »Abendmahlsfeier I«, TRE 1, Berlin 1977, 250ff.

92 Vgl. den Forschungsbericht von F. Schulz, Die jüdischen Wurzeln des christlichen Gottesdienstes, JLH 28, 1984, 39ff.

93 Ich verweise hier nur auf die Arbeiten von A. Ehrensperger, Die Theorie des Gottesdienstes in der späten deutschen Aufklärung (1770-1815), STDSTH 30, Zürich 1971; J. Steiner, Liturgiereform in der Aufklärungszeit. Eine Darstellung am Beispiel Vitus Anton Winters, Freiburg 1976; H. Hollerweger, Die Reform des Gottesdienstes zur Zeit des Josephinismus in Österreich, Regensburg 1976.

94 P. Cornehl, Öffentlicher Gottesdienst. Zum Strukturwandel der Liturgie, in: P. Cornehl/H.-E. Bahr (Hg.), Gottesdienst und Öffentlichkeit. Zur Theorie und Didaktik neuer Kommunikation, Hamburg 1970, 118ff.

95 K.-H. Bieritz, Daß das Wort im Schwang gehe. Reformatorischer Gottesdienst als Überlieferungs- und Zeichenprozeß, JLH 29, 1985, 97.

ten, etwa in dem Namen der Gottheit und des Erlösers, dürfte es faßbare Besonderheiten des christlichen Kultes geben. Aber der hier vorgelegte Entwurf rechnet in seiner Grundkonstruktion damit, daß das gottesdienstliche Geschehen für diese Generation nicht durch Interpretationsstrategien faßbar wird, die auf dogmatischer Abgrenzung und konfessionalistischer Engführung beruhen, sondern daß liturgische Orthodoxie im theologischen Sinn heute nur mit Hilfe von Ethnologie und Phänomenologie und Religionswissenschaften zustande kommt.

In der Liturgik ist die Entwicklungsgeschichte des Gottesdienstes lange Zeit nach dem Modell des Fortschritts beschrieben, der protestantische Gottesdienst in Mitteleuropa demgemäß als Höhepunkt der Religions- und der Christentumsgeschichte vorgestellt worden. Im Zeitalter der Lebensgefahr sollte man dieses Modell nicht einfach zu einer Verfallsgeschichte umkehren. Aber in der Gegenwart laufen Zerstörungsprozesse, die nicht nur die natürliche Umwelt und die menschlichen Beziehungen, sondern auch das religiöse Verhalten betreffen. Gerade in der Liturgiegeschichte zeigt sich zudem, daß aktuelle Destruktionstendenzen eine jahrhundertelange Vorgeschichte aufweisen. Denn die »Auflösung der alten gottesdienstlichen Formen« beginnt nicht erst, wie P. Graff gemeint hat[96], mit Aufklärung und Rationalismus, erfolgt auch nicht, wie die liturgische Restauration behauptet hat, durch die Reformatoren und setzt auch nicht erst im Mittelalter ein, wie die römisch-katholische Liturgik im Anschluß an die liturgische Bewegung sehr prononciert betont. Ein elementarer, in seinen Folgewirkungen nicht abzuschätzender Zusammenbruch kultischer Praxis ist für das Abendland in vorchristlicher Zeit erfolgt, als nämlich durch die Einführung der Geldökonomie die Opferkommunikation mit der Gottheit aus einem Gaben- zu einem Warentausch transformiert worden ist. Der Streit zwischen Priestern und Propheten, der zu jener Zeit in Israel aufbricht, signalisiert, daß die kultische Ordnung ihre lebensgestaltende Kraft verliert. In einem Jahrtausende währenden Prozeß ist seitdem der Tempel zerstört, sind die Heiligtümer zerfallen, ist das Heilige in seiner lebensgestaltenden Macht aus der Gesellschaft vertrieben. Der Gottesdienst heute findet in Trümmern statt, unter Vorzeichen, die für die alttestamentlichen Klagelieder in der vorwurfsvollen Feststellung kulminieren: »Der Herr hat seinen Altar verworfen und sein Heiligtum entweiht« (Klgl. 2,7). Eine realitätsgerechte Liturgik darf diese Momente der Zerstörtheit im gottesdienstlichen Leben der Gegenwart nicht überspie-

96 Zu P. Graff vgl. J. Cornelius-Bundschuh, Liturgik zwischen Tradition und Erneuerung. Probleme protestantischer Liturgiewissenschaft in der ersten Hälfte des 20. Jahrhunderts dargestellt am Werk von Paul Graff, Veröffentlichungen der Evangelischen Gesellschaft für Liturgieforschung 23, Göttingen 1991.

len, darf auch nicht davon träumen, es ließe sich ein intaktes kultisches Leben durch eine gezielte Erneuerung wieder restituieren.[97]

Funktion

In den meisten wissenschaftlichen Disziplinen, die für das Verständnis des Gottesdienstes aufschlußreich sind, wird Verhalten auf seine funktionale Relevanz untersucht. Das gilt auch für die Analyse und Bewertung der religiösen Rituale. »Das Ritual der höheren Tiere fügt das Individuum in Stimmung und Funktion in das überindividuelle Leben derart ein und läßt es Leistungen vollziehen, die nur in diesem überindividuellen Ganzen Sinn haben. So wirkt das Ritual auch beim Menschen: es ist auch bei uns ein Organ überindividueller Gestaltung«[98], konstatiert der Biologe. Und der Verhaltensforscher spezifiziert, daß sich »die Religion auch als eine ungemein wertvolle Hilfe für den sozialen Zusammenhalt erwiesen« habe[99], insofern sie nach dem Ausfall der umfassenden Instinktsteuerung die Aufgabe der Verhaltensorientierung übernommen hat. Weil die religiösen Zwangsrituale die Triebkonflikte nicht zu lösen vermögen, müssen sie nach S. Freud durch die mühsame Arbeit an der Erweiterung des Bewußtseins, durch den Gott Logos endlich, ersetzt werden.[100] Und die Habitualisierung des Verhaltens, wie sie in den Ritualen und Institutionen erfolgt, ist eine »der großartigsten Kultureigenschaften«, weil sie eine »Entlastungsfunktion von der subjektiven Motivation und von dauernden Improvisationen fallweise zu vertretender Entschlüsse« wahrnimmt.[101]

In seinem Prospekt einer »Theorie des Gottesdienstes« hat P. Cornehl diesen funktionalen Ansatz umsichtig und konsequent durchgeführt. Auch er betrachtet »gottesdienstliches Handeln als allgemeines religiöses und humanes Phänomen« und verfolgt das Ziel, »es im Rahmen einer theologischen Anthropologie sowie einer Theorie des kirchlichen Handelns systematisch zu rekonstruieren«.[102] Im Anschluß an die soziologischen Thesen von E. Durkheim un-

97 Daß sie die gesellschaftlichen Voraussetzungen des liturgischen Verfalls nicht radikal genug berücksichtigt haben, ist das elementare Defizit aller liturgischen Bewegungen in diesem Jahrhundert.

98 A. Portmann, Das Tier als soziales Wesen, Frankfurt 1978, 334.

99 D. Morris, Der nackte Affe, München 1968, 169. Ohne diese normative Funktion grundsätzlich bestreiten zu wollen, gehört für A. Hardy, Der Mensch – das betende Tier. Religiosität als Faktor der Evolution, Stuttgart 1979, 73f, zur Religion auf jeden Fall auch »die Universalität dieses Gefühls der Abhängigkeit von einer übermenschlichen Macht«; zu seiner Auseinandersetzung mit Morris vgl. 139ff.

100 S. Freud, Die Zukunft einer Illusion (1927), Studienausgabe IX, Frankfurt 1982, 187f.

101 A. Gehlen, a.a.O. 43.

102 P. Cornehl, Theorie des Gottesdienstes – ein Prospekt, Theologische Quartalschrift 159, 1979, 179.

terscheidet er drei zentrale Funktionen des Kults: »Orientierung, Expression und Affirmation«. Im einzelnen erklärt er diese Begriffe folgendermaßen: »Religion leistet Orientierung, ohne die kein sinnvolles, zweckgerichtetes Handeln möglich ist. Der Kult stellt das Orientierungswissen öffentlich dar durch symbolische Repräsentation, dramatische Inszenierung und verbindliche Interpretation«.[103] In der Expression können sich Gefühle und Sehnsüchte, Ängste und Wünsche artikulieren. »Liturgie als Ausdruckshandlung sichert dem Gottesdienst ein Moment des Unzweckmäßigen. Authentischer Kult ist deshalb nie nur Mittel, sondern wesentlich zweckfreie Äußerung, absichtslose Erhebung des Menschen zum Göttlichen«.[104] In der Bearbeitung grundlegender Negativitäten wie Leid, Schuld und Tod erfolgt »Affirmation: Vergewisserung, Versöhnung, Erneuerung - im Vollzug und durch den Vollzug der kultischen Handlung«.[105] Auf Grund seiner historischen Studien kann Cornehl nicht übersehen, daß die Erfüllung dieser Funktionen für die Gesamtgesellschaft in der Gegenwart nicht mehr im kirchlichen Gottesdienst, sondern in den Massenmedien vonstatten geht. Das kann einen Verlust an Öffentlichkeitsrelevanz implizieren, enthält auf der anderen Seite aber auch dessen Freigabe für die spezifischen Ziele der Christengemeinde. Deshalb lautet Cornehls zentrale These, in funktionalistischer Betrachtung gewonnen und durch historisch-gesellschaftliche Differenzierung präzisiert: »Im Gottesdienst vollzieht sich das darstellende Handeln der Kirche als öffentliche symbolische Kommunikation der christlichen Erfahrung im Medium biblischer und kirchlicher Überlieferung. Als Feier der Befreiung und Versöhnung zielt der Gottesdienst auf Orientierung, Ausdruck, Vergewisserung und Erneuerung des Glaubens«.[106]

Es liegt auf der Hand, daß für eine verhaltenswissenschaftlich orientierte Liturgik, wie sie hier vorgelegt wird, eine solche funktionale Betrachtung des Gottesdienstes unverzichtbar ist. In diesem Zusammenhang wird nämlich deutlich, daß das kultische Verhalten nicht nur in genetischer Hinsicht mit den Gesetzmäßigkeiten des allgemeinen Verhaltens verbunden ist. Vielmehr muß schon die geschichtliche Betrachtung, wenn sie eine wechselseitige Beeinflussung von gesellschaftlichen und religiösen Entwicklungstendenzen unterstellt, mit einer fundamentalen Interdependenz beider Lebensbereiche rechnen[107], die sich dann unter funktionalen Gesichtspunkten genauer bestimmen läßt. Das Grundproblem, das sich dabei stellt, besteht in der systematischen Zuordnung von profanem Alltags- und religiösem Kultverhalten. Die konkreten Ver-

103 A.a.O. 181.
104 A.a.O. 182.
105 Ebd.
106 A.a.O. 186.
107 Das verdeutlicht in seinen dokumentarisch angelegten Werken auch der Schriftsteller H. Fichte; vgl. ders., Xango. Die afroamerikanischen Religionen: Bahia, Haiti, Trinidad, Frankfurt 1984, sowie ders., Petersilie. Die afroamerikanischen Religionen: Santo Domingo, Venezuela, Miami, Grenada, Frankfurt 1984.

haltenselemente, die wir im Anschluß an die Agende zu untersuchen haben, machen verschiedene Modelle einer solchen Zuordnung sichtbar.

Wie sich am Beispiel des Sitzens und der sich dabei ändernden Macht- und Kommunikationsstrukturen zeigen wird, kann das Verhalten im Kult eine Variante des in der Gesellschaft Üblichen bilden. Wenn beim Abendmahl Sühne für Sünde erfolgt, dann leistet das heilige Essen unter anderem auch eine religiöse Bearbeitung des profanen Essens, weil in einer carnivoren Kultur der Verzehr von Fleisch immer die schuldhafte Tötung von Leben einschließt. Schließlich liefert der gottesdienstliche Segen ein Beispiel dafür, wie das Alltagsverhalten, das sich in Trennungs- und Abschiedsriten manifestiert, im gottesdienstlichen Ablauf durch die Integration der Gottheit in die Sprechhandlung transzendiert und radikalisiert wird.

Dennoch darf man sich gerade in einer theologisch verantworteten Liturgik mit einer funktionalen Betrachtung der Phänomene nicht zufriedengeben. Nicht nur die Wahrheitsfrage verlangt eine weitere Klärung, weil ja zur Orientierung, Expression und Affirmation des Einzelnen in der Gesellschaft die Produkte der Unterhaltungsindustrie mittlerweile einen mindestens ebenso relevanten Beitrag leisten. Nicht ohne Grund hat man den Konsum von Massenmedien zur Tagesgestaltung durch die Stundengebete in Parallele gesetzt.[108] Und das Abreagieren von psychischen Spannungen ist durch aktive oder passive, direkte oder medial vermittelte Partizipation an Sportveranstaltungen weitaus besser möglich als durch die Teilnahme an einem Gottesdienst, der körperliche und affektive Bewegungen in ein sehr enges Verhaltenskorsett preßt.[109]

Der Wahrheitsanspruch, den das religiöse Ritual in seinem Vollzug erhebt und durchsetzt, läßt sich nicht einmal dadurch verifizieren, daß man seine funktionale Überlegenheit durch den Hinweis auf seine besondere Integrationsbreite begründet. In der Tat kann der christliche Kult, in dessen Zentrum das Kreuz steht, Negativerfahrungen des Lebens wie Leid, Schuld und Tod sehr viel subtiler und vielleicht auch realitätsgerechter bearbeiten, als das z.B. in einem Kriminalfilm geschieht. Dennoch könnte ein Vergleich auf der funktionalen Ebene, sofern er methodisch fundiert erfolgt, letztlich nicht mehr beweisen, als daß der Gottesdienst einen besonders qualitätsvollen Service zur individuellen und kollektiven Psychohygiene zu liefern vermag.

Das wäre sehr viel. Aber doch nicht genug. In seinen Aussagen formuliert jeder Kult die Absicht, in die Begegnung mit einer spezifischen Macht zu führen. Und das Verhalten, das man im Ritual absolviert, läßt sich dementsprechend als, gewiß paradoxes, methodisches Verfahren interpretieren, um die intendierte Begegnung zustande zu bringen. In dieser Begegnung soll es um

108 Vgl. H.-J. Benedict, Vom Trost der christlichen Religion zur Tröstung durch die Massenmedien?, ThPr 11, 1976, 89ff.

109 Vgl. M. Josuttis, Beim Sport wie in der Religion. Zwei Wege zur Identitätsfindung, Evangelische Kommentare 11, 1978, 144ff.

Glück, Heil und Segen gehen, also um Ziele, die mit den Vitalinteressen von Lebewesen aufs engste verknüpft sind. Aber beim Verfolg dieser Ziele gerät man alsbald in einen Zustand der Selbstvergessenheit. Was als Unternehmen zur Sicherung des eigenen Lebens beginnt, endet in der zweckfreien Doxologie des lebendigen Gottes. Im Gottesdienst selbst wird der funktionale Horizont transzendiert. Die Frage ist nur: Welche Wirklichkeit tut sich auf, wenn Menschen sich und ihre Lebenskonflikte vergessen und in eine Stimmung geraten, in der sie sich mit der weltweiten, ewig währenden Anbetung des Schöpfers vereinigt wissen?

Wirklichkeit

Der Gottesdienst, der nach der Agende abläuft, ist eine Form kultischer Praxis. Menschen versammeln sich zur Gottesverehrung und schreiben ihrem Verhalten besondere Wirksamkeit zu, weil und sofern es sie in eine besondere Wirklichkeit führt. »Mit dem Vollzug von Kulthandlungen ist die Überzeugung verknüpft, daß sie nicht nur etwas bedeuten, sondern auch etwas bewirken, und zwar nicht nur im Bewußtsein der Beteiligten, sondern in der Welt: sei es in der Natur (wie in Fruchtbarkeitskulten), sei es in der Gesellschaft (wie in den großen Staatskulten der Antike, etwa den Panathenäen oder den römischen Säkularfeiern), sei es wenigstens in derjenigen gesellschaftlichen Gruppe, der die Kultfeiernden angehören (wie die Christen von der ›Einheit des Brotes‹ die Wirkung erwarten, zur ›Einheit des Herrenleibes‹ zusammengeschlossen und so zur Bruderliebe nicht nur subjektiv motiviert, sondern auch real befähigt zu werden). Die Natur, die Gesellschaft und die Kultgemeinde selbst sollen ›erneuert‹ werden, wenn diejenigen göttlichen Handlungen kultisch gefeiert werden, durch die sie ›im Anfang‹ gegründet worden sind«.[110]

Insbesondere Vertreter der dialektischen Theologie haben »wider die liturgische Dimension« opponiert.[111] Ihren Einspruch hat am deutlichsten G. Harbsmeier vorgetragen. Für ihn ist das kultische Handeln eine Spezialform menschlichen Handelns überhaupt und deshalb von jener Tendenz bestimmt, die das menschliche Weltverhältnis grundlegend charakterisiert, von der Tendenz zur Selbstsicherung und Fremdbemächtigung: »Insofern . . . ist das Kultische nur die den Göttern zugewandte Seite ein und desselben Verhaltens des Menschen, der im Kult genau dasselbe will, was er auch im Profanen will; fertig werden mit der Welt und damit auch mit den diese Welt beherrschenden Göt-

110 R. Schaeffler, Kultisches Handeln. Die Frage nach Proben seiner Bewährung und nach Kriterien seiner Legitimation, in: A. Hahn u.a., Anthropologie des Kults, Freiburg 1977, 40.

111 Vgl. F. Buchholz, Wider die »Liturgische Dimension«, in: Liturgie und Gemeinde. Gesammelte Aufsätze, ThB 45, München 1971, 175ff; s. aber auch O. Weber, Versammelte Gemeinde. Beiträge zum Gespräch über Kirche und Gottesdienst, Neukirchen 1949, sowie zuletzt O. Herlyn, Theologie der Gottesdienstgestaltung, Neukirchen 1988.

tern«.[112] Weil es menschliche Selbstbehauptung auch gegenüber dem Göttlichen durchsetzen will, ist das kultische Verhalten im Kontext der Rechtfertigungslehre als Werk zu qualifizieren, von der Sünde besetzt, durch die Gnadentat Gottes überflüssig gemacht, durch den Glauben befreit, voller Demut in Dienst zu nehmen. Wenn Christus das Ende des Gesetzes ist (Röm. 10,4), dann ist er auch »das Ende des Kultischen«.[113] Die Kirche ist auf der einen Seite frei von dem Zwang, sich mit Hilfe kultischer Praxis der Barmherzigkeit Gottes vergewissern zu müssen. Sie ist auf der anderen Seite aber ebenso frei, die kultischen Verhaltensformen zu übernehmen. Im eschatologischen Einbruch der Gegenwart Gottes im christlichen Gottesdienst ereignet sich die Aufhebung jener religiösen Grundanschauung, »daß die Bezirke des Kultischen und des Profanen lokalisierbar oder zeitlich festlegbar sind«.[114]

Die Kritik der dialektischen Theologie an einem Kultverständnis, das den Gottesdienst zur Selbstrechtfertigung einsetzt und ihn ansonsten von der gesellschaftlichen Praxis isoliert, ist berechtigt. Insbesondere hat diese Kritik darauf aufmerksam gemacht, daß die Wirklichkeit, die sich im gottesdienstlichen Handeln erschließen soll, nicht per Magie, Zauber oder Beschwörung verfügbar ist. Kultisches Verhalten, das in seiner Intentionalität bestimmte Ziele mit bestimmten Mitteln erreichen will, findet an der Grenze des Machbaren statt und ist infolgedessen so strukturiert, daß es in den Gebeten die Attitüde der Ohnmacht gegenüber dem Göttlichen angemessen zum Ausdruck bringt. Die Menschen, die sich zur Begegnung mit der Gottheit auf den Weg machen, tun das, wahrscheinlich nicht nur im christlichen Gottesdienst, durchweg in einer gebrochenen Haltung, in Demut, voller Furcht und Zittern.

Der Streit um die Wirklichkeit, in den der Glaube verwickelt ist, darf gerade das Verständnis des Gottesdienstes nicht dem psychologischen und soziologischen Reduktionismus überlassen. Die Alternative zur genetischen und funktionalistischen Perspektive liefert freilich nicht die dogmatische Konstruktion, die das Wirklichkeitsgeschehen im Gottesdienst aus spezifischen Prinzipien des christlichen Glaubens deduziert. Im religionsphänomenologischen Konzept von H. Schmitz haben wir einen Entwurf kennengelernt, der von außertheologischen Voraussetzungen den agendarischen Ablauf in seinen wirklichkeitserschließenden Möglichkeiten zu analysieren erlaubt. Und insbesondere bei der Untersuchung der Abendmahlshandlung wird sich zeigen, daß für die Bestimmung des spezifischen Realitätsgehalts dieses Geschehen auch noch andere schonsame Kategorien zur Verfügung stehen.

Theologisch unverkrampft hat W. Jetter den Sachzusammenhang zwischen rituellem Verhalten, Bemächtigungsstreben und Wirklichkeitsgewinn in Worte

112 G. Harbsmeier, Das Problem des Kultischen im Evangelischen Gottesdienst, in: Daß wir die Predigt und sein Wort nicht verachten. Eine Aufsatzsammlung zur Theologie und Gestalt des Gottesdienstes, München 1958, 13.

113 A.a.O. 18.

114 A.a.O. 30.

gefaßt: »Wer im religiösen Ritual nur Handlungen sieht, durch die die Menschen ihre Götter beschwören, sich dienstbar machen und beeinflussen wollen, wird ihren Gebrauch im christlichen Gottesdienst mit unverhohlenem Mißtrauen betrachten. Die Beschwörung, durch die man die unheimliche Übermacht einer Gottheit in Raum und Zeit bannen, sich gegen ihre Willkür abschirmen und die eigene Lebenskraft zugleich durch sie steigern will, ist die eine, oft und viel belegte und geschilderte Seite der Sache. Man vergißt darüber nicht selten die andre: die Begehung, in der man die Gottheit nicht beeinflussen, sondern sich selbst ihren Einflüssen aussetzen will und sich in ihren Machtbereich begibt. Irgendwie steht man zwar immer darin. Das Leben hat überall und zu jeder Zeit offene Schranken, an denen das Übermächtige schicksalhaft drohend bereitsteht. In der Begehung begibt man sich ausdrücklich dort hin, um diese Übermacht zu erkennen, anzuerkennen, mit ihr umzugehen und das ungeschützte Leben gerade dort, wo es ständig bedroht ist, begehbar zu machen«.[115]

Handeln und Verhalten

Die Praktische Theologie der Gegenwart hat sich in maßgeblichen Vertretern als Handlungswissenschaft definiert.[116] Dennoch wird hier eine Liturgik vorgelegt, die auf verhaltenswissenschaftlichen Grundlagen aufbauen soll. Diese Entscheidung will begründet sein, zumal einzelne Versuche zu einem handlungstheoretischen Verständnis des Gottesdienstes durchaus vorliegen[117] und die Praktische Theologie von ihren Anfängen her die Lehre vom Gottesdienst im Rahmen eines handlungstheoretischen Konzepts entworfen hat. Schleiermacher hat nämlich seine Theorie des Kultus von der Unterscheidung zwischen dem wirksamen und dem darstellenden Handeln her entwickelt. In der »Christlichen Sittenlehre« verdeutlicht er, daß der Gegensatz zwischen beiden nicht absolut ist, weil man durchaus sagen kann: »jedes darstellende Handeln werde zugleich ein wirksames seyn und umgekehrt«.[118] Aber die entscheidende Aus-

115 W. Jetter, a.a.O. 118.

116 Vgl. R. Zerfaß, Praktische Theologie als Handlungswissenschaft, in: F. Klostermann/R. Zerfaß (Hg.), Praktische Theologie heute, München 1974, 164ff; K.-F. Daiber, Grundriß der Praktischen Theologie als Handlungswissenschaft, München/Mainz 1977; N. Mette, Theorie und Praxis. Wissenschaftsgeschichtliche und methodologische Untersuchungen zur Theorie-Praxis-Problematik innerhalb der Praktischen Theologie, Düsseldorf 1978.

117 Vgl. M. Josuttis, Zu einigen handlungstheoretischen Anfragen an die Liturgiewissenschaft, in: Kommunikation und Solidarität. Festschrift H. Peukert, Freiburg 1985, 231ff; R. Zerfaß, Gottesdienst als Handlungsfeld der Kirche. Liturgiewissenschaft als Praktische Theologie? LJ 38, 1988, 30ff.

118 F.D.E. Schleiermacher, Christliche Sittenlehre. Einleitung (Wintersemester 1826/27), hg. v. H. Peiter, Stuttgart 1983, 95f.

sage aus der »Praktischen Theologie«, die in handlungstheoretischen Entwürfen bis heute nachwirkt, lautet: »Die Geschäftsthätigkeit geht allemal auf einen Effect aus der außer der Thätigkeit selbst liegt. Das erhöhete Bewußtsein ist nichts anderes als die Thätigkeit selbst«.[119] Damit hat Schleiermacher ein Fundament gewonnen, auf dem sich (1.) die Gemeinsamkeit kultischer Praxis mit anderen menschlichen Tätigkeiten, auf dem sich (2.) die Besonderheit kultischer Praxis gegenüber den Alltagsverrichtungen und auf dem sich (3.) die freilich nicht exklusive Überlegenheit kultischer Praxis bei der Darstellung wahrer Humanität aufzeigen läßt. »Die Differenz liegt im religiösen Charakter, die Entstehung ist dieselbe. In der Geschäftsthätigkeit ist das Selbstbewußtsein des Menschen zurükkgedrängt. Der Mensch will immer sich selbst bewußt sein, aber in der äußeren Thätigkeit kann er es nicht. Die Thätigkeit wird unterbrochen und das Selbstbewußtsein freigelassen, das Innerliche will auch äußerlich in die Erscheinung heraustreten. Für die religiöse Potenz sind die religiösen Vereine, für die sinnliche die übrigen geselligen Vereinigungen«.[120]

In jüngster Zeit ist das handlungstheoretische Verständnis der kirchlichen Praxis vor allem durch die »Theorie des kommunikativen Handelns« bereichert worden, die J. Habermas entwickelt hat. H. Peukert hat von da aus die neutestamentliche Verkündigung der Auferstehung Jesu in fundamentaltheologischer Absicht so zur Sprache gebracht: »Der Glaube ist in sich selbst eine Praxis, die als Praxis, also im konkreten kommunikativen Handeln, Gott für die anderen behauptet und diese Behauptung im Handeln zu bewähren versucht. Der Glaube an die Auferweckung Jesu ist Glaube als faktisch auf das Heil für die anderen und damit für die Eigenexistenz vorgreifendes kommunikatives Handeln. Als praktische Solidarität mit den anderen bedeutet er die Behauptung der Wirklichkeit Gottes für sie und für die eigene Existenz«.[121] Im liturgiewissenschaftlichen Kontext ist nach R. Zerfaß vor allem »die Unterscheidung zwischen instrumentellem und kommunikativem Handeln« bedeutsam, »zwischen Herstellung, Produktion, Arbeit einerseits, die sich als Subjekt-Objekt-Relation und als Zweck-Mittel-Verhältnis beschreiben lassen, und Begegnung, Kommunikation, Zuwendung andererseits, . . . die sich in Subjekt-Subjekt-Beziehungen äußern und nicht unter die Zweck-Mittel-Kalkulation verrechenbar sind, weil es in sich selbst sinnvolle, die unverletzbare Würde des Menschen als Menschen zum Ausdruck bringende und fördernde Vorgänge sind«.[122] Zu

119 F.D.E. Schleiermacher, Die praktische Theologie nach den Grundsätzen der evangelischen Kirche (1850), Berlin 1983, 71.
120 A.a.O. 72.
121 H. Peukert, Wissenschaftstheorie – Handlungstheorie – Fundamentale Theologie. Analysen zu Ansatz und Status theologischer Theoriebildung, Frankfurt 1978, 331.
122 R. Zerfaß, Gottesdienst als Handlungsfeld der Kirche, a.a.O. 47. G. Altner, Grammatik der Schöpfung. Theologische Inhalte der Biologie, Stuttgart 1971, 69, weist darauf hin, daß »über das Verhalten des Menschen immer schon in der Doppel-

den fundamentalen Spielregeln einer kommunikativen Gemeindepraxis gehören deshalb für Chr. Bäumler »Offenheit - Herrschaftsfreiheit - Partizipation - Solidarität«.[123]

Ausgeschlossen ist durch den handlungstheoretischen Rahmen ein Verständnis des Gottesdienstes

- als planes Verhaltensprogramm von Reiz-Reaktions-Ketten im Sinne des Behaviorismus;
- als klerikale Besserungsanstalt, die die Gemeinde als Objekt von Bekehrungs- und Belehrungsabsichten behandelt;
- als zwanghaftes Zeremoniell gegenüber der Gottheit, durch dessen korrekten Vollzug Schuld gesühnt und Gnade gewonnen wird.

In allen drei Hinsichten sichert die handlungstheoretische Basis das Gottesdienstverständnis vor einem Ritualismus, dessen Pathologie E. H. Erikson mit den Stichworten Idolismus, Legalismus, Formalismus und Totalismus beschrieben hat.[124] Dennoch gibt es gerade im liturgiewissenschaftlichen Kontext gute Gründe dafür, im Rahmen und auf der Basis einer Handlungstheorie auf die Verwendung des Verhaltensbegriffs nicht prinzipiell zu verzichten. Diese Gründe sind gegenstandsbezogener, wissenschaftspraktischer und theologiekritischer Art.

Handeln unterscheidet sich vom Verhalten durch Sprach- und Bewußtseinsorientierung. Tiere verhalten sich, können aber nicht handeln. Menschen können handeln, können sich aber auch verhalten. Gerade rituelle Praxis ist durch archaisches Erbe bestimmt und kann weder in ihrer Genese noch bei ihrem Vollzug durch Bewußtseinsakte vollständig eingeholt werden. Außerdem läßt die normative Fixierung, mit der die Agende die Aktivitäten der Gottesdienstteilnehmer steuert, ihnen kaum die Chance zu Konsensbildung und kommunikativer Regulation. Schließlich führt auch die Tatsache, daß zur Zielperspektive jedes religiösen Rituals die Annäherung an eine transhumane Macht gehört, auf der einen Seite dazu, daß sich kultische Praxis als methodisch reflektiertes Handeln verstehen läßt, aber dieses Handeln enthält auf der anderen Seite so zahlreiche Elemente regressiven Verhaltens, daß eine einseitig handlungstheoretische Betrachtung nicht sachgemäß wäre.

Aber auch aus wissenschaftspraktischen Gründen liegt es nahe, das gottesdienstliche Handeln, wie es durch die Agende programmiert wird, als Verhaltenssequenz zu betrachten. Nur so ist die Integration jener Disziplinen möglich, die ihre Sicht menschlicher Praxis auf der Basis einer Verhaltenstheorie ent-

heit von natürlicher Determination und sinnfindender Selbstbestimmung reflektiert worden ist«.

123 Chr. Bäumler, Kommunikative Gemeindepraxis. Eine Untersuchung ihrer Bedingungen und Möglichkeiten, München 1984, 44.

124 E.H. Erikson, Kinderspiel und politische Phantasie. Stufen in der Ritualisierung der Realität, Frankfurt 1978, 73ff.

worfen haben. Das gilt insbesondere für die Ritualtheorien, denen durchweg ein mehr oder weniger ausgearbeitetes Verhaltensmodell zugrunde liegt. Die berechtigte Ablehnung behavioristischer Einseitigkeiten sollte nicht dazu führen, daß das Gespräch mit dem breiten Spektrum sonstiger Verhaltensentwürfe theologischerseits nicht mehr gesucht wird.

Ein solches Gespräch ist auch deswegen unvermeidlich, weil die Verhaltenswissenschaften zahlreiche theologiekritische Aspekte enthalten, denen man sich notwendigerweise zu stellen hat. Gegen alle Tendenzen zu lebenspraktischer Abstraktion in der Theologie verweisen die Verhaltenswissenschaften darauf, daß auch der christliche Glaube in die Gesetze und Konflikte, die alles Lebendige prägen, eingespannt ist. Gegen alle Tendenzen zur kirchlichen Isolierung machen sie darauf aufmerksam, daß auch der christliche Gottesdienst in die Religions-, Kultur- und Gesellschaftsgeschichte eingebettet abläuft. Und gegen alle Tendenzen zur Rationalisierung, die den theologischen Dogmatismus bestimmen, legen sie frei, daß gerade in den religiösen Ritualen scheinbar Absurdes und Absonderliches, Erfreuliches, aber auch Schreckliches abläuft. So bilden gerade die Verhaltenswissenschaften für eine ideophile Theologie ein notwendiges Korrektiv, ein Realitätsprinzip, deswegen unverzichtbar, weil der Glaube in jeder Hinsicht einen Sitz im Leben hat.

Verhalten und Gestalten

Der Weg in das Leben, den der Gottesdienst geht, setzt sich aus Einzelschritten zusammen. Deshalb wird eine Einführung in den Gottesdienst folgende Verhaltenselemente berücksichtigen müssen:

- das Gehen,
- das Sitzen,
- das Sehen,
- das Singen,
- das Hören,
- das Essen,
- das Gehen.

In den einzelnen Kapiteln sind die Gewichte zwischen der genetischen, der funktionalen und der phänomenologischen Betrachtung unterschiedlich verteilt. Auf jeden Fall ist aber intendiert, den Vollzug heutiger agendarischer Praxis in das allgemeine Verhaltensrepertoire des animal symbolicum zu integrieren, um auf diese Weise das eigentümliche Profil des protestantischen Gottesdienstes in Umrissen bestimmen zu können. Am deutlichsten tritt dieses Interesse wahrscheinlich in den Darlegungen zum Hören und Essen heraus, weil dort vor der schrittweisen Analyse des agendarischen Ablaufs elementare Konflikte und Konstellationen, die diese Verhaltensformen beim Einzelnen, in der Gesellschaft wie in der Religion beinhalten, beschrieben werden.

Spätestens dann, aber natürlich auch bei den Aussagen über die Bedeutung der Kirchenbank und bei der Interpretation klassischer Kirchenlieder stellt sich die Frage nach der Reform des gegenwärtigen Gottesdienstes. In der Übergangsphase zwischen Agende I und Erneuerter Agende werden hier die wesentlichen Etappen des Ordinariums bzw. der Grundform I als Modell für die Darstellung des liturgischen Verhaltens im protestantischen Gottesdienst herangezogen.[125] Gleichzeitig wird aber auf Vorschläge zur Umgestaltung dieses Gottesdienstes verzichtet. Beide Entscheidungen sind begründungsbedürftig.

Die Verhaltensanalyse des protestantischen Gottesdienstes, wie sie hier vorgelegt wird, enthält also kein Reformprogramm. Man kann dafür den Autor verantwortlich machen und die Hypothese bestätigt finden, daß die Beschäftigung mit liturgischen Fragen die theologische Einstellung in konservative Richtung beeinflußt. Man kann darin die Problematik einer phänomenologisch orientierten Wissenschaft ausgedrückt sehen, die die gottesdienstliche Praxis wertfrei beschreiben, aber keine Kategorien für die Gestaltung dieser Praxis entwickeln kann. Man kann schließlich mit O. Baumgarten die Aufgabe dem Leser zuschieben: »Die Reform der Liturgie ist völlig Nebensache gegenüber der Reform der Liturgen«,[126] und also nicht nur eine Liturgiekatechese in den Gemeinden, sondern vor allem die verbesserte Ausbildung der Pfarrer/innen verlangen.

All diese Argumente und Vorschläge schaffen freilich den Tatbestand nicht aus der Welt, daß Agende I/Erneuerte Agende eine Verhaltenssequenz darstellt, die im Kommunikations- und Symbolrepertoire der soziokulturellen Umwelt wie ein exotischer Fremdkörper wirken muß. K.-H. Bieritz hat recht, wenn er die liturgische Inszenierung durch eine elementare »Opposition von gegenwärtiger und überlieferter Kultur bestimmt« sieht. »Die kulturelle Schwelle, die einer überwinden muß, der sich zum Besuch des geschilderten Gottesdienstes entschließt, ist in der Tat hoch: Da ist der Raum mit seiner besonderen Architektur, aber auch den besonderen Umgangs- und Verhaltensregeln, die in ihm gelten. Da ist das Publikum, das hier zu Hause ist und dem Fremdling deutliche Mißbilligung signalisiert, wenn er gegen diese Regeln verstößt. Da ist das Stück, das aufgeführt wird, das nicht ohne weiteres aus sich verständlich ist, sondern offenbar besondere Vorkenntnisse verlangt«.[127]

Die hier konstatierte Abständigkeit läßt sich nicht auf das Konto einer prinzipiellen Fremdheit zwischen der Sakralsphäre und der Profanität des Alltagslebens verbuchen; vielmehr wirken hier zweifellos Diskrepanzen geschichtlicher und sozialer Natur hinein[128], die den Zugang zum Gottesdienst für be-

125 Das involviert nur bedingt ein »Plädoyer für die Messe«, wie es E. Hertzsch, ThLZ 103, 1978, 401ff gehalten hat.

126 Zitiert nach H. von Bassi, Otto Baumgarten. Ein »moderner Theologe« im Kaiserreich und in der Weimarer Republik, Frankfurt 1988, 349.

127 K.-H. Bieritz, Gottesdienst als offenes Kunstwerk? Zur Dramaturgie des Gottesdienstes, PTh 75, 1986, 371.

128 Vgl. die älteren Arbeiten von S.S. Acquaviva, Der Untergang des Heiligen in der industriellen Gesellschaft, Essen 1964, und K. Brockmöller, Industriekultur und Religion, 2. Auflage, Frankfurt 1964.

stimmte Schichten[129], aber auch einzelne Lebensalter[130] erschweren. Aber auch Bieritz zögert damit, für eine radikale Modernisierung des gottesdienstlichen Zeichensystems zu plädieren. Die von ihm angeführten Gründe, die das Verhältnis von Tradition und Situation bei der Produktion und Rezeption von Zeichengestalten betreffen, möchte ich durch zwei Argumente ergänzen, die den gesellschaftlichen Ort der konstatierten Diskrepanz und die Möglichkeiten zu ihrer Überwindung reflektieren.[131]

Die zunehmende Entfremdung auf der gesellschaftlichen Symbolebene drückt ja zugleich eine wachsende Vertreibung auf der sozialen Verhaltensebene aus. Viele Kräfte in der Gesellschaft haben in der Tat eine Interesse daran, Göttliches wie ein gefährliches Tier »in den Käfig des Sonntags« zu sperren. Und wer die Gesetze des Marktes als Arbeiter oder Beamter, als Manager, Unternehmer oder Arbeitsloser zu respektieren gelernt hat, der hat wenig Zeit, Kraft und Lust, das wilde Tier einigermaßen regelmäßig zu besichtigen. Die Bedrohung, die dieses Tier darstellt, wird von jenen, die den Gottesdienst meiden, vielleicht immer noch ernster genommen, als das bei denen der Fall ist, die unter dem Schutz eines volkskirchlichen Milieus oder eines frommen Bewußtseins die Gefährlichkeit des Heiligen für den Lebensvollzug kaum noch spüren.

Weil sich im Gottesdienstbesuch immer auch das gültige Verhältnis zwischen Religion und Gesellschaft abbildet, ist das jahrelang betriebene Unterfangen, durch Änderung der Gottesdienstformen die Attraktivität des Gottesdienstes zu erhöhen, weitgehend illusionär gewesen.[132] Gerade die Einsicht in

129 Das gilt insbesondere für Arbeiter und Unternehmer; vgl. M. Schibilsky, Alltagswelt und Sonntagskirche. Sozialethisch orientierte Gemeindearbeit im Industriegebiet, München 1983; G. Wegner, Alltägliche Distanz. Zum Verhältnis von Arbeitern und Kirche, Hannover 1988; F.-X. Kaufmann/W. Kerber/P.M. Zulehner, Ethos und Religion bei Führungskräften. Eine Studie im Auftrag des Arbeitskreises für Führungskräfte in der Wirtschaft, München 1986.

130 Vgl. A. Feige, Erfahrungen mit Kirche. Daten und Analyse einer empirischen Untersuchung über Beziehungen und Einstellungen Junger Erwachsener zur Kirche, 2. Auflage, Hannover 1982, 106ff.

131 Zur liturgiewissenschaftlichen Diskussion soziologischer Einsichten vgl. R. Volp, Liturgie als soziales Verhalten. Kritische Beobachtungen und Postulate zur empirischen Methode, WPKG 64, 1975, 28ff, und H.-Chr. Schmidt-Lauber, Die Bedeutung des Gottesdienstes für den säkularen Menschen, JLH 24, 1980, 23ff, sowie zuletzt P. Cornehl, Teilnahme am Gottesdienst. Zur Logik des Verhaltens – Befund und Konsequenzen, in: J. Matthes (Hg.), Kirchenmitgliedschaft im Wandel. Untersuchungen zur Realität der Volkskirche, Gütersloh 1990, 15ff.

132 Vgl. G. Schmidtchen, Gottesdienst in einer rationalen Welt. Religionssoziologische Untersuchungen im Bereich der VELKD, Stuttgart 1973, 1: »Die Gestaltung des Gottesdienstes erklärt vom Kirchenbesuch nur relativ wenig. Die historisch-gesellschaftliche Situation und die theologischen Antworten darau erklären dagegen sehr viel von der Einstellung gegenüber der Kirche und der Art, wie sie sich realisiert. Liturgische Reformen sind ein unzureichendes Instrumentarium, um das Verhältnis von Kirche und Gesellschaft zu ändern«.

soziologische Konstellationen kann Theologie und Kirche vor liturgischem Machbarkeitswahn bewahren.[133] Gewiß gehört auch der Gottesdienst in den allgemeinen Lebensprozeß, und gewiß muß auch er sich permanent mit den veränderten Kommunikations- und Symbolisierungsbedingungen seiner soziokulturellen Umwelt arrangieren. Das wird nicht nur in der Predigt zur Geltung kommen, in der Bibelübersetzung, in den Formulierungen von Gebeten[134] und Liedern, sondern immer auch eine neue Balance zwischen den elementaren Oppositionen verlangen, die das Gottesdienstverhalten regulieren:

- Fixierung und Spontaneität,
- Tradition und Innovation,
- Repräsentanz und Partizipation,
- körperliche und psychische Mobilität,
- Emotionalität und Rationalität,
- Aktion und Interpretation.

Was die hier vorgelegte Analyse des Ordinariums der Agende zu leisten versucht, ist die Einsicht in die Tiefenstruktur eines rituellen Verhaltens, das in einem langjährigen Sozialisationsprozeß angeeignet werden muß, das auch aktuelle Vorbereitungsakte erfordert, das dem Bewußtsein aller Teilnehmer immer nur partiell zugänglich wird, das, wie jedermann weiß, von weit her kommt, das aber auch, wenn man sich darauf einlassen kann, weit führt. Die Konzentration auf die alte Agende will die Aufgabe einer Gottesdienstreform nicht stoppen. Aber sie will das Bewußtsein für das schärfen, was in den notwendigen Prozeduren der Umgestaltung nicht verlorengehen darf. Was der Dichter zu dem Umgang mit der poetischen Tradition konstatiert, gilt erst recht für das Verhältnis des Liturgen zur Liturgie: »Wir können Shakespeare ändern, wenn wir ihn ändern können«.[135]

133 Vgl. die beiden Thesen bei G.M. Martin, Ausverkauf oder armes Theater. Unser Kultus im Kontext gegenwärtiger Kultur, ZGP 8/6, 1990, 31: »Der wahre Kultus, der Hintergrundstext der gegenwärtigen Kultur, läßt sich - nicht erst seit gestern - zusammenfassen in der Neo-Descarteschen Formel: consumo ergo sum oder, absurder und apokalyptischer noch: consumo ergo mundus consumator. . . . ›Unser‹ christlicher Kultus wie auch andere Erscheinungsformen kirchlichen Lebens sind mehr, als zumeist kritisch und selbstkritisch bewußt, beeinflußt, wenn nicht durchgängig geprägt von der Logik und den Ritualen dieses umfassenden ›wahren‹ Kultus«. Die Bedeutung einer zweckfreien Liturgie als Alternative zur Risiko-Gesellschaft (U. Beck) betont nachdrücklich Chr. Bizer, Evangelische Jugendarbeit unter den Bedingungen der Risikogesellschaft - aus der Sicht eines Theologen, in: Studientexte. Zeitschrift für Konzeption und Geschichte evangelischer Jugendarbeit 3/90, Stuttgart 1990, 20ff.

134 Eine wichtige Gegenwartsaufgabe formulieren: H. Wegener/ H. Köhler/ C. Kopsch, Frauen fordern eine gerechte Sprache, Gütersloh 1990.

135 B. Brecht, Die Dialektik auf dem Theater, Gesammelte Werke 16, Frankfurt 1967, 879.

Gehen

Alles Leben verhält sich - einiges Leben verhält sich manchmal nach der Agende. Menschen machen sich zum Kult auf den Weg. Bestimmte Gruppen versammeln sich zu bestimmten Zeiten an bestimmten Orten, um bestimmte Handlungen zu vollziehen. Die erste Verhaltensweise, die bis heute zu jedem Gottesdienst gehört, besteht darin, daß man geht.

Um dieses selbstverständlich scheinende Verhalten zu verstehen, muß man einige Fragen klären. Das neuzeitliche Bewußtsein will zunächst wissen: Wer geht (noch) zum Gottesdienst? Wieso? Welche individuellen Bedürfnisse, welche gesellschaftlichen Funktionen werden dabei erfüllt? Der Gottesdienstbesuch wird dann von den Motiven und Zielen der Gottesdienstbesucher her interpretiert. Die Ur-Kunden des Kults, Stiftungsmythen und Einsetzungsberichte, sehen den Gang zum Gottesdienst durch andere Faktoren determiniert. Um die Logik gottesdienstlicher Praxis vertieft zu erfassen, wollen wir diesen Hinweisen folgen.

Menschen gehen zum Gottesdienst. Gewiß wirken auf dieses Verhalten Motive ein, die mehr oder weniger bewußt sind. Und gewiß läßt sich dieses Verhalten auch im Kontext sozialer Determinanten interpretieren. Aber der Verstehenshorizont dafür ist erst dann vollständig ausgemessen, wenn die kultischen Traditionen mit ihren eigenen Aussagen zu folgenden Fragekreisen berücksichtigt sind: Wann gehen Menschen zum Gottesdienst (I.)? Wohin gehen sie (II.)? Wer geht - wieso (III.)? Wie geht man (IV.)?

I.

Menschen gehen zum Kult in regelmäßigen Rhythmen. In vielen Kulturen gibt es Kalender, die den Gang zum Gottesdienst zeitlich determinieren. Die relevanten Mitglieder einer Gesellschaft treffen sich, um gemeinsam ein Fest zu begehen. Die mythischen Traditionen, durch die der rituelle Kontakt und der kultische Ablauf begründet werden, wechseln von Stamm zu Stamm, von Kultur zu Kultur. Aber das Verhaltensschema, daß Menschen sich regelmäßig versammeln, um ein Fest zu begehen, ist universal.

Antriebe

Es scheint auf den ersten Blick vergleichbar zu sein mit jenen saisonalen Wanderungen, die von einzelnen Tierpopulationen vollzogen werden. Zugvögel starten in wärmere Regionen, Fische kehren zu angestammten Laichplätzen zurück, Igel treffen Vorbereitungen für den Winterschlaf. Die Biologie redet von circannualen Rhythmen. Eine »innere Uhr« löst im Jahreszyklus Verhaltensprogramme aus, die, wenn sie an die Umweltbedingungen optimal angepaßt sind, für die Arterhaltung der jeweiligen Gattung sorgen.[1] Biologische Rhythmen in circadianer Breite sorgen beim Menschen für den Wechsel von Wachen und Schlafen. Die alte Vermutung, daß die Menstruationsblutung der Frau in circalunarer Folge abläuft, wird heute nicht mehr vertreten. Dennoch stellt sich die Frage: Wird auch das gottesdienstliche Verhalten durch biologische Rhythmen reguliert?

In der Schule C.G. Jungs hat E. Neumann das religiöse Ritual durch die Analyse des animalischen Instinkts erhellen wollen. Er findet darin nicht nur eine Handlungsdirektive, die auf bestimmte Reize reagiert, sondern »gleichzeitig die spezifische Antwort des Organischen auf seine Welt. So spiegelt sich die Ordnung des Kosmos in den Instinkten, die auf den Wechsel von Tag und Nacht ebenso wie auf die Jahreszeiten, auf die Abfolge der Lebensalter wie auf die spezifische Nah-Welt von Wasser, Luft, Erde, Klima und Landschaft ordnend reagieren«.[2] Daraus ergibt sich für ihn auch die Vergleichbar-

1 Vgl. L. Rensing, Biologische Rhythmen und Regulation, Grundbegriffe der modernen Biologie 10, Stuttgart 1973, 136: »Die Bedeutung der endogenen Jahresrhythmen ist zumeist identisch mit der Bedeutung der Mond- und Tagesrhythmen: Anpassung an die wechselnden Umweltverhältnisse, Synchronisation mit Artgenossen und Koordination der Funktionen im Organismus«.

2 E. Neumann, Zur psychologischen Bedeutung des Ritus, in: Kulturentwicklung und Religion, Frankfurt 1978, 11. Mindestens ebenso umstritten ist die Hypothese der formbildenden Verursachung, die die Ausbreitung strukturierter Verhaltensmuster auch auf zeitliche und räumliche Fernwirkung hin durch das Resonanzphänomen erklären will; vgl. R. Sheldrake, Das schöpferische Universum. Die Theorie des morphogenetischen Feldes, München 1984, bes. 112ff.

keit zwischen Instinkt und Ritual: »Die Analogie der quasi-rituellen Instinkte zum menschlichen Ritus besteht darin, daß sich hier wie dort die transpersonale Macht einer kollektiv-geistigen Wirklichkeit im zwanghaft scheinenden Tun des Einzelwesens durchsetzt«.[3] Auch das Verhalten, das vom Instinkt gesteuert wird, wird durch den »Geist der Spezies«[4] determiniert; und noch das komplexeste Ritual, das vom Bewußtsein durchdrungen scheint, ist »kein bewußtes Tun. Sein archetypischer Hintergrund bleibt das beherrschende Element«.[5] Diese Verklammerung von instinktivem Verhalten und bewußtem Handeln im Ritual gilt nach Neumann nicht nur strukturell, sondern auch genetisch. Menschen der Urzeit haben, vom entsprechenden Archetyp in Bewegung gesetzt, den Mysterienweg entdeckt und dabei die Offenbarung der Bewußtwerdung erlebt. Jeder Ritus unternimmt seither den Versuch, die elementare Verbindung zu den grundlegenden Mächten des Lebens aufrecht zu erhalten. »Die Abhängigkeit von den transpersonalen Mächten und das Angewiesensein auf sie zwingt den Menschen, mit dieser höheren, wesenhaft wirklichen Ebene des Numinosen im Kontakt zu bleiben oder immer wieder in Kontakt zu treten, denn auf ihr findet das eigentliche Leben statt, und durch sie wird das irdisch- menschliche Leben dirigiert. Der Ritus ist die Bemühung, den Einzelnen und die Gruppe diesem Numinosen gegenüber kontaktfähig zu halten. Ohne die Kommunikation mit den transpersonalen Mächten kann das menschliche Dasein nicht standhalten, geschweige denn sich schöpferisch entfalten«.[6] Wenn Menschen in den Gottesdienst gehen, so folgen sie, müßte man in Neumanns Sinn sagen, einem instinktiven Trieb der Lebenssicherung, gleichzeitig aber auch dem Ruf der archetypischen Mächte. Sie machen sich auf den Weg, um eine andere, um die eigentliche Wirklichkeit zu entdecken.

Die »innere Uhr«, die bei manchen Lebewesen für saisonale Wanderung sorgt, ist in der Bewußtseinsgeschichte der Menschheit ersetzt worden durch soziale Symbole von religiöser Qualität[7], die verhaltenssteuernd wirken. Deshalb ist die Vergleichbarkeit zwischen den Wanderungen der Vögel, Fische und Menschen in vielfacher Hinsicht begrenzt. Menschen können und

3 E. Neumann, a.a.O. 11.
4 Ebd.
5 A.a.O. 13
6 A.a.O. 18.
7 Vgl. A. Leroi-Gourhan, Hand und Wort. Die Evolution von Technik, Sprache und Kunst, Frankfurt 1980, 394: »Mit der Notwendigkeit konfrontiert, das kollektive Überleben zu sichern - denn in allen großen Religionen gründet der normale Gang des Universums auf der Pünktlichkeit der Opfer -, waren es die religiösen Funktionsträger, die seit dem Aufgang der Zivilisationen in der Alten und der Neuen Welt die Zeit in, mindestens ideal, invariable Abschnitte einteilten, und damit wurden sie auch zu den Spendern der Monate, Tage und Stunden«.

wollen ihre kultische Praxis erklären; und sie erzählen, um ihr rituelles Verhalten verständlich zu machen, einen Mythos.

Feste

In Alaska wird folgende Legende überliefert: »Ein einsames Eskimopaar erzieht seinen ältesten Sohn zu einem tüchtigen Jäger, der aber während einer Jagd spurlos verschwindet. Dasselbe Schicksal erleidet der zweite Sohn. Der dritte schließlich wird, als er in der Wildnis umherstreift, von einem Adler überrascht. Dieser schiebt seine Haube vom Kopf zurück und verwandelt sich in einen Menschen. Er bedroht den Jüngling mit dem Tode, wenn er nicht ein Sängerfest abhalten werde. Als der Renntierjäger dazu gerne bereit ist, wird er zu der alten Adlermutter geführt, die auf einem hohen Gebirge thront. Dort lernt er alles, was zu einem wirklichen Fest gehört: Gesänge zu dichten und zu singen, die Trommel zu schlagen, vor Freude zu tanzen und eine Festhütte zu bauen. Dann erfährt er, daß man viel Fleisch heranschaffen und Menschen einladen müsse. ›Es gibt doch keine anderen als uns‹, antwortet der Jüngling. ›Die Menschen sind allein, weil sie die Gabe des F.s. nicht bekommen haben‹, erwidert die Adlermutter und verspricht, Gäste zu beschaffen. Der junge Adler fliegt dann mit dem Renntierjäger zurück, der das Fest den gegebenen Anweisungen gemäß veranstaltet. Die Gäste, in Wolfs-, Vielfraß- oder Fuchsfelle gekleidet, stellen sich paarweise ein. Nach Beendigung des F.s sehen Vater und Sohn, daß ihre Gäste wieder Tiere werden. Denn ›so gewaltig ist die Macht des F.s, daß darunter sogar Tiere Menschen werden können‹. Der Jüngling erblickt noch einmal die Adlermutter, die wieder jung geworden ist. ›Denn wenn die Menschen F. halten, werden alle alten Adler verjüngt, und deshalb ist der Adler der heilige Vogel des Gesanges, des Tanzes und des F.s‹«.[8]

In diesem Eskimo-Mythos ist alles enthalten, was für das Verständnis des Festes wesentlich ist. Jedes wirkliche Fest ist von den Göttern gestiftet. Es spielt sich ab im Konfliktfeld zwischen Leben und Tod. Vorher sterben die Menschen, und nachher werden die Adler, die heiligen Tiere, die die Ordnung der Welt repräsentieren, verjüngt. Zum Fest gehören Tanz, Gesang, Musik, gutes Essen und Trinken. Das Fest stiftet Gemeinschaft. Es hebt die Einsamkeit der Menschen auf, ja es überwindet den Unterschied zwischen Mensch und Tier; hier können Tiere Menschen werden, aber sicher trifft auch die Umkehrung zu: Am Fest dürfen Menschen wieder zu Tieren werden. Die verbindende Kraft dieses Geschehens greift bis in die himmlische

8 Zitiert nach C.-M. Edsman, Art. »Feste und Feiern I. Religionsgeschichtlich«, RGG II, 3. Auflage, Tübingen 1958, 907. Weitere Beispiele für Riten und Mythen der Welterneuerung, in denen sich teilweise auch der Wandel der Produktionsformen spiegelt, bei H.P. Duerr, Sedna oder Die Liebe zum Leben, Frankfurt 1990, 17ff.

Sphäre hinein. Es stammt von den Adler-Ahnen und sorgt dafür, daß die Adlerkraft wieder regeneriert wird. Die Götter selber haben also ein Interesse am Fest. Und umgekehrt sorgt das Fest dafür, daß in den Göttergestalten sich die Welt insgesamt erneuert.

Die Extrempositionen der theoretischen Diskussion sind durch zwei Stichworte charakterisiert: »das Fest als affirmative Überhöhung der bestehenden Ordnung und das Fest als normensprengender Exzeß«.[9] Als Repräsentant der einen Seite steht J. Pieper mit seiner These: »Ein Fest feiern heißt: die immer schon und alle Tage vollzogene Gutheißung der Welt aus besonderem Anlaß auf unalltägliche Weise begehen«.[10] Auf der anderen Seite hat S. Freud exzessive Festelemente vor allem darin gesehen, daß Inzestschranken und andere Sexualtabus[11], aber auch das Tötungsverbot gegenüber dem Totemtier fallen und also »die Entfesselung aller Triebe und die Gestattung aller Befriedigungen « abläuft[12]. Mit Recht hat G.M. Martin diese Polarität durch den Hinweis auf die wirklichkeitserschließende Kraft des Festgeschehens aufzuheben versucht: »In einer umfassenden Theorie des Festes kann weder dessen Wesen als Zustimmung, noch dessen Funktion als Widerspruch oder Exzeß isoliert betrachtet und auch nicht das eine auf das andere reduziert oder vereinheitlicht werden. Denn jede Festtheorie, die ›Fest‹ nicht als möglichst komplexe Gesamtsituation betrachtet, gerät . . . von vornherein abstrakt. Kirchweih und Kirmes, Karneval und Fastenzeit, Karfreitag und Osterlachen, Fronleichnam und Stierkampf gehören konkret, in zeitlicher und räumlicher Engführung oder gar – wie im Narren- und Eselsfest – in Simultaneität zusammen. Wenn so Exzeß und Ernst, Zustimmung und Übermut in eins gehen, dann ist aber der Drehpunkt und der Schlüsselbegriff für das Gesamtgeschehen ›Fest‹ weder Zustimmung noch Exzeß, sondern die Erweiterung, die Aufsprengung des Bewußtseins- und Lebensfeldes, also Seins- und Bewußtseinserweiterung, Steigerung des Lebens in jeder Richtung«.[13]

Die Zustimmung gegenüber dem Leben erfolgt im Rahmen gesteigerter Lebenserfahrung. Die Aufhebung der Alltagsnormen in der heiligen Hoch-

9 So W. Haug/R. Warning in ihrem Vorwort zu dem von ihnen herausgegebenen Band: Das Fest, Poetik und Hermeneutik XIV, München 1989, XV.

10 J. Pieper, Zustimmung zur Welt. Eine Theorie des Festes, München 1963, 52.

11 S. Freud, Totem und Tabu. Einige Übereinstimmungen im Seelenleben der Wilden und der Neurotiker (1912-13), Studienausgabe IX, Frankfurt 1982, 299. Eine differenzierte Typologie des Festes auf psychoanalytischer Grundlage hat jetzt J. Küchenhoff, Das Fest und die Grenzen des Ich – Begrenzung und Entgrenzung im »vom Gesetz gebotenen Exzeß«, in: W. Haug/R. Warning (Hg.), Das Fest, München 1989, 99ff, vorgelegt.

12 S. Freud, a.a.O. 424f.

13 G.M. Martin, Fest und Alltag. Bausteine zu einer Theorie des Festes, Stuttgart 1973, 21f.

zeit und im heiligen Mord stürzt die Gesellschaft nicht in soziales Chaos, weil sie durchaus regelgeleitet im Rahmen religiöser Logik vonstatten geht. Sexualität und Aggressivität können auf intensive Weise ausgelebt werden, weil sie mindestens im religiösen Fest an die Verhaltensstrukturen göttlicher Lebensmacht gebunden bleiben. Bis heute sind die religiösen wie die säkularen Feste so attraktiv, weil sie isolierte Individuen in eine Gemeinschaft verbinden und weil sie, möglicherweise, in Wirklichkeitsbereiche hineinführen, die dem Alltagsbewußtsein verschlossen sind.[14]

Menschen setzen sich von Zeit zu Zeit in Bewegung, um mit den Mächten des Lebens Kontakt aufzunehmen. Die äußere Uhr des Kalenders mit der grundlegenden Unterscheidung von heiligen und profanen Tagen reguliert ihr Verhalten in der Synchronie von Naturablauf, Gemeinschaftsprozeß und religiöser Tradition. Im Fest sind die kosmischen Zyklen der Gestirne, die Produktionsrhythmen von Aussaat und Ernte, die Biorhythmen von Geburt und Tod, von Sterben und Neubeginn mit den heilvollen Göttergeschichten verknüpft. Das Fest ist heilige Zeit, nicht nur weil es die Götter gestiftet haben, sondern weil sich die Wirklichkeit des Göttlichen bei dieser Gelegenheit in der Gemeinschaft erneut manifestiert. Und wegen der Konformität zwischen göttlichem, menschlichem und natürlichem Handeln ist es auch eine potenziert heilvolle Zeit. Die Kraft, die sich hier regeneriert, kann auch in jene Etappen und Bereiche des Lebens strömen, die ansonsten nicht durch eine solche Konformität geprägt sind.

Im Fest sind Mythos, Biorhythmus und sozialer Zyklus aufs engste miteinander verbunden. Das gilt auch für das christliche Kirchenjahr. Es läßt sich weder als modifizierte Fortsetzung des jüdischen Festkalenders noch allein von den vorausgesetzten solaren und lunaren Konstellationen her noch im Blick auf seine christologischen und pneumatologischen Inhalte zureichend interpretieren[14a]. Daß Menschen sich an den Feiertagen noch immer auf den Weg in die Kirche machen, ist Teil eines Verhaltensrepertoires, das auf kultischen Traditionen, auf sozialen Gesellungsformen, auf individuellen Be-

14 Vom handlungstheoretischen Konzept M. Webers her will W. Gebhardt, Fest, Feier und Alltag. Über die gesellschaftliche Wirklichkeit des Menschen und ihre Deutung, Frankfurt 1987, 50, »zwischen dem Fest als der Institutionalisierung des Emotionalen/Affektuellen und der Feier als der Institutionalisierung des wertrationalen Handelns unterscheiden«. »Das Fest hilft, den Alltag zu bewältigen, indem es ihn aufhebt. Die Feier hilft, den Alltag zu bewältigen, indem sie ihn bewußt macht, d.h. ihn als ein sinnvolles Geschehen ins Bewußtsein hebt. Feste und Feiern sind zwei soziale Mechanismen, in denen sich die grundsätzliche Dialektik von Außeralltäglichem und Alltäglichem verkörpert« (53).

14a Vgl. die unterschiedlichen Ansätze bei Th. Maertens, Heidnisch-jüdische Wurzeln der christlichen Feste, Mainz 1965; J. Pascher, Das liturgische Jahr, München 1963; H. Auf der Maur, Feiern im Rhythmus der Zeit I. Herrenfeste in Woche und Jahr, Gottesdienst der Kirche 5, Regensburg 1983.

dürfnissen aufbaut, das Arbeits-, Ruhe- und Feierrhythmen umfaßt, das schichten- und familien- und konfessionsspezifisch ausgeprägt ist, das aber in jedem Fall das individuelle Verhalten einbettet in den Rahmen einer gesamten Welt-Anschauung. An ihren Festen erlebt eine Menschengemeinschaft sich selbst als Bestandteil des Kosmos.

Jahreszyklus

Wann geht man zur Kirche? Der lange Streit um den Ostertermin liefert Anschauungsmaterial für die immense Begründungsfähigkeit und -bedürftigkeit des kultischen Verhaltens.[15] Die alte Kirche hat das Osterfest feiern gelernt wegen der Auferstehung ihres kultischen Heros. Sie hat sich dabei an das jüdische Passafest sowohl angeschlossen als auch davon abgegrenzt[16], und sie hat mit der endgültigen Festlegung des Ostertermins auf den ersten Sonntag nach Vollmond nach dem Frühlingsäquinoktium einen Datierungsmodus entwickelt, durch den das zentrale Datum der Heilsgeschichte verkoppelt ist mit dem Zyklus im Lauf der Gestirne.[17] Wer sich zu Ostern auf den Weg in die Kirche macht, folgt, ohne zu wissen, einem Verhaltensschema, das in sich hochkomplex strukturiert ist, weil es Individualität und Sozialität, Menschheit und Gottheit, Natur und Kultur, Geschichte und Gegenwart miteinander verschränkt.

Mit dem Kirchgang insgesamt hat die liturgische Tradition ein Grundmuster für das religiöse Verhalten entwickelt. Mindestens die großen Feste bewegen auch heute noch sehr viele Menschen. Sie folgen dabei sicher nur indirekt den fernen Bewegungen der Gestirne und den vergangenen Heilstaten Gottes, sofern man diese rein binnentheologisch interpretiert. Wahrscheinlich sind in den grundlegenden Festsymbolen bisher nicht angesprochene Aspekte enthalten, die es verständlich machen, daß Menschen aus diesem Anlaß noch immer zum Gottesdienst gehen.

Diesmal kann Weihnachten die Probleme verdeutlichen helfen. In der Terminfrage ist historisch das Bemühen erkennbar, durch die Datierung sowohl dem Rhythmus des Sonnenjahrs wie der Konkurrenz des Sonnengottes

15 Vgl. die Gegenüberstellung des römischen und des quartadezimanischen Festes bei B. Lohse, Das Passafest der Quartadezimaner, BFChTh II/54, Gütersloh 1953, 118ff.

16 Vgl. W. Huber, Passa und Ostern. Untersuchungen zur Osterfeier der alten Kirche, BZNW 35, Berlin 1969, 87: »Die selbständige Osterberechnung der Alexandriner und Römer war aus dem Willen heraus entstanden, das Hauptfest der Christen von den ungläubigen Juden, die Christus getötet hatten, möglichst unabhängig zu machen«.

17 Das betont nachdrücklich Epiphanios von Salamis (†403), Panarion haer. 70, 11, GCS 37, Leipzig 1933, 243f.

gerecht zu werden.[18] Und das Ereignis der Inkarnation, das an diesem Datum gefeiert wird, ist für die christliche Dogmengeschichte höchst wichtig gewesen. Dennoch vermögen diese Feststellungen nicht zu erklären, warum in der Advents- und Weihnachtszeit allenthalben Vereinsfeiern veranstaltet, Krippenspiele aufgeführt, Gottesdienste scharenweise besucht werden. Die saisonalen Wanderungen, die Menschenansammlungen, die zu Weihnachten zu beobachten sind, erschließen sich erst im narzißtischen Bild des göttlichen Kindes, das die symbolische Mitte des Weihnachtsgeschehens bildet. »Das Gotteskind erscheint als strahlendes Zentrum des Universums. Es ist von seinen Eltern umgeben, deren Gestalten sich mit denen der Haustiere, Esel und Ochs, vermischen, archaischen Bildern, die dem Traum angehören und sich auch in manchen kollektiven Wachträumen wiederfinden, die der Sehnsucht des Menschen nach seinem verlorenen Paradies gelten. Das kleine Kind wird vergöttlicht, von allen angebetet, und die Großen dieser Erde überhäufen es mit Geschenken - einem hohen Maß an narzißtischer Zufuhr, Zeichen der Liebe - und der narzißtischen Überbewertung, die hier ihren Gipfel erreicht. Wie wir wissen, handelt es sich hierbei um eine umfassende megalomane Urphantasie: das einzigartige Kind auf dem Gipfel seines erhebenden Glükkes«.[19]

Weihnachten ist das Fest der Geburt - des Erlösers gewiß, aber in dem himmlischen Kind feiert jeder seine eigene Grandiosität. »Vom Himmel hoch, da komm ich her« (EKG 16,1), singen auch die, die von den biologischen Prozessen bei ihrer Zeugung sehr klare Vorstellungen haben. Das bewunderte Kind wird in allen Gefahren bewahrt. Für ein paar Tage herrscht Frieden, auf den Kriegsschauplätzen der Welt und in den Familien. Zu Weihnachten findet überall Erneuerung statt. Der Heiland wird geboren, die Welt wird regeneriert, ein neues Jahr kann beginnen. Das Festverhalten an diesen Tagen umfaßt zahllose Aktivitäten, vom Einkaufsbummel über den Weihnachtsbraten und den Lichterbaum bis hin zur Urlaubsreise. Aber zu all diesen Operationen, die die Wirklichkeit des Festes in der Gesellschaft konstituieren, gehört für viele immer noch auch der Weg in die Kirche.

Zu Weihnachten, darf man sagen, feiern die Menschen ein zentrales Geheimnis des Lebens. Jeder ist einzigartig auf diese Welt gekommen, ist dort bewundert und bewahrt worden und bestätigt seine Lebensbejahung durch den Tausch von Geschenken. Daß es zu Ostern in ähnlicher Weise um ein zentrales Geheimnis des Lebens geht, liegt auf der Hand. Sterben und Auferstehen - das sind Vorgänge, die sich nicht allein am Ende des Lebensprozes-

18 Schon H. Usener, Das Weihnachtsfest, 2. Auflage Bonn 1911, 348, hält es für »bekannt und anerkannt, dass unsere weihnachtsfeier des 25 dezember der christliche ersatz für das heidnische geburtsfest des sol invictus war«. Zu den Einzelheiten vgl. K.-H. Bieritz, Das Kirchenjahr. Feste, Gedenk- und Feiertage in Geschichte und Gegenwart, Berlin 1986, 165ff.

19 B. Grunberger, Vom Narzißmus zum Objekt, Frankfurt 1982, 196.

ses abspielen. In seiner klassischen Studie hat A. van Gennep gezeigt, wie derartige Erfahrungen einer elementaren Diskontinuität die meisten »Übergangsriten« strukturieren. »Tod, Verwandlung und Wiedergeburt sind auch Ausdruckselemente in Zeremonien, die anläßlich einer Schwangerschaft, der Geburt eines Kindes, der Initiation in Gruppen ohne agrar-religiöse Bedeutung, der Verlobung, Eheschließung und Bestattung vollzogen werden«.[20] So wenig das Geheimnis der Geburt auf den Lebensbeginn beschränkt werden darf, so wenig ist das Geheimnis von Sterben und Auferstehen, das zu Ostern gefeiert wird, an das Ende des Lebens gebunden.

Deshalb haben sich an das Fest Natursymbole geheftet, das Osterei und der Osterhase, deren Beziehung zu Fruchtbarkeitskulten unübersehbar ist.[21] Und bis zur Liturgiereform 1970 hat die Feier der Osternacht in der römisch-katholischen Kirche eine Form der Taufwasserweihe enthalten, in der einzelne Passagen Assoziationen an Relikte eines Phalluskults nahelegten.[22] A. Stock hat die ursprüngliche und die gereinigte Fassung miteinander verglichen und festgestellt, »daß die sexuelle Metaphorik möglichst eliminiert wird zugunsten des Themas der Reinigung und der paulinischen Taufmetaphorik von Begrabenwerden und Auferstehen. Von den rituellen Gesten ist allein das Eintauchen der Osterkerze geblieben, das ein- oder dreimal erfolgen, aber auch ganz wegfallen kann«.[23]

Sehr spröde wirkt in diesem Zusammenhang Pfingsten.[24] Birgt auch dieses Fest ein grundlegendes Lebensgeheimnis? Wobei eine zureichende Antwort auf diese Frage auch klären müßte, warum das Fest innerhalb und außerhalb der Kirche weitgehend unzugänglich geworden ist. Auf eine Spur

20 A. van Gennep, Übergangsriten (Les rites de passage), Frankfurt 1986, 94.

21 Vgl. H. Brög, Auf der Suche nach den verlorenen Eltern des Osterhasen. Vorarbeiten zur ikonographischen Bestimmung der Osterbildpostkarten, in: A. Stock/M. Wichelhaus, Ostern in Bildern, Reden, Riten, Geschichten und Gesängen, Zürich 1979, 33ff.

22 So F. Heiler, Erscheinungsformen und Wesen der Religion, Stuttgart 1961, 103.

23 A. Stock, Ostern feiern. Eine semiotische Untersuchung zur Osterliturgie, in: A. Stock/M. Wichelhaus, Ostern in Bildern, Reden, Riten, Geschichten und Gesängen, Zürich 1979, 109; getilgt ist u.a. die folgende Passage: »(Der Priester senkt die Osterkerze ein wenig in das Wasser und singt im Präfationston:) Es steige herab in die Fülle dieses Brunnens die Kraft (virtus) des Heiligen Geistes. (Dann nimmt er die Osterkerze aus dem Wasser, taucht sie wieder ein, tiefer, und singt in höherer Tonlage:) ... Und befruchte die ganze Masse dieses Wassers, daß es die Wiedergeburt bewirke« (112).

24 J. Scharfenberg, Einführung in die Pastoralpsychologie, Göttingen 1985, 81, findet darin eine »Umwertung der Machtverhältnisse« – aber das ist wenig spezifisch. Auf der Basis einer totalen Spiritualisierung ist Pfingsten für E. Bock, Der Kreis der Jahresfeste. Eine Sammlung von Aufsätzen, Frankfurt 1982, 98, »das esoterische Fest im Christentum, das Fest des noch im Verborgenen ruhenden Geheimnisses«.

können Überlieferungen aus der jüdischen Mystik führen, die das Wochenfest betreffen. »Dies Fest ist als das der Offenbarung am Sinai, die nach der Tora fünfzig Tage nach dem Auszug aus Ägypten erfolgte, das Fest des Bundes zwischen Gott und Israel, und von hier war zu seiner Auffassung als einer Hochzeit für die Kabbalisten nur ein Schritt. Der Sohar erzählt, daß Simon ben Jochai und seine Gefährten der Nacht vor diesem Fest eine besondere mystische Bedeutung beimaßen. Denn da dies die Nacht ist, in der die Braut sich zur Hochzeit mit ihrem Gatten rüstet, so galt es als angemessen, daß alle, die zum Palast der Braut gehören, d.h. aber die Mystiker und Torabeflissenen, ihr Gesellschaft leisten und in einem festlichen Ritual die Vorbereitungen zur Hochzeit mit ihr teilen. Es sind die Mystiker, die die Schechina mit dem richtigen Schmuck bekleiden, mit dem sie am nächsten Morgen unter den Traubaldachin gehen wird. Der vollständige Schmuck einer Braut besteht aber, wie schon die Talmudisten aus Jesaia 3 herauslasen, aus 24 Stükken. Diese vierundzwanzig sind aber nach dem Sohar nichts anderes als die 24 Bücher der Bibel. Wer daher aus allen Büchern in dieser Nacht Teile rezitiert und ihnen mystische Deutungen ihrer Geheimnisse hinzufügt, der schmückt die Braut auf die rechte Weise und freut sich mit ihr die ganze Nacht«.[25] In der Tat gibt es auch in der christlichen Tradition eine ganze Reihe von Elementen, die Pfingsten als Fest der heiligen Vereinigung erscheinen lassen. Dazu zählt die Festlegende[26], die vom Einbruch des himmlischen Geistes berichtet, von der Aufhebung der Sprachgrenzen, von ekstatischem Taumel, der zu Mißdeutungen Anlaß gibt, vom Anwachsen der Gemeinde und von der sich ausbreitenden Gütergemeinschaft. Aus welcher Kraft diese Vereinigung wächst, sagen mit wünschenswerter Deutlichkeit die Pfingsthymnen, wenn sie in vielen Variationen »der Liebe Brunst« beschwören (EKG 97,3; 98,3; 99,3). Daß dieses Fest in der großkirchlichen Tradition meistens ein Schattendasein geführt hat[27], wird auf diesem Hintergrund durchaus verständlich; denn die enthusiastischen und orgiastischen Aspekte[28], die in der Feier der heiligen Hochzeit enthalten sind, werden, wie wir

25 G. Scholem, Zur Kabbala und ihrer Symbolik, Frankfurt 1973, 184.

26 Zu den historischen Einzelheiten vgl. G. Lüdemann, Das frühe Christentum nach den Traditionen der Apostelgeschichte. Ein Kommentar, Göttingen 1987, 43ff.

27 Über Fruchtbarkeitsriten in der Volkskultur informiert Sartori, Art. »Pfingsten«, Handwörterbuch des deutschen Aberglaubens VI, Berlin/Leipzig 1934/35, 1691f; zu pfingstlichen Volksbräuchen im Mittelalter vgl. R. Johannsmeier, Spielmann, Schalk und Scharlatan. Die Welt als Karneval: Volkskultur im späten Mittelalter, Reinbek 1984, 110ff und 139ff.

28 Eine gewissermaßen durch Vernunft kultivierte Darstellung der in diesem Fest enthaltenen Vereinigungstendenzen wird sichtbar, wenn während der französischen Revolution das »Fest des Höchsten Wesens und der Natur« am 8. Juni 1794, einem Pfingstsonntag, begangen wird; vgl. G. Ziebura, Frankreich 1790 und 1794. Das

noch sehen werden, in der Liturgiegeschichte auch sonst an den Rand gedrängt.[29]

Menschen gehen zum Gottesdienst, nicht mehr getrieben wie andere Lebewesen von einer inneren Uhr, die in kritischen Perioden für Lebenserhaltung sorgt, sondern geleitet von der symbolischen Ordnung eines Festkalenders[30], der ihr eigenes Verhalten mit dem Ablauf der Natur und dem Handeln der Götter in Verbindung bringt. Auch die Christen treten an den zentralen Tagen des Kirchenjahrs in Kontakt mit der Urmacht des Lebens. Aber indem sie die Geburt des heiligen Kindes, Sterben und Auferstehen des göttlichen Erlösers, die Ausgießung des heiligen Geistes feiern, rekapitulieren sie nicht einfach die Heilsdaten einer fernen Vergangenheit; vielmehr begeben sie sich in den Machtbereich eines Weltengrunds, der im Geheimnis jedes Lebens begegnet und der durch den Vollzug des Festes heilvoll erneuert wird.

Wochenrhythmus

Eine grundlegende Veränderung hat das kultische Verhalten durch die Einführung des Wochenrhythmus erfahren. Zum Gottesdienst gehen soll man jetzt nicht nur an den großen Festen des Jahres, die teils nahe beieinanderlie-

Fest als revolutionärer Akt, in: U. Schultz (Hg.) Das Fest. Eine Kulturgeschichte von der Antike bis zur Gegenwart, München 1988, 265f. Wie stark die Revolutionsfeste die ikonographischen Traditionen des Christentums beerbt haben, zeigt G. von Graevenitz, Mythologie des Festes - Bilder des Todes. Bildformeln der Französischen Revolution und ihre literarische Umsetzung (Gustave Flaubert und Gottfried Keller), in: W. Haug/R. Warning (Hg.), Das Fest, München 1989, 528ff. Den Einfluß Rousseauscher Ideen hat K. Stierle, Die Friedensfeier. Sprache und Fest im revolutionären und nachrevolutionärem Frankreich und bei Hölderlin, in: W. Haug/ R. Warning (Hg.), Das Fest, München 1989, 486ff, nachgewiesen: »Das Fest der Französischen Revolution ist ein Fest des vernünftigen Enthusiasmus und der enthusiastischen, zur Tat führenden Vernunft. Die heiligen Begriffe oder höchsten Normen der neuen gesellschaftlichen Welt, liberté, egalité, fraternité, alle drei Rousseaus politischer Vision entsprungen, sind Kristallisationspunkte des neuen Fests« (489).

29 Sakramentstheologisch entschärft taucht der Topos bei O. Casel, Mysterium der Ekklesia. Von der Gemeinschaft aller Erlösten in Christus Jesus, Mainz 1961, 296ff, auf: »In der heiligen Paschanacht sehen wir dieses heilige Paar des neuen Paradieses in seiner Vollendung. Da steht Christus vor uns, noch gerötet vom frisch vergossenen Blute, das er für seine Braut in tiefster Erniedrigung vergossen hat. Jetzt aber strahlt er nur noch von Agape. Als Siegespreis hat ihm der Vater die umkämpfte Braut geschenkt« (298); zum Verhältnis von Ekklesiologie und Pneumatologie bei Casel s. A. Schilson, Theologie als Sakramententheologie. Die Mysterientheologie Odo Casels, Tübinger theologische Studien 18, München 1982, 301ff.

30 Zur Geschichte des abendländischen Kalenders im Kontext des jeweiligen Zeitbewußtseins vgl. R. Wendorff, Zeit und Kultur. Geschichte des Zeitbewußtseins in Europa, 2. Auflage, Opladen 1980.

gen, teils auch sehr weit von einander entfernt sind. Dem Vorbild Jahwes gemäß, der am siebten Tag von seiner Arbeit ausgeruht hat (Gen. 2,3), sollen auch die Menschen den Sabbat heiligen (Ex. 20,8ff). Neben dieser religiösen Begründung schimmert in den Texten aber mehrfach auch eine soziale Argumentation durch (Ex. 20,12; 34,21; Dt. 5,12ff). Überhaupt sind die historischen Zusammenhänge, vor allem das Verhältnis zum mesopotamischen sapathu und der mögliche Einfluß von Mondkalendern, kaum zu erhellen.[31] Für das kultische Verhalten enthält die Steigerung der religiös relevanten Termine erhebliche Konsequenzen, die bestehen bleiben, wenn im Christentum der Sabbat durch den Sonntag ersetzt wird.

1. Die Motivationslage verändert sich. Während die großen Feste in kosmischen und sozialen Zyklen fundiert sind, die eine Partizipation am Festgeschehen beinahe selbstverständlich erscheinen lassen, fehlt dem Wochenrhythmus dieser universale Horizont. Die Liturgiegeschichte ist seit Einführung des Sabbats auch mit der Motivationsproblematik befaßt. Bis heute verhalten sich jene Kirchenmitglieder, die nur an den Festtagen zum Gottesdienst gehen, religionsphänomenologisch durchaus »normal«.

2. Mit der Einführung des Sabbats hat sich auch der Inhalt des Kultgeschehens verändert. Die Versprachlichung des Gottesdienstes in Israel stammt zwar aus anderen Quellen, denen wir im einzelnen hier nicht nachzugehen haben. Aber daß Sabbat, Schriftlesung und Synagoge so schnell zusammengewachsen sind, dürfte mehr als ein Zufall sein. Aus Tanz- und Opferpraxis ist, wie es B. Lang ausgedrückt hat, ein intellektuelles Ritual geworden. »Für den stark geistig bestimmten Gottesdienst ist seine Häufigkeit bezeichnend, die den Glauben vor dem Verblassen und die Sitte vor der Zersetzung schützen will - offenbar rechnet man mit einer Tendenz, die den Glauben abkühlen läßt, und sieht die Notwendigkeit, ihr durch wiederholtes In-Erinnerung-Rufen entgegenzuwirken. Das Vorführen von Symbolen, Ermahnen, Appellieren an Einsicht und Gefühl, Drohen und Überreden soll das Glaubens- und Wertbewußtsein einer Gemeinschaft aufrecht erhalten und die Verwirklichung der Werte im Alltag sichern«.[32] Die wöchentliche Teilnahme am Kult wird sinnvoll und erforderlich, sofern die Medien der Heilsvermittlung ihre materielle Dichte und ihre dynamische Potenz weitgehend eingebüßt haben.

3. Weil man nicht jede Woche ein Fest feiern kann, hat sich auch der Charakter dieses kultischen Tages verändert. Aus der Einladung zur Ruhe ist deshalb in der Geschichte immer wieder ein rigides Verbot aller Arbeit ge-

31 P. Grilot, Du sabbat juif au dimanche chretien, La maison- Dieu 123, Paris 1975, 79ff, hat das strukturelle Nebeneinander unterschiedlicher Typen auf einen doppelten Ursprung zurückgeführt.

32 B. Lang, Das tanzende Wort. Intellektuelle Rituale im frühen Judentum, im Christentum und in östlichen Religionen, in: B. Lang (Hg.), Das tanzende Wort. Intellektuelle Rituale im Religionsvergleich, München 1984, 29.

worden. Hinter diesem Verbot aber konnte, wenn es nicht auf sozialer Willkür beruhte, nur die abgrundtiefe Angst stecken, daß die Gottheit alle menschliche Tätigkeit, die an diesem Tag abläuft, nicht mit Segen, sondern mit Fluch belegt.[33] Anstelle der Konvergenz zwischen göttlichem und menschlichem Handeln, die ansonsten das Festverhalten bestimmt, wird hier eine tiefsitzende Konkurrenz faßbar.

Tageszeit

Die Konkurrenz der verschiedenen Lebensbereiche in der Gesellschaft ist dann total, wenn der Sonntag seine verhaltenssteuernde Kraft verloren hat und der beliebigen Entscheidung des Einzelnen überlassen bleibt, von welchen Instanzen er den Ablauf dieses Tages gestaltet sein läßt. Die Kapitulation der Kirchen vor solchen anderen Größen ist wahrscheinlich sehr früh erfolgt. Man stößt auf das Problem anhand der Frage, zu welcher Tageszeit der sonntägliche Gottesdienst gefeiert werden soll.[34] Wenn dieser Tag an die Auferstehung Christi erinnert, dann müßte der Gottesdienst eigentlich zu jener Tageszeit stattfinden, an der die Auferstehung historischer oder legendarischer Überlieferung gemäß geschehen sein soll. In der Feier der Osternacht hat man die Auferweckung immer wieder mit dem Sonnenaufgang synchronisiert. Wenn die Gottesdienste heute normalerweise am späten Sonntagvormittag stattfinden, dann ist dieser Termin nicht mehr in der Heilsgeschichte präfiguriert; vielmehr verdankt er sich einem Kompromiß, der sich in einer jahrhundertelangen Entwicklung zwischen der kirchlichen Sonntagspflicht einerseits und den körperlichen Bedürfnissen, aber auch den gesellschaftlichen Arbeitsbedingungen andererseits herausgebildet hat. Man geht um 10.00 Uhr zur Kirche, nachdem man ordentlich ausgeschlafen hat, zwischen zwei Mahlzeiten, wenn andere Hobbytätigkeiten nicht attraktiver sind. Die gottesdienstliche Zeit ist damit prinzipiell mobil geworden und muß konsequenterweise nach dem Schema von Angebot und Nachfrage austariert werden. Daß sich die Gemeinde zu dieser bestimmten Stunde versammelt, beruht dann auf einer kalkulierten Entscheidung ihrerseits und hat kein »objektives« Fundament in Sonnenlauf und Heilsgeschichte.

33 Beispiele für die verhaltenseinschränkende Funktion von »Zornestagen« in der Umwelt Israels bei H. Spieckermann, Dies irae: Der alttestamentliche Befund und seine Vorgeschichte, VT XXXIX, 1989, 200ff.

34 Die Schwankungen zwischen Gottesdienstfeiern am Abend und am frühen Morgen, wie sie aus den altkirchlichen Quellen zu erkennen sind, werden am ehesten durch die Annahme verständlich, daß Abendmahlstermin und Auferstehungsstunde ätiologisch zueinander in Konkurrenz stehen; vgl. die Zusammenstellung der wichtigsten Überlieferungen bei H. Auf der Maur, Feiern im Rhythmus der Zeit I. Herrenfeste in Woche und Jahr, Gottesdienst der Kirche 5, Regensburg 1983, 39ff.

Glocken

Aufgefordert wird zum Gottesdienstbesuch bis heute durch das Läuten von Glocken. Die innere Uhr, die nach der Aussage der Biologen das Verhalten von Lebewesen regelmäßig in Gang setzt, ist im sozialen Netz menschlicher Kommunikation ersetzt durch äußere Uhren. Chr. Mahrenholz hat die wichtigsten Einsichten zu Geschichte und Funktion des Glockenwesens übersichtlich zusammengestellt: »Die G. ist ihrer ursprünglichen Verwendung nach ein Signalinstrument zu häuslichen und öffentlichen Zwecken (Wecken der Sklaven, Beginn der Mahlzeit, Öffnung der Bäder, des Marktes u. dgl.), und sie ist es in ihrer Kleinform bis auf den heutigen Tag geblieben (Uhr-, Tür- G., G. des Versammlungsleiters usw). Solche Verwendung wurde im MA auch auf die große G. übertragen, deren Besitz (›Bann-G.‹) ein auch gegenüber der Kirche eifersüchtig gehütetes Privileg der Städte war: die Rats-, Werk-, Bier-, Zins-, Gerichts-, Blut-, Armensünder-, Sturm-G. usw. Im religiösen Gebrauch wird die G. zunächst wohl zu apotropäisch-exorzistischen Zwecken verwandt: Die G. bei Leichenbegängnissen und als Grabbeigabe, bei Krankheiten (China), die G.n am Gewand des Hohenpriesters, wenn er das Allerheiligste betritt, ›auf daß er nicht sterbe‹ (Ex 28,35), gehören genauso in diese Reihe wie die G. am Hals des Rindes (ursprünglich des Opfertieres), die den Kindern umgehängte G., gegen die noch Chrysostomus predigt, die Wetter-G. . . . und wahrscheinlich auch die Meßschelle. Daraus entwickelte sich epikletisches, im abgeschwächten Sinne auch devotionales Brauchtum. Die Schelle über dem Shintō-Schrein der Japaner, die G.n.-räder, die seit dem 10. Jh. in den europäischen Kirchen von Rußland bis Spanien an Festtagen ›ad maioris excitationem devotionis« gedreht werden und aus denen der Zimbelstern der Orgel hervorging, das Sanctus-Läuten u.ä. gehören hierher. Der invitatorische Gebrauch der G. zu religiösen Zwekken . . ., der u.a. in dem Bacchusmysterien bezeugt ist, stellt im Grunde, als Rückkehr zur außerkultischen G.nverwendung, einen Säkularisierungsprozeß dar. Es ist bezeichnend, daß die christliche Kirche, die die G. wegen ihres Gebrauchs in den heidnischen Kulten zunächst verworfen hatte (vgl. das verächtliche Wort des Apostels Paulus 1 Kor. 13!), bei der Übernahme der G. an den invitatorischen Gebrauch anknüpft. Die G. findet sich zuerst in den Klöstern des Orients, um den Konvent zum Gottesdienst und zu anderen monastischen Versammlungen zusammenzurufen; der Brauch wandert durch den Norden Europas nach Irland und kam von dort nach Gallien, Nordafrika und Italien. . . . Die invitatorische Verwendung wurde ergänzt durch eine signifikative (zB beim Wandlungsläuten); in dieser Weise wurde die G. auch dort verwendet, wo gar kein Gottesdienst mehr stattfindet, sondern nur allgemein zum Gebet aufgerufen wird«.[35]

35 Chr. Mahrenholz, Art. »Glocken I. Geschichtlich«, RGG II, 3. Auflage, Tübingen 1958, 1622f.

Diese Zusammenstellung ist durch den Hinweis zu ergänzen, daß eine Signalsprache, etwa bei den Lock- und Warnrufen der Vögel, auch in der Tierwelt anzutreffen ist. A. Remane will darunter »jede Handlungsauslösung verstehen, die durch einen Laut, einen abgegebenen Stoff oder durch ein optisch wirkendes Merkmal eines Sozialpartners hervorgerufen wird«.[36] Der von Mahrenholz betonte Gegensatz zwischen der apotropäischen und der invitatorischen Funktion des Läutens relativiert sich, wenn man die beiden zugrunde liegende Funktion der Reviersicherung wahrnimmt. Für den kanadischen Kommunikationswissenschaftler R.M. Schafer ist »der Pfarrbezirk ein akustischer Raum, begrenzt von der Reichweite der Kirchenglocke«.[37] Wenn in der Gegenwart gegen das kirchliche Glockenläuten, besonders am frühen Morgen, juristisch geklagt wird, dann verteidigen die Betroffenen nicht nur ihr individuelles Ruhebedürfnis, sondern wehren sich auch gegen den Anspruch einer Institution, die ihre Glocken immer auch mit dem Ziel der Verhaltenssteuerung eingesetzt hat. Diese äußere Uhr vermag jetzt nicht mehr alle Anwohner einer Parochie, sondern nur noch Einzelne zu Gebet und Gottesdienst zu bewegen. Welche Verhaltensdirektiven dem Läuten früher zugeschrieben wurden, sagt eine Glockenweihpredigt aus dem Jahr 1747: »Werden ordentlich mit den Glocken dreymahl die gewöhnlichen Zeichen zum öffentlichen Gottes=Dienst gegeben, so soll das erste die Kirchgänger erinnern, ihrem Leib eine ehrbare Kleidung anzuziehen. Das andere ein Gebet=Buch in die Hand zu nehmen, und Gott anzuruffen, daß er, wie der Purpur-Krämerin Lydia, das Herz öffnen wolle, damit man die Predigt Göttlichen Wortes fleißig zuhören könne, umb die Seele zu erwekken, und ihr Heyl zu besorgen: Das dritte, um die Füsse behend aus dem Hause zu setzen, und nach dem Tempel des Herrn zu eilen«.[37a]

36 A. Remane, Sozialleben der Tiere, 2. Auflage, Stuttgart 1971, 14.

37 R.M. Schafer, Klang und Krach. Eine Kulturgeschichte des Hörens, Frankfurt 1988, 74.

37a Zit. nach K. Raschzok, Lutherischer Kirchenbau und Kirchenraum im Zeitalter des Absolutismus. Dargestellt am Beispiel des Markgraftums Brandenburg-Ansbach 1672-1791, Teil 1, Frankfurt 1988, 488.

II.

Um Gottesdienst feiern zu können, begeben sich Menschen zu bestimmten Zeiten an einen bestimmten Ort. Zu den Verhaltensregeln des Kults gehört, daß sie sinnvollerweise nur an ausgegrenzten Stellen vollzogen werden. In zeitlicher Hinsicht besteht das Grunderfordernis in der Synchronie zwischen menschlicher und göttlicher Praxis, wie sie das Festgeschehen konstituiert. Für die Auswahl des Ortes, an dem die gesteigerte, die heilige Zeit begangen wird, wird man Ähnliches vermuten dürfen.

Gottespräsenz

Menschen gehen, um einen Gottesdienst feiern zu können, an einen Ort erfahrener Gottespräsenz. So vollziehen die Huichol, ein vom Aussterben bedrohter Indianer- Stamm in Mexiko, einmal im Jahr die Reise nach Wirikuta, um dort den Ritus der Peyote-Jagd zu begehen. Die kleine Gruppe, die jeweils für die Teilnahme ausgewählt wird, bereitet sich unter Anleitung eines Schamanen wochenlang darauf vor. Aus den Großstadt-Slums fährt man per Camping-Bus in ein trostloses Steppengebiet, dessen geheimnisvolle Landkarte die Götterwelt repräsentiert. Durch den Genuß des Peyote-Kaktus kommt es zu intensiven inneren Erlebnissen, die deshalb tolerabel bleiben, weil jeder Teilnehmer in der Vorbereitungszeit eine Götterrolle übernommen hat.

Die amerikanische Ethnologin B.G. Myerhoff, die die Reise nach Wirikuta selbst absolviert hat, interpretiert den Vorgang als Akt kollektiver Regression in verschiedenen Dimensionen. In lokaler Hinsicht geht es um die Rückkehr aus der Stadtwelt der Weißen in die angestammte Heimat. Zeitlich findet ein Rückzug aus der elenden Gegenwart in die heilige Vergangenheit statt. Soziologisch vollzieht sich ein Übergang aus eingeengter Individualität in die Ordnung der Götterwelt, die für jeden Einzelnen eine bestimmte Rolle bereitstellt. Und psychologisch wächst die individuelle Existenz aus der begrenzten Sterblichkeit in die Allmacht der Götter. Anstrengung, Leiden und Schmerz, die zum alltäglichen Dasein gehören, läßt man auf der Reise nach Wirikuta weit hinter sich.

Im Ritual gewinnt menschliches Verhalten transformatorische Kraft. Indem es an bestimmten Orten vollzogen wird, ermöglicht es »eine Rückkehr ins Paradies, eine Reise zurück zum menschlichen Ursprung, eine Wiederentdeckung der Anfänge des Menschen, noch vor der Schöpfung, als alles noch Eins war«.[38] Wie jede Regression ist auch das Ritual begleitet von der Gefahr der Verwirrung. »Durch das Ritual kann das Undenkbare erfahren werden – das Blut und die Körper von Göttern werden in einem selber aufgenommen, man wird wie-

38 B.G. Myerhoff, Der Peyote Kult, München 1980, 11.

dergeboren und betritt das Paradies als Geist oder Gottheit, wird verwandelt in eine Pflanze oder ein Tier. Keine dieser gefährlichen Taten wäre ohne den Schutz und die Vorhersagbarkeit, welche die rituellen Zusammenhänge schaffen, möglich. Folglich beherrscht das Ritual die Gefahr, beseitigt sie jedoch nicht. Ein völlig sicheres Ritual ist tot und impotent. Es ist ritualisiert, reduziert zur bloßen Form«.[39] Wenn und damit und solange es am heiligen Ort zu umstürzenden Erfahrungen kommt, ist sowohl eine intensive Vorbereitung als auch eine behutsame Rückführung erforderlich. Die Frage ist vorerst: An welchen Orten kann die Begegnung mit dem Göttlichen ablaufen?

»Wenn Du einem Haine nahest, der durch zahlreiche alte und ungewöhnlich hohe Bäume ausgezeichnet ist und in dem der Schatten der einander bedeckenden Zweige den Eindruck des Himmelsdaches hervorruft: die schlanke Höhe der Bäume, das geheimnisvolle Dunkel des Ortes, die Bewunderung des so augenscheinlich dichten und durch nichts unterbrochenen Schattens, ruft in Dir den Glauben an eine Gottheit wach. Und wo eine tiefe Grotte sich unter überhängenden Felsen in den Berg hineinzieht, nicht von Menschen gemacht, sondern durch Naturkräfte so weit ausgehöhlt, wird Deine Seele von der Ahnung des Göttlichen durchbebt werden«.[40] Seneca, der römische Philosoph, versucht, die Dignität heiliger Orte von den emotionalen Eindrücken her verständlich zu machen, die sie noch beim aufgeklärten Beobachter auszulösen vermögen. Die Mischung von Furcht und Faszination, die den heiligen Ort charakterisieren soll, mag sich bei der Betrachtung von Naturphänomenen häufig einstellen. Wenn sich aber das Heiligtum als eine Struktur von Steinen, als Platz, als Tempel, als Stadt präsentiert, dann reicht der Hinweis auf emotionale Wirkungen nicht mehr aus. Dann muß es andere Regeln geben, die den Bestand des heiligen Ortes konstituieren.

Die bauliche Gestaltung

Die kultische Topographie lebt von religiöser Überlieferung und von emotionaler Erfahrung. Aber die Menschen haben im Lauf der Entwicklungsgeschichte auch die Fähigkeit zur architektonischen Gestaltung heiliger Stätten erworben. Der Ort, an dem sich die Gemeinschaft versammelt, um dem Göttlichen zu begegnen, ist gewiß von den Göttern ausgegrenzt und muß durch Rituale der Gemeinschaft eingeweiht werden. Aber in der Regel wird er darüber hinaus auch durch bauliche Besonderheiten aus dem lebensweltlichen Kontext der Gemeinschaft herausgehoben. Das Verhaltensrepertoire der meisten Kulturen umfaßt auch die Einsicht in architektonische Regeln, die beherzigt sein wollen, wenn es zur Syntopie zwischen Göttlichem und Menschlichem kom-

39 A.a.O. 163.
40 Seneca, Epist. IV, 12 (41), 3, in der Übersetzung von O. Kern, Die Religion der Griechen I, Berlin 1926, 21.

men soll. Jeder Architekt, der eine Kirche zu entwerfen hat, jedes Gemeindeglied in der Diaspora, das ein Wohnzimmer zu einem Gottesdienstraum transformieren soll, wird sich Gedanken über die elementaren Prinzipien machen, die für die innere und äußere Gestaltung des heiligen Ortes gelten. Und es ist schon erstaunlich: Solche Grundmuster, von denen jetzt im einzelnen zu reden sein wird, kommen offensichtlich auch dort zur Anwendung, wo man, wie im modernen Protestantismus, in der Theologie keine heiligen Orte mehr kennt.

Eine erste Regel, die weltweit zu beobachten ist, läßt sich so formulieren: Der heilige Bereich liegt im Zentrum der Gemeinschaft. Oft befinden sich darin »die Gräber der Gründer des Ortes oder anderer bedeutsamer Ahnengestalten, deren übermächtige Segenskraft aus der Tiefe der Erde heraus weiterhin fortwirkt und der Stätte noch ein Mehr an Sakralität verleiht, ferner die großen, öffentlichen Opferaltäre, Idole und Heiligtümer besonders verehrter Gottheiten der Gruppe sowie nicht zuletzt, wie in Teilen Melanesiens, Hinterindiens und der südamerikanischen Hyläa vor allem, auch vielfach die Männerhäuser, die ja ebenfalls in der Regel sehr wesentlich sakralen Zwecken dienen . . . In den archaischen, vorindustriezeitlichen Hochkulturen traten dann an die Stelle der alten Dorfheiligtümer, Männer- und Kulthäuser die Tempel, Moscheen und Kirchen, auch sie in aller Regel im Zentrum der Ortschaft gelegen und im letzteren Falle ursprünglich üblicherweise auch noch mit dem Friedhof der Gemeinde dabei«.[41] Ein afrikanischer Kral, ein mittelalterlicher Marktplatz, das Zentrum einer Neubausiedlung, das Supermarkt, Tankstelle und Gemeindesaal umfaßt, folgen in ihrer Anlage derselben Gesetzmäßigkeit. Das negative Pendant zu den im Zentrum gelegenen Heiligtümern bilden die Orte des Abscheus und Schreckens, die außerhalb der Siedlungen plaziert werden müssen. Dort hausen die Dämonen, dorthin werden die Ausgestoßenen verbannt[42], dorthin trägt der Sündenbock das Böse, dort befinden sich Menstruationshütten und Hinrichtungsstätten.[43]

Neben der zentralen Lage charakterisiert ein zweites Merkmal den heiligen Ort. Er liegt in der Regel an einer hervorgehobenen Stelle. Die kann von Natur aus vorgegeben sein wie bei jenen Tempeln, die auf einem heiligen Berg erbaut sind. G. Becker hat die verschiedenen Bedeutungsnuancen zusammengetragen, die in der Religion mit der Bergsymbolik verbunden sind.[44] Demnach imponiert der Berg durch Unzugänglichkeit, Unveränderlichkeit, Unzerstörbarkeit. Er trägt das Himmelsgewölbe, ist Götterthron und vermittelt zwischen

41 K.E. Müller, Das magische Universum der Identität. Elementarformen sozialen Verhaltens - Ein ethnologischer Grundriß, Frankfurt 1987, 19f.

42 Vgl. H.-P. Hasenfratz, Die toten Lebenden. Eine religionsphänomenologische Studie zum sozialen Tod, BZRGG 24, Leiden 1982.

43 Vgl. K.E. Müller, a.a.O. 294.

44 G. Becker, Die Ursymbole in den Religionen, Graz 1987, 144ff.

Himmel und Erde. Im Inneren der Tempel manifestiert der Altarstein als »kleiner Berg«[45] diese überragende göttliche Macht.

Die hervorgehobene Position des heiligen Ortes kann aber auch durch bauliche Maßnahmen hergestellt werden. Bekanntestes Beispiel für solche gebauten Berge ist der »babylonische Turm«. »Bei diesem handelte es sich um einen aus der Form des Hochtempels hervorgegangenen Stufentempel, der für Vorderasien seit dem Ende des dritten Jahrtausends nachweisbar ist. Es war die Grundform des im Zweistromland später sehr verbreiteten, ›Zikkurat‹ genannten Tempels, die bis hin zur Ausgestaltung des babylonischen Tempels Nebukadnezars II. ununterbrochen gültig blieb; die einzelnen Städte Mesopotamiens wetteiferten untereinander um die höchsten und gewaltigsten Anlagen (bislang sind aus 23 Städten insgesamt 33 Zikkurats ausgegraben worden); und die Tempeltürme beherrschten die Städte der Kassiter, Assyrer und Babylonier«.[46] Für die »Politische Symbolik« von H. Pross steckt in einer solchen Demonstration von Größe ein spezifisch menschliches Vermögen: »Überall, wo das Hohe beschworen wird, symbolisiert es den physiologischen Unterschied der menschlichen zur tierischen Haltung. Daraus erklärt sich die Unwiderstehlichkeit dieses Symbols, sei es in der Sprache, als Totempfahl, Fahnenstange, Turm oder Geste der erhobenen Arme, und seine Unentbehrlichkeit als Manipel für alle Absichten, Menschen zu kumulieren«.[47] Die Hochbauten in den modernen Großstädten werden nicht mehr von der Kirche oder dem Staat[48] installiert; vielmehr beweisen Banken, Versicherungsfirmen und multinationale Konzerne, welche Mächte das gesellschaftliche Leben heutzutage beherrschen.

In der Binnenstrukturierung folgen die Heiligtümer - und das sei als drittes wesentliches Merkmal genannt - der Regel der räumlichen Dreiteilung[49], die man bis heute auch in Wohnhäusern konstatieren kann. Sie enthalten einen Eingangsbereich, in dem Schwellenrituale wie das Hutabnehmen oder das

45 A.a.O. 157.
46 A.a.O. 153f.
47 H. Pross, Politische Symbolik. Theorie und Praxis der öffentlichen Kommunikation, Stuttgart 1974, 76.
48 Die »sozialregulativen Imperative«, die Architektur enthält, hat S. Nagbøl, Macht und Architektur. Versuch einer erlebnisanalytischen Interpretation der Neuen Reichskanzlei, in: A. Lorenzer u.a. (Hg.), Kultur-Analysen, Frankfurt 1986, 347ff, freigelegt. Der Architekt A. Speer folgte dabei Hitlers Maxime, daß Architektur »Wort aus Stein« zu sein habe; zitiert nach H.-U. Thamer, Faszination und Manipulation. Die Nürnberger Reichsparteitage der NSDAP, in: U. Schultz (Hg.), Das Fest. Eine Kulturgeschichte von der Antike bis zur Gegenwart, München 1988, 364; dort auch eine Beschreibung der rituellen Inszenierung der Reichsparteitage (359ff).
49 K.E. Müller, a.a.O. 3ff. Weniger einleuchtend die Dreiteilung bei E. Leach, Kultur und Kommunikation. Zur Logik symbolischer Zusammenhänge, Frankfurt 1978, 107ff. Wie variabel das Schema architektonisch gestaltet werden kann, zeigen die Grundriß-Rekonstruktionen bei W. Sauerländer, Das Jahrhundert der großen Kathedralen 1140 - 1260, München 1990, 420ff.

Kreuzschlagen absolviert werden. Sie umfassen sodann einen Aufenthaltsraum, der allen Zugangsberechtigten offensteht, wobei noch einmal zwischen geschlechterspezifischen Raumbezirken unterschieden werden kann. Vor allem aber gehört zu solchen heiligen Stätten ein Sanctissimum[50], das nur besondere Personengruppen betreten dürfen.[51] Auch der Tempel in Jerusalem war von einer solchen Dreiteilung bestimmt: »Im Westen hatte er einen Vorraum, vor dem die beiden gegossenen Säulen Jachin und Boas standen. An ihn schloß sich der Hauptraum (Hechal) an mit dem Zugang zum Allerheiligsten (Debir) im Osten«.[52] Die Synagoge dagegen war in der Antike zunächst »ein Mehrzweckbau. Sie war in der Regel Stätte der Versammlung, des Gebets und der Lehre. Zuweilen übernahm sie auch die Funktion eines Schul- und Gerichtsgebäudes«.[53] Je mehr kultische Funktionen ihr im Lauf der Zeit zugewachsen sind, umso deutlicher tritt durch die architektonische Hervorhebung des Tora-Rollenschreins auch die Dreiteilung hervor.

In all diesen Prinzipien, in der zentralen Lage, in der vertikalen Größe wie in der horizontalen Gliederung versteht sich der irdische Kultbau als Abbild der himmlischen Welt.[54] Ja, am Beispiel der newarischen Städte im Kathmandu-Tal hat N. Gutschow gezeigt, daß die Position der Tempel im Grundriß der Siedlung für den religiösen Experten ein Mandala zeichnet. »Auf die Frage nach dem Sinn dieser Bilder weiß der Brahmane, der zugleich auch Maler ist, eine einfache Antwort: ohne die beschriebenen Sinnbezüge wäre die Stadt ihres entscheidenden Kräftefeldes beraubt. Die einzelnen Tempel der Pilgerstadt

50 Das gilt auch für Kultstätten, deren Grundriß nicht als Langbau, sondern als Kreis gestaltet ist. A. Palladio hat diese Form ausgesprochen theologisch begründet: »Die Kreisform ist bestens dazu geeignet, die Einheit, das unendliche Sein, die regelhafte Gleichförmigkeit und die Gerechtigkeit Gottes darzustellen«; zitiert nach A. Nitschke, Körper in Bewegung. Gesten, Tänze und Räume im Wandel der Geschichte, Stuttgart 1989, 266.

51 Wie sich aristokratische und demokratische Gesellschaftsstrukturen in Tempelbau und Skulptur niederschlagen, zeigt A. Bammer, Architektur und Gesellschaft in der Antike. Zur Deutung baulicher Symbole, 2. Auflage, Wien 1985, 88ff; vgl. auch dessen Rekonstruktion der Baugeschichte des Artemisions in Ephesus: A. Bammer, Das Heiligtum der Artemis von Ephesus, Graz 1984, 74ff.

52 H. Künzel, Der Synagogenbau in der Antike, in: H.-P. Schwartz (Hg.), Die Architektur der Synagoge, Frankfurt/Stuttgart 1988, 45; zu den Einzelheiten des Tempels vgl. Th. A. Busink, Der Tempel von Jerusalem von Salomo bis Herodes, 2 Bände, Leiden 1970.

53 H. Künzel, a.a.O. 47.

54 Vgl. H. Spieckermann, Heilsgegenwart. Eine Theologie der Psalmen, FRLANT 148, Göttingen 1989, 185, zu Psalm 93: »Theologisch überlegt läßt der Dichter der Vision des himmlischen Königsthrones Jahwes in V. 2a das Lob des irdischen Tempels in V. 5a entsprechen. Himmlischer Gottesthron und irdische Wohnstatt Jahwes sind zwar zu unterscheiden, doch zugleich auf eigentümliche Weise identisch, so daß der überschwengliche Ton des Tempellobes nicht Wunder nehmen kann«.

werden also in einen Zusammenhang gestellt, der ›Energie‹ ausstrahlt. Diese Energie aber ist es, die dem heiligen Feld ... die für den Pilger segensreiche Wirkung vermittelt. Selbst wenn es sich um esoterische Vorstellungen handelt, die allein den Brahmanen bewußt sind: für die Stadt sind sie dennoch von Bedeutung. Der Pilger hat die Gewißheit, daß die Stadt ›geordnet‹ ist«.[55] Gutschow verweist noch auf eine andere Form der energetischen Aufladung von heiligen Orten, die ohne Einsicht in religionsgeschichtliche Hintergründe bis heute auch in protestantischen Kirchengemeinden praktiziert wird »Neben der Überlagerung von Stadt- und Landschaftsräumen mit Symbolen wird eine Sakralisierung von Orten häufig durch die Namensgebung vollzogen Tempelgruppen, Flüsse, Quellen und Berge, alle tīrthas (›Furten‹), die eine Schwelle zwischen dieser und der jenseitigen Welt repräsentieren, werden nach segensreichen Vorbildern benannt. Durch Mythologisierung des eigenen Lebensraumes werden Vorstellungen übertragen, die dem vorher genannten Ziel dienen: sie schaffen ein segensreiches Kräftefeld«.[56]

Wenn ein Ort durch seine Raumstrukturen mit der Himmelswelt und durch seine Benennung mit der Heilsgeschichte verbunden ist, dann ist dort jene Syntopie zwischen Göttlichem und Menschlichem möglich, die der Synchronie der Festzeit entspricht. Die Frage ist: Warum bedarf die Begegnung zwischen Göttlichem und Menschlichem eines gestalteten Raumes? Warum begeben sich Menschen, die einen Gottesdienst feiern wollen, in dafür bestimmte Gebäude?

Der Sinn der Umfriedung

H. Schmitz hat in seinem phänomenologisch orientierten »System der Philosophie« einen »Zusammenhang zwischen Umfriedung und Verwandlung des Erlebnisstils« konstatiert. Intensive Gefühlserlebnisse bedürfen räumlicher Grenzen, wie jeder feststellen kann, wenn er sich in seinen Sessel zurücklehnt und mit geschlossenen Augen dem eigenen »Weltinnenraum« aussetzt. Ohne die Begrenzung der körperlichen Haltung und der sinnlichen Wahrnehmung wäre die differenzierte Selbsterfahrung weder möglich noch erträglich. Das gilt erst recht für jene transsubjektiven Erlebnisqualitäten, die zur religiösen Erfahrung gehören, für jene »mächtigen, ergreifenden Atmosphären, die als Gefühle schicksalhaft unser Leben und Erleben durchwalten und eine Autorität besitzen, die sie im Höchstfall unbedingten Ernstes ... zur Göttlichkeit im eigentlichen Sinn erhebt«.[57] Auch und gerade die religiöse Begegnung bedarf der Umfriedung in einem gestalteten Raum. Auch für sie trifft zu, was menschliches Wohnen überhaupt charakterisiert: »Ein Wohnen findet statt, wenn Menschen in einem umfriedeten Bezirk dank der Umfriedung eine Chance haben und

55 N. Gutschow, Stadtraum und Ritual der newarischen Städte im Kathmandu-Tal. Eine architekturanthropologische Untersuchung, Stuttgart 1982, 181.
56 A.a.O. 182.
57 H. Schmitz, Das Göttliche und der Raum, Bonn 1977, 212.

wahrnehmen, mit ergreifenden Atmosphären in der Weise vertraut zu werden, daß sie sich unter ihnen zurechtfinden und mehr oder weniger über sie verfügen. Solche Vertrautheit entlastet von der Unruhe des unvermittelten Preisgegebenseins an die abgründigen Erregungen und läßt daher den Frieden und die entspannte Ruhe gedeihen«[58].

Aus der biblischen Überlieferung vermag insbesondere die Rede von der »Herrlichkeit Jahwes« den Begriff einer göttlichen Atmosphäre mit Inhalt und Anschauung zu erfüllen. Für die Haupttradenten, Ezechiel und die Priesterschrift, ist der Kabod Jahwes »zu einem wichtigen theologischen terminus technicus bei Theophanieschilderungen« geworden, der trotz der beschriebenen Begleitumstände wie Sturm, Wolken, Feuer und Blitz »mit Meteorologischem gar nichts mehr zu tun hat«.[59] L. Köhler sieht eine Bedeutungsentwicklung »von Schwere über Gewicht, Gravität zu Ansehen, leuchtende Erscheinung«.[60] Für uns sind vor allem die folgenden Aussagen aufschlußreich: Der Lichtglanz Jahwes zeigt sich Israel in den Wolken (Ex. 16,7,10); er wohnt auf dem Sinai (Ex. 24,16f); er erfüllt Lade (Ex. 40,34) und Tempel (1. Kö. 8,11). Der Kult wird mit seiner Erscheinung eröffnet (Lev. 9, 6,23f; 2. Chron. 7,1-3). Was in der Tempelvision Jesajas nur angedeutet ist (Jes. 6,3), ist bei Ezechiel breit ausgeführt. Die »Herrlichkeit Jahwes« steht im inneren Vorhof des Tempels (8,4); ihr Funkeln erleuchtet das Tempelgelände (10,4). Sie erteilt einen Auftrag (9,3). Bei der Neuordnung Israels zieht sie von Osten her wieder in den Tempel hinein (43,2ff; 44,4). Natürlich enthält das Alte Testament auch einige Stellen über das menschenähnliche Aussehen von Israels Gottheit.[61] Aber die Rede vom Kabod Jahwes, der sich mit seiner überwältigenden Präsenz auf bestimmte Orte herabläßt, kann deutlich machen, daß der Begriff der göttlichen Atmosphäre ein wesentliches Element der biblischen Überlieferung präzis wiedergibt.[61a] Es wird noch zu zeigen sein, wie sich im Rahmen dieser Begrifflichkeit auch das kultische Handeln der Gegenwart einem vertieftem Verständnis erschließt.

Für die psychologisch sensible Moderne manifestiert sich die Atmosphäre des Göttlichen meist in einem Gefühlsraum, in Situationen existenzieller Betroffenheit und affektiver Ergriffenheit. Entsprechend stammen die intensivsten Schilderungen einer solchen Psychopräsenz des Heiligen von Schriftstellern, nicht von Theologen. Als Beispiel kann die Gottesdienst-Szene dienen,

58 A.a.O. 213.

59 G. von Rad, Theologie des Alten Testaments, Band I, München 1957, 239.

60 L. Köhler, Theologie des Alten Testaments, 3. Auflage, Tübingen 1953, 111.

61 Vgl. G. Fohrer, Geschichte der israelitischen Religion, Berlin 1969, 164f.

61a Aus der ostkirchlichen Theologie wäre in diesem Zusammenhang der Begriff der göttlichen Energien aufzugreifen; vgl. V. Lossky, The Mystical Theology of the Eastern Church, Cambridge 1968, 67ff; speziell zu Gregorios Palamas vgl. D. Wendebourg, Geist oder Energie. Zur Frage der innergöttlichen Verankerung des christlichen Lebens in der byzantinischen Theologie, München 1980, 33ff.

die G. de Maupassant in seine Novelle »Das Haus Tellier« eingebaut hat. Der Autor beschreibt zunächst ausführlich die Bewohnerinnen dieses Etablissements und die Enttäuschung, die sich unter den ehrbaren Bürgern einer kleinen französischen Hafenstadt ausbreitet, als sie durch einen Zettel an der Tür des Hauses erfahren: »Wegen Erstkommunion geschlossen«. Madame ist mit ihren Angestellten zur Erstkommunion ihrer Nichte aufs Land gefahren. Im Zug hat man ein kleines Abenteuer mit einem Handelsvertreter erlebt, der vor den staunenden Augen bäuerlicher Fahrgäste den Mädchen Strumpfbänder anpassen wollte. Und nach einer für die meisten ungewohnt ruhigen Nacht beginnt in der kleinen Kirche des Dorfes die Feier der Messe, getragen von der bangen Erwartung der Erstkommunikanten und von der feierlichen Stimmung, die alle Anwesenden immer stärker erfaßt.

Man muß die entscheidenden Passagen ausführlich zitieren, weil die Mischung von Erinnerung und Ansteckung, von Assoziationen und Inspiration nur in den Worten des Dichters glaubwürdig klingt: »In diesem Augenblicke geschah es, daß Rosa, die ihre Stirn in den Händen barg, sich plötzlich wieder ihrer Mutter erinnerte. Ihr war, als kniee sie wieder in der Kirche ihres Heimatdorfes und erlebe noch einmal ihre eigene Erste Heilige Kommunion. Sie fühlte sich zurückversetzt in jene Zeiten, als sie noch klein war; sie sah sich selbst als die kleine Kommunikantin hier knien, im weißen, duftigen Kleide, in dem sie fast versank. Da kam es über sie. Sie mußte weinen, erst still und leise: Sacht tropfte Träne um Träne ihr zwischen den Wimpern hervor; dann aber, als ihr mehr und mehr aus jenen Zeiten einfiel, wurde ihr immer schwerer ums Herz. Es quoll ihr höher in die Kehle, ihre Brust hob und senkte sich, sie fing zu schluchzen an. Sie hatte ihr Taschentuch hervorgenestelt, tupfte und wischte sich in einem fort über die Augen und preßte es dicht vor Mund und Nase, um nicht laut herauszuheulen – aber vergebens. Ein stoßweises Röcheln drang aus ihrer Kehle herauf, und zwei andere, herzzerreißend tiefe Seufzer gaben ihr Antwort. Louise und Flora, die neben ihr knieten, waren von den gleichen Kindheitserinnerungen überwältigt und schwammen ebenfalls in Tränen.

Tränen sind nun einmal ansteckend! Und so fühlte denn auch Madame bald, daß ihr die Augen feucht wurden. Und als sie zur Seite blickte, sah sie, daß die Schwägerin und die beiden anderen Mädchen auch weinten . . .

Der Priester hob die goldene Monstranz empor: Die heilige Wandlung vollzog sich! Die Kinder sanken nieder auf die Steinfliesen im Gebet; inbrünstig beteten sie, vor Ehrfurcht und vor Herzensangst. Im Kirchenschiff unten fing in dieser Bank und in jener Bank eine Frau, eine Mutter, eine Schwester an, es den schönen Damen nachzumachen, die da vorn knieten und schluckten und schluchzten. Eine nach der anderen wurden diese Bäuerinnen ergriffen von der Erregung und angesteckt von der Tränenseligkeit. Und so weinten und schluchzten sie um die Wette mit den Stadtdamen und heulten ihre karierten Kattuntücher naß und preßten die Linke stürmisch auf das wogende Herz.

Wie ein fliegender Funke ein ganzes Feld trockener Gräser in Flammen setzt, so breitete sich Rosas Geschluchz im Nu über die kniende Menge der Gläubigen aus; Weiber, Männer, Alte und Junge – alles schluchzte und seufzte einmütig mit. Es war, als sei über diese Bauernschädel etwas Übermenschliches herabgefahren, der Geist der Gemeinschaft herniedergeströmt, als wehe der mächtige Atem eines unsichtbaren, allwaltenden, allgegenwärtigen Wesens durch den Raum ...

Da hallte plötzlich vom Altarchor ein kurzes, trockenes Pochen herüber. Die ›liebe Schwester‹ hatte mit ihren Fingerknöcheln auf das Gebetbuch geklopft: das Zeichen zur Kommunion. Mit frommem Schauern nahten die Firmlinge dem Tisch des Herrn.

Die erste Reihe kniete nieder. Der greise Priester trat, das Ziborium aus vergoldetem Silber in der Linken, vor die Kinder und reichte jedem mit zwei Fingern seiner Rechten die geweihte Hostie, den Leib Christi, des Erlösers der Welt. Krampfhaft, mit bleichen, nervös verzerrten Gesichtern und geschlossenen Augen öffneten sie ihren Mund, und das lange Kommuniontuch, das von Kinn zu Kinn vor ihnen entlanglief, zitterte wie bewegte Wellen.

Mit einem Male kam es wie wilde Verzückung über die im Gotteshaus zu Boden gesunkene Masse Menschen: Ein Sturmwind von Schluchzern, von erstickten Ausrufen wogte durch die Kirche. Es scholl und schwoll durch den weiten Raum wie Windstöße, unter denen Wälder sich rauschend und ächzend beugen. Und der Priester stand regungslos über der Menge aufgerichtet da, die Hostie in der Hand, und spürte: ›Das ist Gott, das ist Gott, der mitten in uns weilt, der uns seine Allgegenwart bekundet, der auf mein Bitten und Rufen sich über sein kniendes, betendes Volk niederbreitet ...!‹ Und er stammelte Gebete, verworrene Worte ohne Zusammenhang, Stoßgebete der Seele, die er voll inbrünstigen Eifers zum Himmel emporschickte.

Er vollzog die Kommunion in solch übermächtigem Glaubensgefühl seiner Sendung, daß seine alten Beine ihm fast den Dienst versagen wollten; und als er das Blut unseres Herrn und Heilandes in sich getrunken hatte, da versank er in einen Taumel glühenden, tiefen Dankes für sein Hirtenamt«.[62]

Schmitz hat den Ansatz seiner Etheologie, seiner Lehre vom Wohnen, nicht nur auf das Ideal der deutschen Gemütlichkeit und das japanische Teehaus, sondern auch auf das Kirchengebäude bezogen.[63] »Als Stätten der Kultur göttlicher Gefühle sind die Kirchen sogar ausgezeichnete Wohnungen, da die göttlichen Atmosphären unter den Gefühlen selbst ausgezeichnet sind, nämlich durch Autorität mit unbedingtem Ernst«.[64] Um in einen Zustand religiöser Ergriffenheit zu geraten, ist nicht einmal der Ablauf einer kultischen Handlung in solchen Räumen erforderlich. Beim Aufenthalt in einer Kathedrale etwa sorgt das architektonische Arrangement selbst dafür, daß im Individuum eine Art

62 G. de Maupassant, Das Haus Tellier, Werke, München 1957, 729ff.

63 H. Schmitz, a.a.O. 263ff und 272ff.

64 A.a.O. 279.

Gottesdienst stattfinden kann. Größe, Gliederung und Ausstattung des umfriedeten Raums haben die Atmosphäre des Göttlichen dann sozusagen in sich eingefangen; sie sind auf jeden Fall so strukturiert, daß sich die Begegnung mit dem Unheimlichen im Zuge der Raumwahrnehmung ohne Bedrohung einstellen kann. Als Beispiel für derartige Erfahrungen dienen Schmitz die Kirchenfenster, die den umfriedeten Raum in ein distanziertes Verhältnis zur Außenwelt[65] versetzen, die ihn in ein spezifisches Licht tauchen und die den Betrachter durch Bilder und Symbole in die Welt der Heilsgeschichte erheben. »Es sind nicht mehr die hohen, diffusen, ganz unberechenbaren Erregungen, denen der Mensch im umschirmten Binnenraum der Kathedrale durch das bunte Licht der leuchtenden Fenster ausgesetzt ist, sondern gleichsam kultivierte Atmosphären, die ihm merklich verdichtet und gleichsam geformt begegnen und zu vertrauterer Auseinandersetzung nahegelegt werden«.[66]

Die Begegnung zwischen Göttlichem und Menschlichem ist auf die Begrenzung durch einen umfriedeten Raum angewiesen, weil das Göttliche immer auch abgründig und unheimlich ist. Wenn dieser Raum freilich sachgemäß gestaltet und ausgestattet ist, dann ist er mit einer Atmosphäre erfüllt, die unabhängig von liturgischen Handlungen und psychologischen Stimmungen bestimmte Erlebnisqualitäten auslöst. Menschen fühlen sich in einem solchen Raum von der Übermacht des Göttlichen angerührt, betroffen, ergriffen. Und es ist ein tiefer Einbruch in der Geschichte des Kirchbaus, wenn der Kultraum nur funktional, als Handlungsfeld für den liturgischen Ablauf, gestaltet wird und nicht mehr als Darstellung eines strukturierten Gefüges, das die Beziehung zu Kosmos und Heilsgeschichte in sich selbst repräsentiert.[67] Wie die heilige Zeit der Feste in der Heilsgeschichte, aber auch in den natürlichen Zyklen und den elementaren Lebenserfahrungen verankert ist, so hat man jahrhundertelang mit der Ostung der Kirchengebäude ein Gestaltungsprinzip angewandt, das den umfriedeten Raum durch die Ausrichtung nach Osten[68] mit Sonnenaufgang und heiliger Stadt verband. Der Verzicht auf dieses Prinzip, der mit dem Desymbolisierungsprozeß der säkularisierten Neuzeit einhergeht, hat die Kirchen für die Einwohnung des Göttlichen nicht unbrauchbar gemacht. Aber einerseits hat die Desymbolisierung der Kirchengebäude in Richtung auf ihre

65 Wie unterschiedlich das aussehen kann, zeigen die »Gedanken über den griechischen Tempel und die christliche Kirche« bei M. Raphael, Tempel, Kirchen und Figuren. Studien zur Kunstgeschichte, Ästhetik und Archäologie, Frankfurt 1989, 89f.

66 H. Schmitz, a.a.O. 286.

67 Zur Aporetik eines architektonischen Programms von »Sakralität« seit dem 18. Jahrhundert vgl. C.M. Werner, Sakralität. Ergebnisse neuzeitlicher Architekturästhetik, Zürich 1987, 19ff.

68 Eine solche Ostung hat es schon beim Jerusalemer Tempel gegeben; vgl. Th. A. Busink, Der Tempel von Jerusalem von Salomo bis Herodes, Band 1, Leiden 1970, 252ff; Busink bestreitet, daß diese Ausrichtung nach Osten als Beweis für einen dort gefeierten Sonnenkult zu bewerten sei.

multiple Funktionalisierung sich auch nicht konsequent durchsetzen lassen. Und wenn der Raum die Gegenwart des Göttlichen nur eingeschränkt oder gar nicht mehr repräsentiert, wachsen die Aufgaben für die liturgische Handlung und die homiletische Praxis auf der anderen Seite beträchtlich.[69]

Transzendenz, Regeneration, Asyl

Menschen begeben sich in ein Zelt, einen Tempel[70], einen Dom, einen Gemeindesaal, weil sie auf Grund von religiöser Überlieferung, emotionaler Erfahrung, architektonischer Gestaltung annehmen, daß es dort zur Residenz von göttlichen Atmosphären kommt. In Israel hat sich die »Herrlichkeit Jahwes« im Allerheiligsten auf dem Tempelberg niedergelassen. Laut Epheserbrief strömen nicht nur die Gläubigen, sondern auch die himmlischen Mächte und Dämonen in die Gemeindeversammlung, um dort an der Offenbarung göttlicher Geheimnisse zu partizipieren (Eph. 3,10). Was treibt Menschen an heilige Stätten? Was macht umfriedete Räume göttlicher Gegenwart attraktiv? Hat auch dieses Verhalten, der Gang zum Gottesdienst, wie die saisonalen Wanderungen anderer Lebewesen, etwas mit Lebenssicherung und Arterhaltung zu tun?

Im einzelnen wird man drei unterschiedliche, aber aufeinander bezogene Dimensionen unterscheiden müssen, wenn es im Kult zur Synchronie und zur Syntopie von Menschlichem und Göttlichem kommt. Im umfriedeten Raum, der permanent oder punktuell von heiligen Atmosphären erfüllt ist, kommt es zu Transzendenzerfahrungen, zur Lebenserneuerung, zum Angebot von Asyl.

Transzendenz, das bedeutet: gegenüber allen Erfahrungen, die die soziale und individuelle Alltagspraxis vermittelt, erschließt sich im Kult eine spezifische, ansonsten unzugängliche Wirklichkeit. Mit Hilfe von Symbolen und Ritualen nähern sich Menschen einem Bereich, der ihnen bei ihren sonstigen Verrichtungen verschlossen bleibt, obwohl er sie, wie die Luft zum Atmen, von allen Seiten umgibt. Durch die konzentrierte Tätigkeit kultischer Praxis erschließt sich zur festlichen Zeit, im umfriedeten Raum den Lebewesen der Grund des Lebens. Menschen haben in vielen Situationen mit den Erfahrungen der Geburt, des Sterbens und Weiterlebens, der entgrenzenden Vereinigung zu tun, und sie gehen mit diesen Erfahrungen dergestalt um, daß sie deren Abgründigkeit durch ritualisierte Konventionen selber veralltäglichen. In der gottesdienstlichen Feier der großen Feste wird menschliche Lebenserfahrung mit göttlichem Lebensgeschick kombiniert. Gott ist geboren, der Sohn Gottes ist gestorben und wiedererstanden, Gottes Geist schafft grenzenlose Vereinigung. Dadurch gewinnen nicht nur die elementaren Lebensgeheimnisse in ihrer gan-

69 Vgl. die Beiträge bei H.-E. Bahr (Hg.), Kirchen in nachsakraler Zeit, Hamburg 1968.

70 Zum komplizierten Verhältnis von Zelt-, Lade- und Tempel- Tradition in Israel vgl. G. von Rad, Zelt und Lade, in: Gesammelte Studien zum Alten Testament I, ThB 8, München 1965, 109ff.

zen Abgründigkeit einen Bezug zum Grund allen Seins. Auch die Abgründigkeit der göttlichen Atmosphäre wird personal konturiert und lebenspraktisch faßbar. Und wann immer im Gottesdienst göttliche Rollen gespielt, heilige Geschichten erzählt, verborgene Geheimnisse offenbar gemacht werden, tut sich eine Wirklichkeit auf, die im Alltag unfaßbar ist, weil sie zu fern und zu nah zugleich ist, die aber jetzt durch ein spezifisches Verhaltensrepertoire benannt und präsentiert werden kann. Die Suche nach Transzendenzerfahrung in der kultischen Praxis ist deshalb keine Flucht aus Welt, Alltag, Leben, sondern die gezielte und behutsame Annäherung an das Geheimnis der Welt, an den Abgrund des Alltags, an die Quelle des Lebens.

Die saisonale Annäherung an den Lebensgrund, Synchronie und Syntopie zwischen Menschlichem und Göttlichem sind lebenswichtig, weil das Leben selber immer umkämpft und bedroht und gefährdet ist. Deshalb ist auch der Gang zum Gottesdienst, selbst wenn er durch sozialen Druck, durch Gewohnheit und aus Schuldangst erfolgt, im Kern als Maßnahme zur Lebenserhaltung zu interpretieren. Mindestens in vormodernen Gesellschaften wird er auch explizit durch eine Logik begründet, die man so formulieren kann: Wo Transzendenz sich ereignet, findet Erneuerung statt. Der Lebensgrund schafft Lebenskraft.[71] So bilden für das antike Denken die Feste keineswegs Erholungspausen von der Arbeit an der gesellschaftlichen Produktion und Reproduktion, vielmehr geschieht im Festvollzug die eigentliche Regeneration des Kosmos, die Erneuerung der Schöpfung, die Befriedung der Völkerwelt, die Installation von Recht und Gerechtigkeit. Unter den Exegeten ist umstritten, ob die Kultpsalmen sich auf ein Thronbesteigungsfest Jahwes oder auf die Ladeprozession beim Herbstfest beziehen. Aber wenn die Gottheit sich auf ihren Thron setzt (Ps. 47), dann wird ihre Herrschaft über alle Völker erneuert (47,9), dann werden die Chaosmächte des Wassers abgewehrt (93,3f), dann hat sich die Bundestreue wieder bewährt (97,10-12). Das Festgeschehen, hier die kultdramatische Besetzung des Himmelsthrons durch den König Israels oder durch die Lade Jahwes, schafft eine Realität von lebenserneuernder Kraft. Regelmäßig gehört deshalb zum festlichen Ablauf an heiliger Stätte auch die religiöse Gestaltung der elementaren Lebenstriebe, im heiligen Mord des Opfers oder in der heiligen Hochzeit. Weltweit findet statt, was E. Otto für die Feste in Israel so ausgedrückt hat: »Fest ist in Israel Wirklichkeit der Nähe Gottes, gesteigerte Wirklichkeit, aus der Heil und Segen in die Welt fließen, in der der Mensch zu jubeln beginnt, zu singen, zu loben, der Segen Gottes sich in der Festekstase ausdrückt. Chaoserfahrungen in Natur und Gesellschaft werden aufgehoben, die Nähe Gottes überwindet die Entfremdung des Menschen von der Natur,

71 Den Zusammenhang zwischen der Epiphanie Jesu im christlichen Kult und den apotropäischen wie exorzistischen Wirkungen seines Namens hat für Origenes herausgearbeitet W. Schütz, Der christliche Gottesdienst bei Origenes, CThM 8 Stuttgart 1984, 17ff und 25ff.

vom Nächsten, mit sich selbst. Wirklichkeit wird ganzheitlich erfahren, Mensch und Natur, Individuum und Gemeinschaft, Leib und Verstand sind in der Erfahrung der Nähe Gottes eine Einheit. – Im Fest ermöglicht Gott erst Welt und Leben: Alljährlich wird die Welt konstituiert, indem sie gegen andrängendes Chaos gesichert wird. Die Gemeinschaft des Volkes wird erst im Jahwe-Bund begründet. Schließlich hat das Individuum Leben im qualifizierten Sinn nur, weil es als Glied des Gottesvolkes im Fest Anteil am Segen Gottes erhält. Die Alltagswirklichkeit wird also erst in der Festwirklichkeit der Nähe Gottes ermöglicht und leitet sich von dieser ab«.[72]

Wenn sich für die pietistische Frömmigkeit Bekehrung durch Evangelisation ereignet, wenn sich in einzelnen Städten der DDR im Anschluß an das Friedensgebet Demonstrationen entwickelten, die grundlegende gesellschaftliche Veränderungen ausgelöst haben, dann sind derartige Prozesse zwar für die psychologische und die soziologische Betrachtung als Ausdruck individueller und kollektiver Krisen zu interpretieren, und diesen Aspekt wird man vernünftigerweise nicht bestreiten können; aber gleichzeitig bezeugen diese Prozesse auch den Sachzusammenhang zwischen der Präsenz göttlicher Atmosphären und ihrer lebenserneuernden Wirkung.

Im umfriedeten Raum des heiligen Ortes residieren göttliche Atmosphären. Deshalb findet dort, gegen alle Mächte des Sterbens und Verderbens, Lebenserneuerung statt. Kosmische Energie wird durch rituellen Vollzug restituiert. Individuelle Unfruchtbarkeit wird durch Aufenthalt im Segensbereich des Altars überwunden. Aber die Macht göttlicher Präsenz zielt auch in den sozialen Bereich. Die Wohnstatt der Gottheit bietet nicht nur Schutz gegen Dämonen und Widerstandskraft gegen den Tod, sie ist auch Zufluchtsort für alle, die von Feinden verfolgt werden. Der umfriedete Raum der göttlichen Gegenwart ist Friedensraum als Asyl. Wer hierher flieht, hat sich unter die Obhut einer überirdischen Macht begeben und ist deshalb dem Zugriff irdischer Mächte entzogen.

In der alttestamentlichen Überlieferung begegnet das Asylrecht in verschiedenen Ausprägungen. Adonia und Joab retten sich im Streit mit Salomo zu den »Hörnern das Altars« (1. Kö. 1, 50ff; 2,28ff). Daneben hat es auch bestimmte Städte gegeben, denen Asylaufgaben zugewachsen waren (Dt. 4,41ff; Jos. 20,7f). Und schließlich hat Israel insgesamt Asyl zu gewähren, und zwar für entlaufene Sklaven, die nicht wieder ausgeliefert werden dürfen (Dt. 23, 15f). Das Begründungsverhältnis zwischen Transzendenz und Asyl wird in Bestimmungen deutlich, die dieses Recht für den Fall der Lebensvernichtung beschränken (Ex. 21,14). Wer sich an der Heiligkeit des Lebens vergriffen hat, der hat sein eigenes Leben verwirkt, so daß er auch im umfriedeten Raum des lebendigen Gottes keine Rettung mehr findet.

72 E. Otto, Fest und Freude im Alten Testament, in: E. Otto/T. Schramm, Fest und Freude, Stuttgart 1977, 62f.

Auch wenn es in der Gegenwart ein Asylrecht der Kirchen offiziell nicht mehr gibt, haben in den letzten Jahren viele von Ausweisung bedrohte Asylanten in kirchlichen Räumen Zuflucht gesucht. Auffällig ist: Einerseits hat die Polizei ihre Verfolgungsaufgabe bis in Gemeinderäume hinein wahrgenommen, aber vor dem Eindringen in den theologisch und juristisch gar nicht mehr vorhandenen Sakralbereich ist sie andererseits häufig zurückgeschreckt.

Die soziale Variante des Asylphänomens zeigen die Bettlerscharen, die sich in aller Welt um die Tempel versammeln. Mit Almosen und anderen Arten von Lebenshilfe können sie rechnen, weil karitative Praxis unter den Menschen ursprünglich nicht psychisch, in philanthropischen Gefühlen und Einstellungen, begründet ist, sondern sich aus der Struktur des umfriedeten, mit göttlicher Atmosphäre erfüllten Raumes ergibt. Wer diesen Ort betritt, um dem Lebensgrund zu begegnen, und wer ihn verläßt, nachdem er Regeneration seiner Lebenskraft erfahren hat, der kann an denen nicht achtlos vorübergehen, die an der Schwelle des Heiligtums auf lebensförderliche Zuwendung warten. Daß sich im Umfeld der Gotteshäuser bis heute diakonische Aktivitäten entfalten, daß dort Kindergärten, Arbeitsloseninitiativen, Öko- Gruppen tätig werden, ist deshalb nur selbstverständlich. Diakonie ist nicht Folge, sondern Bestandteil kultischer Praxis im umfriedeten Raum. Und wenn sich in den Gottesdiensten heute vor allem Menschen einfinden, die zu den gesellschaftlichen Randgruppen gerechnet werden, die, wie Alte, Hausfrauen, Jugendliche, außerhalb des Produktionsprozesses stehen[73], dann stellt das zwar im Vergleich mit früheren Teilnehmerfeldern eine Veränderung dar, aber eine Veränderung, die dem Zuflucht gewährenden Charakter des umfriedeten Raumes entspricht.

73 Derartige Tendenzen hat schon vor 20 Jahren festgestellt U. Boos-Nünning, Soziale Schicht und Religiosität, in: Y. Spiegel (Hg.), Kirche und Klassenbindung. Studien zur Situation der Kirchen in der Bundesrepublik Deutschland, Frankfurt 1974, 100ff.

III.

Wer geht zum Gottesdienst? Für die gegenwärtige Gemeindepraxis ist das vor allem ein Motivierungsproblem. Wie bringt man Menschen dazu, sich im kirchlichen Sinn normengerecht zu verhalten? Wie animiert man sie zum regelmäßigen Gang in die Kirche? Alle Strategien, die man in diesem Zusammenhang entwickeln mag, bleiben wahrscheinlich unfruchtbar, solange man sich die Eigentümlichkeiten einer solchen Motivationskonstellation durch den Vergleich mit früheren Gegebenheiten nicht bewußt gemacht hat.

Initiation

Die Teilnahme am Kult ist ursprünglich Privileg, nicht Pflicht oder Freizeitbeschäftigung. Schon die bauliche Struktur der heiligen Stätte mit ihrer Dreiteilung hat deutlich gemacht, daß nicht alle Mitglieder einer Gesellschaft ohne weiteres den Eingangsbereich des Tempels und erst recht nicht das Allerheiligste betreten dürfen. Der Zugang zum Kult wird durch Zulassungsverfahren geregelt, durch Prozeduren, die voraussetzen, daß der Besuch des heiligen Orts in vieler Hinsicht gewinnbringend ist. Der Eingang zum Heiligtum und erst recht der Zutritt zum Allerheiligsten steht nur denen offen, die eine Initiation absolviert haben.

In seiner ethnologischen Verhaltenstheorie hat K.E. Müller das Phänomen als Moment der Soziogenese speziell in Pflanzerkulturen beschrieben. Das Interesse bei der Unterweisung der pubertierenden Jugendlichen zielt seiner Meinung nach auf soziale Konformität und Abwehr bedrohlicher Fremdeinflüsse, die auch zur Ausgliederung von Menstruierenden, Wöchnerinnen und Frischvermählten führen kann. »Die topographische und soziale Ausgliederung von Personen, die sich in Übergangszuständen befinden, erlaubt es den anderen, sie während dieser kritischen Zeit gleichsam optisch besser in den Blick zu bekommen und ihr Verhalten sicherer kontrollieren zu können«.[74] Daß ein solches Interesse an der sozialen Homöostase immer bestanden hat, wird nicht zu bestreiten sein. Es ist aber zu fragen, ob das aufwendige Verhaltensprogramm, das zu jeder Initiation gehört, allein von daher vollständig zu erklären ist. Müller selbst hat es, dem Dreischritt von A. van Gennep folgend, in den Einzelheiten nachgezeichnet. Den Anfang bilden »Trennungsriten«, durch die die Pubertierenden aus ihrer kindlichen Lebenswelt entführt und in Todessphären, wie verdunkeltes Männerhaus, Wald oder Dschungel, verbracht werden. Operative Eingriffe teilweise höchst schmerzhafter Art, bei denen Nasen, Lippen, Ohren durchbohrt, Zähne angefeilt, Haare abrasiert oder Beschneidungen vollzogen werden,

74 K.E. Müller, a.a.O. 107.

manifestieren teils den Tod der alten, teils die Geburt einer neuen Körperlichkeit. Im Mittelpunkt dieser Neukonstitution eines gesellschaftlichen Subjekts steht die Übergabe der gemeinschaftlichen Wissensbestände, »die so ziemlich alle Bereiche der Kultur« betreffen, »in denen das Hauptgewicht jedoch eindeutig auf moralische Belehrungen und die Vermittlung des religiösen Überlieferungsgutes (Durchführung der Riten und Kulte, Ahnen-, Geister- und Götterglaube, Mythos), also die eigentliche Begründungslehre der traditionellen Seinsordnung gelegt« ist.[75] Unter erheblichen Vorsichtsmaßnahmen wird dabei auch das Geheimwissen der Gruppe an die nachfolgende Generation weitergegeben. In den Initiationen handelt es sich »konkret dabei darum, daß man den Weihlingen beispielsweise gewisse hochheilige Kultgegenstände, wie Schwirrhölzer, Flöten, Knochentrompeten, den Schädel eines sagenhaften Ahnen der Vorzeit oder Masken, erstmals und in besonders feierlicher Weise zeigte, daß man sie in der Herstellung bestimmter ›Medizinen‹ von großer Zauberkraft unterwies oder ihnen einen bestimmten Mythos von zentraler Bedeutung für den Glauben der Gruppe, den man ihnen bisher noch vorenthalten hatte, enthüllte. Manchmal traten als Übermittler dabei auch die Geistmächte selbst auf, die sich den Initianden dann etwa aus dem nächtlichen Dunkel der Lagerumgebung heraus in irgendeiner Weise akustisch vernehmbar machten oder ihnen unmittelbar in Maskengestalt gegenübertraten«.[76] Schließlich werden die Initianden durch Angliederungsriten, meist im Rahmen eines großen Festes, in den Kreis der Lebenden reintegriert – sie können nun als vollberechtigte Mitglieder der Gemeinschaft an allen sozialen Unternehmungen wie Saat und Ernte, Familiengründung und Beratung, Jagd, Krieg und Kult partizipieren.

Die qualvolle Bearbeitung von Körperlichkeit, die Inszenierung von Sterbe- und Wiedergeburtserfahrung, der experimentelle Umgang mit ansonsten unterdrückten Alternativaspekten des Lebens[77], die Offenbarung von Mysterientraditionen – diese aufwendigen Prozeduren bei der Initiation demonstrieren, daß es hier um mehr gehen muß als um Maßnahmen zur Nachwuchs-Kontrolle.[78] Der Übergang in den Erwachsenen-Status und in die damit verbundenen Rechte und Pflichten setzt die Übermittlung von Fähigkeiten und Einsichten, aber auch die Einführung in unbekannte Wirklichkeits-

75 A.a.O. 114.

76 Ebd.

77 Dazu zählen auch päderastische Rituale; vgl. G. Bleibtreu-Ehrenberg, Mannbarkeitsriten. Zur institutionellen Päderastie bei Papuas und Melanesiern, Frankfurt 1980, 124ff.

78 Zur Interpretation von Beschneidungsriten vgl. B. Bettelheim, Die symbolischen Wunden. Pubertätsriten und der Neid des Mannes, München 1975. Detaillierte Beschreibungen afrikanischer Initiationsriten liefern A. P. Bourgeois, M. Casimir und M.-L. Bastin in: G. Volger/K. von Welck (Hg.), Männerbande – Männerbünde. Zur Rolle des Mannes im Kulturvergleich, Band 1, Köln 1990, 301ff, 309ff und 315ff.

felder des Lebens voraus. Um am Erwachsenendasein teilzuhaben, muß man Schmerzen ertragen, Geheimnisse kennen, die Erfahrung des Sterbens besitzen.[79]

Diese Aufgaben der Initiation sind nicht nur in Stammeskulturen faßbar, sondern auch in religiösen Gemeinschaften, die innerhalb ihrer sozialen Umgebung eine Minorität darstellen und sich deswegen teilweise als Elite verstehen. W.D. Berner ist in seiner Arbeit über »Initiationsriten in Mysterienreligionen, im Gnostizismus und im antiken Judentum« vor allem um Differenzierung zwischen den untersuchten Bereichen bemüht, die er im unterschiedlichen Verhältnis von Ritus und Mythos begründet findet.[80] Aber seine Einsichten über die Initiationsverfahren der Mysterienkulte lassen sich im Rahmen eines verhaltenstheoretischen Konzeptes stärker generalisieren, als ihm selber vorschwebt. Das gilt schon für seine zentrale Definition: »Die Mysteriengemeinschaft vermittelt dem einzelnen Mitglied mit Hilfe bestimmter durch die Gemeinschaft sanktionierter Handlungen - die deshalb als Riten zu bezeichnen sind - die Integration, die sich weiterhin mit dem relativ unspezifischen Terminus ›σωτηςια‹ umschreiben läßt«.[81] Der initiatische Prozeß wird in den verschiedenen Systemen unterstützt und materialisiert durch Begleithandlungen, die Berner aufgelistet hat: »1. Rituelle Handlungen, in deren Verlauf Kultsymbole mit kathartischer Bedeutung verwendet werden. - 2. Auf einen bestimmten Zeitraum beschränkte Askese, insbesondere Fasten. - 3. Rituelle Besprengungshandlung. - 4. Tauchbad. - 5. Siegelung an der Stirn. - 6. Übergießen mit Honig. - 7. Rituell vollzogene Belehrung. - 8. Die ›zentrale kultische Handlung‹, die bereits den Charakter des Hauptsakramentes trägt, sowie die ›Begrüßung des Mysten als Gott‹«.[82]

Am Ende bewirkt dieser Prozeß »nicht lediglich einen Bewußtseinswandel, sondern den Seinswandel des Individuums«.[83] Denn die Zielvorstellungen, die als Prämien der Initiation angestrebt werden, betreffen ein Leben, das auch vom Todesgeschick nicht bedroht werden kann. Dabei geht es »einerseits um ein glücklicheres Dasein im Hades - eine Vorstellung im Rahmen

79 Vgl. J. Baudrillard, Der symbolische Tausch und der Tod, München 1982, 208: »Die Initiation ist jener entscheidende Moment, jener gesellschaftliche Nexus, jene black box, in der Geburt und Tod, indem sie aufhören Begrenzungspunkte des Lebens zu sein, einander durchdringen«. Ähnlich V. Popp in seinem Vorwort zu V. Popp (Hg.), Initiation. Zeremonien der Statusänderung und des Rollenwechsels. Eine Anthologie, Frankfurt 1969, 9: »Dieses Merkmal des Sterbens der Initianden, ihrer Neuschaffung und ihrer Wiedergeburt als reine, jetzt erst vollständige Menschen ist charakteristisch für alle Initiationen in traditionellen Gesellschaften«.

80 W.D. Berner, Initiationsriten in Mysterienreligionen, im Gnostizismus und im antiken Judentum, Theol. Dissert. Göttingen 1972, 229ff.

81 A.a.O. 223.

82 A.a.O. 224f.

83 A.a.O. 224.

des Phänomens der positiv qualifizierten Iteration –; andererseits um die Unsterblichkeit der Seele – vorgestellt als Aufstieg der Seele nach dem Tode – und daneben die Auferstehung; schließlich bildet die Vergottung im Sinne von ›Existenz höherer göttlicher Art‹ eine solche Zielvorstellung neben dem ›Triumph über das Schicksal‹«.[84]

Entscheidend für unseren Zusammenhang ist, daß durch die Initiation eine spezifische Motivationskonstellation für die Partizipation am Kult hergestellt wird. Die Zulassungsbedingungen beschränken den Teilnehmerkreis. Und die Teilnahme selbst kann dann als Recht, ja als anzustrebendes Privileg verstanden werden. Beides aber setzt natürlich voraus, daß der Kult lebenspraktische Attraktionen enthält, daß er Jagdglück, Fruchtbarkeit, soziale Anerkennung, Segen vermittelt oder daß er Lebenssicherung nach dem Sterben verspricht. Die Augenblicke gesteigerten Lebens, die die Begegnung mit göttlichen Atmosphären im umfriedeten Raum bereitstellt, besitzen zwar in sich selbst eine erhebliche Anziehungskraft. Aber wer zwischen Lebenssteigerung und Lebenserhaltung ein Spannungsverhältnis sieht, läßt sich auf eine typisch moderne Alternative ein. Der Gang zum Gottesdienst ist solange selbstverständlich, als man durch dieses Verhalten die eigenen Lebenschancen erhöhen kann.

Sonntagspflicht und Beichtzwang

Auch das Christentum hat initiatische Rituale wie Taufe, Erstkommunion, Firmung und Konfirmation entwickelt. Aber die Motivationskonstellation hat sich im Lauf der Jahrhunderte, ohne daß das hier im einzelnen nachgezeichnet werden kann, charakteristisch verändert.[85] Die Partizipation am Kult gilt nicht mehr als Privileg, sondern als Pflicht. Der soziale Druck, der in dieser Hinsicht gewiß immer bestanden hat, wird, wie das Beispiel der Sonntagspflicht zeigt, von der Kirche als Zwang formuliert und von den Kirchenmitgliedern zunehmend mehr als Zwang empfunden.

Das II. Vaticanum hat in der »Konstitution über die heilige Liturgie« die Sonntagspflicht, wenn auch einigermaßen zurückhaltend, noch einmal eingeschärft: »Aus apostolischer Überlieferung, die ihren Ursprung auf den Auferstehungstag Christi zurückführt, feiert die Kirche Christi das Pascha-Mysterium jeweils am achten Tage, der deshalb mit Recht Tag des Herrn oder Herrentag genannt wird. An diesem Tag müssen die Christgläubigen

84 Ebd.

85 Die hier vorgelegte Typologie ist vergleichbar, aber nicht identisch mit der Differenzierung zwischen dem traditions-, dem außen- und dem innengelenkten Menschen bei D. Riesman u.a., Die einsame Masse. Eine Untersuchung der Wandlungen des amerikanischen Charakters, Hamburg 1958, 20ff. Einen umfassenden Überblick bietet H. Heckhausen, Motivation und Handeln. Lehrbuch der Motivationspsychologie, Berlin 1980.

zusammenkommen, um das Wort Gottes zu hören, an der Eucharistiefeier teilzunehmen und so des Leidens, der Auferstehung und der Herrlichkeit des Herrn Jesus zu gedenken und Gott dankzusagen«.[86]

Für das römisch-katholische Kirchenrecht ergibt sich die Möglichkeit, auch die Teilnahme am Gottesdienst durch Rechtsnormen zu regulieren, aus der juridischen Qualität der Sakramente, insbesondere der Eucharistie. Diese stellt nämlich nicht nur eine sakramentale Realität dar, sondern auch eine »Rechtsinstitution«, »da die Teilnahme an der Eucharistie die rechtsgültige Verwirklichung der Einheit der Kirche ist im Bekenntnis des einen Glaubens, in der gemeinsamen Feier des Gottesdienstes und in der brüderlichen Einheit der Familie Gottes«.[87] Welche Schwierigkeiten sich bei der parochialen Verwirklichung der Sonntagspflicht gegenwärtig ergeben, lassen die einschlägigen Bestimmungen aus den deutschsprachigen Diözesen erkennen. So hat die »Gemeinsame Synode der Bistümer in der BRD« in ihrem Beschluß zu Gottesdienstfragen ausdrücklich konstatiert: »Das Gebot der Kirche bindet aber nicht in jedem Fall und unter allen Umständen. Die Kirche will niemand unter schwerer Belastung oder großem Nachteil zur Teilnahme an der sonntäglichen Eucharistiefeier verpflichten (z.B. bei angegriffener Gesundheit, weiten Wegen, notwendiger Erholung usw.). Pflichten der Nächstenliebe, die kein anderer wahrnehmen kann, sind dringlicher als Teilnahme am Gottesdienst (z.B. Sorge für kleine Kinder und alte Menschen, Berufspflichten)«.[88] Auch die Teilnahme am Gottesdienst einer anderen christlichen Glaubensgemeinschaft wird als zureichende Erfüllung der Sonntagspflicht anerkannt, »wenn für die Teilnahme ein wichtiger Grund besteht und die zusätzliche Teilnahme am katholischen Gottesdienst nur unter Schwierigkeiten möglich wäre«.[89] Bei allen Zugeständnissen wird jedoch auch nachdrücklich auf andere Formen der Partizipation hingewiesen: »Wer den Sonntagsgottesdienst nicht mitfeiern kann, der sollte sich im Gebet der Kirche innerlich verbinden, wobei Meß- und Meditationstexte eine Hilfe sein können. Besonders wichtig ist in diesem Zusammenhang auch die Über-

86 Konstitution über die heilige Liturgie, 106; zitiert nach K. Rahner/H. Vorgrimler (Hg.), Kleines Konzilskompendium, Freiburg 1966, 82. Über Diskussionen im Vorfeld des Konzils berichtet A. Bugnini, Die Liturgiereform 1948 - 1975. Zeugnis und Testament, Freiburg 1988, 349f.

87 So P. Boekholt, Das Geheimnis der Eucharistie in der kirchlichen Rechtsordnung. Grundriß der partikularen Gesetzgebung für die Bistümer in der Bundesrepublik Deutschland, Rom 1981, 15f. Zur theologischen Problematik einer solchen Verrechtlichung vgl. J. Klein, Skandalon. Um das Wesen des Katholizismus, Tübingen 1958.

88 Gemeinsame Synode der Bistümer in der Bundesrepublik Deutschland. Offizielle Gesamtausgabe I, Freiburg 1976, 201.

89 Ebd.

tragung von Gottesdiensten in Funk und Fernsehen«.[90] Angesichts des gravierenden Priestermangels gilt der Wort- und Kommunionsgottesdienst als vollwertiger Ersatz der Eucharistiefeier.[91] Die öfters ausgesprochene Aufforderung, den Sinn des sonntäglichen Gottesdienstes und die Notwendigkeit einer gemeinsamen Feier den Gemeindegliedern und insbesondere den Jugendlichen nahezubringen[92], ist ein deutlicher Hinweis auf den Rückgang der Besucherzahlen, wie er jetzt auch im mitteleuropäischen Katholizismus zu beobachten ist. Dem veränderten Freizeitverhalten will die Erlaubnis Rechnung tragen, der Sonntagspflicht schon am Samstagabend Genüge zu tun.[93] Das Ordinariat Freiburg hat 1979 verfügt, daß »Ökumenische Wortgottesdienste in Verbindung mit weltlichen Festen nicht zur ortsüblichen Zeit der Meßfeier« stattfinden dürfen; »Katholiken sollen durch die Teilnahme daran nicht in Konflikt mit dem Sonntagsgebot gebracht werden«.[94]

Eine solche rechtliche Reglementierung des Gottesdienstbesuchs mag modernem protestantischen Empfinden absurd erscheinen. Man sollte aber nicht aus den Augen verlieren, daß auch in den protestantischen Kirchen ähnliche Zwangsmechanismen zur Verhaltenssteuerung angewandt worden sind. K. Aland hat am Beispiel der Privatbeichte vor dem Abendmahlsgang wichtige Etappen dieser Entwicklung freigelegt. Durchgängig kritisiert wird von den Reformatoren und den Bekenntnisschriften die spätmittelalterliche Anschauung, man solle und könne im Bußsakrament alle begangenen Sünden zur Sprache bringen.[95] Luther, der bis 1521 in vielen liturgischen Fragen durchaus konservativ gedacht hat, legt dann zunehmend Wert auf die Freiwilligkeit der persönlichen Beichte und lehnt auch ausdrücklich ab, daß sie auf jeden Fall vor einem Priester erfolgen muß. Aber angesichts beängstigender Vorgänge im Wittenberger Gemeindeleben, im Zusammenhang mit den Katechismusentwürfen und den Visitationsaufgaben kommt es sehr schnell zur Einführung eines Glaubensverhörs vor dem Abendmahlsgang. Und die proklamierte Glaubensfreiheit wird schon zu Luthers Lebzeiten erheblich reglementiert. In seinem Fazit zählt Aland folgende Gesichtspunkte auf:

90 Ebd.
91 A.a.O. 293f.
92 Vgl. die entsprechenden Texte aus Basel und Wien in: J. Schermann/H.B. Meyer (Hg.), Der Gottesdienst im deutschen Sprachgebiet. Liturgische Dokumente, Bücher und Behelfe, Studien zur Pastoralliturgie 5, Regensburg 1982, 341, 358f und 501; »Aufgaben der Verkündigung und Gemeindekatechese« hat auch die gemeinsame Synode, a.a.O. 222f, formuliert.
93 So die italienische Bischofskonferenz 1971, abgedruckt bei J. Schermann/H.B. Meyer, a.a.O. 289f.
94 A.a.O. 573.
95 Vgl. S. Hausammann, Buße als Umkehr und Erneuerung von Mensch und Gesellschaft. Eine theologiegeschichtliche Studie zu einer Theologie der Buße, StDSTh 33, Zürich 1975, 94ff.

»Reduzierung der Privatbeichte im engeren Sinne auf die Ablegung vor dem Geistlichen, Erledigung dieser eigentlichen Privatbeichte durch das Pflichtbeichtverhör vor dem Abendmahlsgang, dafür Ausdehnung des Pflichtbeichtverhörs auf möglichst alle Kommunizierenden ohne Unterschied der Person und Übernahme der Aufgaben der eigentlichen Privatbeichte durch die offizielle Institution«.[96]

Auf dieser Grundlage haben Kirchenordnungen im 16. und 17. Jahrhundert die Privatbeichte dergestalt geregelt, daß man durchaus von einem Zwangsinstitut reden kann. Aland hat die ausgewerteten Texte so zusammengefaßt: »1. Die Beichte ist Pflicht. . . . 2. Die Beichte ist Voraussetzung für den Empfang des Abendmahls, und zwar als Einzelbeichte. . . . 3. Diese Beichte setzt sich zusammen aus dem Glaubensverhör, das an erster Stelle steht, und der eigentlichen Privatbeichte. . . . 4. Die so geordnete Beichte erfolgt am Sonnabend, d.h. am Tage vor dem Abendmahlsgang. . . . 7. Die pflichtmäßige oder freiwillige Zahlung einer Gebühr, des ›Beichtgroschens‹ oder ›Beichtpfennigs‹, ist die Regel, gelegentlich nur wird davon abgesehen oder der Pfarrer ermahnt, er solle von der Höhe der Zahlung nicht Dauer und Art der Beichte abhängig machen. Der Beichtpfennig (der sich ja durchaus nicht in dieser Münzgattung hielt) wird als Teil des Pfarreinkommens angesehen«.[97] Erst unter dem Einfluß des Pietismus wurde nach heftigen Auseinandersetzungen das Zwangsverfahren der Privatbeichte, das kasuistisch ausgeufert war und die Beichtpartner innerlich wie äußerlich überforderte, durch die Einführung der allgemeinen Beichte ersetzt.

Sonntagspflicht und Beichtzwang werden hier als Beispiel für eine Motivationskonstellation angeführt, die das kultische Verhalten durch negative Normierung zu steuern versucht. Während bei der Initiation positive Prämien in Aussicht gestellt werden, etwa Erhöhung des Sozialprestiges, Fruchtbarkeit, ewiges Leben, stehen jetzt Strafandrohungen als Motivationsfaktoren im Vordergrund. Wer die kirchlichen Normen nicht einhält, wer die Sonntagspflicht nicht beachtet oder sich dem Beichtzwang entzieht, muß mit kirchlichen, staatlichen und göttlichen Sanktionen rechnen. Wie sehr die Angst vor dem Jüngsten Gericht in Europa zwischen 1348 und 1660 grassiert hat und wie gezielt sie zur Verhaltenssteuerung eingesetzt wurde, hat der französische Historiker J. Delumeau nachgewiesen.[98] Aus den Beispielen, die Aland für obrigkeitliche Strafandrohungen zusammengetragen hat, sei ein Text aus dem Herrschaftsbereich derer von der Schulenburg (1572) zitiert: »Wan die Pfarhern befunden, das etliche ihrer pfarrkinder zum wenigsten nicht ein oder zwei male im jahr zur beicht und heiligen sacra-

96 K. Aland, Die Privatbeichte im Luthertum von ihren Anfängen bis zu ihrer Auflösung, in: Kirchengeschichtliche Entwürfe, Gütersloh 1960, 466.
97 A.a.O. 476ff.
98 J. Delumeau, Angst im Abendland. Die Geschichte kollektiver Ängste im Europa des 14. bis 18. Jahrhunderts, Band 2, Reinbek 1985, 311ff.

mente ginge, die sollen sie erstlich zum fleissigsten dazu vermahnen und strafen, und do das bei ihnen nicht furcht schaffete, sollen sie es der obrigkeit vormelden und soll ein jder seine underthanen strafen oder deshalben aus dem gerichte vorweisen und soll ein sollicher in der gemeine gar nicht gelitten werden«.[99] Daß sich soziale Außenseiterposition und soziale Ächtung wegen Nichtteilnahme am Gottesdienst wechselseitig steigern konnten, hat Chr. Köhle-Hezinger an einigen Fällen aus Baden-Württemberg gezeigt.[100]

Ich-darf-Motivation und Ich-muß-Motivation bilden lebenspraktisch keinen absoluten Gegensatz. Die Frage ist: Wieso hat sich in der Kirchengeschichte die eine Seite lange Zeit nach vorne gedrängt? Wieso konnte aus dem Heilsinstitut in umfassender Weise ein Zwangsinstitut werden? Daß beide Möglichkeiten der Verhaltenssteuerung in der Gegenwart nur noch sehr beschränkt zu wirken vermögen, ist angesichts der zunehmenden Säkularisierung, der weitgehenden Trennung von Kirche und Staat, der sich durchsetzenden Dominanz kapitalistischer Ökonomie nicht verwunderlich. Die positiven wie die negativen Belohnungsangebote des christlichen Glaubens und der gemeindlichen Praxis haben durchweg ihre Plausibilität wie ihre Attraktivität eingebüßt. Die Frage bleibt aber noch zu klären: Wieso wurde kultisches Verhalten, Kirchgang, Abendmahlsempfang, Beichte, mehr als ein Jahrtausend hindurch mit den Druckmechanismen sozialer Normen erzwungen? Was hat zur Ablösung der Ich-darf-Motivation durch die Ich-muß-Motivation beim Kirchgang geführt?

Sicher kann man dazu im Augenblick nur Vermutungen äußern und einzelne Faktoren benennen, ohne deren Gewicht und Bedingungsverhältnis schon präzise zu bestimmen. Die Einführung des Sabbats/Sonntags isolierte die Kultteilnahme von den kosmischen Zyklen und den sozialen Rhythmen und steigerte mit den Anforderungen an das Verhalten auch den Motivierungsbedarf. Die sogenannte Konstantinische Wende und spezifische Begleiterscheinungen der Germanenmission führten dazu, daß Kirchenzugehörigkeitstypen mit höchst unterschiedlichen Intensitätsgraden entstanden. Die Einheit von politischer und religiöser Gemeinschaft, wie sie nun wieder gegeben war, konnte aber nicht mehr, wie in den Stammeskulturen und den Mysterienzirkeln einer religiösen Elite, mit den sozialen Sicherungsmechanismen überschaubarer Gruppen zusammengehalten werden; die quantitative Zunahme der Kirchenmitglieder machte also die qualitative Veränderung der verhaltenssteuernden Strategien erforderlich. Und schließlich wird man in der Ausbildung solcher Zwangsstrukturen auch die Konsequenzen

99 K. Aland, a.a.O. 478.
100 Chr. Köhle-Hezinger, Abendmahl als Gesetz. Beiträge aus der Volkskunde, in: M. Josuttis/G.M. Martin (Hg.), Das heilige Essen. Kulturwissenschaftliche Beiträge zum Verständnis des Abendmahls, Stuttgart 1980, 76f.

eines Institutionalisierungsprozesses[101] sehen müssen. Der Kirche als Institution wuchsen diakonische Aufgaben und volkserzieherische Möglichkeiten zu, die sie ganz selbstverständlich durch die Verfolgung politischer und ökonomischer Interessen absichern mußte.[102] Und da die Macht dieser Institution durch das verborgene Weiterwirken der Fremdgötterei, durch die Herrschaftsansprüche der Feudalherren und die vitalen Bedürfnisse des Volkes fortwährend bedroht blieb, entstand ein System der Verhaltenssteuerung, das auch und gerade in seiner Rigidität seine innere Brüchigkeit andauernd verriet.

Einladung

Die Reformation will auch das kultische Verhalten der Christen unter das Vorzeichen der Freiheit rücken. Zum Gottesdienstbesuch soll keine Sonntagspflicht treiben, sondern die Einladung des Evangeliums, die an alle ergeht. Das einzige Motiv, das Luther in den entscheidenden Jahren gelten läßt, ist der Hunger nach Gnade. So heißt es im »Sermon von dem Neuen Testament, das ist von der heiligen Messe« (1520): »Ohne Zweifel ist die Messe denen gegeben, die sie brauchen und begehren. Wer braucht aber mehr Vergebung der Sünden und Gottes Gnade als eben die armen, kummervollen Gewissen, die von ihren Sünden umgetrieben und gemartert werden, sich vor Gottes Zorn, Gericht, Tod und Hölle fürchten, die so gerne einen gnädigen Gott haben wollen und kein größeres Verlangen haben. Das sind wahrhaftig diejenigen, die zur Messe bereit sind. . . . So ist es gewiß, daß den leichtfertigen, selbstsicheren Geistern, die ihre Sünden nicht quälen, die Messe keinen Nutzen bringt, denn sie haben noch keinen Hunger nach dieser Speise. Sie sind noch zu voll. Die Messe will und muß eine hungrige Seele haben, die nach Vergebung der Sünden und Gottes Gnade verlangt«.[103] Der Gottesdienst ist bei Luther der Ort im gesellschaftlichen Handlungszusammenhang, in dem das hungrige Gewissen durch den Zuspruch der Sündenvergebung befriedet und durch die Austeilung von Leib und Blut des Erlösers befriedigt wird.

Die neue Motivationskonstellation, die sich aus den Prinzipien reformato-

101 Zu den ambivalenten Folgen des Institutionalisierungsprozesses für die Kirche vgl. P.M. Zulehner, Pastoraltheologie. Band 1: Fundamentalpastoral, Düsseldorf 1989, 101ff.

102 Wie die Kirche durch den Ausbau der Ehe-Gesetzgebung die Finanzierung von diakonischen Aufgaben sicherstellen wollte, zeigt J. Goody, Die Entwicklung von Ehe und Familie in Europa, Frankfurt 1989, 96ff.

103 M. Luther, Sermon von dem Neuen Testament, das ist von der heiligen Messe, LTA 3, 80f; WA 6, 376f. Die Motivationsproblematik hat Luther ausführlich erörtert in: Vermahnung zum Sakrament des Leibes und Blutes unseres Herrn (1530), LTA 3, 135ff; WA 30/II, 595ff.

rischer Glaubensfreiheit ergibt, hat am deutlichsten die Kirchenordnung für das Herzogtum Preußen 1525 formuliert. Dort werden die Kommunikanten vor dem Abendmahlsgang gefragt, »ob sie aus gewonheit, altem brauch, gesetz des babsts, zwang der eltern oder ihrer herren oder dergleichen darzu verursacht, wollen zum sacrament gehen, sie dafur zu warnen«; und die theologisch erwünschte Antwort lautet, »dass sie durchs evangelion gelernet von ihn selbst aus hunger und glauben herzu kommen«.[104] Generell hat das, wie F. Schulz festgestellt hat, »zur Ausbildung eines neuen Ordinariumsstückes, der Abendmahlsvermahnung«, geführt. »Sie ist eine im Wortlaut festgelegte Abendmahlshomilie und -paränese«[105] und zielt darauf, die Kommunikanten für den Empfang des Sakraments mit der angemessenen inneren Haltung zu präparieren. Die Selbstprüfung, die dabei ablaufen soll, umfaßt in der Regel drei Stücke: die Einsicht in die Verlorenheit unter die Sündenmacht, das Vertrauen auf das göttliche Erbarmen und den Glauben an die Gegenwart Jesu Christi im Sakrament.[106] »Wer dann nun mit solchen Gedanken und mit solchem Herzen zu diesem Abendmahle gehet, der hat sich nach der Lehre Sanct Pauli recht und wohl geprüft, empfähet dasselbige recht, würdiglich und seliglich«.[107]

In dieser Motivationskonstellation ist der Freiheitsgrad, was die Verhaltensebene angeht, zweifellos zunächst größer. Alle Zwangsmechanismen, wie die Verpflichtung durch die kirchliche Institution oder die Gewohnheit aus der eigenen Biographie, werden als Motivationsfaktoren prinzipiell diskreditiert. Steuerungsinstrumente, die das Verhalten durch sozialen oder psychischen Druck regulieren, sind unangemessen, wenn es im Gottesdienst um den Freispruch des Evangeliums geht. Das Wort der Freiheit kann nur der verstehen, der aus sich selbst nach Befreiung verlangt. Aus diesem Grunde kann es keine direkte Verhaltenskontrolle mehr geben. Aber aus eben diesem Grund entwikkeln sich nun auch Ansätze zu einer Motivationskontrolle. Die Gemeindeglieder müssen, wie es die Kirchenordnung für das Herzogtum Preußen ausdrückt, lernen, »von ihn selbst aus hunger und glauben herzu kommen«. Luthers Lehre von Gesetz und Evangelium hat, bis hin zum pietistischen Bußkampf und zur evangelistischen Erweckungspredigt, auch das gemeindepraktische Ziel, Menschen für Gottesdienstbesuch und Abendmahlsempfang zu präparieren.[108]

An die Stelle der Ich-darf- und der Ich-muß-Motivation ist mit der Reforma-

104 Artikel der zermonien und anderer kirchenordnung. Vom 10. Dezember 1525, in: E. Sehling (Hg.), Die evangelischen Kirchenordnungen des 16. Jahrhunderts, Band IV, Leipzig 1911, 36.

105 F. Schulz, Einführung, in: I. Pahl (Hg.), Coena domini I. Die Abendmahlsliturgie der Reformationskirchen im 16./17. Jahrhundert, Freiburg/Schweiz, 1983, 2f.

106 Vgl. die Texte in: I. Pahl (Hg.), a.a.O. 76, 85, 91f, 118, 134, 143, 146f, 170, 214f, 235, 252.

107 So in der Kirchenordnung Österreich 1571, zitiert nach I. Pahl (Hg.), a.a.O. 91.

108 Vor allen Dingen in den Antinomer-Disputationen verwendet Luther häufig den Terminus »praeparare«; vgl. WA 39/I, 144, 15ff; 442, 8f; 578, 17ff.

tion die Ich-will-Motivation getreten. Ihre gemeindepraktische Aporie ergibt sich daraus, daß das hungrige Gewissen, das in den Gottesdienst treibt, nicht bei allen und nicht immer vorhanden ist. Wie kann man lebendige, aus dem Gottesdienst lebende Gemeinde organisieren, wenn der Gottesdienstbesuch durch individuelle Gewissensprobleme motiviert sein soll? Wie läßt sich aus psychischen Bedürfnissen, ohne Anwendung von verpflichtenden Regulativen, soziales Leben gestalten? Die Reformation hat das Problem, wie die Einführung von Katechismusunterricht, Glaubensprüfung und Abendmahlsvermahnung zeigt, zunächst gemeindepädagogisch zu lösen versucht: Ich soll wollen lernen. Seitdem sind liturgische Reformbestrebungen immer mit Konzepten der Gemeindekatechese verknüpft. An die Stelle des äußeren Zwangs ist die innere Erziehung getreten.

Mit dieser Motivationskonstellation ist eine religionsgeschichtliche Entwicklung zum Abschluß gekommen, die R. Döbert in den agrarisch hochkulturellen Gesellschaften in allen Erdteilen ablaufen sieht. Das Weltverhältnis des Menschen zerfällt in einen Dualismus zwischen Profanität und Sakralität, zwischen religiösen und säkularen Verhaltensprinzipien. »Das diesseitig orientierte Handeln ist religiös bestenfalls neutral, es tangiert den religiösen Wert des Menschen nicht; ja es kann sogar mit dem religiös motivierten Handeln konfligieren: denn das Charakteristische dieser Phase besteht darin, daß konkurrierende Orientierungsmuster, deren Integration nicht ohne weiteres gesichert werden kann, aufeinandertreffen«.[109] Das hat Folgen auch und gerade für die gottesdienstliche Praxis. »Eine Konsequenz des Dualismus besteht darin, daß der Gottesdienst sich nun völlig von den Systemen zweckrationalen Handelns ablöst: Krankheit, Tod, Hungersnöte usw. taugen nicht mehr als Anlässe religiösen Handelns. Es gibt überhaupt keine speziellen Anlässe mehr, da die Forderung der Realisierung einer Gesinnung mit der Punktualisierung der Interaktion zwischen Gott und Menschen inkompatibel ist. Verinnerlichung und Rationalisierung der Gottesvorstellung laufen darauf hinaus, daß nun ausschließlich der rechte Glaube, die gotterfüllte Gesinnung (Frömmigkeit) und die Befolgung des religiösen Gesetzes per se ... als legitime Formen der Verehrung Gottes gelten«.[110] Wenn seit der Reformation im Zuge der gesellschaftlichen Ausdifferenzierung die anderen Funktionsbereiche an Bedeutung gewinnen und wenn in diesen anderen Funktionsbereichen Regulative die Verhaltenssteuerung übernehmen, die der herkömmlich religiös fundierten Moral widersprechen, dann entsteht eine Diskrepanz zwischen den Normen, die etwa im Berufsleben gelten, und denen, die in Auslegung der biblischen Tradition weitergegeben werden, so daß ein Gottesdienstbesuch nicht mehr als stabilisierend, sondern als verun-

109 R. Döbert, Systemtheorie und die Entwicklung religiöser Deutungssysteme. Zur Logik des sozialwissenschaftlichen Funktionalismus, Frankfurt 1973, 118.
110 A.a.O. 125.

sichernd erlebt wird.[111] In kognitiver Hinsicht kann man Widersprüche zwischen naturwissenschaftlicher und religiöser Weltanschauung, wie sie die Schöpfungsgeschichte und die Wunderberichte ausgelöst haben, durch komplizierte hermeneutische Operationen auszugleichen versuchen. Im Verhaltensbereich erlaubt die Eindeutigkeit ökonomischer, wissenschaftlicher, militärstrategischer Kalkulation solche Kompromisse in der Regel nicht mehr, mit der Konsequenz, daß man sich den Ansprüchen einer religiösen Lebensorientierung gar nicht mehr aussetzen mag. Teilnahme am Gottesdienst wird zur Freizeitbeschäftigung,[112] die sich nur die leisten können, die am Rand des gesellschaftlichen Produktions- und Konsumptionsbereichs existieren. Der Verzicht auf den Gottesdienstbesuch kann Ausdruck der Ahnung sein, daß dort Werte und Normen proklamiert werden, die zu den Verhaltensgesetzen einer kapitalistisch organisierten Gesellschaft in erheblichem Widerspruch stehen. Die Einladung zum Gottesdienst läuft ins Leere, weil sie Lebenssteigerung verspricht, aber faktisch eine Lebensbedrohung darstellt.[113] Wer sich im umfriedeten Raum des Gottesdienstes auf die Atmosphäre des Göttlichen einläßt, muß damit rechnen, daß sich sein Leben von Grund auf verändert. Ein sinnvolles, nach der gesellschaftlichen Logik sogar sachgemäßes Verhalten gegenüber diesem bedrohlichen Geschehen besteht darin, die Teilnahme daran überhaupt zu vermeiden.

Wenn der Gottesdienstbesuch nicht mehr durch positive oder negative Prämien abgestützt wird, wenn die von der Religion proklamierten Werte und Normen zu den Verhaltensgesetzen der Ökonomie in Widerspruch stehen, wenn das Kirchgänger-Image in der Öffentlichkeit eher abschreckend

111 Vgl. G. Schmidtchen, Gottesdienst in einer rationalen Welt. Religionssoziologische Untersuchungen im Bereich der VELKD, Stuttgart 1973, 20: »Diejenigen, die Kirche und Gesellschaft unter Wertperspektiven als kongruent oder wenigstens kompatibel empfinden, gehen zu 42 Prozent regelmäßig in die Kirche. Diejenigen jedoch, für die Kirche und Gesellschaft diskrepant sind, gehen nur zu 4 Prozent regelmäßig zur Kirche«.
112 Vgl. M. Josuttis, Gemeindearbeit als Freizeitbeschäftigung – Selbstverwirklichung oder Kompensation? In: Praxis des Evangeliums zwischen Politik und Religion. Grundprobleme der Praktischen Theologie, 4. Auflage, München 1988, 237ff.
113 Vgl. G. Schmidtchen, a.a.O. 144: »Die Befunde besagen, daß die Menschen ihre Identität in gesellschaftlichen Bezügen erhalten und daß sie sich der Kirche nur insoweit zuwenden können, als dadurch ihr Selbstbild nicht gefährdet wird. Für viele Menschen aber scheint die Kirche eine Identitätsgefährdung zu signalisieren«. Wahrscheinlich gehört in diesen Zusammenhang auch die Rezeption des Gottesdienstes als eines Ortes, »wo Sprachlosigkeit entsteht«; vgl. A. Feige, Erfahrungen mit Kirche. Daten und Analysen einer empirischen Untersuchung über Beziehungen und Einstellungen Junger Erwachsener zur Kirche, 2. Auflage, Hannover 1982, 106ff.

als anziehend wirkt[114], dann kann man, dann muß man wahrscheinlich kirchlicherseits Strategien entwerfen, um die Erfolgschancen einer Einladung zum Gottesdienst zu erhöhen. Solche Bemühungen, die seit der Aufklärung laufen[115], haben in den letzten Jahrzehnten beträchtlich zugenommen. Dazu zählen vor allem

- die verschiedenen Reformansätze, die die Gestalt des Gottesdienstes entweder konservativ oder modernisierend an das jeweilige Zeitbewußtsein anzupassen versuchen;
- der Einsatz anderer Medien mit teils missionarischer Absicht, um auch Menschen, die dem gottesdienstlichem Leben fernstehen, mit religiösen Botschaften zu erreichen;
- die Reduktion der Zulassungsbedingungen, so daß auch Kinder und Nichtgetaufte am Zentralgeschehen des Abendmahls teilnehmen dürfen;[116]
- die Relativierung der gottesdienstlichen Praxis, die dann nur *eine* Form der Gemeindearbeit darstellen und mit anderen Typen von Gemeindegruppierung grundsätzlich auf einer Stufe stehen soll.

All diese Reaktionen sind hier im einzelnen nicht zu diskutieren. Sie sind Ausdruck einer Motivationsproblematik, die im diskrepanten Verhältnis von Gesellschaft und Religion begründet ist. Sie belegen auf eindrucksvolle Weise die kirchliche Absicht, den Menschen auch unter den Bedingungen der säkularisierten Neuzeit das Wort des Lebens nahezubringen. Sie können dabei aber auch der Gefahr verfallen, die liturgische Gestaltung an die Gesetze von Nachfrage und Angebot zu verraten. Was ist ein Gottesdienst wert, wenn ihn nicht mehr die Götter gestiftet oder die Väter überliefert haben, wenn er vielmehr von einer Agendenkommission oder einem Vorbereitungskreis entworfen, also gemacht ist? Wie kann ein Gottesdienst menschen- und zeitgerecht sein, ohne den Marktgesetzen anheimzufallen? Was kann Menschen, die weitgehend von den Verhaltensregulativen der Ökonomie bestimmt sind, auch heute noch in den Gottesdienst treiben?[117]

114 So die ältere Arbeit von I. Peter-Habermann, Kirchgänger-Image und Kirchgangsfrequenz, Kölner Beiträge zur Sozialforschung und angewandten Soziologie 5, Meisenheim 1967.

115 Vgl. die Arbeiten von A. Ehrensperger, Die Theorie des Gottesdienstes in der späten deutschen Aufklärung (1770-1815), Zürich 1971, 143ff; J. Steiner, Liturgiereform in der Aufklärungszeit. Eine Darstellung am Beispiel Vitus Anton Winters, Freiburg 1976, 106ff; H. Hollerweger, Die Reform des Gottesdienstes zur Zeit des Josephinismus in Österreich, Regensburg 1976, 401ff.

116 Zum Problem vgl. J. Moltmann, Kirche in der Kraft des Geistes. Ein Beitrag zur messianischen Ekklesiologie, München 1975, 270ff, sowie das Gutachten des Kollegiums der Kirchlichen Hochschule Berlin zur Frage der Teilnahme Ungetaufter am Abendmahl, BThZ 6, 1989, 288ff.

117 Einen Überblick über sozialwissenschaftliche Theorieansätze bieten I. Lukatis/ W. Lukatis, Überlegungen zur Erklärung des Gottesdienstbesuchs mit Hilfe sozial-

Nach reformatorischer Meinung soll der Freiheit des Evangeliums, die im Gottesdienst verkündigt wird, die Freiheit des Glaubens entsprechen, der den Gottesdienst feiert.[118] Der Gang in die Kirche darf deshalb weder durch äußere oder innere Zwänge veranlaßt sein noch als äußerliches Werk bloßer Gesetzeserfüllung vollzogen werden. Die Einladung zur Messe ergeht an hungrige Seelen, an Menschen, die in ihrem schuldgeplagten Gewissen an ihrem Lebensrecht zweifeln und denen der Zuspruch des Evangeliums wie die Austeilung des Abendmahls Lebensmut und Lebenskraft schenken. Was damals durch sensible Zeitgenossen als Bedrohung der Heilsgewißheit erfahren wurde, ist mittlerweile zum objektiven Signum der Menschheitsentwicklung geworden. Im Zeitalter der Lebensgefahr, die den Bestand der Arten, die Qualität menschlicher Beziehungen, aber auch die Praxis von Religion tangiert, ist der Bedarf an heilvoller Lebensorientierung ungeheuer gewachsen. Aber dieselben Kräfte der Ökonomie, die diese destruktiven Prozesse ausgelöst haben und immer weiter vorantreiben, drängen das religiöse Leben in die Randständigkeit, versuchen religiöse Gruppen und Repräsentanten für eigene Interessen dienstbar zu machen und erschweren durch ein ausgefeiltes ideelles und materielles Konsumangebot für das Freizeitverhalten den Gang zum Gottesdienst in jeder Hinsicht.

Im Kult erschließt sich der Grund alles Lebens. Wie kann diese Quelle angesichts globaler Lebensbedrohung wieder zugänglich werden? Daß sich im letzten Jahrzehnt die Opposition gegen militärische Rüstung, ökologischen Raubbau und politische Unterdrückung im Osten wie im Westen auch im Umfeld der Gotteshäuser gesammelt hat, wird kein Zufall sein und ist auch nicht nur psychologisch aus der Kritik- und Urteilsfähigkeit der Gemeindemitglieder zu erklären. Die Kirche ist zum Asyl geworden für Individuen und Gruppen, die für die Regeneration des Lebens kämpfen, auch wenn sie zum Teil kultisch vermittelter Transzendenzerfahrung sehr fern stehen.

So werden auch in Zukunft den Gang in die Kirche wahrscheinlich solche Bevölkerungskreise schaffen, die von den verhaltenssteuernden Kräften der Ökonomie nur teilweise erfaßt werden oder die demgegenüber in Distanz gegangen sind. Dazu zählen z.B. Jugendliche und Rentner, während Arbeitslose von ihrer sozialen Exkommunikation so getroffen sind, daß sie nur ausnahmsweise und durch gezielte Angebote Anschluß an das Gemeindeleben finden. Angesichts der Überfülle reizvoller Alternativen, wie sie der Markt der Möglichkeiten im Freizeitbereich überall zur Verfügung stellt, wird man kirchliche Sitte und individuelle Gewohnheit, die den Gottesdienstbesuch

wissenschaftlicher Theorien. Alternative Theorieansätze und Auswertungsmodelle zur VELKD-Studie, in: M. Seitz/L. Mohaupt (Hg.), Gottesdienst und öffentliche Meinung. Kommentare und Untersuchungen zur Gottesdienstumfrage der VELKD, Stuttgart 1977, 47ff.

118 Zum sozioökonomischen »Sitz im Leben« der Reformation vgl. E. Fromm, Die Furcht vor der Freiheit (1941), in: Gesamtausgabe I, Stuttgart 1980, 241ff.

regulieren, nicht länger diskreditieren dürfen. Kasualpraxis[119] und Festtagsgottesdienste[120] bieten zwar keine missionarische Gelegenheit, aber sie vermitteln bei aller Befremdlichkeit, die sie auslösen können, manchmal sicher auch die ahnungsvolle Einsicht, daß es noch andere Lebensbereiche und Lebenskräfte gibt, als sie das Alltagsbewußtsein wahrzunehmen vermag. Und schließlich darf man für das Leben jedes einzelnen Menschen jenen Kairos erhoffen, an dem sich ihm persönlich die Macht und die Gnade des göttlichen Lebens erschließt.

Die Glocken läuten - und mehr oder weniger zahlreiche »unwahrscheinliche« Kirchenbesucher[121] stellen sich ein.

119 Vgl. die Extrempositionen von R. Bohren, Unsere Kasualpraxis - eine missionarische Gelegenheit? ThExh 147, 3. Auflage, München 1968, und J. Matthes, Volkskirchliche Amtshandlungen, Lebenszyklus und Lebensgeschichte. Überlegungen zur Struktur volkskirchlichen Teilnahmeverhaltens, in: J. Matthes (Hg.), Erneuerung der Kirche - Stabilität als Chance? Gelnhausen/Berlin 1975, 83ff.
120 Vgl. G. Rau, Rehabilitation des Festtagskirchgängers, in: M. Seitz/L. Mohaupt, a.a.O. 83ff.
121 Vgl. M. Seitz, Die Umfrage-Ergebnisse als Aufgabe, in: G. Schmidtchen, a.a.O. 153: »Der unwahrscheinliche Kirchenbesucher wird in seinem Verhältnis zur Kirche durch vier Tatsachen bestärkt: 1. durch ein religiöses bzw. kirchliches Elternhaus; 2. durch eine auch außerhalb der gottesdienstlichen Versammlung vorhandene Bindung an die Gemeinde; 3. durch eine ihn bewegende stärkere religiöse Problematik, in der ein intensiveres Denken an den Tod vorhanden ist; 4. durch die Suche nach einer die Welt übergreifenden transzendenten Verankerung seines Lebens«.

IV.

Die Feier eines Gottesdienstes setzt bei allen Beteiligten Vorbereitung voraus. Der Übergang aus dem Alltagsverhalten in das kultische Ritual will seinerseits rituell gestaltet werden. Auch für den Gottesdienst gilt die Unterscheidung, die A. van Gennep für alle zeremoniellen Sequenzen, »die den Übergang von einem Zustand in einen anderen oder von einer kosmischen bzw. sozialen Welt in eine andere begleiten«, vorgeschlagen hat: »Übergangsriten erfolgen . . ., theoretisch zumindest, in drei Schritten: Trennungsriten kennzeichnen die Ablösungsphase, Schwellen- bzw. Umwandlungsriten die Zwischenphase (die Schwellen- bzw. Umwandlungsphase) und Angliederungsriten die Integrationsphase«.[122]

Präparationen

Die räumliche Manifestation der Schwellensituation ist schon bei der Beschreibung der elementaren Tempelstruktur begegnet. Der Eintritt erfolgt durch einen Vorhof, ein Atrium, in dem die Besucher vor allem Prozeduren an ihrem Körper vornehmen. Etwas ausführlicher soll zunächst die zeitliche Gestaltung des Übergangs betrachtet werden.

In seinem klassischen Werk über »Die elementaren Formen des religiösen Lebens« hat E. Durkheim Feste des australischen Totemismus beschrieben, die durchgängig in zwei Etappen begangen werden. Als Beispiel für die erste Phase kann ein intichiuma, ein zentrales Fest der Arunta, dienen, das dort vom Klan der Witchettyraupe gefeiert wird. »So kommen sie an einen Ort, wo ein großer Quarzitblock in der Erde steckt; rund um ihn liegen kleine, runde Steine. Der Stein stellt die Witchettyraupe in erwachsenem Zustand dar. Der Alatunja schlägt ihn mit einer Art Holzbrecher . ., während er einen Gesang psalmodiert, der den Zweck hat, das Tier zum Eierlegen zu bringen. Er macht dasselbe mit den Steinen, die die Eier des Tieres darstellen und mit einem dieser Steine reibt er den Bauch eines jeden Anwesenden. Ist das geschehen, so steigen sie ein wenig tiefer an den Fuß eines Felsens, der ebenfalls in den Mythen der Alechringa einen berühmten Platz einnimmt. Am Fuß des Felsens ist ein anderer Stein, der ebenfalls die Witchettyraupe darstellt. Der Alatunja schlägt sie mit seinem apmara: die Teilnehmer tun desgleichen mit Zweigen des Gummibaumes, die sie auf dem Weg gebrochen hatten, alles unter Gesängen, die die schon vorher erfolgte Aufforderung an das Tier wiederholen. Ungefähr zehn verschiedene Orte werden hintereinander besucht, die manchmal eine Meile voneinander entfernt liegen. An jedem Ort befinden sich in einer Art Höhle oder Loch einige Steine, die die

122 A. van Gennep, Übergangsriten (Les rites de passage), Frankfurt 1986, 21.

Witchettyraupe in verschiedenen Phasen oder Stufen ihrer Existenz darstellen sollen. Bei jedem dieser Steine werden die gleichen Zeremonien wiederholt«.[123]

Nach Auskunft der Eingeborenen zielt der Ritus auf die Befruchtung des Totemtieres und damit auf die Segnung des Klans. Aber deutlich ist auch, daß das Zeremoniell Identifikationsaspekte enthält. Der Entwicklungsgeschichte des heiligen Tiers wird nachgegangen. Die im Hauptteil des Festes erfolgende Einverleibung wird präfiguriert. Dadurch daß der Totemklan die Existenzetappen des Totemtiers nachvollzieht, kommt es zu jener Vereinigung zwischen beiden, die der Identitätsidee des Totemismus entspricht und in dem zweiten Teil des Rituals ihren Ausdruck findet. Im umbana, einer eigens erbauten Hütte, wird »ein Gesang angestimmt, der die verschiedenen Phasen, die das Tier im Lauf seiner Entwicklung durchmacht, und die Mythen, die sich auf die heiligen Felsen beziehen, erzählt. Hört der Gesang auf, gleitet der Alatunja in gebückter Haltung aus dem umbana und schreitet langsam das Vorfeld ab. Alle seine Genossen folgen ihm und ahmen seine Gesten nach, die offensichtlich das Insekt darstellen, wie es aus seiner Puppe herauskriecht«.[124]

Zu den großen Festen gehört eine Zeit der Vorbereitung, die einen Tag dauern, die aber auch mehrere Wochen umfassen kann. Das ist im christlichen Kirchenjahr nicht anders. Die Lesungen in der Adventszeit verweisen bis heute auf unterschiedliche historische Ursprünge und sachliche Bedeutungsnuancen. »Während in Rom selbst die Erwartung der Menschwerdung Christi, also das weihnachtliche Motiv, dominierte, scheinen in Gallien und anderen Gebieten - möglicherweise unter dem Einfluß irischer Missionare - endzeitliche Gedanken bestimmend gewesen zu sein. Hier stand der Gedanke der Buße angesichts der Wiederkunft des Herrn im Vordergrund und führte zur Ausgestaltung der Adventszeit als Bußzeit (violette Farbe, Wegfall des Gloria in excelsis). Eine frühe römische Leseordnung verband das Thema der Wiederkunft Christi mit dem Vorläufermotiv (Johannes der Täufer) und dem Motiv des Einzugs Jesu in Jerusalem«.[125] Ähnlich vielfältig determiniert ist die Vorbereitungsphase für Ostern, die je nach konfessionellem Akzent teils als Fasten-, teils als Passionszeit bezeichnet und begangen wird. Auf altkirchliche Schwerpunkte greift das II. Vaticanum zurück: »Die vierzigtägige Fastenzeit hat die doppelte Aufgabe, vor allem einerseits durch Tauferinnerung oder Taufvorbereitung, andererseits durch Buße die Gläubigen, die in dieser Zeit mit größerem Eifer das Wort Gottes hören und dem Gebet obliegen sollen, auf die Feier des Pascha-Mysteriums vorzubereiten«.[126]

123 E. Durkheim, Die elementaren Formen des religiösen Lebens, 2. Auflage, Frankfurt 1984, 444f.
124 A.a.O. 474.
125 K.-H. Bieritz, a.a.O. 181.
126 Konstitution über die heilige Liturgie, a.a.O. 83.

Andachten, die gehalten, Lieder, die gesungen werden, sagen sehr deutlich, worum es in diesen Vorbereitungsetappen geht. Das Herz der Gläubigen soll auf das Festgeschehen eingestellt werden. Der Weg, den der Erlöser gegangen ist und auf dem er am Ende der Zeit erneut kommen wird, soll durch Erinnerung, Hoffnung und Mahnung vergegenwärtigt werden. Glaubensheros und Glaubensgenossen bewegen sich in der Vorbereitungszeit aufeinander zu, um dann im Festgeschehen zur heilvollen Vereinigung zu finden.

Körperarbeit

Nicht nur die großen Feste, der kultische Vollzug generell erfordert eine gründliche Präparation. Am Beispiel der Initiation kann man sehen, wie ein Zulassungsritus, der seinerseits die Beteiligung am zentralen Kultgeschehen ermöglicht, verschiedene Stufen des Zugangs umfaßt. E. Durkheim hat diese präparatorischen Exerzitien als »negativen Kult« bezeichnet, als »ein Mittel zu einem Zweck: er ist die Bedingung für einen Zugang zum positiven Kult«.[127] Vor allem durch körperbezogene Operationen werden Menschen auf den Übertritt in den heiligen Raum und die Begegnung mit der heiligen Macht eingestellt.

Negativ heißen diese Riten, weil sie zu einem Großteil aus Entsagungen bestehen. So wird ein Initiand bei den australischen Ureinwohnern folgenden Verzichtleistungen unterworfen: »Eine ganze Anzahl von Nahrungsmitteln ist ihm verboten. Nur die Menge von Nahrung ist erlaubt, die absolut notwendig ist, um ihn am Leben zu erhalten. Oft muß er streng fasten oder ekelerregende Nahrung essen. Wenn er ißt, darf er die Nahrungsmittel nicht mit den Händen anfassen. Die Paten schütten sie ihm in den Mund. In bestimmten Fällen muß er sich seinen Unterhalt erbetteln. Er schläft nur, wenn es unerläßlich ist. Er darf nur reden, wenn man das Wort an ihn richtet; seine Bedürfnisse muß er mit Zeichen ausdrücken. Jede Zerstreuung ist ihm verboten. Er darf sich nicht waschen. Manchmal darf er sich nicht bewegen. Er muß unbeweglich, ohne jede Kleidung auf der Erde liegen. Das Ergebnis dieser vielfältigen Verbote beim Initiierten ist eine radikale Zustandsveränderung«.[128]

Daß zur Vorbereitungspraxis nicht nur negative Prozeduren gehören, zeigt das Beispiel der Huichol. Vor der Reise nach Wirikuta absolvieren sie einerseits in einem Feuerritus eine Art Beichte, in der sie ihre sexuellen Verfehlungen bekennen. Andererseits macht der Schamane in dieser Zeit jeden Teilnehmer auch mit einer bestimmten Götterrolle vertraut, deren Namen

127 E. Durkheim, a.a.O. 419.
128 A.a.O. 421.

der Betreffende annimmt und deren Tracht er anfertigt.[129] Auch da, wo die vorbereitenden Exerzitien zeitlich und sachlich nicht so ausgedehnt sind, ist der Zugang zum umfriedeten Raum nur möglich, wenn man bestimmte Prozeduren am eigenen Körper vollzogen hat.[130] So muß der Muslim vor dem Gebet in der Moschee seine körperliche Reinheit restituieren.[131] Und die Initiation von Kandidaten im Schamanismus schließt ausgesprochen grausame Körpererfahrungen ein.[132]

129 B. G. Myerhoff, a.a.O. 92ff und 89ff.

130 F. Heiler, Erscheinungsformen und Wesen der Religion, Stuttgart 1961, 177ff, unterscheidet zwischen apotropäischen, eliminatorischen und Reinigungsriten.

131 Vgl. R. Paret, Symbolik des Islam, Stuttgart 1958, 21: »Jeder, der eine Ṣalāt abhalten will, muß, falls er ›unrein‹ ist, zuerst eine Waschung vornehmen, u.z. je nach der Intensität der Verunreinigung eine Ganzwaschung (Gusl) oder eine Teilwaschung (Wuḍūʾ). Nach geschlechtlicher Verunreinigung jeder Art (cohabitatio, effusio seminis, Menstruation, Wochenbett) ist eine Ganzwaschung erforderlich. Die Teilwaschung ist vorzunehmen, wenn man eine Person des anderen Geschlechts irgendwie körperlich berührt hat, ferner nach Verrichten der Notdurft, nach Schlaf oder Bewußtlosigkeit, nach Berühren der Scham sowie in einigen anderen Fällen. Sie besteht darin, daß man das Gesicht und die Hände einschließlich der Unterarme wäscht, mit der nassen Hand über den Kopf fährt und zum Schluß auch noch die Füße wäscht, u.z. alles in der genannten Reihenfolge. Falls man sich kein Wasser beschaffen kann (in den Vorhöfen der Moscheen ist regelmäßig für Waschgelegenheiten gesorgt), darf man die Waschung mit Sand oder Staub vornehmen, genauer gesagt andeuten. Nach den sunnitischen Riten (aber nicht nach denen der Schiiten und Ḫāriǧiten) kann die Fußwaschung eine zeitlang durch ein äußerliches Abreiben der Fußbekleidung ersetzt werden. Wie gerade die zuletzt angeführten Einzelheiten zeigen, handelt es sich bei diesen Vorschriften nicht einfach um das Bedürfnis, körperlich sauber zu sein, sondern um eine rituelle Wiederherstellung der kultischen Reinheit, wie sie eben für den Gebetsakt erforderlich ist«.

132 M. Eliade, Schamanismus und archaische Ekstasetechnik, Frankfurt 1975, 74, hat für die Aufnahmeprozeduren folgende Liste zusammengestellt:
»a) Zeit der Abschließung im Busch (Symbol des Jenseits) und larvenhafte Existenz nach Art der Toten (Australien, Melanesien); Verbote für die Kandidaten, die den Toten angeglichen sind (ein Toter kann gewisse Gerichte nicht essen, sich nicht seiner Finger bedienen usw.);
b) Gesicht und Körper mit Asche oder bestimmten kalkigen Substanzen hergerichtet, um das bleiche Leuchten der Gespenster zu erreichen (Australien, Melanesien, Afrika); Totenkultmasken (Melanesien, Afrika);
c) symbolische Bestattung im Tempel oder im Haus der Fetische (Kongo, Molukken, Neu-Guinea);
d) symbolischer Abstieg in die Unterwelt (Ostafrika usw.);
e) hypnotischer Schlaf (Nordamerika, Melanesien usw.); Getränk, das die Kandidaten bewußtlos macht (Kongo, Indianer in Virginia);
f) schwierige Proben: Prügel (Melanesien), die Füße am Feuer geröstet (Australien: Yuin-Stamm), Aufhängen in der Luft (beim nordamerikanischen Sioux-Dakotastamm); Amputation von Fingern und verschiedene andere Grausamkeiten (besonders bei den nordamerikanischen Stämmen)«.

Auch in der jüdisch-christlichen Tradition sind solche Aktionen der körperbezogenen Präparation durchaus üblich. Vor der Begegnung mit dem Heiligen mußte man auch in Israel sexuelle Enthaltsamkeit üben (Ex. 19,15; Lev. 15, 16-18; 1. Sam. 21,5). Der Zölibat, den der römische Katholizismus dem Priester abverlangt, wird auf ähnlichen Anschauungen über die Unvereinbarkeit von sexueller und kultischer Praxis basieren. Fastentage und Fastenperiode waren jahrhundertelang konstitutiver Bestandteil kultischer Frömmigkeit. In der Verkündigung Jesu gilt die Versöhnung mit dem Bruder als Voraussetzung für die Darbringung der Opfergabe im Tempel (Mt. 5, 23f).[133] Neben der Reinigung des Körpers und der Klärung der Beziehungen hat auch die Einstellung der Seele auf die Gottesbegegnung immer eine wichtige Rolle gespielt. Der Beichtzwang, wie er sich auch im Protestantismus entwickelt hat, ist ja nur in seiner funktionalen Zuordnung zum Abendmahlsempfang zu verstehen. Auch die Gebetsattitüden, die die Gottesdienstbesucher andeutungsweise noch immer vollziehen, bevor sie auf der Kirchenbank Platz nehmen, sind reduzierte Relikte ursprünglich sehr viel breiter ausgeführter Präparationshandlungen.[134] Schließlich dient auch das Schweigen, das normalerweise im protestantischen Kultraum vor dem Gottesdienst herrscht[135], der inneren Einstellung auf die liturgische Feier. Und wenn in der Gegenwart die Körperarbeit der Investition nur noch von den zentralen Akteuren vollzogen wird, die ihre Amtstracht anlegen, dann ist das sicherlich einerseits Folge jenes Verinnerlichungsprozesses, der gerade das religiöse Verhalten in der Neuzeit geformt hat; aber es ist ebenso Ausdruck einer veränderten Einschätzung des Gottesdienstbesuchs. Der Eintritt in den Kultraum wird nicht mehr als Übertritt in eine besondere Sphäre empfunden, die das Anlegen von Sonntagskleidung erforderlich macht.[136]

Warum werden solche negativen und positiven Exerzitien der körperli-

133 U. Luz, Das Evangelium nach Matthäus, EKK I/1, Zürich/Neukirchen 1985, 259, meint, hier wie in vergleichbaren Texten aus weisheitlicher Tradition »tritt der Kultus hinter den Ethos zurück, ohne in irgendeiner Weise abrogiert zu werden«. Die Polarität von Kultus und Ethos relativiert sich erheblich, wenn man beachtet, daß für die Teilnahme am Kult auch in Israel seit jeher Zulassungsbedingungen gelten; vgl. W. Beyerlin, Weisheitlich-kultische Heilsordnung. Studien zum 15. Psalm, Neukirchen 1985.
134 Vgl. die Einleitung zur Leipziger Kirchenordnung von 1710, zitiert bei W. Herbst (Hg.), Quellen zur Geschichte des evangelischen Gottesdienstes, Göttingen 1968, 136f.
135 Daß durch Schweigen die kommunikative Grenze zwischen Gesellschaft und Umwelt markiert wird, zeigen auf systemtheoretischer Basis N. Luhmann/ P. Fuchs, Reden und Schweigen, Frankfurt 1989. Beispiel für den Präparationscharakter des Schweigens in profanen Kontexten bei R. Sennett, Verfall und Ende des öffentlichen Lebens. Die Tyrannei der Intimität, Frankfurt 1986, 274ff.
136 Zur Bedeutung von Fest- und Zeremonialtrachten vgl. K.E. Müller, a.a.O. 318; vgl. die ausführliche Beschreibung von M. Eliade, Schamanismus und archaische Ekstasetechnik, Frankfurt 1975, 148ff.

chen Vorbereitung vollzogen? Sicher wird man zunächst beachten müssen, daß derartige Verhaltensmaßnahmen nicht nur im religiösen Kontext durchgeführt werden. »Praktisch weltweit herrschte so vor allem die Regel, vor der Jagd, vor Kriegszügen, weiten Reisen, vor der Herstellung einer Medizin oder auch eines Kunstwerks, vor der Aussaat und allen bedeutenderen Sakralhandlungen sexuelle Enthaltsamkeit zu üben«.[137]

Speziell die sexuelle Askese hat man mit dem Hinweis auf Männerängste erklärt. »Mit Ausnahme lediglich der Wildbeutervölker, die hierzu bestenfalls Ansätze zeigen, glaubt man . . überall auf der Welt, daß der geschlechtliche Umgang auf beide Partner, vor allem aber auf den Mann, eine zutiefst verunreinigende Wirkung ausübe und insofern auch eine Bedrohung für beider Gesundheit darstelle«.[138] Im Kontakt mit dem fremdartigen Wesen der Frau fürchtet man Ansteckung durch bösartige Substanzen, aber durch den Abfluß des Sperma auch den Verlust der eigenen Vitalkraft. Allgemeiner ist der Hinweis von M. Douglas, daß »die Körperöffnungen Symbole für besonders verletzliche Stellen« sind.[139] Demgemäß müssen in der Phase der Präparation vor dem Kontakt mit dem Heiligen all jene Körperpartien, über die Kontakt zur Außenwelt möglich ist, durch sexuelle und orale Enthaltsamkeit, durch das Anlegen besonderer Kleidung, durch das Niederschlagen der Augen, durch individuelles Schweigen und soziale Stille besonders gesichert werden.

All diese Prozeduren werden angewendet in Situationen, in denen die Erfahrung von Aggressivität (Jagd, Krieg), von Sexualität (Liebesspiel) und kreativer Potenz[140] (Produktion von magischer Medizin, von ästhetischen Erzeugnissen, von technischen Erfindungen) der sozialen Gestaltung bedarf. Wer sich auf die Triebkräfte und die Dynamik des Lebens einläßt, bedarf der Körperarbeit im Sinne leib-seelischer Konzentration. Das gilt erst recht für die Begegnung mit göttlicher Atmosphäre, weil sich ihr gegenüber die Kommunikationsproblematik noch potenziert. Unter Aufnahme der Differenzierung, die A. van Gennep für die Übergangsriten vorgeschlagen hat, wird man den vorbereitenden Exerzitien eine dreifache Aufgabe zuschreiben dürfen, wobei die einzelnen Handlungen im konkreten Akt durchaus mehrfach determiniert sein können.

Wer sich der Atmosphäre des Göttlichen aussetzen will, muß sich zunächst von seinen alltäglichen Lebensverhältnissen trennen. Die Distanz gegenüber dem Heiligen, die vorausgesetzt ist und die die Akte der Distanzierung auf dem

137 K.E. Müller, a.a.O. 306.

138 K.E. Müller, Die bessere und die schlechtere Hälfte. Ethnologie des Geschlechterkonflikts, Frankfurt 1984, 239.

139 M. Douglas, Reinheit und Gefährdung. Eine Studie zu Vorstellungen von Verunreinigung und Tabu, Berlin 1985, 160.

140 Zur ekstatischen Theorie des künstlerischen Handelns vgl. E.E. Boesch, Das Magische und das Schöne. Zur Symbolik von Objekten und Handlungen, Stuttgart 1983, 250ff.

Weg vom Alltäglichen zum Heiligen notwendig macht, kann in verschiedenen Vorstellungsbereichen ausgedrückt werden. Eine Entfernung muß überwunden, eine Verschmutzung muß bereinigt, Verfehlungen müssen gesühnt, gottfeindliche Mächte ausgetrieben werden.[141] Gerade in den Trennungsriten stellt sich die Einsicht dar, daß zwischen Göttlichem und Menschlichem ein unendlicher qualitativer Abstand besteht[142], dessen Überwindung durch das rituelle Verhalten deshalb auch keineswegs selbstverständlich ist.

Damit Menschen sich dem Göttlichen nähern können, müssen aber nicht nur Distanzen überwunden, es müssen auch Lebenssubstanzen gewandelt werden. Dafür sorgen all jene Prozeduren, die die Abfolge von Sterben und Wiedergeburt inszenieren. Wer sich in die Nähe des Göttlichen wagt, muß vorher gestorben sein, um die Gegenwart des Heiligen überleben zu können. Der Weg zum Wort Gottes geht durch die Wüste.[143] Den Segen der göttlichen Macht können nur die empfangen, die voller Demut auf eigene Allmachtsphantasien verzichten und sich voller Vertrauen der Übermacht unterwerfen. Deshalb beginnt die Vermittlung von Lebenskraft, die man von der Kultteilnahme erwartet, schon vor und mit dem Eintritt in den umfriedeten Raum. In der Gegenwart sind solche Verwandlungsprozesse vor allem psychologisch zu verifizieren. Wer sich zum Gottesdienst aufmacht, hat manchmal das Gefühl, ein anderer, ein neuer Mensch zu werden.

Schließlich umfassen die vorbereitenden Prozeduren auch Akte der Angleichung, in der Liturgiegeschichte am deutlichsten faßbar im Kreuzschlagen beim Betreten des Kultraums. Mit dieser Geste unterstellen die Gläubigen ihr eigenes Leben dem Schutz des Erlösers. Aber der Schutz ist nicht nur gegen jene Mächte des Bösen gerichtet, die sie jetzt eigentlich hinter sich haben, und die Geste hat auch nicht nur eine exorzistische Funktion, in der jetzt auch die letzten Relikte dämonischer Inhabitation ausgetilgt werden sollen. Vielmehr liegt die zentrale Aufgabe solcher Angleichungsakte im Kult darin, die Menschen vor den schädlichen Wirkungen göttlicher Gegenwart zu bewahren. Erst unter diesem Gesichtspunkt erschließt sich die Logik der Vorbereitungsprozeduren insgesamt. Die Überwindung von Distanzen, die Umwandlung von Substanzen, die Anpassung an göttliche Präsenz sind notwendig, damit die Begegnung mit dem Heiligen lebensförderlich abläuft.

Das Verhalten, durch das sich Menschen auf die Begegnung mit der Gott-

141 Wesentlichen Einfluß auf die Gestaltung dieser Riten haben die jeweiligen Vorstellungen über das Böse; vgl. P. Ricoeur, Symbolik des Bösen. Phänomenologie der Schuld II, Freiburg 1971.

142 Diese grundlegende Einsicht der frühen dialektischen Theologie ist also religionsphänomenologisch keineswegs originell.

143 Vgl. K.-P. Jörns, Der Gang in die Wüste als Weg zur Predigt. Über die Schwierigkeit, zur »tiefsten Kenntnis der Welt« (Bonhoeffer) und unserer selbst zu kommen, EvTh 42, 1982, 389ff, jetzt auch in: Der Lebensbezug des Gottesdienstes. Studien zu seinem kirchlichen und kulturellen Kontext, München 1988, 146ff.

heit vorbereiten, läßt also immer auch ein bestimmtes Verständnis des Heiligen erkennen. R. Otto hat bis heute unüberboten die Ambivalenzen in der Gottesbeziehung auch der jüdisch-christlichen Tradition beschrieben. Das Heilige ist mysterium tremendum und fascinosum zugleich.[144] Es wird voller Schrecken und Entsetzen erfahren, es löst in seiner Übermacht Ängste aus, es bleibt auch in der intensivsten Begegnung immer ein Stück weit verborgen, es schenkt aber auch Beseligung und die weltumfassende Erfahrung von Einheit und Glück. Man kann all diese Aussagen durch reiches Material aus den Fremdreligionen belegen. Die eigentliche Überraschung besteht aber darin, daß Otto die meisten Zeugnisse für die ambivalente Struktur der Gotteserfahrung in der biblischen Überlieferung und bei Luther gefunden hat. »Durch sein ›Leben‹ ist dieser Gott verschieden von aller bloßen ›Weltvernunft‹, ist er die aller Filosofierbarkeit sich entziehende letzthin irrationale Wesenheit als die er im Bewußtsein aller Profeten und Boten Alten und Neuen Bundes lebt, und wo man später gegen den ›Filosofengott‹ gestritten hat für den ›lebendigen‹ Gott und für den Gott des Zürnens und Liebens und der Affekte, da hat man immer unbewußt den irrationalen Kern des biblischen Gottes-begriffes mit in Schutz genommen gegen seine einseitige Rationalisierung«.[145] Die Kontaktprobleme in der Religion, denen man mit Hilfe von Vorbereitungsprozeduren zu begegnen versucht, resultieren daraus, daß es hier um die Begegnung mit der elementarsten Grundkraft des Lebens geht. Ohne Trennungsarbeit bleibt man dem Alltagshorizont verhaftet. Ohne innere wie äußere Wandlung wird man durch die Begegnung vernichtet. Nur unter dem Schutz von Symbolen und Ritualen ist zur heiligen Zeit, im heiligen Raum eine Annäherung an das Göttliche möglich, bei der der Mensch sich nicht in den Abgründen der Gottheit verliert.

Dem religiösen Bewußtsein des modernen Protestantismus bieten diese Aspekte des Heiligen große Probleme. Vorbereitungsverhalten und Gottesvorstellung entsprechen dabei einander. Die präparativen Akte werden in der Regel nur noch von den Hauptakteuren vollzogen, und sie bestehen meistens in kognitiven Prozessen bei der Predigtvorbereitung wie in organisatorischen Absprachen für die Gottesdienstgestaltung. Der publizistische Markt stellt ein reiches Angebot an sogenannten Predigt- und Gottesdiensthilfen bereit, das einem die innere Arbeit der Vorbereitung in vielerlei Hinsicht erspart.[146] Und die körperliche Unruhe, die manche Pastor/inn/en am Vorabend des Gottesdienstes erfaßt, wird häufig durch Konsum von Massenmedien, Alkohol und andere Ablenkungsmanöver betäubt, aber nicht mehr gestaltet und für den Ablauf der kultischen Handlung fruchtbar ge-

144 R. Otto, Das Heilige. Über das Irrationale in der Idee des Göttlichen und sein Verhältnis zum Rationalen, München 1963, 13ff.

145 A.a.O. 97.

146 Vgl. die Kritik bei K.-P. Jörns, Plädoyer für die Predigtnot. Tendenzen auf dem Büchermarkt zum Thema Predigt, DtPfBl 83, 1983, 60ff.

macht. Auf der Oberfläche der Vorbereitungsaktionen scheint der Gottesdienst eine Veranstaltung wie andere auch zu sein. Allenfalls die spürbare Spannung der Hauptakteure und die hohe Sensibilität, ja Verletzlichkeit, mit denen alle Teilnehmer auf Einzelaussagen reagieren, signalisieren, daß man auch heute noch im Kult Wirklichkeitsbereiche betritt, die gefährlich und angstbesetzt sind. Die Vorschläge, die die Agenden für Rüsthandlungen unterbreiten, werden aus verschiedenen Gründen nur noch von wenigen praktisch realisiert. Die meisten Pastor/inn/en entwickeln im Lauf ihrer Amtszeit private Modelle, um die nervöse Gespanntheit in den Stunden vor Gottesdienstbeginn geregelt zu überstehen.[147] Und sie vermögen in vielen Fällen ihr inneres Erleben auch deswegen nicht in ihre Theologie zu integrieren, weil ihr Gottesbild von allen Ambivalenzen gereinigt und auf die Vorstellung einer lieben, freundlichen und gütigen Gottheit reduziert ist. Wenn man sich dagegen dem Heiligen nur mit »Furcht und Zittern« zu nähern vermag, dann ist es nicht verwunderlich, daß auch die Vorbereitung auf den professionellen Auftritt im Gottesdienst innerlich wie äußerlich ein strapaziöser Prozeß ist.

Paradoxes Handeln

Aber kann man in diesem Zusammenhang überhaupt etwas tun? Eine Veranstaltung kann man organisieren – kann man einen Gottesdienst, kann man Religion machen? Protestantische Liturgik tendiert gern dazu, den eigenen Gottesdienst gegen die kultische Praxis, wie sie in anderen Religionen und Konfessionen üblich sein mag, abzugrenzen. »Daß es im Gottesdienst sehr wohl zu einer Begegnung zwischen Gott und seiner Gemeinde kommt, liegt ja gerade nicht an irgendwelchen besonderen menschlichen Handlungen, Zeiten und Räumen, sondern einzig an Gott selbst; es bleibt sein Geheimnis. Indem der Kult mit seinen besonderen Handlungen, Zeiten und Räumen jene Begegnung in seine Verfügung zu bekommen sucht, löst er dieses Geheimnis und damit den Gottesdienst selber auf«.[148]

Die damit behauptete Alternative zwischen evangelischem Gottesdienst und religiösem Kult basiert auf zwei Annahmen, die nicht realitätsgerecht sind. Sie muß auf der einen Seite die außerchristliche Praxis generell diskreditieren und die Unterscheidung zwischen Beschwörung und Begehung, die W. Jetter vorgeschlagen hat, überspielen: »Die Beschwörung, durch die man die unheimliche Übermacht einer Gottheit in Raum und Zeit bannen, sich

147 Wahrscheinlich sind die schon damals unrealistischen Zahlen, die H.-G. Wiedemann, Der Praxis der Predigtvorbereitung, Stuttgart 1975, 23ff, vor 20 Jahren für die homiletische Vorbereitungszeit per Befragung ermittelt hat, auch als Indiz für das Bewußtsein zu werten, daß sich die Präparation auf Gottesdienst und Predigt nicht im Schnellverfahren erledigen läßt.

148 O. Herlyn, Theologie der Gottesdienstgestaltung, Neukirchen 1988, 95.

gegen ihre Willkür abschirmen und die eigene Lebenskraft zugleich durch sie steigern will, ist die eine, oft und viel belegte und geschilderte Seite der Sache. Man vergißt darüber nicht selten die andre: die Begehung, in der man die Gottheit nicht beeinflussen, sondern sich selbst ihren Einflüssen aussetzen will und sich in ihren Machtbereich begibt«.[149] Die strikte Abgrenzung gegen den religionsphänomenologisch orientierten Vergleich muß aber auf der anderen Seite auch unterschlagen, daß der protestantische Gottesdienst selbst mit Präparationstechniken vorbereitet und nach festgelegten Verhaltensregeln absolviert wird. Präparationstechniken und Verhaltensprozeduren aber werden deswegen empfohlen und angewandt, weil man auch hier von der Erwartung ausgeht, daß sie angemessen sind, um an die Präsenz der göttlichen Atmosphäre heranzuführen. Wer vor dem Gottesdienst ein Gebet spricht, rechnet damit, daß dieses Verhalten geeigneter als ein anderer Akt ist, um sich auf das gottesdienstliche Geschehen sachgemäß einzustellen.

Freilich gehört es zu den fundamentalen Einsichten nicht nur protestantischer und auch nicht nur christlicher Religiosität, daß alles menschliche Verhalten in diesem Bereich von äußerst begrenzter Wirkungskraft ist. Jede Form kultischer Praxis enthält eine paradoxe Handlungsstruktur.[150] Man muß etwas tun in jenem Bereich des Lebens, in dem per definitionem kein Mensch etwas tun kann. Wenn es im Kult um die Begegnung mit göttlicher Allmacht geht, dann zählen alle liturgischen Verhaltensabläufe zum Potential menschlicher Ohnmacht. Im Diesseits eines umfriedeten Hauses soll sich das Jenseits einer göttlichen Atmosphäre ereignen. Verlorene und Verdammte wollen Heilsgeschichte vergegenwärtigen, ja im Namen des heiligen Gottes reden und handeln. Jedes einigermaßen durchreflektierte religiöse System hat in seinen Symbolen die prinzipielle Parodoxie kultischer Praxis auszudrücken versucht. »Du hast keine Chance, aber nutze sie«. Diese Parole, im Jugendprotest tausendfach an Betonwände gesprüht, ist im gesellschaftlichen Zusammenhang Ausdruck sozialer Verzweiflung. Im Raum der Religion kann sie jenes Vertrauen bezeichnen, das menschliches Verhalten im Kult trotz seines äußerst begrenzten Vermögens nicht für überflüssig erklärt. Vorbereitungsprozeduren werden absolviert, Agenden werden entworfen, Rituale vollzogen - immer in der durch Erfahrung begründeten Erwartung, daß sich in, mit und unter menschlichem Verhalten göttliches Handeln vollziehen wird.

149 W. Jetter, Symbol und Ritual. Anthropologische Elemente im Gottesdienst, Göttingen 1978, 118.

150 Die Paradoxie gehört also nicht nur ontisch, sondern auch ontologisch zur Phänomenologie der Religion; vgl. M. Eliade, Das Heilige und das Profane. Vom Wesen des Religiösen, Frankfurt 1984, 15: »Man kann nie genug hervorheben, daß jede Hierophanie - auch die elementarste - ein Paradoxon darstellt. Indem ein beliebiger Gegenstand das Heilige offenbart, wird er zu etwas anderem und hört doch nicht auf, er selbst zu sein, denn er hat weiterhin teil an seiner kosmischen Umwelt«.

Der Anspruch, den dieses Verhalten erhebt, ist erstaunlicherweise äußerst weiträumig und kann auf die aufgeklärte Neuzeit größenwahnsinnig wirken. Weil es in der Synchronie der heiligen Zeit und in der Syntopie des heiligen Ortes zur Synergie zwischen menschlichem Verhalten und göttlichem Handeln kommt[151], muß sich jeder Kult als Zentrum menschlicher Praxis verstehen. Hier findet statt, was in jeder Menschengemeinschaft als Arbeit bezeichnet wird: kollektive Tätigkeit in Auseinandersetzung mit Umwelt zum Zweck der Lebenserhaltung, »des Menschen tätige Bejahung seines Daseins als menschliches Geschöpf«.[152] Beispiele für dieses liturgische Selbstbewußtsein haben wir schon im archaischen Festverständnis gefunden. Durch den Vollzug der heiligen Handlung wird der Kosmos erneuert, der soziale Frieden gesichert, Segen gemehrt. Aber die Wirkung reicht sogar bis in das göttliche Leben hinein. Die Adlermutter der Eskimo-Welt wird verjüngt. Jahwe erfreut sich am Opferduft, der zu ihm emporsteigt (Gen. 8,21; Ex. 29,18 u.ö.). Und für die jüdischen Mystiker der Kabbala ist das Gemeindegebet »eine mystische Aktion in den Tiefen der Gottheit selber« »eine im präziseren Sinne mythische Aktion, indem sie Himmel und Erde, Oben und Unten im kosmischen Sinne, miteinander vereinigt. Sie ist aber auch schließlich nicht nur Herstellung, sondern, und zwar im Lauf der Geschichte der Kabbala in immer stärkerem Maße, zugleich Wiederherstellung, insofern jene Einheit, wie es besonders im Sohar und in der alten Kabbala deutlich wird, ja eben erst vom Menschen gestört und geradezu vernichtet wurde«.[153] So ist das Gemeindegebet eine Arbeit, die bis in die Tiefen der Gottheit reicht. Von ihr sind betroffen erstens »der Mensch selber, der sich in der heiligen Handlung reinigt und vervollkommnet; zweitens die natürliche Welt der Schöpfung, die, wenn Sprache ihr verliehen wäre, mit dem Menschen in Hymnen ausbräche; drittens jene ›obere‹ Welt der Ordnungen der Engel; viertens aber ist der Tikkun des Gebetes nichts anderes als der des ›heiligen Namens‹ selber, des Namens Gottes, in dem die sefirothische Welt beschlossen ist. So steigt also der Betende von unten bis in die Welt der Gottheit selber auf, und in jeder Welt bringt er mit den Worten der Preisung und Verehrung etwas zustande. Er anerkennt nicht nur die Größe der Schöpfung und des Schöpfers; er ordnet etwas in ihr und vollzieht etwas, was zu ihrer vollständigen Einheit gehört und ohne diesen seinen Vollzug latent bliebe«.[154]

Für das aufgeklärte Bewußtsein eines modernen Theologen mögen solche Aussagen entweder verstiegen oder ketzerisch klingen. Psychosoziale Ächtung und religiöse Verteufelung aber dürften sich beide einer gesellschaftlichen Entwicklung verdanken, durch die andere Kräfte, nämlich die der Öko-

151 Entsprechende Aussagen Luthers bei M. Seils, Der Gedanke vom Zusammenwirken Gottes und des Menschen in Luthers Theologie, Gütersloh 1962.

152 K. Barth, KD III/4, 593.

153 G. Scholem, Zur Kabbala und ihrer Symbolik, a.a.O. 171.

154 Ebd.

nomie, in den Mittelpunkt der Lebenserhaltung geraten sind. Wenn auch die religiösen Akteure inzwischen die allgemeine Anschauung teilen, daß die gesellschaftliche Produktion und Reproduktion in anderen Bereichen abläuft, dann geraten sie zu ihrer eigenen Tätigkeit in ein gebrochenes Verhältnis und können sie höchstens sekundär in ihrem gesellschaftlichen Sinn definieren. Der Gottesdienst, der im sozialen Kontext sicher eine Freizeitbeschäftigung darstellt, dient dann auch für die Beteiligten vorrangig der individuellen Erbauung und muß in Richtung auf politische Aufklärung und soziale Aktivierung verbessert werden. Seine lebensförderliche Wirkung bemißt sich dann allein an psychosozialen Effekten. Die Anschauung, daß sein Vollzug selber Segensmacht aktiviert, zeigt sich dann allenfalls in der Opposition jener Dorfbewohner, die zwar selbst nicht mehr in die Kirche gehen, aber heftig darum kämpfen, daß in ihrem Dorf weiterhin Gottesdienste gehalten werden.

Kultisches Verhalten ist, wenn man den alten Anschauungen folgt, im doppelten Sinn paradox. Es lebt aus dem Vertrauen, daß man auch jenseits menschlicher Handlungskompetenz etwas tun kann. Und es vollzieht sich in der Hoffnung, daß gerade durch diese ohnmächtige Tätigkeit für die Erhaltung des Lebens gesorgt wird. Im Kult soll menschliche Ohnmacht an göttlicher Macht partizipieren – jedenfalls war das jahrhundertelang das Selbstverständnis derer, die den Kult praktiziert haben.

Desakralisierung

Protestantische Religiosität hat sich von solchen Vorstellungen über die Grandiosität des eigenen liturgischen Tuns weitgehend losgesagt. Nur in der pietistischen Tradition lebt die Maxime weiter: Das Gebet erhält die Welt. An die Stelle der zuletzt konstatierten Paradoxien sind Widersprüche getreten, die den liturgischen Vollzug im Protestantismus charakterisieren. Einige davon sind schon in diesem ersten Kapitel sichtbar geworden. Generell formuliert: Wer in den Gottesdienst geht, tut nicht das, was er sagt. Gerade der verhaltenswissenschaftliche Ansatz kann zeigen, daß hier ein erheblicher Zwiespalt zwischen Theorie und Praxis, zwischen dem faktischen Vollzug und der theologischen Interpretation des Verhaltens besteht.

Protestantische Theologie hat, ansatzweise bei den Reformatoren, konsequent und radikal in diesem Jahrhundert, die fundamentale Unterscheidung von heilig und profan für durch den christlichen Glauben überholt erklärt. Wenn E. Durkheim mit seiner Meinung im Recht ist, daß nicht der Begriff des Übernatürlichen und auch nicht das Vorhandensein von Gottesanschauungen wesentliches Kennzeichen einer Religion darstellt, sondern die »Klassifizierung der realen oder idealen Dinge, die sich die Menschen vorstellen, in zwei Klassen, in zwei entgegengesetzte Gattungen . ., die man im allgemeinen durch zwei unterschiedliche Ausdrücke bezeichnet hat, nämlich durch profan und heilig«[155], dann ist der Protestantismus sozusagen als nachreli-

155 E. Durkheim, a.a.O. 62.

giöse Religion zu bezeichnen. Jedenfalls behauptet er in seiner Theologie die gründliche Relativierung dieses grundlegenden Gegensatzes. Für protestantisches Denken gibt es keine heiligen Zeiten, keine heiligen Räume, keine heiligen Personen, keine heiligen Handlungen mehr in dem Sinn, daß all diese Phänomene durch Weiheakte aus ihrem sozialen Kontext ausgegrenzt werden müssen, weil die Präsenz des Göttlichen an das Vorhandensein solcher Sonderbereiche gebunden ist. Protestantisches Denken rechnet mit einer umfassenden Desakralisierung der Welt, ohne deswegen die Hoffnung auf Vergegenwärtigung des Heiligen in der Welt aufzugeben.

Im einzelnen ist schwer zu entscheiden, ob sich dieses Desakralisierungskonzept mehr theologischer Einsicht oder gesellschaftlicher Entwicklung verdankt. Die Theologen berufen sich natürlich gern auf einzelne Elemente der biblischen Überlieferung, die eine mehr oder weniger deutliche Relativierung der Polarität von heilig und profan signalisieren: auf die prophetische Kultkritik, auf die profanen Inhalte der Verkündigung Jesu und seine Aktion der Tempelreinigung, auf die paulinische Parole vom »Gottesdienst im Alltag der Welt« (E. Käsemann), auf die in kultischen Kategorien erfolgende Aufhebung des irdischen Kults durch den Hebräerbrief. Freilich, all diese Ansätze wären nicht entstanden und hätten sich nicht durchsetzen können, wenn sie nicht ausgelöst und gefördert worden wären durch politische Entwicklungen, durch ökonomische Interessen, durch wissenschaftliche Entdekkungen. Die Desakralisierung, die das Gottesdienstverständnis des Protestantismus charakterisiert, ist Teil eines umfassenden Wandlungsprozesses menschlicher Lebenswelt[156], und die jüdisch-christliche Religion hat in diesem Wandlungsprozeß ihre Überlebensfähigkeit dadurch erwiesen, daß sie auch die Relativierung der Polarität von heilig und profan zu integrieren vermocht hat. Diese Religion ist an ihre von Soziologen konstatierten strukturellen Voraussetzungen nicht gebunden geblieben.

Sie kann es sich auf der anderen Seite freilich auch nicht leisten, die Aufhebung des Heiligen radikal zu praktizieren. Sie kann das Dilemma, in das sie durch den Prozeß der Desakralisierung geraten ist, nur in der Weise abfangen, daß in der gottesdienstlichen Praxis ein Widerspruch zwischen Verhalten und theologischer Reflexion entsteht.[157] Wer am Sonntagmorgen in den

156 S.S. Acquaviva, Der Untergang des Heiligen in der industriellen Gesellschaft, Essen 1964, bestimmt das Verhältnis von individueller und sozialer Entwicklung so, »daß den großen, sozial-religiösen Wandlungen zweifellos tiefe Veränderungen in den Lebensrhythmen, in der Sensibilität, im Wahrnehmungsvermögen, in der Logik und im kognitiven Verhalten des Menschen zugrunde liegen; diese Veränderungen werden ihrerseits wiederum von der jüngsten Dynamik der industriellen Gesellschaft beschleunigt« (138).

157 Daß zur Desakralisierung in der Regel auch eine Desymbolisierung gehört, wird deutlich bei F. Steffensky, Glossolalie – Zeichen – Symbol. Bemerkungen zum Symbolgebrauch in christlichen Gottesdiensten, JLH 17, 1972, 83ff. Mit dem Satz,

Gottesdienst geht, begibt sich an keinen heiligen Ort. Das Kirchengebäude ist keine Kultstätte mehr, aber auch nicht einfach ein Raum der Gemeindeversammlung. In vielen Fällen kann man diesen Ort nur für diese eine Stunde in der Woche betreten, und beim Eintritt laufen, durch Hutabnahme, durch Schweigen, Verhaltensformen ab, die einer besonderen Atmosphäre Rechnung zu tragen versuchen. Im protestantischen Gotteshaus gibt es auch kein Allerheiligstes mehr, und doch wird der zentrale Handlungsraum im Gottesdienst nur von ganz bestimmten Menschen und nur zu ganz bestimmten Zwecken betreten. Auch die Hauptakteure sind nicht durch Weihe aus der sozialen Umgebung der Kirchengemeinde ausgegrenzt; aber vieles in den liturgischen und außerliturgischen Verhaltensabläufen deutet darauf hin, daß man ihnen immer noch, wenn auch unbewußt, einen besonderen Status zuschreibt. Der protestantische Gottesdienst versteht sich als religiöses Geschehen in reiner Profanität, aber auf der Ebene des individuellen Verhaltens, der baulichen Gestaltung, der sozialen Interaktionen tauchen andauernd Aspekte auf, die zur behaupteten Profanität im Widerspruch stehen.

Man wird diesen Widerspruch nicht einfach beseitigen können, etwa im Zuge konservativer oder progressiver Reformmaßnahmen. Die diesbezüglichen Aktivitäten, die in diesem Jahrhundert gelaufen sind, mußten schon deswegen scheitern, weil sie die enge Verflechtung von theologischen und gesellschaftlichen Entwicklungen nicht angemessen berücksichtigt haben. Die einen, die eine heile und heilige Gottesdienstwelt restituieren wollten, erlagen dem Wahn, eine protestantische Liturgik in Mitteleuropa könne aus dem neuzeitlichen Säkularisierungsprozeß einfach aussteigen und eine gottesdienstliche Gegenwelt schaffen, die nicht nur die liturgische Elite erreicht. Die anderen, die sich in theologisch begründeter Entschlossenheit auf die Profanisierungstendenzen auch in der liturgischen Praxis einzulassen versuchten, mußten entdecken, daß solche Profanisierungsprozesse etwa im Naturverhältnis des Menschen höchst destruktive Konsequenzen enthalten. Die Einheit in der praktischen und theoretischen Wahrnehmung von Natur, Religion und Gesellschaft, die mit der Unterscheidung von heilig und profan einmal gegeben war, ist zerbrochen. Christlicher Gottesdienst heute kann nicht zurück in die archaische Sphäre heiliger Wirklichkeit, kann sich aber auch nicht auflösen in ein funktionierendes Institut zur politischen, pädagogischen oder therapeutischen Psychohygiene. Gottesdienst findet in der Gegenwart statt an der Grenze zwischen verlorener Sakralität und drohender Profanität, in den Trümmern des Tempels. Wer heutzutage zur Kirche geht, sollte sich von Zeit zu Zeit der Klagelieder des Jeremia erinnern.

in dem er sich »als einen protestantischen Theologen und als einen katholischen Christen« bezeichnet, fängt F. Steffensky, Feier des Lebens. Spiritualität im Alltag, Stuttgart 1984, 11, den beschriebenen Widerspruch präzise ein.

Sitzen

Alles Leben verhält sich – einiges Leben verhält sich manchmal nach der Agende. Wer zum Gottesdienst eine protestantische Kirche betritt, findet dort Bänke oder Stühle, auf denen er Platz nehmen soll. Das konstitutive Verhalten, das zur Teilnahme an diesem Kult gehört, ist das Sitzen. Nur gelegentlich wird es von einzelnen Akten des Aufstehens und des Gehens zum Abendmahlsempfang unterbrochen. Bilder aus dem Mittelalter verraten, daß es in den christlichen Kirchen früher keine Bänke gegeben hat. Und die meisten Dokumente aus der Religionsgeschichte lassen erkennen, daß für den religiösen Vollzug Körperbewegungen immer wichtig gewesen sind.

In der Liturgiewissenschaft gilt das Sitzen als so selbstverständlich, daß es kaum einmal thematisiert wird. Zwar wird die räumliche Ausstattung der Kirchengebäude in den Grundzügen beschrieben und in ihrem theologischen Sinn begründet. Aber gerade die Kirchenbänke werden höchstens am Rande erwähnt. Ihre Einführung ist historisch unklar. Ihre Wirkungen bleiben undiskutiert. Und die häufig zu hörende funktionale Auskunft, daß die Kirchenbank das Pendant zur Kanzel bildet und ihre Bedeutung dem Aufkommen des Predigtgottesdienstes verdankt, bleibt oberflächlich, weil nicht reflektiert wird, welche Veränderungen in der Lebenspraxis und im Verständnis von Religion eingetreten sind, wenn das Sitzen zum zentralen Verhalten im Gottesdienst wird.

Bei der Einzelanalyse wird sich erweisen, daß die Art des Sitzens in der Kirchenbank vielfältig mit der Machtproblematik verknüpft ist. Epigenetische, politische und soziale Aspekte dieses Zusammenhangs sind freizulegen (I.), bevor verständlich wird, welche Implikationen für das Erleben des Gottesdienstes das Sitzen enthält (II.). Schließlich sind auch jene Gesten und Bewegungen zu bedenken, die die Gottesdienstteilnehmer auf der Kirchenbank praktizieren (III.).

I.

Selbstbeherrschung

In der Entwicklung des Kindes ist das Sitzen Ausdruck zunehmender Körperbeherrschung. »Bevor es alleine sitzen kann, muß das Kind seinen gesamten Rumpf unter Konrolle haben. Im Alter von 16 Wochen kann es sich selbst in eine sitzende Haltung bringen. . . . Beim Erreichen des zweiten oder dritten Jahres dreht sich das Kind nicht mehr um die ganze Körperachse, sondern bleibt mit seinem Becken auf einer Seite mit dem Boden in Berührung und stützt sich auf dieser Seite mit den Armen. Vom vierten oder fünften Jahr ab kann sich das Kind wie ein Erwachsener setzen; mit Hilfe der Arme auf beiden Seiten rollt es den Körper symmetrisch hoch. Wenn das Kind sich zuerst setzen will, fällt es oder kippt es vorn über, weil es mit dem unteren Teil des Rumpfes nachgibt. Allmählich lernt es durch Versuch und Irrtum und auch durch direkte Hinweise, wie es seine Knie beugen und niedergleiten muß, anstatt seine Knie steif zu halten und vornüber zu fallen. Wenn diese Fähigkeit beherrscht wird, ist das durchschnittliche Kind ein Jahr alt«.[1] Andere Muskeln der Rumpfregion sind zu dieser Zeit der Willenskontrolle noch nicht unterworfen. Vor allem die Beherrschung der Ausscheidungsorgane wird erst in den beiden nächsten Jahren gelernt. Immerhin, das Sitzen des Kindes ist ein erster Schritt auf dem Weg zum aufrechten Menschen.

Daß diese Fähigkeit zur körperbezogenen Selbstbeherrschung auch als Mittel zur Fremdbeherrschung eingesetzt werden kann, zeigen jene pädagogischen Versuche, die die Schulbank als Erziehungsapparat nutzen wollten. Nach einer ausführlichen Beschreibung des von ihnen propagierten Modells liefern I.E. Trapp und M. Ehlers 1780 nachstehende Empfehlung. »Die Folge von dieser Einrichtung wäre erstlich diese, daß tausend Anlässe zu Zerstreuungen und Spielereien wegfielen, und dann besonders diese, daß das gemeine und unanständige Betragen, welches sich leicht einschleicht, wenn jeder im Sitzen den andern berührt und ihn anstoßen und die Hände auf ihn legen kann, nicht veranlaßt werden kann«.[2] Triebabwehr und Verhaltenskontrolle sind hier die wesentlichen Zwecke des Reformvorschlags. Zu Beginn unseres Jahrhunderts werden die therapeutischen Aspekte betont, ohne daß dadurch ein Widerspruch zu den disziplinarischen Absichten entsteht: Die Schulbank »soll den Schüler zu einer geraden Haltung bei jeder seiner Tätigkeiten veranlassen, doch nicht so, daß dabei ein fühlbarer Zwang wirkt. Viel-

1 E.B. Hurlock, Die Entwicklung des Kindes, Weinheim 1970, 130.
2 Zitiert nach K. Rutschky (Hg.), Schwarze Pädagogik. Quellen zur Naturgeschichte der bürgerlichen Erziehung, Frankfurt 1977, 505.

mehr soll der Schüler die gerade Haltung auch unbeabsichtigt annehmen, und zwar sowohl beim Sitzen als beim Stehen«.[3]

Herrschaft

In vielen Kulturen gilt Sitzen als ein gesellschaftliches Privileg, das einen hohen sozialen Status und Überlegenheit denen gegenüber dokumentiert, die stehen müssen. Sehr anschaulich drücken sich im Wechsel der Sitzrechte die Änderung der Machtverhältnisse in der römischen Kaisergeschichte aus. Tiberius stand in der Öffentlichkeit vor den Konsuln auf, noch Hadrian empfing die Senatoren stehend. Diokletian und der ältere Maximian dagegen lassen sich abbilden, wie sie »auf ihren kurulischen Sesseln sitzend von Juppiter und Hercules, die beide stehen, bekränzt werden. . . . Früher als Juppiter optimus maximus mußten jedoch sicher die Senatoren vor ihrem Herrn stehen bleiben. Es war die logische Folge der republikanischen Rechtsgewohnheit, daß der Senat nach dem Verlust der Mitherrschaft auch das Sitzrecht neben den nunmehr einzigen Regierenden verlor. . . . Die Regel, daß der Kaiser sitzt und der Untertan steht, ist nunmehr selten durchbrochen worden. Nur die Kirche schuf sich auch hierin eine Sonderstellung. Schon auf der Synode von Nicaea brach Constantinus mit der Vorschrift: die Bischöfe durften in seiner Gegenwart sitzen bleiben«.[4]

Auf dem reich ausdifferenzierten spanischen Hofzeremoniell sei ein einziges Ritual vorgestellt, das in den Verhaltensnuancen von Sitzen und Stehen soziale Überlegenheit, aber auch Anerkennung der kirchlichen Autorität ausdrückt. »Am Ostermontag vollzog sich die Handkußzeremonie der königlichen Ratsgremien. Durch diese Huldigung erneuerten sie dem König alljährlich ihre Loyalität. . . . Als erster betrat der Königliche Rat von Kastilien (Consejo de Castilla) das Audienzzimmer. Vor ihm schritten der Fiscal des Hofgefängnisses und der des Rates, die Alkalden, die Oidores (Zuhörer?) und danach der Präsident des Rates, der als erster dem König die Ostergrüße überbrachte und ihm die Hand küßte. Danach stellte er sich an die rechte Seite des Königs und wartete, bis alle Mitglieder seines Ratsgremiums dem König die Hand geküßt hatten. Als nächster vollzog der Rat von Aragon die gleiche Zeremonie; als dritter erschien der Rat der Inquisition, der vom

3 A.a.O. 509.

4 A. Alföldi, Die monarchische Repräsentation im römischen Kaiserreiche, Darmstadt 1970, 44, die Einzelheiten 42ff. Im oströmischen Reich wird für den Kaiser ein Mechanismus ersonnen, »der ihn mitsamt seinem Thron bei einer Audienz in die Höhe hebt, so daß, während die Besucher sich noch zu Boden neigen müssen, er aufschwebt, und wenn sie sich wieder aufrichten, er sich hoch über ihnen befindet«; A. Nitschke, Körper in Bewegung. Gesten, Tänze und Räume im Wandel der Geschichte, Stuttgart 1989, 137.

König stehend empfangen wurde«.[5] Daß nicht nur der Audienzsaal, sondern auch das königliche Schlafgemach dazu dienen konnte, durch ein exakt organisiertes Zeremoniell Rangunterschiede darzustellen und Auszeichnungen zu gewähren, hat N. Elias am »lever« Ludwigs XIV. aufgewiesen.[6]

Das herrscherliche Thronen irdischer Machthaber entspricht dem Willen der himmlischen Gottheit. Im Alten Testament kommt dieser Zusammenhang am deutlichsten in den Königspsalmen heraus. Der Aufruhr der Fremdmächte gegen die davidische Dynastie bleibt vergeblich, weil Jahwe selbst den König als seinen Sohn inthronisiert hat und weil er auf seinem himmlischen Thron über die Anschläge der Feinde voller Spott lacht (Ps. 2,1ff). »Er schaut vom Himmel (Ps 14,2; 33,13; 53,3; 80,15; 102,20). Im Himmel thronend hört und erhört er die Schreie aus der Tiefe (Ps 20,7). Er sendet vom Himmel und hilft (Ps 57,4). Wenn in den Psalmen ausgerufen wird ›Erhebe dich über die Himmel!‹, so erwartet eine solche Bitte den weltüberlegenen, alle himmlischen Kräfte transzendierenden Machterweis des Gottes Israels (Ps 57,6.12; 108,6). Denn der im Himmel Thronende hat uneingegrenzte Machtvollkommenheit und souveräne Freiheit«.[7] Diese Überlegenheit Jahwes spiegelt sich in der hierarchischen Struktur und im doxologischen Zeremoniell der himmlischen Welt. Dort ist »Jahwe als thronender Gott und König umgeben von Mächten, die ihn verherrlichen, loben und ihm dienen. Die religionsgeschichtlich im kanaanäisch-syrischen Bereich festgestellte Vorstellung vom Pantheon der Götter und Gottwesen, welche die monarchisch erhöhte höchste Gottheit umstehen, ist von Israel rezipiert worden«.[8] Es ist derselbe Gott, der auf seinem heiligen und weltbeherrschenden Thron sitzt (Ps. 47,9; 103,19), der sich im Tempel niedergelassen hat (Ps. 11,4) und dort über den Cherubim thront (Ps. 99,1). Weil bei Jahwe wie auch sonst in der Religionsgeschichte himmlisches und irdisches Sitzen nicht unterscheidbar sind, ist der von Jahwe besetzte Tempel Sphäre einer heiligen, einer segensreichen und gefährlichen Macht. Und an dieser Macht partizipieren in abgestufter Weise seine irdischen, teils religiösen, teils politischen Repräsentanten.

Die Beziehung zwischen himmlischer und irdischer Herrschaft, die sich im Privileg des Sitzens manifestiert, kann positiv, sie kann aber auch negativ bestimmt sein. In der Jerusalemer Königsideologie und im byzantinischen Cäsaropapismus hat sich irdische Macht religiös sanktioniert, in der Johannes-Apokalypse wird menschliche Machtanmaßung christologisch kritisiert. Daß Christus in Apokalypse 4 als Gegen-Imperator gezeichnet wird, hat E.

5 Chr. Hofmann, Das Spanische Hofzeremoniell von 1500-1700, Frankfurt 1985, 130.

6 N. Elias, Die höfische Gesellschaft. Untersuchungen zur Soziologie des Königtums und der höfischen Aristokratie, Frankfurt 1983, 126ff.

7 H.-J. Kraus, Theologie der Psalmen, BKAT XV/3, Neukirchen 1979, 56f.

8 A.a.O. 58

Peterson herausgearbeitet. »Zunächst wird ein Thron beschrieben, auf dem Einer sitzt, dessen Name nicht genannt wird, vielleicht aus der jüdischen Scheu, den Namen Gottes zu nennen, vielleicht weil die Vorstellung der Verehrung eines leeren Thrones dahintersteht. Der auf dem Thron sitzt, ist unsichtbar, nur sein Glanz wird unter den Symbolen von Edelsteinen geschaut. Edelsteine sind ein Symbol politischer Herrschaft zu allen Zeiten. Der auf dem Thron sitzt, erhält den Huldigungsruf des Dignus es; auch das ist ein Ruf, der der politischen Sphäre entstammt . . .. Es ist die Loyalitätserklärung vor dem Thron des unsichtbaren Herrschers, eine eindrucksvolle Gegenkundgebung gegen den Herrscherkult und die Adoration des leeren Thronsessels des Monarchen, die zunächst hellenistische Einrichtung war und dann nach Rom gekommen ist. Der auf dem Thron sitzt, hält in der Rechten ein Buch (5,1). Auch hier ist wieder an ein Vorbild aus der politischen Welt zu denken. Der Kaiser hält eine Buchrolle in der Hand. Diese Rolle ist versiegelt. Sie kann eben nur von dem Beamten geöffnet werden, dem der Kaiser die Rolle überreicht. Wenn Christus hier diesem Beamten entspricht, so ist er freilich mehr als ein Beamter, sitzt er doch mit Gott – unter dem Symbol des Widders gesehen – auf dem Thron«.[9]

Autorität

Wenn vom irdischen Jesus an entscheidender Stelle berichtet wird, er ging »auf den Berg und setzte sich« (Mt. 5,1), dann demonstriert dieses Verhalten nicht politische Macht, sondern doktrinale Autorität. »Jesus setzt sich, wie dies auch für Lehrer im Synagogengottesdienst üblich ist«.[10] Er meldet damit mindestens denselben Anspruch an wie die Schriftgelehrten und Pharisäer, die »auf dem Stuhl des Mose sitzen« (Mt. 23,1). Ein Gelehrter aus dem Anfang des 4. Jahrhunderts erklärt, »daß es eine besondere Art von Lehnstühlen (wohl Sessel für die Schulhäupter) gegeben hat, welche man ›Mose-Stuhl‹ . . nannte«.[11] Für die politisch- religiöse Etikette des Sitzens stellt sich dann aber unvermeidlich die Frage nach der Rangordnung zwischen Jahwe und Mose. Rabbi Darosai hat sie so beantwortet: »Ist es denn möglich, daß Mose saß, während Gott stand? . . . Einen Lehnstuhl . . machte ihm Gott nach Art des Lehnstuhls eines Advokaten; wenn diese vor einen Herrscher treten, so scheinen sie zu stehen, während sie lediglich sitzen. Und auch hier (in Moses Fall) war es so: um ein Sitzen handelte es sich, das wie ein Stehen

9 E. Peterson, Christus als Imperator, in: Theologische Traktate, München 1951, 154f.

10 U. Luz, Das Evangelium nach Matthäus, EKK I/1, Neukirchen 1985, 198.

11 P. Billerbeck, Kommentar zum NT aus Talmud und Midrasch I, 2 Auflage, München 1956, 909.

erschien«.[12] Auch die Rangordnung von Lehrautoritäten, die nebeneinander sitzen oder miteinander gehen, hat ihre Entsprechung in den himmlischen Beziehungsstrukturen: »Wenn drei auf einem Wege (nebeneinander) gehen, so geht der Lehrer (Größte) in der Mitte, der Größere (Ältere von den beiden anderen) rechts u. der Kleinere (Jüngere) links. Und so finden wir es bei den drei Dienstengeln, die zu Abraham kamen: Mikhael in der Mitte, Gabriel rechts und Raphael links«.[13]

Ein anderes Verständnis von Wahrheit und andere Verfahren zu ihrer Ermittlung werden sichtbar, wenn Wahrheitstradition nicht mehr aus der autoritativen Position des sitzenden Lehrers weitergegeben, sondern wenn sie im Dialog des festlichen Gelages unter Anleitung eines Maieuten von allen gesucht wird. Am Fest des Dionysos entdecken Sokrates und seine Freunde im »Symposion« die Macht des wahren Eros, indem sie die Macht des Rauschs in Freiheit überholen, am deutlichsten ausgedrückt in den Schlußsequenzen: »da durch den Einbruch weiterer ungenannter Nachtschwärmer alles endgültig ›lärmerfüllt‹ geworden, alle Ordnung aufgehoben und das gezwungene Trinken ins Unmaß gesteigert ist (223 b), scheint die berauschte Weltbefangenheit schon übermächtig zu werden. Wenn dennoch Sokrates mit Agathon und Aristophanes wach bleibt, aus einer großen Schale ›rechtsherum‹ geordnet trinkend, bis zuletzt im Gespräch über das Wesen des wahren Dramatikers (223c-d), und wenn er schließlich allein noch aufrecht bleibt, dann liegt es nur daran, das er bis ins Physische hinein die Stärke hat, der faktischen Macht des berauschenden Gottes ironisch Widerpart zu halten«.[14]

Das Sitzen ist die Haltung politischer, juristischer und religiöser Autoritäten. Schon in der Alten Kirche sind deshalb im Altarraum Sitze für den Bischof und teilweise auch für seine Presbyter installiert worden. So heißt es bei Euseb vom Neubau der Kirche in Tyrus: »Nachdem er so den Tempel vollendet hatte, stattete er ihn zu Ehren der Vorsteher mit hoch erhobenen Thronen und überdies, in geziemender Ordnung, mit Bänken für die Gesamtheit (des Klerus) aus und stellte zu allem in der Mitte als Allerheiligstes den Altar auf«.[15] In der Kirchengeschichte kann man an der mehr oder weniger prächtigen Gestaltung des Bischofsplatzes immer auch die politische Macht der Kirche zur Zeit seiner Herstellung ablesen. Die Möglichkeiten reichen vom aufwendig ausgestatteten Fürstenthron bis zum funktional orientierten Vorstehersitz in der Gegenwart; er hat im Gefolge des II. Vaticanums »dessen Dienst als Vorsteher der Gemeinde und dessen Aufgabe, das Gebet zu leiten,

12 Ebd.

13 A.a.O. 835.

14 G. Krüger, Einsicht und Leidenschaft. Das Wesen des platonischen Denkens, Frankfurt 1939, 92.

15 Euseb von Caesarea, Kirchengeschichte, BKV II/2, München 1932, 452.

gut erkennbar zu machen«.[16] Verhaltenstheoretisch kann man diesen Sachverhalt aber auch so formulieren: Der erhöhte Sitz soll dem Inhaber Ansehen verschaffen; denn schon bei »vielen Primaten kann man Ranghohe daran erkennen, daß sie am meisten von allen übrigen Mitgliedern angesehen werden«.[17]

Von einer solchen funktionalen Betrachtung her mag man geneigt sein, die heilsgeschichtlich-allegorische Interpretation des episkopalen Verhaltens, wie sie im Mittelalter unternommen wurde, für überholt zu erklären. »Die sitzende Haltung des Bischofs während der Lesung wird seit Amalar gern rememorativ gedeutet, indem man in dem Bischof die Person Christi real gegenwärtig sieht. Am Ende des Introitus nimmt der Bischof auf seinem Sessel Platz, wie Christus nach seinem irdischen Wirken auf den Sitz neben seinem Vater zurückkehrt. Wie Christus in den Himmel aufgefahren ist, um dort zur Rechten des Vaters zu sitzen, so begibt sich der Bischof, der Verwalter Christi, zum Gedächtnis an den Herrn auf seinen erhöhten Sitz, nachdem er gleichsam die Mühen des irdischen Wirkens Christi, ausgedrückt durch das Stehen während des Introitus, überwunden hat«.[18] Aber mit Recht weisen auch moderne Liturgie-Theoretiker darauf hin, daß eine solche rein funktionale Betrachtung den Bedeutungswert des bischöflichen und priesterlichen Sitzens nicht zu erschöpfen vermag. »Der Sitz des Bischofs (Kathedra) und des vorstehenden Priesters erhalten von daher über ihren Funktionswert hinaus einen bestimmten Akzent. Im Zusammenhang damit ist auch die Besitzergreifung - Inthronisation (in ihrer Polarität: Hinführen - Einnahme des Sitzes) bei Einführungshandlungen . . eindrucksvolles personales Zeichen«.[19] Im Sitzen drückt sich das Recht einer Machtposition aus, sei es das des politischen Herrschers, des Richters, des Hausvaters oder des Lehrers, und mindestens im religiösen Kontext ist dieses Recht des Sitzens letztlich immer durch göttliche Setzung legitimiert.

Eigentumsrecht

Eine Variante dieser Probleme hat sich für den Protestantismus lange Zeit in den Streitigkeiten um das Kirchengestühl ergeben, hier freilich konzentriert auf Besitzansprüche und Statusfragen. Warum es in den protestantischen

16 Zitiert nach J.H. Emminghaus, Der gottesdienstliche Raum und seine Gestaltung, Gottesdienst der Kirche 3, Regensburg 1987, 396.

17 I. Eibl-Eibesfeldt, Die Biologie des menschlichen Verhaltens. Grundriß der Humanethologie, München 1984, 387.

18 R. Suntrup, Die Bedeutung der liturgischen Gebärden und Bewegungen in lateinischen und deutschen Auslegungen des 9. bis 13. Jahrhunderts, Münstersche Mittelalter-Schriften 37, München 1978, 137f.

19 H. Reifenberg, Fundamentalliturgie. Grundelemente des christlichen Gottesdienstes II, Klosterneuburg 1978, 124.

Kirchen zu einer vermehrten Einführung von Sitzgelegenheiten für die Gemeinde gekommen ist, wird an späterer Stelle noch genauer zu überlegen sein. Im Laufe der Zeit haben sich in den Landeskirchen drei Typen des Benutzeranspruchs herausgebildet:

»1.) Freisitze, die jedermann benutzen kann,
2.) Plätze, die durch Anordnung des zuständigen kirchlichen Organs den einzelnen Gemeindegliedern entweder ›klassenweise‹ oder ›individuell‹ zugewiesen werden,
3.) durch Individualrechte konstituierte Kirchenstühle, die entweder dinglicher oder obligatorischer Natur sind. – Bei den auf kirchliche Anordnung zugewiesenen Plätzen bedeutet ›klassenweise‹, daß bestimmte Bänke für Männer, Frauen, Hofbesitzer, Häuslinge, staatliche oder städtische Beamte (sog. Amts- bzw. Offizialstühle z.B. für Rent- und Forstbeamte, auch Offiziere) ausgewiesen sind. ›Individuell‹ dagegen heißt, daß die Plätze den einzelnen Personen ›durch das Los oder nach dem Besitze bestimmter Häuser oder Höfe verteilt werden‹. . . . Deutlich von den Freisitzen bzw. den durch kirchliche Organe zugewiesenen Plätzen zu unterscheiden sind die individualrechtlich konstituierten Kirchenstühle dinglicher Natur. Sie können entweder ein höchst persönliches und unvererbliches oder ein Personalstuhlrecht sein oder aber sie sind mit einem Gut bzw. Haus verbundene Berechtigungen, die als Realkirchenstuhlrecht bezeichnet werden«.[20]

Es liegt auf der Hand, daß eine solche Rechtslage jede Menge Konfliktstoff enthielt, zumal sich die ursprünglich auch durch Kirchenordnungen festgeschriebene Absicht, im Kirchstuhlwesen auf Käuflichkeit und Erblichkeit zu verzichten, nicht durchhalten ließ. Als 1898 auf der 23. Evangelischen Kirchenkonferenz in Eisenach das Thema auf der Tagesordnung steht, gibt ein Referat einen Überblick über die Verbreitung von »Sperrsitzkirchen« und »Freisitzkirchen«. »In diesem Sinne haben Freikirchen die vormals nassauischen Teile des Konsistorialbezirks Wiesbaden, Frankfurt lutherischen bzw. reformierten und Österreich helvetischen Bekenntnisses; die bayerische Pfalz, Baden und Elsaß reformierten Bekenntnisses haben sie fast alle; die preußische Rheinprovinz hat sie überwiegend, ebenso Österreich A. C., Elsaß-Lothringen A.C., Hessen, Reuß j.L. und Pommern. Annähernd gleich ist das Verhältnis von Frei- und Sperrsitzkirchen in Westfalen, Mecklenburg-Strelitz, Meinigen, Altenburg, Anhalt, Schwarzburg-Rudolstadt und Württemberg. Im übrigen Deutschland überwiegt die Sperrsitzkirche, so im Königreich Sachsen, in Weimar, in den preußischen Ostprovinzen, in Hannover, Schleswig-Holstein und im rechtsrheinischen Bayern. In den kleineren nord- und mitteldeutschen Landeskirchen ist sie die Regel,

20 W. Marquardt, Arbeiterbewegung und evangelische Kirchengemeinde im wilhelminischen Deutschland. Kirchstuhlfrage und Kirchenvorstandswahlen in Groß-Lengden bei Göttingen, Göttingen 1985, 280f.

auch in Lübeck, Stolberg-Roßla und Schlesien«.[21] Die damals u.a. auch von G. Uhlhorn vorgeschlagene Abschaffung aller Kirchstuhlrechte, die den Sozialdemokraten viel Anlaß zur Kritik an der Klassenstruktur der Kirchen lieferten, löste eine solche Debatte aus, daß das Thema faktisch vertagt werden mußte. In der Aussprache wurden viele Argumente laut, die in der Schlußphase der Gültigkeit der kirchlichen Sitzordnung rückblickend deren Sinn zu erhellen vermögen. Der konservative Bauer »will in der Kirche und auf dem Kirchhof seinen bestimmten Platz haben«. Der regelmäßige Gottesdienstbesucher will sich heimisch fühlen, der Pfarrer auf der anderen Seite will »keine Kaleidoskopsplitter, sondern ein festes Bild vor Augen haben«. Und nicht zuletzt sei »das Durcheinandersitzen von Burschen und Mädchen« mit naheliegenden Gefahren verbunden.[22] Faktisch ist das Kirchstuhlwesen seit Beginn dieses Jahrhunderts immer stärker aus der kirchlichen Sitte verschwunden. Aber erst der Nationalsozialismus hat, jedenfalls in Hannover, 1934 für die Aufhebung der Kirchstuhlrechte gesorgt: »Beweist Eure nationalsozialistische Gesinnung dadurch, daß Ihr Gemeinnutz vor Eigennutz stellt - auch in den Sitzplätzen in der Kirche. Leistet freiwillig und freudig Verzicht auf Euer bisheriges Kirchenstuhlrecht, denn auch das ist soziale Tat für Kirche und Volk!«[23] Die Kirche in der Volksgemeinschaft sollte von anderen Ordnungsprinzipien geformt werden. Nicht mehr das Sitzen, sondern das Marschieren war das Verhaltenssymbol des neuen Reiches.

Platzwahl

Den Gottesdienstbesuchern ist durch die Aufhebung der Kirchstuhlrechte eine neue Aufgabe zugewachsen, nämlich die Platzwahl. Im Einzelfall werden dabei sicher die unterschiedlichsten Motive wirksam. Regelmäßige Kirchgänger werden ihren Stammplatz anstreben. Wer einen guten Freund in der Kirche entdeckt, wird sich neben ihn setzen. An manchen Stellen des gottesdienstlichen Raumes, etwa an der Seite oder auf der Empore, kann man die anderen Besucher beobachten, an anderen Stellen ist man vor fremden Blicken weitgehend geschützt. Wer in den Minuten vor Beginn eines gutbesuchten Gottesdienstes das Wahlverhalten der Eintretenden betrachtet, wird neben diesen individuellen Motiven auf zwei Faktoren stoßen, die von der Struktur des Raumes bestimmt sind. Auf der einen Seite wird der Abstand zwischen den Gottesdienstbesuchern, der in der ersten Zeit noch sehr groß ist, naturgemäß immer geringer. Und auch der Abstand gegenüber Chorraum und Kanzel nimmt immer mehr ab, auch die Kirchenbänke ganz vorne füllen sich mit der Zeit. Ähnliche Verhaltensmuster laufen auch bei

21 A.a.O. 285.
22 A.a.O. 286f.
23 A.a.O. 288.

anderen Gelegenheiten ab, wenn es um die Besetzung von nicht numerierten Sitzplätzen geht. Sie verdanken sich, wie es die Verhaltensforschung sieht, dem Bedürfnis nach einem »persönlichen Umraum«,[24] das bei sehr vielen Lebewesen zur Schaffung und zur Verteidigung eigener abgegrenzter Territorien führt. In der Kirche signalisiert das Verhalten bei der Wahl des Sitzplatzes aber den Wunsch nicht nur nach Distanz zum Mitmenschen, sondern auch nach Abstand gegenüber jenem Bereich des Heiligen, das sich in Altar und Kanzel manifestiert. Daß auch bei Vorträgen und anderen Gelegenheiten die ersten Reihen nach Möglichkeit unbesetzt bleiben, zeigt an, daß es dort analoge Beziehungsprobleme gibt, die sich in der Platzwahl ausdrücken: Die Autorität, die man hören will, wirkt anziehend und bedrohlich zugleich. Gewiß sind für den Selektionsprozeß außerhalb und innerhalb der Kirche auch funktionale Gesichtspunkte wichtig - man will gut sehen und hören. Aber man braucht auch Abstand, um Schutz zu erfahren, vor den Blicken der anderen, vor der körperlichen Nähe der anderen, vor der Macht jener Atmosphäre, die im Frontteil des Kultraums zur Darstellung kommt.

24 Vgl. D. Morris, Der Mensch, mit dem wir leben. Ein Handbuch unseres Verhaltens, München 1978, 196.

II.

Die grundlegende Verhaltensform im Kult ist nicht das Sitzen, sondern die Bewegung. Einen Gottesdienst feiern heißt: ihn be-gehen. Und das gilt nicht nur für den Anmarsch oder für die Bewegungen des Kultpersonals im Zentrum des Heiligtums, das gilt für alle Teilnehmer. Mindestens in einzelnen Gegenden gehört bis heute zur Abendmahlsfeier der Rundgang aller Kommunikanten um den Altar.

Begehung

»Warum be-gehen wir Feste?« hat C. von Korvin-Krasinski in einer aufschlußreichen Studie gefragt. Entsprechende Rituale sind weltweit verbreitet, in der römischen Gründungszeremonie der urbs, in den neolithischen Totenkulten der Indogermanen, in Irland und Asien, in den Umzügen um den Altar in Jerusalem (Ps. 25,6; 117,27), aber auch bei der Zerstörung Jerichos (Jos. 6) und im Tempelkult (1. Kö. 18,26). Die Etymologie der verschiedenen Begriffe verrät, daß das Begehen eines Festes in den Kulturen durchaus unterschiedlich abgelaufen ist. »Der bis heute noch kultisch gebrauchte Ausdruck des ›Be-gehen‹ bzw. des Ob-chodit einer Feier bei Germanen und Slaven beweist, daß sie das zeremonielle Wandeln um kultische Stätten dem ekstatischen Schwang des Südens vorziehen, mögen sie auch in ihrer Folklore die alten ›Hohen Tänze‹ und Sprünge über das Johannis-Feuer der sommerlichen Sonnenwende noch bewahrt haben. Der sprachliche Ausdruck der Römer für religiöse Feier - die celebratio, wie der Hebräer - der hgg - bedeutete dagegen ursprünglich eher einen kultisch wirksamen Hink- und Laufschritt, ein Springen, Tanzen, Kreisen, aber auch ›sich drehen‹, ›schwindlig werden‹, was uns an die späteren arabischen ›Derwischtänzer‹ erinnert, die weniger um etwas als um sich selbst wirbelten, nicht selten bis zum Verlust des Bewußtseins«.[25]

Ob im gemessenen Schreiten oder im ausgelassenen Tanzen - im Kern haben alle Verhaltensformen des Festbegehens für C. von Korvin-Krasinski einen identischen Sinn, nämlich »eine dramatisch-rituelle Darstellung der Erschaffung der Welt«. Deutlich ist das in jenen Religionen zu sehen, in denen noch eine direkte Übernahme göttlicher Rollen möglich ist und in denen die Bewegungen des Rituals infolgedessen direkt von den Aussagen des Schöpfungsmythus bestimmt sind. »Mag nun heute der als bloß segenbringender Ritus gedeutete sonnenläufige ›sakrale Turnus‹ des gesamten Hochkultur-

25 C. von Korvin-Krasinski, Warum be-gehen wir Feste? Sprachkundlicher Beitrag zu einem religionsgeschichtlichem Thema, in: Trina Mundi Machina. Ausgewählte Schriften, Mainz 1986, 332.

areals vom Atlantik bis zum Pazifik und Nordamerika im Bewußtsein der Gläubigen seinen ursprünglichen Sinn einer Dramatisierung der Schöpfungsmythe eingebüßt haben, er bleibt jedoch - wie schon so oft in der Geschichte der Religionen - ein survival jener ältesten Kulte, in denen nicht die Taten der Kulturheroen und Heilbringer rituell nachgeahmt und wirksam gemacht werden, sondern wo das Universum und seine Entstehung in der Urzeit durch den immanent wie transzendent gedachten und erlebten göttlichen Schöpfungsakt Gegenstand kultischer Begehung sind«.[26]

Die Bewegungen, die das religiöse Festgeschehen charakterisieren, erfüllen also durchaus differenzierte Funktionen. Sie können von einem Verhaltenskodex bestimmt sein, den ein Mythus für heilige Rollen tradiert. Sie können auf individuelle Bewußtseinserweiterung zielen, auf ekstatische Erlebnisse, die in der Himmelsreise neue Wirklichkeitsdimensionen erschließen und auch Kräfte zur Wahrsagerei, Wetterbeeinflussung und Heilungen freisetzen. Sie können im Rundgang um den Altar jene kosmische Ordnung restituieren, die ständig vom Chaos bedroht ist und die im Begehen des Festes durch die Verbindung mit dem Urgrund der Schöpfungs- und Heilsgeschichte erneuert wird.

Tanz

Natürlich werden entsprechende Erfahrungen nicht nur im religiösen Raum vermittelt. In den Werken der neuzeitlichen Ballettgeschichte wird die Verkörperung der unterschiedlichsten Gestalten verlangt, was einen großen Tänzer in diesem Jahrhundert zu dem Satz verführt hat: »Ich bin Gott« (Nijinski). Daß man beim Tanzen in den Wirkungsbereich einer Macht gerät, davon erzählen die Märchen; in ihnen »ist es oft so, daß getanzt wird, ob man will oder nicht, daß eben gerade der Tanz den Willen und die Kontrolle aufhebt. Da zeigt sich der Tanz von einer anderen Seite: nicht ein Tänzer beherrscht den Tanz und führt ihn aus, sondern der Tanz beherrscht den Tänzer und zwingt ihn zur Ausführung einer Gesetzmäßigkeit, die dem Tanz innezuwohnen scheint«.[27] Und noch im Disco-Fieber, das die Vergnügungsindustrie inszeniert, kann man verschüttete Spuren des Heiligen aufdecken: »Im rhythmischen Schritt, der durch den ganzen Leib schwingt, erleben wir unsere Fähigkeit, ganz für uns und ganz durch uns selbst eine Ordnung herzustellen. Dazu ist es eine bewegte vielfältige Ordnung, eine lebendige Ordnung in der Zeit. Durch ihre Dauer schafft sie um sich einen Ort, erst recht, wenn mehrere Menschen die gleiche Ordnungsbewegung in Gang bringen und gemeinsam den Ort zum Schwingen bringen. - Dieses Erleben ist die Selbstmitteilung, die in den Tänzen frei wird. Als rituelle Wiederholung kann sie bes-

26 A.a.O. 333.
27 K. Hoffman, Tanz - Trance - Transformation, 2. Auflage, München 1984, 42.

ser als irgendein anderer Akt zum heiligen Ritus werden. – Heiligend wirkt eben die Kraft des Tanzes, im Unheiligen wenigstens, bis die Rhythmen verklingen, einen Ort zu schaffen. Der Tanzplatz ist eine Bannmeile gegen alles, was man zu befürchten hat«.[28]

Die kritische Bewertung des Tanzens und die Ausgrenzung des Tanzes aus dem Kult hat in der Geschichte der Kirche schon früh begonnen. Kriterien für das Einzelurteil liefert nach Gregor von Nazianz die biblische Überlieferung: »Allein, wenn du schon tanzen mußt, als Liebhaber der Panegyris und der Feste, so tanze nur – aber nicht den Tanz der Herodias, den ausgeschämten Tanz, der dem Täufer den Tod brachte, nein, tanze den Tanz des David vor der ruhenden Gotteslade. Denn ich möchte meinen, ein solcher Tanz sei das Mysterium eines Wandels vor Gott, der da ist schön in der Bewegung und reich in der Geste«.[29] A.R. Sequeira hat gemeint, daß diese Ablehnung des tänzerischen Ausdrucks letztlich auf einem Mißverständnis beruhe: »Daß die Kirchenväter gegen die Heidengötter waren, ist klar, aber daß damit auch die Ausdrucksdimension verurteilt wurde, war ein bedauerlicher Irrtum. In all den Aussagen der Väter spürt man die Unfähigkeit, zwischen Ausdrucksdimension (Tanz, Bewegung) und Ausdrucksgehalt (Ehre Gottes, der Götter usw.) zu unterscheiden. So besteht für Chrysostomos kein Zweifel daran: ›Wo Tanz ist, da ist der Teufel‹«.[30] In einer solchen Aussage ist nicht nur das aktuelle Interesse an einer Erneuerung des Bewegungspotentials für den Gottesdienst spürbar. Es liegt darin insofern auch eine Verkürzung gegenüber den Texten der Kirchenväter, als diese ihre Ablehnung des Tanzens nicht nur aus der Frontstellung gegen Heiden und Ketzer begründen, sondern auch mit der in Herodias verkörperten Sinnlichkeit, ja Besessenheit des Tanzgeschehens. Nicht nur der Ausdrucksgehalt war für sie problematisch, sofern er bei den Christen Erinnerungen an Götzendienst und Zirkusspiele wach rufen mußte, sondern die Ausdrucksdimension selbst galt als gefährlich, weil ihr eine große Verführungskraft innewohnte.

In einer Predigt aus der Schule des Hippolyt ist die Zähmung des Tanzens durch das Mysterium des Kreuzes vielschichtig eingefangen. »O Gekreuzigter, du Vortänzer im mystischen Tanze! O des geistlichen Hochzeitsfestes! O des göttlichen Pascha, übergehend von den Himmeln bis zur Erde und wiederum aufsteigend in die Himmel! O neue Feier aller Dinge, o kosmische Festversammlung, o Freude des Universums, o Ehre, o Lust, o Entzücken, durch die der finstere Tod vernichtet, das Leben dem All mitgeteilt, die Tore des Himmels geöffnet wurden. Gott erschien als Mensch, und der Mensch fuhr empor als Gott, da er die Pforten der Hölle zerschmettert und die eher-

28 R. zur Lippe, Das Heilige und der Raum, in: D. Kamper/Chr. Wulf (Hg.), Das Heilige. Seine Spur in der Moderne, Frankfurt 1987, 426.

29 Zitiert nach A.R. Sequeira, Spielende Liturgie. Bewegung neben Wort und Ton im Gottesdienst am Beispiel des Vaterunsers, Freiburg 1977, 92.

30 A.a.O. 93.

nen Riegel gesprengt hat. Und das Volk, das in der Tiefe war, steht von den Toten auf und verkündet der Fülle droben: Der Chor der Erde kehrt zurück!«[31] Der christliche Glaube bringt eine Umwertung aller Werte und auch aller Verhaltensformen dergestalt, daß der Gekreuzigte zum Vortänzer wird, daß Lust jetzt auch im Leiden liegt und daß der Weg zu Gott sich nicht als Bewegung der Körper, sondern in der Erhebung der Seele zur heiligen Hochzeit vollzieht.

Körperformierung

Weil für den Glauben nicht die körperliche Verzückung, sondern die seelische Entrückung im Vordergrund steht, ist die Fixierung der Leiber, obwohl sie erst rund ein Jahrtausend später erfolgt, ein konsequenter Schritt in der Entwicklung kirchlicher Verhaltensregeln gewesen. Dem Privileg-Charakter des Sitzens gemäß enthielten die mittelalterlichen Kirchen keine Sitzgelegenheiten für Laien.[32] Es gab dort ausnahmsweise den Herrscherthron, wie in der Pfalzkapelle Karls des Großen zu Aachen. Es gab Bischofsstühle aus Stein, Holz oder Metall, mit verschiedenen Materialien bekleidet. Es gab den Zelebrantensitz, einen dreiteiligen Platz für Priester, Diakon und Subdiakon. Es gab das Chorgestühl für Mönche und Stiftsherren. Es gab vereinzelt auch schon eine private Bestuhlung durch Laien, die dann, wie etwa in Zürich[33], beim Ausbruch der reformatorischen Wirren ihr Eigentum aus der Kirche zu retten versuchten. Eine einheitliche Bestuhlung der Kirchengebäude beginnt aber erst um 1500 üblich zu werden. Die frühesten noch erhaltenen Beispiele liefern die Pfarrkirchen in Becholdsheim/Rheinhessen (1496) und Kiedrich/Rheingau (1510). Im 16. und 17. Jahrhundert hat sich die Ausstattung der Kirchen mit Laiengestühl über alle konfessionellen Grenzen hinweg verhältnismäßig rasch ausgebreitet.

Dieser Vorgang kann zunächst anschaulich illustrieren, wie sich Bedeutung und Funktion einer Körperhaltung im Gottesdienst ändern können. Das Sitzen hört auf, Vorrecht kirchlicher Würdenträger und weltlicher Machthaber zu sein, es wird zur durchgängigen liturgischen Haltung des machtlosen Volkes. Wie ist diese Veränderung zustande gekommen? Daß Sitzen Macht repräsentiert und Stehen Ohnmacht, kann man bis heute in jedem Gerichtsgebäude beobachten, wenn sich der Angeklagte zur Vernehmung erheben muß. Auf den ersten Blick scheint die Qualität dieser Haltung

31 Zitiert nach H. Rahner, Griechische Mythen in christlicher Deutung, 2. Auflage, Basel 1985, 73.

32 Einzelheiten zum Folgenden bei A. Reinle, Die Ausstattung deutscher Kirchen im Mittelalter. Eine Einführung, Darmstadt 1988, 56ff.

33 Vgl. G. Edlibach, Aufzeichnungen über die Zürcher Reformation 1520-1526, in: H.-D. Altendorf/P. Jezler (Hg.), Bilderstreit. Kulturwandel in Zwinglis Reformation, Zürich 1984, 57.

mit der Quantität ihrer Verteilung zu tun zu haben. Was nur einer muß oder nur wenige dürfen, signalisiert in jedem Fall eine Rangskala.

Vielleicht aber spielt noch ein anderer Faktor bei der sozialen Mutation des Sitzens eine wichtige Rolle. Wenn einer sitzt und die anderen stehen, dann ist darin ein großes Vertrauen in die Stabilität dieser ständischen Konstellation enthalten. Die Angst der Mächtigen vor den Beherrschten, die Unsicherheit der Besitzenden über die Akzeptanz ihrer Machtposition ist gering. Die Reduktion der Fluchtmöglichkeiten, die zum Sitzen gehört, ist erträglich. Wenn dagegen einer steht und die anderen sitzen müssen, dann ist die Unsicherheit über die Stabilität der sozialen Ordnung gewachsen, dann gilt die Anerkennung der Macht als gefährdet. Erhöhte Disziplinierung ist nötig, wenn die Herrschaftsverhältnisse brüchig zu werden beginnen.

Die Sicherung der bedrohten Machtbalance führt aber nicht nur zu einer Umverteilung der Körperhaltungen. Es verbindet sich damit auch eine neue Verhältnisbestimmung von Innen und Außen. Auch in anderen Kulturen gibt es das Sitzen als Grundhaltung in der Religion. Bei Homer lagern sich Göttinnen und Götter zur Speisegemeinschaft.[34] Im Sitzen findet der Buddha die Möglichkeit zur Selbstversenkung, zur Meditation. Die Kirchenbank enthält daher nicht nur die Möglichkeit zur äußerlichen Körperkontrolle, sondern bietet auch die Chance zur inneren Arbeit an Geist und Seele.

Ein Vergleich mit der yogischen Positur des *âsana* mag die Eigenart des von der Kirchenbank geförderten Verhaltensmodells profilieren. »Das Wesentliche ist, daß das âsana dem Körper eine starre Festigkeit gibt und zu gleicher Zeit die physische Anstrengung auf ein Minimum reduziert. Man vermeidet dadurch das störende Gefühl der Ermüdung und des Schwachwerdens bestimmter Körperteile, man regelt die physiologischen Prozesse und ermöglicht es der Aufmerksamkeit, sich ausschließlich auf den fließenden Teil des Bewußtseins zu richten«.[35] Daß es sich bei einer solche Konzentrationsübung allein um einen Akt der Selbstversenkung handelt, wie man christlicherseits gern behauptet, stellt eine Verkürzung des Phänomens dar. »Das âsana ist der erste konkrete Schritt zur Aufhebung der menschlichen Existenzmodalitäten. Fest steht auf jeden Fall, daß durch die unbewegliche, hieratische Stellung des Körpers eine andere, nicht-menschliche Verfassung nachgeahmt werden soll. Der Yogin im Zustand des âsana kann einer Pflanze oder einem Götterbild gleichgesetzt werden, keinesfalls aber einem Menschen, der ja seiner Definition nach ein bewegliches, unruhiges, arhythmisches Wesen ist«.[36] Auch die Beziehung zur Außenwelt wird nicht total abgebrochen, ja im Gegenteil, sie soll durch die gezielte Rhythmisierung des

34 Vgl. H. Jung, Thronende und sitzende Götter. Zum griechischen Götterbild und Menschenideal in geometrischer und früharchaischer Zeit, Bonn 1982, 28f.

35 M. Eliade, Yoga. Unsterblichkeit und Freiheit, Zürich 1960, 61.

36 A.a.O. 62.

Atems gesteigert werden. Durch den prânâyâma, durch das allmähliche Verlängern der Aus- und Einatmung, »versucht der Yogin das Pulsieren seines eigenen Lebens, die durch Ein- und Ausatmung freiwerdende organische Energie auf ganz unmittelbare Weise zu erkennen. Der prânâyâma ist, möchten wir sagen, eine auf das organische Leben gerichtete Aufmerksamkeit, eine Erkenntnis durch den Akt, ein ruhiges und klar bewußtes Eintreten in das Wesen des Lebens selbst«.[37]

Wer in der Kirchenbank sitzt[38], soll sich ebenfalls konzentrieren. Aber es geht dabei weder um ein fundiertes Verhältnis zur Erde noch um eine entspannte Praxis des Atmens. Die Lebenskraft und die Lebenswahrheit, der man sich in dieser Stellung aussetzen soll, erreichen den Einzelnen in der strukturierten Gestalt von Wörtern und Sätzen und wollen demgemäß seine Innenwelt formen. Das Sitzen in der Kirchenbank dient nicht der Ent-Spannung, sondern soll Seele und Geist mit bestimmten Inhalten füllen und den Körper zu einem bestimmten Verhalten führen.

Davon wird im einzelnen noch zu reden sein. Festzuhalten ist aber zunächst, daß sich damit auch das Verständnis des Kultus grundlegend verändert. Objektive Zielbestimmungen, wie etwa die Aktualisierung von Heil, die Beschwichtigung Gottes, die Erhaltung des Lebens treten zunehmend in den Hintergrund zugunsten von Zwecksetzungen, die auf die anwesenden Subjekte gerichtet sind. Die Teilnehmer waren bisher bei der Aufführung des heiligen Rituals, das ganz unabhängig von ihnen ablief, allenfalls Zuschauer, deren Anwesenheit für den Vollzug der Messe noch nicht einmal notwendig war. Mit der Einführung der Kirchenbank gewinnen diese Zuschauer nicht einfach eine bequemere Haltung. Vielmehr geraten sie, mindestens im Protestantismus, in die Rolle von Zuhörern, die in allen Bereichen ihrer Innerlichkeit, in ihrem Willen, in ihrem Wissen, in ihren Gefühlen geformt und bearbeitet werden. Mit der Kirchenbank beginnt die liturgische Modernität. Der Gottesdienst verliert seinen kosmischen Horizont zugunsten menschlicher Kultivierung.

Die Einführung des Kirchengestühls für die Gemeinde ist von weitreichender Wirkung gewesen. Die Verbesserung der Kommunikationsbedingungen impliziert eine Verfeinerung der Beeinflussungsmöglichkeiten. Was wie ein Angebot zur Erhöhung der Bequemlichkeit aussieht[39], ist unvermeidlich mit einer Verstärkung der Körperkontrolle verbunden. Wenn das Gehen und Stehen im Gotteshaus abgeschafft wird, wenn also die leibliche Präsenz zum Gewinn der Heilsgüter nicht mehr genügt, dann hat sich auch

37 A.a.O. 66.

38 Wie vielfältig meditatives Sitzen in der yogischen Tradition ausgestaltet ist, zeigt die Tatsache, daß einzelne Quellen bis zu 32 verschiedene Posituren beschreiben; vgl. J.W. Hauer, Der Yoga. Ein kritischer Weg zum Selbst, Stuttgart 1958, 316.

39 Nach A. Nitschke, a.a.O. 201f, wird den Menschen seit dem 13. Jahrhundert bewußt, daß man sich im Sitzen erholen kann.

das Medium religiöser Partizipation von der Verhaltens- auf die Einstellungsebene verlagert. Im Gegenüber von Kanzel und Kirchenbank präsentiert sich ein Heilsgeschehen, das in theologischer Terminologie als dynamisches Sprachereignis zwischen Wort und Glaube verstanden wird.

Man darf auf keinen Fall übersehen, daß die Entstehung von Glauben durch die Einführung der Kirchenbank in einer spezifischen Weise inszeniert worden ist. Das Sitzen, zu dem jetzt alle Gottesdienstbesucher eingeladen und genötigt werden, ist ja nicht nur die »Haltung des aufnehmenden und betrachtenden Hörens«,[40] sondern erhält auch eine Reihe von kommunikativen Implikationen, die in der umgangssprachlichen Verwendung des Wortes für den Gefängnisaufenthalt schon angedeutet sind. Wer sitzt, im Gegenüber zu einer Autorität, die aufrecht steht und von der Kanzel herab redet, ist in seiner partnerschaftlichen Freiheit in mehrfacher Hinsicht beschränkt:

- Er befindet sich im Zustand der Unterlegenheit, wie technisch-funktional die überragende Position des anderen auch immer begründet sein mag;
- er befindet sich im Zustand eingeschränkter Bewegungsfreiheit;
- er befindet sich im Zustand kommunikativer Wehrlosigkeit, weil man als Rezipient von Rede das angesprochene Sinnesorgan auch mit größter Willensanstrengung nicht abschalten kann;
- er befindet sich im Zustand gesteigerter Beeinflußbarkeit, weil es vor allem in der reformatorischen Predigt nicht nur um die Formulierung von simplen Verhaltensdirektiven geht, sondern um eine tiefgreifende Modellierung der Einstellungsstrukturen;
- er fand sich, jedenfalls solange es noch eine feste Sitzordnung gab, auch und gerade im Gottesdienst auf seine gesellschaftliche Position fixiert.

Wer auf Konfigurationen im Verhaltensrepertoire zu achten gelernt hat, wird es nicht verwunderlich finden, daß es am Beginn der Moderne auch in anderen Bereichen zu einer beträchtlichen Körper-Formierung gekommen ist. In einer methodisch hochkomplexen Studie hat R. zur Lippe die »Naturbeherrschung am Menschen« an den Tanzformen in der Ära des italienischen Kaufmannskapitals und im französischen Absolutismus untersucht. Vorausetzung ist, »daß der europäische Kunsttanz gerade in seiner einigermaßen willkürlichen Differenzierung menschlicher Bewegungen ein für das Verhältnis unserer Gesellschaft zu der Physis des Menschen typisches Phänomen darstellt«.[41] Zur Lippe rechnet außerdem mit einer wechselseitigen Beeinflussung von Ballett- und Kriegskunst. »Eine Verwandtschaft der neuen Formen des Hoftanzes mit dem neuen Reglement militärischer Bewegungen ist nicht zu übersehen. Selbstverständlich nicht im Dienste differenzier-

40 A. Adam/R. Berger, Pastoralliturgisches Handlexikon, Freiburg 1980, 477.
41 R. zur Lippe, Naturbeherrschung am Menschen I. Körpererfahrung als Entfaltung von Sinnen und Beziehungen in der Ära des italienischen Kaufmannskapitals, Frankfurt 1974, 15.

terer Ausdrucksmöglichkeiten wie dort, sondern hier zum Zweck eines effizienteren Einsatzes von Menschen zeichnen sich im Militärwesen Grundsätze ab, nach denen, darin dem choreographierten Tanz vergleichbar, Zeiteinheiten zum Grundmaß bestimmt und Rationalität in das Verhältnis der Elemente zueinander in Form überschaubarer Figuren, wie der Aufstellung im Quadrat, eingeführt wurden«.[42] Ähnlich entfaltet auch der Absolutismus, bestimmt durch die frühkapitalistischen Prinzipien des aufsteigenden Bürgertums, eine Bewegungsordnung, die sich in der magischen Geometrie des Hofballetts darstellt und in der Geometrisierung der Erscheinung des Menschen ihre Erfüllung findet. Zwischen der religiösen Welt des Mittelalters und der wissenschaftlichen Orientierung der Neuzeit wird das Ballett zum magischen Ritual mit kollektiver Potenz, »weil das ballet de cour für den König ein Mittel zur Durchsetzung seiner Herrschaft als Doktrin und gesellschaftliche Realität war und weil es in seiner kunstvollen Einheit von Herrschaftsdarstellung und Selbstbeherrschung am eigenen Leibe das ideale Medium war, die Gesellschaftsordnung zu verinnerlichen und aus dem individuellen Innern als Selbstdarstellung wieder nach außen zu kehren«.[43]

Die Kirchenbank erfüllt also nicht nur eine Funktion, sie paßt auch in die Zeit. Was mit ihrer Hilfe an den Gottesdienstbesuchern geschieht, läßt sich in doppelter Hinsicht beschreiben. Es ist einerseits die Fixierung der Körper, die andererseits die Bearbeitung der Seelen erleichtern soll. Wenn im neuzeitlichen Prozeß der Zivilisation die Innenwelt der handelnden Menschen immer wichtiger wird, weil reformatorische Theologie insgesamt auch einen seelsorgerlichen Impuls gegenüber der Orientierungslosigkeit des frühbürgerlichen Mannes verfolgt[44], dann ist die Konzentration auf das Wortgeschehen eine unvermeidliche Anpassungsleistung an die heraufziehende Moderne, und dann ist das Sitzen die adäquate Verhaltensform für ein religiöses Geschehen, in dem das Wort Gottes in Gesetz und Evangelium dem sündigen Menschen zugesprochen werden soll. Alle körperlichen Aktionen haben ihre Vergewisserungskraft verloren. Wallfahren und Fasten, Heiligenverehrung und Messelesen können in dieser Krisenzeit keine religiöse Identität mehr fundieren. Allein der Glaube, der dem Wort Gottes vertraut und der sich im Sakrament mit dem Sohn Gottes eins weiß, kann eine Gewißheit verschaffen, die das Leben in einer dunklen, vom Teufel bedrohten Welt erträglich macht. Dieser Glaube ist ein hörender und also ein gehorsamer Glaube und muß deshalb im Akt seiner Konstitution auf alle Aktivitäten, die immer auch Ablenkungsmanöver sind, verzichten. Im Ansatz ist das Sitzen für die

42 A.a.O. 103.

43 R. zur Lippe, Naturbeherrschung am Menschen II. Geometrisierung des Menschen und Repräsentation des Privaten im französischen Absolutismus, Frankfurt 1974, 9.

44 Vgl. H.-M. Gutmann, Über Liebe und Herrschaft. Luthers Verständnis von Intimität und Autorität im Kontext des Zivilisationsprozesses, Göttingen 1991.

reformatorische Theologie eine Konzentrationserleichterung. Daß damit auch verstärkte Beeinflussungschancen hinsichtlich des Denkens, des Wollens und Fühlens der Hörer gegeben sind, lehrt der Blick in die Predigtgeschichte des Protestantismus.

Auch das Sitzen auf der Kirchenbank ist also mit der Machtproblematik verbunden. Es hebt die Privilegien der Amtsträger nicht auf, sondern erweitert sie, wenn ihnen das Recht auf Bewegung jetzt exklusiv zusteht. Es ist körperlicher Ausdruck jener reformatorischen Entdeckung, die eine Ohnmachtserfahrung darstellt, daß nämlich der Mensch zu seinem Heil nichts tun kann und auch nichts tun muß, weil Gottes seligmachendes Wort ihm alle Gerechtigkeit schenkt. Und es wird zur Verhaltensvoraussetzung für ein religiöses Geschehen, das auf die Bewegung der Körper verzichtet, um durch die Bewegung der Seelen den Menschen umso wirksamer formen zu können. Wer auf der Kirchenbank sitzt, soll im Hören und Singen und Beten Verhaltensmodelle übernehmen, die sein Leben prägen, auch wenn er die Kirche verlassen hat.

III.

Im protestantischen Gottesdienst soll man sitzen, um besser hören zu können. Öffentliche Sitzgelegenheiten hat es aber ursprünglich, etwa in der athenischen Demokratie, nicht nur für die Hörer der politischen Streit- und Beratungsreden gegeben, sondern auch für die Zuschauer im Theater. Im Sitzen kann man nicht nur hören, sondern auch sehen. Was es im protestantischen Kirchengebäude zu sehen und dann auch zu hören gibt, darüber wird später zu reden sein. An dieser Stelle ist erst noch darauf zu achten, daß die Grundhaltung des Sitzens im liturgischen Ablauf von anderen Gesten und Bewegungen umrahmt wird. Man kann diese anderen Verhaltensformen nach den beteiligten Körperpartien klassifizieren, wie es H. Reifenberg versucht hat.[45] Man kann aber auch, und das soll hier geschehen, nach den Funktionen fragen, die die unterschiedlichen Gebärden und Bewegungen zu erfüllen haben. Dabei sollen an dieser Stelle sowohl die Verhaltensmuster, die man aus der Gemeinde beim Kultpersonal beobachten kann, als auch diejenigen, die von allen im Vollzug des heiligen Essens zu absolvieren sind, unberücksichtigt bleiben.

Demutsgebärden

Auf der Verhaltensebene enthält Religion viele »Demutsakte gegenüber dominanten Wesen, die man Götter nennt«.[46] Solche Gesten, die Demut, Respekt, ja Unterwerfung ausdrücken, sind auch im protestantischen Gottesdienst noch anzutreffen. Schon beim Eintritt in den Kirchenraum hat der Mann normalerweise seine Kopfbedeckung gezogen. Was im alltäglichen Begrüßungsritual auf der Straße als Ausdruck von Höflichkeit gilt, entläßt gerade im religiösen Kontext seinen kommunikativen Sinn. Wer seinen Kopf, diesen gefährdeten Körperteil, entblößt, macht sich wehrlos. Die Balance von »Selbstdarstellung und Beschwichtigung«, die I. Eibl-Eibesfeldt in vielen Begrüßungsritualen entdeckt hat[47], enthält auch diesen Aspekt der Subordination. Dabei ist die noch immer wirksame Geschlechterdifferenzierung besonders erklärungsbedürftig. Warum ziehen Frauen beim Eintritt in die Kirche und bei anderen Begrüßungszeremonien nicht ihren Hut? Weil ihr Kopfschmuck aufwendiger und unter Umständen nur schwer zu entfernen ist? Weil damit ihre privilegierte Stellung gegenüber den angeblichen »Herren der Schöpfung« demonstriert werden soll? Oder ist der Anblick

45 H. Reifenberg, a.a.O. 122ff.

46 D. Morris, a.a.O. 223.

47 I. Eibl-Eibesfeldt, a.a.O. 611ff. Zur Einseitigkeit einer rein humanethologischen Herleitung solcher Demutsgesten vgl. E. Neumann, Herrschafts- und Sexualsymbolik. Grundlagen einer alternativen Symbolforschung, Stuttgart 1980, 190ff.

entblößter Frauenhaare für Menschen, Engel und Götter noch immer gefährlich?

Einen Akt der Ehrerbietung vollzieht die Gemeinde, wenn sie sich im Gottesdienst aus bestimmtem Anlaß erhebt. Das geschieht beim Einzug einzelner Gruppen, etwa im Zusammenhang mit Ordination und Konfirmation. Das geschieht aber vor allem an hervorgehobenen Stellen des kultischen Ablaufs, nämlich zum Beten, zu den Lesungen und zum Empfang des Segens. Im Grunde ist dann das Sitzen immer noch als Privilegposition vorausgesetzt. Man steht auf, wenn ein Unbekannter oder Höhergestellter den Raum betritt. Die theologischen Deutungen dieses Verhaltens betonen sehr stark den Aspekt der Befreiung. Im Gefolge Augustins sagen viele mittelalterlichen Meßexegeten: »Wir stehen zur Erinnerung an die Auferstehung des Herrn und in der Hoffnung auf unsere eigene Auferstehung«.[48] Und sicher nicht ohne Einfluß evolutionstheoretischer Einsichten über die Bedeutung des aufrechten Gangs für die Menschwerdung des Menschen unterstreicht H. Reifenberg: »Aufrechtes Stehen ist normale Gebetshaltung des Christen als Geschöpf, als Ebenbild Gottes, aufgerichtet, Krone der Schöpfung, die sich über diese erhebt, begnadet von Gott. Nicht mehr Sünder, der Sünde versklavt, nicht im Zustand der Buße, nicht niedergedrückt, sondern befreit und so frei«.[49] Gewiß wird man diese Interpretationen angesichts der Mehrdeutigkeit menschlichen Verhaltens nicht grundsätzlich zurückweisen dürfen. Aber darüber soll nicht vergessen werden, daß die Veränderung der Körperhaltung vom Sitzen zum Stehen vornehmlich eine Unterwerfungsbewegung ist, die man gegenüber Höherrangigen vollzieht. Erst dann wird nämlich auch der Schutzaspekt verständlich, den diese Bewegung enthält. Wer sich erhoben hat, kann schneller fliehen, wenn sich der Unbekannte als Bedrohung erweist. Nicht nur aus diesem Grund muß es für einen Außenstehenden merkwürdig erscheinen, daß sich im protestantischen Gottesdienst die Gemeinde zwar meistens beim Einzug von Menschen, aber nur selten zu den Lesungen aus der Bibel erhebt. Offensichtlich, am Verhalten der Gottesdienstteilnehmer gemessen, gilt dieses Buch nicht mehr als Heilige Schrift, das Respekt verdient, aber auch Angst und Fluchtbereitschaft auslösen kann.

Auch andere Ausdrucksformen von Demut werden im protestantischen Gottesdienst kaum noch oder sehr selten praktiziert. Daß man sich beim Eintritt in den Kirchenraum in eine bestimmte Richtung verneigt, setzt eine spezifische Präsenz des Heiligen im Altarsakrament voraus, die für protestantische Religiosität so nicht gegeben ist. Frühe Bestrebungen, mit Hilfe ähnlicher Gebärden die Gemeinde am gottesdienstlichen Geschehen zu betei-

48 R. Suntrup, a.a.O. 124.
49 H. Reifenberg, a.a.O. 123.

ligen[50], haben inzwischen andere Lösungsmöglichkeiten gefunden. Die radikale Haltung der Prostration, des Am-Boden-Liegens, drückt so viel Selbstaufgabe, Fremdverehrung und Angewiesenheit aus, daß sie auch im römisch-katholischen Bereich nur zu Beginn des Karfreitagsgottesdienstes und während der Litanei in den höheren Weihen geübt wird. Auch die *tunsio pectoris*, das Klopfen an die Brust, als Ausdruck des Sündenbekenntnisses frühchristlicher Brauch, wird von der Gemeinde nur noch in einigen katholischen Ländern während des Sanctus vollzogen.

Gebetsgesten

Eine Verbindung von Unterwerfungsgebaren und Konzentrationsübung stellen die meisten Gebetsgebärden dar. Weit verbreitet in profanen und sakralen Verhaltenssequenzen ist das Niederknien.[51] Der Sklave drückt so seine Reue aus, der Kriegsgefangene bittet um Schonung, der Glaubende fleht um die Gnade der Götter. Was in der Verneigung nur angedeutet ist, tritt hier plastisch hervor: Die Kniebeuge führt zur Verkleinerung dessen, der sie praktiziert, und konstituiert damit ein Subordinationsverhältnis. »Durch die enge Verbindung von weltlicher und geistlicher Macht fand die Kniebeuge als Ehrenbezeugung allmählich Einlaß in die Liturgiefeier, vor allem der feierlichen Bischofsmesse, da mit der Übertragung weltlicher Aufgaben und Rechte auf leitende Geistliche diesen auch Formen und Insignien weltlichhöfischer Verehrung zugesprochen wurden. ... Seit Konstantin ist die Kniebeugung in der Liturgie des Abendlandes nicht bloß als Buß- und Bittgebärde, sondern auch als Ehrfurchtsbezeugung vor dem Altar, vor Reliquien, vor dem Bischof und vor dem Kruzifix üblich«.[52] Der protestantische Gottesdienst kennt diese Haltung nur noch beim Segensempfang während Trauung, Konfirmation und Ordination. Grundlegende Veränderungen werden auch am Kirchengestühl faßbar. Aus der Kniebank ist eine Fußleiste geworden, die zur höheren Bequemlichkeit der Sitzenden dient. Auch in der römisch-katholischen Kirche war das Knien im Gottesdienst lange Zeit auf die Bußtage beschränkt: »Weil wir durch die Auferstehung des Herrn von der Sünde befreit sind und mit Zuversicht zu Gott, unserm Vater, beten dürfen, verbietet die Kirche nach altem, vom Nizänischen Konzil 325 bestätigten Brauch das kniende Beten an den Sonntagen und während der fünfzig österlichen Tage«.[53]

50 R. Suntrup, a.a.O. 143.
51 Vgl. Th. Klauser, Kleine Abendländische Liturgiegeschichte. Bericht und Besinnung, Bonn 1965, 114f.
52 R. Suntrup, a.a.O. 154.
53 A. Adam/R. Berger, a.a.O. 264.

Aus der Vielfalt der Gebetsgebärden[54] sind für den christlichen Gottesdienst drei wichtig geworden: das Ausbreiten, das Zusammenlegen und das Verschränken der Hände. Die demütige Hoffnung, die sich in der ersten Form ausdrückt, ist in der symbolischen Interpretation des Mittelalters immer wieder mit dem Kreuz Christi in Verbindung gebracht worden. Der Priester vollzieht diese Haltung während der Orationen, der Präfation, des Kanons und des Paternoster, also bei jenen Gebeten, die aus der altrömischen Liturgie stammen und die er als Repräsentant der Gemeinde verrichtet.[55] Das Zusammenlegen der Hände ist nach verbreiteter Ansicht aus der fränkischen Huldigung der commendatio hervorgegangen, bei der der Vasall seinem Lehnsherrn in dieser Form seinen Eid ablegt. Das Händefalten, seit dem 13. Jahrhundert als Gebetsgebärde üblich, drückt ein ähnliches Unterwerfungsverhältnis aus. Aus der Tatsache, daß sich das Gebetsverhalten im mitteleuropäischen Protestantismus auf diese Form beschränkt hat, darf man mit der gebotenen Zurückhaltung doch einige Schlußfolgerungen ziehen. Die Frömmigkeit, wie sie sich hier körperlich manifestiert, ist nicht mehr durch eine ausstreckende, sehnsuchtsvolle Offenheit charakterisiert und auch nicht durch jene Beziehungsrichtung, die die aneinandergelegten und ausgestreckten Finger signalisieren. Indem die Fingerspitzen beim Falten an die eigenen Hände zurückgeführt werden, wird die Gebetsgebärde sehr selbstbezüglich und aus der Anrede an den anderen wird tendenziell ein meditatives Selbstgespräch.

Unterstützung findet ein solches Gebetsverständnis in einem Verhalten, das so unauffällig abläuft, daß es in den meisten Darstellungen gar nicht erwähnt wird. Viele schließen beim Beten die Augen. Für profane Interaktionssequenzen gilt, »daß ein direktes Anstarren starke aktive Liebes-, Haß- und Angstgefühle, ein abgewandter Blick Schüchternheit, lässige Überlegenheit und Unterwürfigkeit anzeigen«.[56] Im religiösen Kontext dürfte der Verzicht auf den Augen-Blick Demut gegenüber dem Heiligen ausdrücken, unter Umständen eine Nachwirkung jener Scheu, die damit rechnet, daß der Anblick des Heiligen unerträglich ist, weil er tödliche Folgen hat. Gleichzeitig aber kann der, der auf Blickkontakte verzichtet, bei sich selber verweilen, wenn die Interaktion mit dem Gegenüber nicht durch andere Kanäle gesichert wird.

Kuß und Kreuz

Die Beziehung zu Gott, wie sie sich in den Bewegungen und Gebärden der Gemeinde im protestantischen Gottesdienst ausdrückt, ist in mancher Hin-

54 Vgl. Th. Ohm, Die Gebetsgebärden der Völker und das Christentum, Leiden 1948, 251ff.

55 J.A. Jungmann, Missarum Sollemnia I, Wien 1948, 477f.

56 D. Morris, a.a.O. 113.

sicht reduziert. Das gilt in entsprechender Weise auch für die zwischenmenschliche Kommunikation. Das Verhaltensrepertoire, das der christliche Kult in diesem Zusammenhang anbot, war zu keiner Zeit reichhaltig. Die Einführung des Kirchengestühls hat die Teilnehmer auf ihre Plätze gebannt, so daß sie allenfalls mit dem Nachbarn leise schwätzen, aber nicht mehr gezielt auf Bekannte und Freunde zugehen können. Vor allem ist ein Verhalten aus der Übung gekommen, das in frühchristlicher Zeit mit einiger Selbstverständlichkeit praktiziert worden ist (Röm. 16,16; 1. Kor. 16,20 u.ö.), das auch heute noch im Begrüßungszeremoniell sozialistischer Parteien und Staaten sowie neuerdings auch in privaten Wiedersehensritualen abläuft: der Friedenskuß.[57] Im Mittelalter hat er vor der Vermischung von Brot und Wein auch in der Gemeinde noch stattgefunden, wenn auch mit der bezeichnenden Einschränkung, daß das Philema hagion nur zwischen gleichgeschlechtlichen Partnern stattfinden durfte.[58] Wegen der großen Intimität des Vorgangs hat es schon früh Modifikationen gegeben. »Der frühchristliche Bruderkuß auf die Wangen wurde z.B. beim Friedensgruß durch das Küssen der Hände (im Osten) oder den Gebrauch einer Paxtafel (im Westen) oder durch eine stilisierte Umarmung (in Ost und West, u.zw. beschränkt auf den Klerus) ersetzt«.[59] Wenn heute als Ersatzhandlung für den Friedenskuß das Händereichen in den Gottesdienst eingeführt werden soll, dann ist dieser Reformversuch in mehrfacher Hinsicht aufschlußreich. Es drückt sich darin die Einsicht aus, daß das einfache Nebeneinandersitzen der Gottesdienstteilnehmer dem kommunikationsstiftenden Sinn des kultischen Geschehens nicht entspricht. Auch bleibt der Respekt vor den Ängsten, die die körperliche Annäherung zwischen Unbekannten auslösen kann, gewahrt. Gleichwohl soll die Verbindung zwischen den Einzelnen in ihrer Anonymität wenigstens zeichenhaft zur Darstellung kommen. Freilich wird man darüber streiten können, ob nicht statt einer solchen hilflosen Geste, wie es das Händereichen darstellt, der Verzicht auf alle körperlichen Zeichen einer sonst nicht vorhandenen Verbundenheit glaubensgemäßer, weil realitätsgerechter ist.

Der Gottesdienst findet für die Gemeinde des Protestantismus im Sitzen statt. Die Bewegungen und Gebärden, die im Rahmen dieser Grundhaltung noch praktiziert werden, sind reduziert. Nicht immer steht die Gemeinde zur Textverlesung auf. In der Fingerhaltung beim Beten zeigen sich Tendenzen zum Selbstbezug. Und die Kontaktmöglichkeiten mit den Schwestern und Brüdern im Herrn sind mehr als beschränkt. Zusammengefaßt ist diese Tendenz zur Entleiblichung des Teilnahmeverhaltens im Ausfall der Selbstbekreuzigung. »Das Kreuzzeichen zur Einleitung des Evangeliums ist

57 Zu den Einzelheiten vgl. K.-M. Hofmann, Philema hagion, BFChTh II/38, Gütersloh 1938.

58 R. Suntrup, a.a.O. 374f.

59 A.R. Sequeira, Gottesdienst als menschliche Ausdruckshaltung, Gottesdienst der Kirche 3, Regensburg 1987, 36.

seit dem 9. Jahrhundert bekannt. Seit dem 11. Jahrhundert werden dann zusätzlich zur Bekreuzung der Stirn die des Mundes und der Brust sowie des Evangelienbuches bezeugt. Nach der Lesung des Evangeliums bekreuzten sich die Anwesenden gewöhnlich erneut. Die Gemeinde bekreuzt ihre Stirn, damit sie dadurch gepanzert sei gegen die Arglist des Teufels, gegen den bösen Feind, der den Samen des Wortes Gottes aus den Herzen der Hörer rauben möchte (nach Lc 8,12). Durch das Kreuzzeichen werden die Herzen von bösen Gedanken gereinigt. Die apotropäische Bedeutung des Kreuzzeichens auf der Stirn, später auch auf dem Mund und auf der Brust, bleibt in den Auslegungen bis Durandus bestehen. Daneben wird eine andere Auslegung durch Amalar für viele spätere Liturgiker bestimmend. Er deutet die Sitte, gerade die Stirn zu bekreuzen: ›Wir tun es, weil wir glauben, durch den Gekreuzigten errettet worden zu sein. Da das Kreuz für uns ein Ehrenzeichen ist, bekreuzen wir die Stirn, den Sitz des Ehrgefühls‹«.[60]

Man wird fragen können, ob sich der apotropäische Sinn dieses Gestus nur nach draußen, zur Abwehr des Bösen, richtet oder ob hier nicht auch eine Schutzmaßnahme gegen die Überwältigungsmacht der biblischen Botschaft versucht wird. Daneben gehört zur Vieldeutigkeit dieses Verhaltens sicher auch ein identifikatorisches Element. Wer seinen Körper bekreuzigt, übernimmt das Kreuz, das der Herr des Glaubens getragen hat. Er unterstellt sich selbst einer Ordnung, die alles umfaßt, weil aus der simplen Struktur der Handbewegung durch die Unterscheidung zwischen oben und unten, rechts und links eine symbolische Ganzheit erwächst, in der am eigenen Körper das kosmische Universum in den Schutz der Heilsgeschichte gerät.

Das Leben ist auf der Kirchenbank äußerst gezügelt. Nur ausnahmsweise sind spärliche Gesten und Gebärden erlaubt. Was sich auch gesellschaftlichen Kontrollinteressen verdankt, dient im umfriedeten Raum der Kirche der Präparation auf das Kultgeschehen. Die Körper werden in ihrer Beweglichkeit ruhiggestellt, damit Seele und Geist sich auf den Einzug der göttlichen Atmosphäre konzentrieren. »Sitzen als ganzheitliche Gestaltaussage des Menschen tut eine bereite Ruhe und eine ruhende Bereitschaft kund - oder - eine wachsame Ruhe und eine ruhende Wachheit. Beides kennzeichnet den von innen Horchenden und Gehorchenden«.[61] Die Reduktion zahlreicher Lebensvollzüge scheint ein Mittel zu sein, um sich auf die Begegnung mit der Lebensmacht Gottes einzustellen.

60 R. Suntrup, a.a.O. 259.
61 B. Brandt, Sitzen - Schweigen - Hören, Mainz 1986, 39.

Sehen

Alles Leben verhält sich – einiges Leben verhält sich manchmal nach der Agende. Wer in die Kirche gegangen ist und Platz genommen hat, schaut sich um. Wie ein Gotteshaus im Inneren aussieht, wissen, auch bei minimaler religiöser Sozialisation, noch immer viele. Was es in der Kirche aber wirklich zu sehen gibt, bleibt auch und gerade den regelmäßigen Gottesdienstbesuchern sehr oft verborgen. »Der flüchtige Blick«, durch den die bürgerliche Identität an das Sehen gebunden und angesichts der modernen Bilderflut auch bedroht ist, hat »zur Zerstörung des Symbolischen« geführt.[1] Was sich im Kirchenraum zeigen kann, will deshalb vorbedacht sein.

»Die architektonische Gestalt vermittelt eine Lebenshaltung. Sie kann deshalb als Ensemble realer Symbole für die Lebenssituationen von Menschen verstanden werden«.[2] Mit dieser hermeneutischen Maxime hat S. Nagbøl Speers Entwürfe für eine Neue Reichskanzlei analysiert. In seinen Arbeiten zum antiken Bauwesen hat A. Bammer die religiöse Architektur teils von politischen Konflikten[3], teils von den darin dargestellten Ängsten[4] her interpretiert. Eine Möglichkeit, »die in der Architektur versteinerte Dramatik zu begreifen«[5], eröffnet sich in der übertragenen Anwendung jenes therapeutischen Konzepts, das A. Pesso für die »Dramaturgie des Unbewußten« entwickelt hat. In seiner Form der Gruppenarbeit läßt er den Einzelnen mit Hilfe der anderen Teilnehmer nicht nur die frühkindlichen Konflikte szenisch rekonstruieren, sondern auch ein szenisches Arrangement für die lebenslang erhoffte Versöhnung entwerfen. Durch diese Inszenierung werden die traumatischen Verletzungen jener fünf Grundbedürfnisse bewußt gemacht und teilweise überwunden, die jeden Menschen nach Pessos Meinung von seiner intrauterinen Existenz an begleiten; es sind dies der Wunsch nach Versorgung, Halt, Schutz, Grenzen und Achtung.[6]

1 Th. Kleinspehn, Der flüchtige Blick. Sehen und Identität in der Kultur der Neuzeit, Reinbek 1989, 297.

2 S. Nagbøl, Macht und Architektur. Versuch einer erlebnisanalytischen Interpretation der Neuen Reichskanzlei, in: A. Lorenzer u. a. (Hg.), Kultur-Analysen. Psychoanalytische Studien zur Kultur, Frankfurt 1986, 350. Zu entsprechenden architektonischen Prinzipien der französischen Revolution vgl. J. Starobinski, 1789: Die Embleme der Vernunft, Paderborn 1981, 59ff.

3 A. Bammer, Das Heiligtum der Artemis von Ephesus, Graz 1984, 75ff.

4 A. Bammer, Architektur und Gesellschaft in der Antike, 2. Auflage, Graz 1985, 42ff.

5 S. Nagbøl, a.a.O. 350.

6 A. Pesso, Dramaturgie des Unbewußten. Eine Einführung in die psychomotorische Therapie, Stuttgart 1986, 93ff.

Ängste und Wünsche, die man in der Arbeit mit Einzelnen durch szenische Darstellung freilegen kann, liegen wahrscheinlich auch der Gestaltung kultischer Räume zugrunde. Auch der Gottesdienst bietet, wie man vermuten darf, eine »Inszenierung unbewußter Szenen«[7], die nicht nur dem vordergründigen Blick, sondern auch theologischer Rationalität teilweise verborgen bleiben. In diesem Kapitel ist also zu bedenken, was man von der Kirchenbank sehen kann, und zwar an räumlicher Gestaltung (I.), an zeitlichem Geschehen (II.) und an personaler Präsentation (III.). Auch die räumlichen, zeitlichen und personalen Strukturen des Gottesdienstes sind – das ist die Arbeitshypothese dieses Kapitels –, indem sie für das Verhalten im Gottesdienst bestimmte Vorgaben machen, von der Dramaturgie eines kollektiven Unbewußten bestimmt.

7 So T. Moser in seiner Einführung in das Buch von A. Pesso, a.a.O. 19.

I.

Wer auf der Kirchenbank sitzt, befindet sich in einem überschaubaren Raum. Dessen Gestaltung ist von zahlreichen Faktoren bestimmt, von architektonischen Traditionen und Moden, von theologischen Einsichten und liturgischen Bedürfnissen, von technischen Möglichkeiten und gesellschaftspolitischen Zielen. Vor allem: gerade der religiösen Zwecken dienende und von religiösen Prinzipien gestaltete Raum vermittelt ein Weltbild. Seine Strukturen sind fundiert in gültigen Ordnungen, die in der heiligen Urzeit begründet wurden und in der heiligen Endzeit dominieren werden. Wer auf der Kirchenbank sitzt, sieht also die Welt, wie sie sein soll. Der heilige Ort ist geprägt von den Gesetzen einer heiligen Ordnung. Und wer die geheimen, weil ungeschriebenen Verhaltensgesetze einer Gesellschaft ermitteln will, der muß daraufhin die Strukturen ihrer zentralen Räume untersuchen.

Prinzipien und Strukturen

Nun kann man natürlich bezweifeln, daß diese hermeneutische Maxime auch für den christlichen Kultbau, und erst recht, daß sie für den modernen Kirchenbau gilt. Mindestens auf der Ebene des theologischen und architektonischen Bewußtseins sind hier ja andere Gestaltungskräfte maßgeblich geworden. Die kosmischen Bezüge, die in anderen Kulturen die Installation der heiligen Räume bis ins Detail präfigurieren[8], sind hier allenfalls in der Ostung der Kirchengebäude wirksam geworden. Und die Namengebung, die den Sakralraum in ein spezifisches Kräftefeld rücken soll[9], wird von den heutigen Benutzern kaum beachtet, geschweige denn in ihrer energetischen Bedeutung wahrgenommen. Im Durchschnitt werden die Gestaltungsprinzipien des Kultraums, wie die Diskussion um den Kirchbau eindeutig zeigt, funktional bestimmt und funktional interpretiert. Als grundlegende Aufgabe gilt, bestimmte Spannungselemente, die sich in der Geschichte herauskristallisiert haben, in eine sinnvolle, theologisch verantwortbare, ästhetisch gelungene und für die gottesdienstliche Praxis förderliche Ordnung zu bringen. Das Raumgefüge, das auf dieser Basis entsteht, kann dann wohl kaum Ausdruck einer den Kosmos umfassenden Weltsicht sein.

Die lutherische Reformation hat den traditionellen Grundriß der Kirchen ohne prinzipielle Kritik übernommen[10] und nur die Innenausstattung an

8 Vgl. N. Gutschow, Stadtraum und Ritual der newarischen Städte im Kathmandu-Tal. Eine architekturanthropologische Untersuchung, Stuttgart 1982, 180ff.
9 A.a.O. 182.
10 Vgl. T. Koch, Der lutherische Kirchenbau in der Zeit des Barocks und seine theologischen Voraussetzungen, KuD 27, 1981, 111ff.

zwei Stellen bedeutsam ergänzt, durch den im Rahmen der Worttheologie obligatorischen Einbau der Kanzel und durch die Einrichtung von Emporen[11], die die Zahl der Sitzplätze für die hörende Gemeinde erhöhen sollte. Auf die Dauer wurden mit diesen Neuerungen Probleme geschaffen, die den protestantischen Kirchbau in Theorie und Praxis immer wieder beschäftigt haben. Die Zentrierung des Kultraums um den Altar, wie sie bis dahin üblich gewesen war, hatte ihre Selbstverständlichkeit verloren, ohne daß man sofort eine einleuchtende und allgemein anerkannte Alternative zu entwickeln vermochte. Mit der protestantischen Theologie waren in der Religiosität Spannungsmomente aufgetaucht, deren Dialektik man in theoretischen Publikationen einfangen konnte, die aber bei dem Versuch, sie architektonisch zu realisieren, auch ihre praktische Uneinholbarkeit demonstrierten. Wie sollte man angesichts der fundamentalen Profanität alles Irdischen einen Sakralraum gestalten? Wie war das allgemeine Priestertum aller Gläubigen in Raumstrukturen zu überführen? Welchen Sinn hatte in der Kirche des Wortes die Plazierung eines Altars, der von jeher mit Opferassoziationen besetzt war? Nicht als Ausdruck einer kosmischen Weltsicht könnte man in dieser Perspektive den protestantischen Kultbau betrachten, sondern als Indiz für die permanenten Verlegenheiten, in die die Theologen die Architekten gestürzt haben.

Die »Rummelsberger Grundsätze«, die 1951 zu Beginn des Wirtschaftswunders den zu erwartenden Kirchbau-Boom prinzipiell absichern sollten, haben diese Verlegenheiten letztlich nur festgeschrieben. Zur Spannung von Profanität und Sakralität stellen sie fest: »Evangelischer Gottesdienst kann grundsätzlich überall gehalten werden, in jedem Raum und auch im Freien. Aber schon aus praktischen Gründen ist für eine an einen Ort gebundene Gemeinde ein Kirchengebäude notwendig. Dieses Gebäude muß so ausgestattet sein, daß in ihm das Wort Gottes verkündigt und die Sakramente gereicht werden können. Der gottesdienstliche Bau und Raum soll sich um seines Zweckes willen klar unterscheiden von Bauten und Räumen, die profanen Aufgaben dienen«.[12] Das Verhältnis von Klerus und Laien als Problem kirchlicher Raumgestaltung kommt im Text gar nicht vor. Und die Zuordnung von Altar und Kanzel[13] wird so gelöst, daß vor allem zwei klassische Vorschläge aus der Bautradition als unzureichend zurückgewiesen werden:

11 Zum sachlichen Zusammenhang beider Neuerungen vgl. P. Poscharsky, Die Kanzel. Erscheinungsform im Protestantismus bis zum Ende des Barocks, Gütersloh 1963, 65ff.

12 Zitiert nach G. Langmaack, Der gottesdienstliche Ort, in: Leiturgia I, Kassel 1954, 410.

13 Zur älteren Diskussion vgl. M. Gretzschel, Kirchenraum und Ausstattung im 19. Jahrhundert. Untersuchungen zur bildkünstlerischen Ausstattung evangelisch-lutherischer Kirchenbauten des 19. und frühen 20. Jahrhunderts in Sachsen, Frankfurt 1989, 26ff.

»Kanzel und Altar sind im lutherischen Gottesdienst einander gleichwertig zugeordnet. Dabei muß sowohl dem Altar als auch der Kanzel durch angemessene Gestaltung ein solches Gewicht gegeben werden, daß sie als die eigentlichen Brennpunkte des Raumes in Erscheinung treten. (Unbefriedigend ist die Anbringung der Kanzel ohne jede Beziehung zum Altar etwa in der Mitte der Längswand des Kirchenschiffes. Hier klafft der Gottesdienst auseinander in zwei beziehungslos nebeneinander stehende Teile: Liturgie und Predigt. Liturgisch unbefriedigend sind auch die künstlerisch oft sehr schönen Kanzelaltäre der Barockzeit, bei der sich die Kanzel über dem Altar befindet. Hier tritt die Polarität von Wortverkündigung und Sakramentsfeier zu stark zurück)«.[14] Bis heute sind von jedem Architekten, der sich auf die Konstruktion einer protestantischen Kirche einläßt, diese drei Spannungsmomente jeweils neu zu strukturieren.

Jede Raumstruktur bildet ein grundlegendes Orientierungssystem. Sie determiniert das Verhalten derer, die sich im Raum bewegen oder, in der Kirchenbank sitzend, nicht bewegen dürfen. Sie entscheidet über die Kommunikationsmöglichkeiten aller, die sich im Raum befinden. Sie sorgt für die Ausrichtung der individuellen Aufmerksamkeit (nach vorne, in die Mitte, nach oben). Sie überträgt durch die Integration von Licht- und Farbeffekten, von Bildern[15] und Skulpturen spezifische Stimmungsqualitäten. Sie vermittelt auf jeden Fall, auch wenn sie sich selber rein funktionaler Begründung verdankt, ein Welterleben, das gerade im religiösen Kontext bis in die Tiefenschichten hineinreicht. Wer auf der Kirchenbank sitzt, ist von einem Weltbild umgeben. Was er sieht, repräsentiert die Ordnung des Seins.

Die Grundstruktur des protestantischen Kultraums enthält, wenn man sie ohne theologische Vorkenntnisse wahrzunehmen vermag, einige aufschlußreiche Verhaltensdirektiven. Die räumliche Gliederung ist dreiteilig, sie umfaßt in der Tradition des kirchlichen Stils Eingangsbereich, Mittelschiff und Chorraum und entspricht damit den allgemeinen Regeln des räumlichen Orientierungssystems.[16] Die Bewegungsabläufe, die hier möglich sind, schließen aber eine personale Differenzierung ein, weil die Gemeinde die meiste Zeit im Mittelschiff bleibt und nur zu bestimmten Punkten der gottesdienstlichen Handlung den Chorraum betreten darf, der ansonsten dem amtierenden Liturgen vorbehalten bleibt. Dieser Tatbestand ist schon deswegen auffällig, weil er der theologischen Theorie vom allgemeinen Priestertum mindestens partiell widerspricht. Auch im protestantischen Kultraum dürfen nur spezifische Teilnehmer jenes Handlungsfeld betreten, das im Zentrum des liturgischen Ablaufs und der baulich determinierten allgemeinen Auf-

14 G. Langmaack, a.a.O. 411.

15 Zur Geschichte des sakralen Bildes im Christentum vgl. H. Belting, Bild und Kult. Eine Geschichte des Bildes vor dem Zeitalter der Kunst, München 1990.

16 Vgl. K.E. Müller, Das magische Universum der Identität. Elementarformen sozialen Verhaltens – Ein ethnologischer Grundriß, Frankfurt 1987, 3ff.

merksamkeit steht. Die dreigliedrige Raumgestaltung legt eine zwei Gruppen umfassende Raumnutzung nahe. Auch im protestantischen Gottesdienst gibt es eine personale Differenzierung, die nicht zuletzt durch ein unterschiedliches Ausmaß an Mobilität charakterisiert wird. Es gibt also auch hier, jedenfalls was die Verhaltensebene angeht, den Unterschied zwischen Klerus und Laien, Akteuren und Zuschauern, Profis und Amateuren.

Eine zweite Auffälligkeit ist durch die Strukturierung des zentralen Handlungsfeldes an der Vorderseite des Kultraums gegeben. In den meisten Kirchengebäuden befindet sich am zentralen Blickpunkt der sogenannte Altar. Auf ihn richtet sich die Aufmerksamkeit schon, wenn man die Kirche betritt. An ihm vollzieht der Liturg den größten Teil der kultischen Handlung. Um ihn herum sind die anderen Versatzstücke gruppiert, die für die Binnenstrukturierung des Zentralbereichs wichtig zu sein scheinen: die Kanzel, der Taufstein, das Lesepult. Wieso nimmt auch im Protestantismus der Altar die Zentralstellung ein? In den dogmatischen Ausführungen über Wort und Glaube, Gott und die Welt, Christus und die Gemeinde, Rechtfertigung und Heiligung wird er kaum einmal erwähnt. Allenfalls in den Lehrbüchern der Liturgik wird er mehr oder weniger stark beachtet. Diese Diskrepanz zwischen theologischer Randständigkeit und kultischer Zentralstellung ist einigermaßen merkwürdig. In der Kirchenbank sieht man etwas, worüber man in der Kirchenlehre sehr wenig lesen kann.[17]

Altar

Was ist der Altar? F. Kalb liefert in seinem »Grundriß der Liturgik« die gemeinprotestantische Interpretation: »alta ara, Altarsaufsatz; im heidnischen, alttestamentlichen, griech. und röm. kathol. Gottesdienst die Opferstätte, im evang. Gottesdienst der ›Tisch des Herrn‹, die Stätte des hl. Abendmahls und des Gebets«.[18] Dieser Definitionsvorschlag enthält zwei bemerkenswerte Aussagen. Beim religionsgeschichtlichem Vergleich unterscheidet er die protestantische Bestimmung des Altars von allen sonstigen Verwendungsformen, seien sie heidnischer, alttestamentlicher oder christlicher Art. Und bei der inhaltlichen Präzisierung dieser Unterscheidung grenzt er Opfer und Abendmahl grundsätzlich gegeneinander ab. Ungeklärt bleibt außerdem, warum ausgerechnet der Altar zum Ort des Gebets werden soll. Konsequent wurde ein solches Altarverständnis nur in den reformierten und in denjenigen süddeutschen Landeskirchen, wie etwa Württemberg, realisiert, deren Gottesdienstordnung sehr stark vom mittelalterlichen Predigtauftritt beeinflußt worden ist. Dort wurde der Altar zu einem festen oder be-

17 Vgl. P. Poscharsky, Art. »Altar V. Praktisch-Theologisch«, TRE 2, Berlin 1978, 325f.

18 F. Kalb, Grundriß der Liturgik. Eine Einführung in die Geschichte, Grundsätze und Ordnungen des lutherischen Gottesdienstes, München 1965, 313.

weglichen Abendmahlstisch umgestaltet, und dieser Tisch wurde dann selbstverständlich in der Regel nur bei der Abendmahlsfeier benutzt, während ansonsten der Gottesdienstablauf von der Kanzel herab gesteuert wurde. In den übrigen lutherischen und weitgehend auch in den unierten Kirchen hat aber der Altar seine zentrale Stellung behalten.

Ist er wirklich »nur« ein Abendmahlstisch? Eine solche funktional orientierte Aussage bzw. die funktionale Interpretation dieser Aussage kann einige Phänomene nicht verständlich machen, die im Verhalten dem Altar gegenüber zu konstatieren sind. Für seine Herstellung und Verwendung werden ziemlich detaillierte Verfahrensregeln formuliert, z.B. in den schon zitierten »Rummelsberger Grundsätzen«: »Der Altar besteht aus dem Unterbau (stipes) und der Platte (mensa). Wird er aus Stein ausgeführt, so ist für den Unterbau Naturstein oder Backstein (roh oder geputzt), für die aus einem Stück bestehende Platte Naturstein zu verwenden. Der Altar kann auch in massiver Holzkonstruktion erstellt werden. Geschieht das, so soll die mensa nicht von einem schrankähnlichen Unterbau, sondern von tischlermäßig verfertigten, gut ausgebildeten Füßen, Wangen oder ähnlichem getragen sein. Die Verwendung von Kunststoff, wie z.B. Betonplatten, Eternit, Faserplatten oder Sperrholz, ist abzulehnen. In der Gestaltung des Altars muß mit besonderer Sorgfalt verfahren werden. ... (Unzulässig ist die Benutzung des Altars für andere als gottesdienstliche Zwecke. Der Unterbau darf darum auch nicht zum Verdecken von Heizkörpern verwendet werden)«.[19] Solche Verfahrensregeln, insbesondere die Warnung vor einer mißbräuchlichen Benutzung, sind nur sinnvoll, wenn man diesem Gegenstand eine spezifische Qualität zuschreibt, die entsprechende Sicherungsmaßnahmen notwendig macht. Auch die Ausrichtung des gesamten Raumgefüges auf dieses Zentrum signalisiert eine besondere Bedeutung. Und diese Bedeutung muß nicht unbedingt die Folge der Tatsache sein, daß hier die zentrale Handlung der Abendmahlsfeier vollzogen wird, sondern könnte auch die Voraussetzung dafür bilden.

Was ist der Altar? Auffällige Verhaltenselemente lassen vermuten, daß ihm noch immer jenseits aller theologischen Rationalität spezifische Qualitäten auch extra usum zugeschrieben werden. Die Alternative Opferort oder Abendmahlstisch verbleibt demgegenüber im Rahmen einer funktionalen Betrachtung. Sie rechnet damit, daß der eine Gegenstand Altar unterschiedlichen Verwendungszwecken dienen kann, die ihm gegenüber sekundär sind und die ihn in seiner empirischen Gegenständlichkeit nicht tangieren. Eine solche Wahrnehmung, die ein Objekt aus der zu ihm gehörenden Verhaltenssequenz isoliert, ist für unsere neuzeitliche Perspektive selbstverständlich, enthält auf der einen Seite ein erhebliches Abstraktionspotential, ist aber gleichzeitig auch mit einem Defizit an Wahrnehmungsmöglichkeiten

19 A.a.O. 411.

verbunden. Das religionsgeschichtliche Material liefert eine Fülle von Belegen dafür, daß der Wahrnehmungs- und Verhaltensgegenstand Altar im Vollzug kultischer Praxis Qualitäten gewinnt, die ihm auch jenseits des Kultes eine spezifische Aura verleihen.[20]

Was ist der Altar? Die Materialien, aus denen er nach den »Rummelsberger Grundsätzen« hergestellt werden soll, begegnen im weiten Feld der Religionen auch sonst. »Der Stein ist konzentriertestes Symbol der Anwesenheit Gottes, wenn er als Mittelpunkt des Tempels und des Gotteshauses zum Altarstein mit heiligen Ölen bestrichen und konsekriert wird; auf ihm vollzieht sich jedesmal neu das Mysterium der Gottesnähe, sooft auf ihm die Opferhandlung vollzogen wird«.[21] Daß außer Stein auch Holz weltweit zur Altarherstellung herangezogen werden kann, dürfte mit der symbolischen Qualität von Welten- und Lebensbaum zusammenhängen: »Für den Weltenbaum typisch ist . . ., daß er nicht irgendwo wächst, sondern im Zentrum (›Nabel‹) der Welt; oder: dort, wo er wächst, ist das Zentrum der Welt. Er ist das zuerst vor allen anderen Dingen vom Schöpfergott Geschaffene, und er hat eine bleibende, im wahrsten Wortsinne ›tragende‹ Funktion, insofern er die Unterwelt (aus der er herauswächst), die Erde (auf der er wächst und sich ausbreitet) und den Himmel (in den er hineinragt) miteinander verbindet und zugleich den Lebensraum des Menschen dadurch garantiert, daß er Unterwelt und Himmel auseinanderhält«.[22]

An diesem aus Stein oder Holz geschaffenen Ort findet das Drama des Lebens statt.[23] Blut wird vergossen, Lebenskraft also, damit neues Leben entsteht. »Nicht im frommen Lebenswandel, nicht im Gebet, Gesang und Tanz allein wird der Gott am mächtigsten erlebt, sondern im tödlichen Axthieb, im verrinnenden Blut und im Verbrennen der Schenkelstücke. Heilig ist der Götterbereich: die ›heilige‹ Handlung aber, am ›heiligen‹ Ort zur ›heiligen‹ Zeit vom Akteur der ›Heiligung‹ vollzogen, ist das Schlachten der Opfertiere . . . . Grunderlebnis des ›Heiligen‹ ist die Opfertötung. Der homo religiosus agiert und wird sich seiner selbst bewußt als homo necans. Dies ist ja ›Handeln‹ schlechthin, . . . operari – woraus das Lehnwort ›Opfer‹ übernommen ist«.[24]

20 Sehr aufschlußreich ist in dieser Hinsicht die hochkirchliche Entwicklung in England; vgl. T. Berger, Liturgie – Spiegel der Kirche. Eine systematisch-theologische Analyse des liturgischen Gedankenguts im Traktarianismus, FSÖTh 52, Göttingen 1986, 230ff.

21 G. Becker, Die Ursymbole in den Religionen, Graz 1987, 159.

22 A.a.O. 172.

23 Die vitalisierende Bedeutung der Steine kommt vor allem in Fruchtbarkeitsriten zum Ausdruck; vgl. J. Gélis, Die Geburt. Volksglaube, Rituale und Praktiken von 1500-1900, München 1989, 45f, 57ff, 65ff, 80.

24 W. Burkert, Homo Necans. Interpretationen altgriechischer Opferriten und Mythen, RVV XXXII, Berlin 1972, 9f.

Auch ohne daß die behauptete Differenz zwischen Opfer und Abendmahl hier schon diskutiert werden kann, ist der Blutbezug des Altars in der Liturgiegeschichte nicht zu übersehen. Gern wurde die christliche Basilika mit dem vom Altar gebildeten Zentrum in der Anfangszeit über einem Märtyrergrab errichtet[25], und später diente dieser Bereich bevorzugt als Reliquienstätte. Auch die Krypta sollte bestimmten Toten nicht einfach einen privilegierten Beerdigungsplatz verschaffen, sondern den darüber befindlichen Altarraum mit der Lebensqualität von Menschen anreichern, die sich im Dienst ihres Herrn aufgeopfert hatten. In diesen Zusammenhang gehört auch ein Brauch, der in den meisten protestantischen Kirchen praktiziert, für das römisch-katholische Gotteshaus sogar ausdrücklich angeordnet ist: »Auf dem Altar oder in seiner Nähe soll, für die Gemeinde gut sichtbar, ein Kreuz sein«.[26] Der Altar, aus Stein oder Holz geschaffen, ist also ein blutiger Ort, insofern dort das Blutopfer direkt vollzogen oder auf heiliges Blutvergießen verwiesen wird.

Was könnte diese Verknüpfung von Blut und Altar bedeuten, auch wenn sie im Gottesdienst nicht mehr direkt praktiziert wird und also von der Kirchenbank aus nicht mehr direkt beobachtet werden kann? In der Literatur wird der Sinn der Bluthandlung auf und an dem Altar in dreifacher Hinsicht interpretiert, als Gabe, als Sühne und als Vereinigung.[27] Blut muß vergossen werden, um die Gottheit zu nähren, um ihren Zorn zu besänftigen und um sich mit ihr zu vereinigen. Welcher dieser Gesichtspunkte jeweils besonders betont ist, kann noch nicht einmal aus den einzelnen Verhaltensformen, die den Priestern bei der Opferdarbietung abverlangt werden, eindeutig erschlossen werden. Das Blut des Tieres wird am Altar vergossen, auf den Altar gesprengt, auf die Hörner des Altars gestrichen (Lev. 1ff) – alle drei Handlungsformen können als Darbietung, als Sühneleistung, aber auch als Vereinigungshandlung verstanden werden. Auf jeden Fall finden an diesem Ort die Verbindung, der Bundesschluß, die Kommunikation mit der Gottheit statt. Deshalb gilt er nicht nur als Zentrum des Heiligtums, sondern als Zentrum der Welt. Und weil sich hier das Leben erneuert, indem die Verbindung zum Grund des Lebens gelingt, ist der Altar auch immer wieder als »Nabel der Welt« bezeichnet worden.[28]

25 Vgl. J. Braun, Der christliche Altar in seiner geschichtlichen Entwicklung, Band I, München 1924, 527ff.

26 Zitiert nach J.H. Emminghaus, Der gottesdienstliche Raum und seine Gestaltung, Gottesdienst der Kirche 3, Regensburg 1987, 392.

27 So z.B. R. Hentschke, Art. »Opfer II. Im AT«, RGG IV, 3. Auflage, Tübingen 1960, 1642ff.

28 Vgl. W. Müller, Die heilige Stadt. Roma quadrata, himmlisches Jerusalem und die Mythe vom Weltnabel, Stuttgart 1961, 23ff, sowie A. Butterworth, The Tree of Life and the Navel of the World, Berlin 1970.

Die häufige Anweisung, das Blut auf die Hörner des Altars[29] zu streichen (Ex. 29,12; 30,10; Lev. 4,7 u.ö.; 8,15; 9,9; 16,18; Ez. 43,20), verweist darüber hinaus auf eine Spur, die das archaische Geheimnis des Altars weiter zu lüften vermag. Für Th. Reik jedenfalls werden in diesen Aussagen zwei uralte Formen der Gottesverehrung faßbar, die im Horn-Schmuck des Steins sekundär kombiniert worden sind: »Der Altar, der Widderhörner trägt, ist ... ursprünglich wirklich mit dem Widder, dem alten Totemgott, identifiziert worden. Wir haben die Vermutung ausgesprochen, daß neben - wahrscheinlicher: nach - dem Totemtier ein Totemstein als Gott verehrt wurde. Der Altar, der sich später aus dem heiligen Steine entwickelte, trägt noch immer das wichtigste Zeichen des totemistischen Tiergottes, trägt es noch zu einer Zeit, die längst zum Kulte Jahwes vorgeschritten war... Allen späteren Entwicklungen gegenüber dürfen wir schon auf Grund dieses Zeichens behaupten, daß dem Steine einmal göttliche Bedeutung zukam, daß der Stein einmal wirklich Gott war«.[30] Entsprechendes Material, daß der Altar die Gottheit repräsentiert, können die Religionswissenschaften aus vielen anderen Kulturen präsentieren. Demnach wäre er nicht nur Stätte der Begegnung mit der Gottheit, sondern auch und viel mehr Ort ihrer realen Präsenz. Im Altar ist für antike Religiosität Gott gegenwärtig.[31] Daß man im Mittelalter das Sakramentshäuschen hier plaziert hat, ist auf diesem Hintergrund mehr als verständlich. Und wenn in vielen protestantischen Kirchen auf dem Altar eine geöffnete Bibel zu sehen ist, dann könnte das im Zusammenhang einer Theologie, die die Realpräsenz Gottes im Wort behauptet, eine mehr als nur zeichenhafte Bedeutung haben.

In der Religionsgeschichte ist der Altar auf jeden Fall nicht »nur« ein Abendmahlstisch gewesen. Muß protestantische Theologie nicht auch ihrerseits konstatieren, er sei »mehr« als ein den Zwecken der Mahlfeier dienendes Ausstattungsstück? Versuche in diese Richtung hat es in den letzten

29 Vgl. K. Galling, Der Altar in den Kulturen des alten Orients. Eine archäologische Studie, Berlin 1925, 67: »Die zuerst von Greßmann ausgesprochene Vermutung, daß die Hörner ursprünglich Masseben waren, darf als der beste Erklärungsversuch gelten. Indem die Hörner als das Heiligste des Altars angesehen werden - wer sie ergreift, besitzt Asylschutz -, indem man an sie das Blut der Opfertiere streicht, dienen sie denselben Zwecken, denen vordem die Massebe diente«. Diese diente ihrerseits »zur Markierung des heiligen Ortes und zur Bezeichnung der Anwesenheit der Numina«; so K. Galling, Art. »Massebe«, Biblisches Reallexikon, 2. Auflage, Tübingen 1977, 206.

30 Th. Reik, Das Ritual, 2. Auflage, Leipzig 1928, 328f.

31 So kommentiert K. Elliger, Leviticus, HAT 1/4, Tübingen 1966, 35, Lev. 1,1-17 mit den Worten: »Die schwerlich noch verstandene Sitte des Rundumgießens hat ihren Ursprung vermutlich in der Vorstellung vom ›Altar‹ als dem Ort der besonderen Gegenwart der Gottheit«. Zur Überlieferungsgeschichte und Verbreitung des Blutsprengens im AT vgl. R. Rendtorff, Studien zur Geschichte des Opfers im alten Israel, WMANT 24, Neukirchen 1967, 97ff.

Jahrzehnten mehrfach gegeben. So ist bei O. Dietz zu lesen: Durch das sakramentale Geschehen »macht der Herr Christus selbst die Altäre seiner Kirche . . zu Grenzsteinen, an denen die Zeit an die Ewigkeit, das Diesseits an das Jenseits, die Erde an den Himmel grenzt. Da werden uns von Christus selber ›in, mit und unter Brot und Wein‹ die Güter seiner Herrlichkeit und die Kräfte seines Lebens herübergereicht in unser heimatfernes und todgeweihtes Sein. Und gleichzeitig sehen wir an diesen Grenzsteinen der Ewigkeit über alle Horizonte des Raumes und der Zeit hinweg dorthin, wo die Gemeinde der Vollendeten das ewige Abendmahl mit ihrem Herrn und König feiert in seines Vaters Reich«.[32] Eine ähnliche Formulierung hat K.B. Ritter verwendet, für den »der Altar zum Grenzstein der irdischen Welt« wird, »zum Ort, wo die Gemeinde dem kommenden Herrn begegnet«.[33] Er findet es deshalb auch durchaus »verständlich, daß das Mittelalter den Altar einfach als Sinnbild Christi, als Sinnbild seiner Gegenwart in der versammelten Gemeinde gedeutet hat«. Gewiß, die damit angedeutete Lokalpräsenz des Erlösers weist über sich hinaus: »Die Architektur hat hier die große, die höchste Aufgabe, durch die Raumgestaltung die Bewegungsrichtung über den Altar hinaus in die jenseitige Welt spürbar und anschaulich zu machen. Welche Mittel dazu dienen, dieses Transzendieren des Raumes im Raum selbst zur Darstellung zu bringen, unterliegt der Entscheidung des Baumeisters. Die Bewegung kann sich über den Altar hinaus in eine Raumtiefe fortsetzen, sie kann in die Senkrechte aufsteigen, sie kann auf eine Altarwand stoßen, die durch ihre Bilder oder durch das Mittel des Glases oder eine leuchtende Mosaikverkleidung Transparenz gewinnt, durchlässig geworden ist für die jenseitige Wirklichkeit, der sich die Gemeinde in ihrer Andacht zuwendet«. Aber gerade die von Ritter nachdrücklich geforderte Installation des Triumphkreuzes im Altarraum soll dem Ort eine unbezweifelbar sakrale Qualität verleihen. »Das Kreuz in seinem eigentlichen christlichen Sinn gehört als hängendes Triumphkreuz über oder als Standkreuz auf den Altar. Dadurch wird der Altar als Altar Christi bezeichnet. Das heißt aber, er ist Gedächtnismal, Denkmal für den Transitus Christi durch den Tod ins Leben. Dieser Transitus geschieht im Opfer. Das Kreuz ist Zeichen dieses Opfers. Der christliche Gottesdienst ist als Feier des Gedächtnisses des wahren, allgenugsamen Opfers Christi selbst Opferfeier. Das Opfer Christi wird im Handeln der Gemeinde gegenwärtig gesetzt: ›So oft ihr von diesem Brote eßt und von diesem Kelche trinkt, proklamiert ihr den Tod Christi‹. Der Altar ist Stätte des Opfers«.

Was ist der Altar? »Nur« ein Abendmahlstisch? »Mehr« als ein Abendmahlstisch? Für eine im herkömmlichen Sinn dogmatisch ansetzende Litur-

32 O. Dietz, Unser Gottesdienst, 2. Auflage, München 1982, 163f.

33 K.B. Ritter, Die eucharistische Feier, Kassel 1961, 29; dort auch die folgenden Zitate.

gik wäre diese Streitfrage so oder so zu entscheiden. Und gerade jene Autoren, die von der sakralen Qualität des Altars zu reden wagen, könnten sich durch die liturgische Praxis vieler, die ihre Thesen theoretisch bestreiten, bestätigt fühlen. Eine verhaltenstheoretische Konzeption wird freilich nicht unbedingt das Interesse verfolgen, die festgestellte Diskrepanz zwischen praktischem Verhalten am Altar und theologischen Aussagen zum Altar vorschnell zu harmonisieren. Gerade die Spannung zwischen liturgischer Theorie und kultischer Praxis, die an diesem Punkt aufbricht, könnte ja aufschlußreich sein für die besonderen Bedingungen, unter denen der christliche Gottesdienst heute gefeiert wird.

Das Verhalten derer, die sich im Gottesdienst am Altar bewegen, sagt mehr, als sie in ihrem theologischen Bewußtsein meistens zu artikulieren vermögen. Was hindert sie daran, diesen Widerspruch aufzuheben und den Altar im Sinn der zuletzt zitierten Autoren als sakralen Gegenstand, als Ort realer Transzendenzerfahrungen aufzuwerten? Wahrscheinlich wird an diesem Punkt ein fundamentales Problem neuzeitlicher Gottesdienstpraxis faßbar. In einer säkularisierten Welt ist die Wahrnehmung des Heiligen auch im Kult nur gebrochen möglich. Auf der einen Seite sind die Versuche, die Profanität des kultischen Geschehens radikal zu realisieren, immer nur in Grenzen gelungen. Das Verhalten der Akteure, das auch aus transrationalen Quellen gespeist wird, signalisiert immer auch ein transrationales Verhältnis zum Altar. Auf der anderen Seite sind aber die Versuche, die Sakralität der kultischen Handlung in theoretischen Kategorien zu objektivieren, deshalb zum Scheitern verurteilt, weil sie vom theologischen, ja vom christlichem Bewußtsein eine Leistung verlangen, die nach der reformatorischen Entdeckung der Weltlichkeit auch des Sakralen nicht mehr zu erbringen ist. Wer auf der Kirchenbank sitzt, darf nicht glauben, was er am Altar sieht. Er muß hören, was auf der Kanzel gesagt wird. Der kultische Augen-Schein muß im Gehorsam des hörenden Glaubens immer interpretiert und dadurch auch korrigiert werden.

Kanzel, Taufstein, Altar

»Wu Gott redt, da wohnt ehr. Wo das wortt klingt, da ist Gott, da ist sein hauß, und wen ehr aufhoertt zu reden, ßo ist auch nymmer sein hauß do«.[34] Die reformatorische Worttheologie verlagert die Basis des Glaubens prinzipiell vom Sehen zum Hören, ohne architektonisch die Zentralstellung des Altars zugunsten der Kanzel aufzugeben. Kanzel und Altar bilden im Chorraum ein konkurrierendes Paar, dessen interne Spannungen sich nicht harmonisch auflösen lassen. Im Kern geht es dabei um die Frage nach dem Modus der Realpräsenz der göttlichen Atmosphäre. Die reformatorische Theo-

34 M. Luther, WA 14, 386.

logie hat eine dialektische Verschränkung versucht. Im Zentrum der sakramentalen Handlung am Altar sollte der verbale Zuspruch der Sündenvergebung stehen. Und das Sprachgeschehen der Kanzelpredigt sollte seine spezifische Qualität im sakramentalen Charakter des Wortes Gottes[35] gewinnen. In Raumstrukturen sichtbar zu machen war diese Integrationsabsicht kaum. Jene beiden Lösungsmöglichkeiten, die in den »Rummelsberger Grundsätzen« ausdrücklich kritisiert werden, vermögen mindestens darin zu überzeugen, daß sie einen radikalen Ausweg aus diesem Dilemma anstreben. Die mittelalterliche Raumanordnung, die die Kanzel weit ab vom Altar ins Kirchenschiff stellt, entspricht auf jeden Fall der zeitlichen Strukturierung der Messe, die vom Wort- zum Sakramentsgottesdienst fortschreitet; und auch der lutherische Pfarrer, der den Gottesdienst in der Regel am Altar beginnt, kehrt nach der Predigt wieder dorthin zurück. Auf seine Art konsequent ist auch der barocke Kanzelaltar[36], der die widerstrebenden Pole zusammenfügt und durch die eventuell dahinter plazierte Orgel ein kompaktes Zentrum aller Kräfte religiöser Erbauung schafft.

In vielen Kirchen ist an der Vorderfront durch die Aufstellung eines Taufbeckens ein weiteres Epizentrum geschaffen. Ursprünglich war ein solches Gefäß häufig im Atrium zu finden, schon deswegen übrigens, weil durch die noch praktizierte Immersio umfangreiche Kufen und größere Wassermengen benötigt wurden. Die Folge von Taufstein, Kanzel und Altar strukturierte den Kirchenraum in der Längsachse; und erst mit dem Einbau von Nebenaltären rückten auch die Taufbecken verstärkt in das Hauptgebäude. Nicht verwunderlich ist, daß sie dann mit der Kanzel zusammen, teils früher, teils später, auch in den Chorraum gewandert sind. An der Vorderfront vieler Kirchengebäude bilden jetzt Altar, Kanzel und Taufbecken eine Trias, die jenseits der funktionalen Abzweckung wahrscheinlich auch eine symbolische Ordnung repräsentiert.

Wenn Religion es in allen Bereichen mit Regressionserfahrungen zu tun hat und wenn insbesondere die kultische Praxis einen Weg in das Leben darstellt, dann ist zu vermuten, daß auch die Strukturierung des zentralen bzw. frontalen Bereichs im Kirchengebäude einer verborgenen Logik folgt. Die Lebenserneuerung, die hier stattfinden soll, ist geprägt von den Erfahrungen des Lebensbeginns. Nach dem traumatischen Akt der Geburt wird jeder Mensch von den Großen begrüßt durch Maßnahmen der Reinigung, der Fütterung und der Anrede. Mit Erfahrungen der Körperpflege, der Nahrungsaufnahme und der Weltentdeckung durch Sprache fängt jeder Lebens-

35 So die entscheidende Pointe bei E. Bizer, Fides ex auditu. Eine Untersuchung über die Entdeckung der Gerechtigkeit Gottes durch Martin Luther, Neukirchen 1958.

36 Vgl. E.W. Grashoff, Raumprobleme des protestantischen Kirchenbaues im 17. und 18. Jahrhundert, Berlin 1938, sowie H. Mai, Der evangelische Kanzelaltar. Geschichte und Bedeutung, Leipzig 1969.

lauf an. Diese elementarsten Erfahrungen werden restituiert, wenn man von der Kirchenbank aus in das Zentrum des Kultraums schaut. Durch die Trias von Taufbecken, Kanzel und Altar wird der Lebenserfahrung auch des Erwachsenen vor Augen gestellt: Trotz aller Schuld und Befleckung gibt es Wiedergeburt, trotz aller Dunkelheiten des Welterlebens gibt es klärende und freisprechende Anrede, trotz aller Todesdrohung gibt es ein Essen zur ewigen Seligkeit. Mögen die Spannungen bei der internen Strukturierung dieser Trias für die theologische Reflexion wie für die architektonische Gestaltung letztlich unlösbar sein, die ahnende Wahrnehmung jedes Kirchenbesuchers kann die verborgene Einheit dieser Raumkonstellation verstehen. Hier geht es um die Reaktivierung von Urerfahrungen und um die Entdeckung einer Wirklichkeit, die hinter allen Urerfahrungen steht.

II.

Was ist in der Kirche zu sehen? Wie wird der kultische Raum zwischen Taufstein, Altar und Kanzel zeitlich gefüllt? Wenn in jeder Woche einmal der Hauptgottesdienst abläuft, vollzieht sich ein Geschehen, dessen innere Gesetzmäßigkeit nunmehr zu ermitteln ist. Dabei ist vorausgesetzt, daß auch der protestantische Kult mehr ist als eine Gemeindeversammlung, zu der sich Fromme oder Engagierte zusammenfinden, die Menschen bessern oder bekehren oder belehren soll. Am heiligen Ort, zur heiligen Zeit läuft ein Verhalten ab, das missionarische oder pädagogische oder politische Zwecksetzungen transzendiert und infolgedessen mit funktionalistischen Kategorien nicht zureichend zu erfassen ist.

Drama

Gottesdienst im vormodernen Sinn ist dramatische Vergegenwärtigung der Heilsgeschichte. Der Ritus realisiert den Mythos. Zur heiligen Zeit werden der Ursprung oder die Mitte der Zeit wiederholt. In den Worten von M. Eliade: »Jede rituelle Handlung hat ein göttliches Modell, ein Urbild; diese Tatsache ist genügend bekannt, so daß wir uns an einige Beispiele halten können. ›Wir müssen tun, was die Götter am Anfang taten‹ (Shatapatha-Brâhmana VII, 2, 1, 4). ›So haben die Götter getan, so tun die Menschen‹ (Taîttirîya-Brâhmana I, 5,9,4). Dieses indische Sprichwort faßt die ganze Anschauung zusammen, die den Riten aller Länder zugrunde liegt. Wir finden diese Vorstellung ebensowohl bei den sogenannten ›primitiven‹ Völkern wie auch in den entwickelten Kulturen«.[37] Die Eskimos begehen ein Fest, das die göttliche Adler-Mutter gestiftet hat.[38] Auf ihrer Reise nach Wirikuta vollziehen die Huichol »ein prototypisches Ritual – eine Rückkehr ins Paradies, eine Reise zurück zum menschlichen Ursprung, eine Wiederentdeckung der Anfänge des Menschen, noch vor der Schöpfung, als alles noch Eins war«.[39] Das gilt auch für unsere eigene Religion. »Auch noch der jüdisch-christliche Sabbat ist eine imitatio Dei. Die Sabbatruhe wiederholt die primordiale Handlung des Herrn, denn am siebenten Tage der Schöpfung ruhte Gott, ›nachdem er sein ganzes Werk vollbracht hatte‹ (Genesis 2, 2)«.[40]

In der Religionsgeschichte begegnen zwei Grundformen des rituellen Dramas. Der Kult kann die heilige Hochzeit aufführen und damit die Kos-

37 M. Eliade, Kosmos und Geschichte. Der Mythos der ewigen Wiederkehr, Frankfurt 1986, 34.
38 S.o.S. 54.
39 B.G. Myerhoff, Der Peyote Kult, München 1980, 11.
40 M. Eliade, a.a.O. 35.

mogonie wiederholen. Er kann aber auch im Opfer den heiligen Mord vollziehen und durch Sühne die gefallene Schöpfung erneuern. In beiden Formen ist die zentrale Kultpraxis mit der sozialen Gestaltung der Triebe befaßt. Sexualität und Aggressivität sind als elementare Lebenskräfte verstanden, die durch ihre rituelle Gestaltung die kosmische Erneuerung des Lebens bewirken. Der Ritus, der den Mythos repräsentiert, hat es immer mit Vereinigung und/oder mit Zerstörung zu tun, mit Leben und Tod um der Lebenserhaltung willen. Menschliches Verhalten im Kult baut auf den vitalen Triebkräften auf und will, indem es diese Triebkräfte durch den Mythos gestaltet sein läßt, die Welt revitalisieren.

Vom christlichen und erst recht vom protestantischen Gottesdienst scheint das alles sehr weit entfernt zu sein. Immerhin, die römisch-katholische Liturgik hat in der Messe immer wieder dramatische Elemente entdeckt. So hat J. Pascher in der Eucharistiefeier »als Hauptdrama die ganze dramatische Darstellung des Abendmahls Christi« und in diesem Hauptdrama den »Einsetzungsbericht als eine Art Kurzdrama« interpretiert.[41] Dabei spielt der Priester die entscheidende Rolle, die Rolle Christi nämlich, und zwar in Wort und Gebärde. Die Liturgie läßt »den Priester die Gebärden Christi nachahmen: Wie er das Brot in ›seine heiligen und ehrwürdigen Hände‹ nimmt, wie er die Augen zum Himmel erhebt, wie er dankt und segnet. Den Dank drückt sie aus in der Verneigung des Hauptes, den Segen in dem Zeichen des Kreuzes, das über der Hostie gebildet wird. Daß beides anachronistisch ist und nicht in den Abendmahlsaal zurückversetzt werden kann, spielt keine Rolle, wenn nur der dramatischen Regel genügt wird, die ihrerseits die Vergegenwärtigung zum Ziel hat. Beim Kelch bricht sich dieses Bestreben besonders deutlich Bahn, wo der Priester ihn in die Hand nimmt mit den Worten: ›Nach dem Mahle nahm er auch diesen herrlichen Kelch . . .‹. So lebhaft ist die Vergegenwärtigung, daß ›dieser Kelch‹ der Becher jenes historischen Geschehens wird, um dessen Gedächtnis es geht«.[42] In anderer Form hat die rememorative Liturgiedeutung der russischen Theologie im 19. Jahrhundert darzulegen versucht, »daß die Göttliche Liturgie in ihrem Ablauf bildliche Darstellung des Verlaufs der Heilsgeschichte ist«[43]

41 J. Pascher, Eucharistia. Gestalt und Vollzug, Münster/Freiburg 1953, 143. Kritisiert werden entsprechende Anschauungen bei H.B. Meyer, Eucharistie. Geschichte, Theologie, Pastoral, Gottesdienst der Kirche 4, Regensburg 1989, bes. 341 und 353.

42 A.a.O. 141f. Zur Verknüpfung eines dramatischen Verständnisses der Eucharistie mit der Opferproblematik vgl. H.U. von Balthasar, Theodramatik, Band 3: Die Handlung, Einsiedeln 1980, 363ff. Historisch ist die These von der Messe als einem »sacred drama« vor allem vertreten worden von O.B. Hardison, Christian Rite and Christian Drama in the Middle Ages. Essays in the Origin and Early History of Modern Drama, Baltimore 1965.

43 K. Chr. Felmy, Die Deutung der göttlichen Liturgie in der russischen Theologie. Wege und Wandlungen russischer Liturgie-Auslegung, AKG 54, Berlin 1984, 275.

und insofern »das Erlebnis einer dramatischen Darstellung des ganzen Heilswerks vermittelt«.[44]

Es gibt in der liturgischen Tradition anderer christlicher Konfessionen also durchaus Hinweise darauf, daß auch der christliche Gottesdienst Heilsgeschichte durch szenische Wiederholung vergegenwärtigen will. Der Gottesdienst ist dann nicht nur Gemeindeveranstaltung und auch nicht nur Erinnerungsfeier an die Taten Gottes in der Vergangenheit, sondern jene soziale Situation, in der in, mit und unter menschlichem Verhalten das Heilige Handlungsgegenwart wird.[45] Freilich muß man in diesem Zusammenhang sofort drei Auffälligkeiten konstatieren:

1. Die szenische Vergegenwärtigung der Heilsgeschichte ist an der Stelle der Messe, an der sie explizit und direkt erfolgt, auf das Abendmahl konzentriert.
2. Der Bezug zur Triebhaftigkeit ist im christlichen Kult, wenn man ihn mit anderen religiösen Traditionen vergleicht, erheblich reduziert.
3. Eine ausführliche mimetische Darstellung der Heilsgeschichte erfolgt gegenwärtig im Protestantismus nur bei den Krippenspielen, die Kinder zu Weihnachten aufführen.

Alle drei Sachverhalte lassen sich in ihren inneren Beziehungen aufhellen, wenn man aus der abendländischen Liturgiegeschichte Versuche heranzieht, den mimetischen Charakter des Kultus auszuweiten. Erst auf diesem Hintergrund wird auch die spezifische Logik des protestantischen Gottesdienstablaufs besser zu verstehen sein.

Spiel

Das geistliche Spiel in der Kirche und im Umfeld der Kirche hat in zwei Epochen seine besondere Blütezeit gehabt, im Mittelalter und im Barock. Besonders aufschlußreich scheint der erste Zeitraum. »Seit 900 kennen wir liturgische Oster-Feiern, seit dem 10. Jh. liturgische Oster- und Weihnachtsspiele in lateinischer Sprache, seit dem späten 12. und dem 13. Jahrhundert wissen wir von geistlichen Großspielen besonders in städtischen Gemeinwesen. Die Themen lieferten vorerst Ostern, Weihnachten, Ephiphanie und die Karwoche, bald aber wuchsen die Spiele an zu einer Darstellung der Vorgeschichte der Erlösung und der eschatologischen Geschehnisse. In Teilen und in Zusammenfassungen wurde der Ablauf der Heilsgeschichte vor Augen geführt, einsetzend mit dem Engelsturz und Sündenfall der Menschen, endend im Jüngsten Gericht. Als Einzelspiel aus diesem Gesamtkomplex hat sich im späten 12. Jahrhundert aus dem deutschen Bereich der Tegernseer Ludus de

44 A.a.O. 308.

45 H. Blumenberg, Matthäuspassion, Frankfurt 1988, 109, zitiert E.M. Cioran: »Wenn wir Bach hören, sehen wir Gott aufkeimen, sein Werk ist gottheitgebärend. Nach einem Oratorium, einer Kantate oder einer Passion muß er existieren. Sonst wäre das gesamte Werk des Kantors eine zerreißende Illusion«.

Antichristo erhalten. Aber dieser hochwertige Spieltext steht vereinzelt. Sonst müssen wir uns mit Nachrichten, wie denen bei Gerhoh von Reichersberg, Berichten aus Regensburg und Riga etc., über solche Spielaufführungen begnügen oder können sie aus Werken der bildenden Kunst erschließen. - Das geistliche Spiel in deutscher Sprache, wie es sich aus den lateinischen liturgischen Feiern im 13. Jh. und im 14. Jh. herausbildete, und ihnen entgegentrat, zeigt zunächst noch eine halbliturgische, melodramatische Haltung, hat anfangs noch höfisch-ritterlichen Charakter oder derartige Bestandteile, wird aber im ausgehenden 14. und 15. Jh. zum bürgerlichen Volksschauspiel und gehört schließlich zu den öffentlichen Funktionen des Gemeinschaftslebens in den Städten. Um die Mitte des 14. Jhs. setzt die Ausweitung der Oster- und Passionsspiele auf eine mehrtägige Spieldauer ein«.[46]

Die Entwicklungsprobleme lassen sich besonders deutlich am Exempel der Osterspiele verfolgen. Den Kern bildet die visitatio sepulchri, der Besuch der Frauen am Grab und das Gespräch mit den Engeln. »Dargeboten wird die Szene von Gruppen von Geistlichen, die aus dem Chor heraustreten und an einem als Sepulchrum bezeichneten Ort, der in den meisten Fällen mit dem Altar identifiziert werden kann, ad imitationem mulierum bzw. angelorum agieren und singen. Aber der liturgische Rahmen bleibt dabei durchaus gewahrt. So führt die imitatio nicht etwa zu Verkleidungen, sondern nur zu vorsichtigen Symbolisierungen mit Hilfe der beibehaltenen geistlichen Gewänder und der Gefäße des liturgischen Zeremoniells«.[47] Diese Kernszene hat im Laufe der Zeit zwei Erweiterungen erfahren. Sie wurde ergänzt um den Jüngerlauf - Petrus und Johannes hören den Bericht der Frauen und eilen zum Grab - sowie um die Erscheinung Christi, der Maria Magdalena als Gärtner begegnet. Nach Warnings Beobachtung kann man unter den rund 400 erhaltenen Texten gegenüber diesen Erweiterungen eine gewisse Zurückhaltung feststellen. »Die liturgische Visitatio scheint . ., was stoffliche Expansion betrifft, eine Art freiwillige Selbstkontrolle zu üben, und sie unterscheidet sich hiermit aufs schärfste von der volkssprachlichen Tradition. Erst hier, jenseits des liturgischen Bereichs, ist die Freiheit des Darstellerischen wirklich gewonnen. Der Kontinuitätsbruch gegenüber der liturgischen Tradition ist dabei unübersehbar. Die Inszenierung hat statt nicht mehr im kirchlichen Raum, sondern foris ianuam, also vor der Kirche oder auf dem Marktplatz, die Darsteller sind nicht mehr - zumindest nicht mehr ausschließlich - Geistliche, sondern Laien, und diese Laien spielen nunmehr eine Rolle, die sie nicht sind, wobei diese Rollen eine quantitative Elaboration erfahren, die im liturgischen Bereich nichts Vergleichbares kennt«.[48]

46 H. Rupprich, Das ausgehende Mittelalter, Humanismus und Renaissance, in: Geschichte der deutschen Literatur 4/1, München 1970, 239f.

47 R. Warning, Das geistliche Spiel zwischen Kerygma und Mythos, Vestigia 1, 1979, 16.

48 A.a.O. 17.

Auch was die Gattungen angeht, kommt es im Laufe der Zeit zu einer immensen Ausweitung des Materials. Zu den Ostertexten gesellen sich Passionsspiele, Marienklagen und Weihnachtsspiele, das Leben Jesu insgesamt wird szenisch dargestellt, aber auch das Leben einzelner Propheten, Urzeit und Endzeit, Paradies und Himmelswelt werden vergegenwärtigt, Heiligenlegenden und Mirakelberichte werden aufgeführt. Gleichzeitig aber tritt die offizielle Kirche gegenüber dieser Entwicklung, die im Gottesdienst begonnen hat und die die Heilsgeschichte mimetisch darzustellen versucht, immer mehr in Distanz. Die geistlichen Spiele werden von den Theologen kritisiert, von den Bischöfen teilweise sogar verboten. Im Protestantismus sind die Passionsmusiken zum Teil an ihre Stelle getreten. Das Medium einer dramatischen oder filmischen Vergegenwärtigung von Heilsgeschichte zieht aber heute niemand mehr ernsthaft in Betracht.[49]

Was hat zu dieser Exkommunikation des mimetischen Elements aus dem christlichen Gottesdienst geführt? Warum wird der christliche Mythos im liturgischen Ritus nur höchst gebrochen, im Hören auf die Predigt, im Essen beim Abendmahl vergegenwärtigt? Der Germanist R. Warning, dessen Veröffentlichungen die geistlichen Spiele des Mittelalters theoretisch am fundiertesten interpretieren, hat auf diese Frage eine auch theologisch sehr bedeutsame Antwort gegeben, indem er in ihnen nämlich die Ambivalenz von Kerygma und Mythos am Werk sieht. Die Kirche mußte sich aus dogmatischen Gründen zu dieser Exkommunikation entschließen, weil die geistlichen Spiele immer mehr »zur Veranstaltung einer monumentalen Remythisierung der Heilsgeschichte« tendierten. Sie spielten »diese Geschichte zurück in jene Dimension, gegen die sich das Kerygma dereinst konstituiert hatte: die biblischen Heilstaten sind . . . mythisch-archetypisch präsent«.[50] Warning übernimmt mit dieser These grundlegende Abgrenzungstendenzen der Theologie. Der christliche Gottesdienst soll vom außerchristlichen Kult durch sein Wirklichkeitsverständnis elementar unterschieden sein; denn »hier läßt sich kein größerer Gegensatz denken als der zwischen mythischer Frömmigkeit, die, mit dem Rücken zur Zukunft lebend, auf die urzeitliche Geschichte zurückschaut und in ritueller Wiedervergegenwärtigung in sie zurückkehrt, und heilsgeschichtlich-kerygmatischer Erwartung einer erst zukünftigen Erfüllung dessen, was in einem historischen oder zumindest als historisch geglaubten Ereignis der Vergangenheit garantiert wurde«.[51] Und im Rahmen dieser spezifischen Wirklichkeitsanschauung kann auch die Ver-

49 Zu den besonderen Methoden und Zielen des Bibliodramas vgl. G.M. Martin, Bibliodrama - ein Modell wird besichtigt, in: A. Kiehn u.a. (Hg.), Bibliodrama, Stuttgart 1987, 44ff, und S. Laeuchli, Das Spiel vor dem dunklen Gott. »Mimesis« - ein Beitrag zur Entwicklung des Bibliodramas, Neukirchen 1987.

50 R. Warning, Funktion und Struktur. Die Ambivalenzen des geistlichen Spiels, München 1974, 31.

51 A.a.O. 26.

gegenwärtigung Gottes im Kult nur auf eine nichtbildhafte, nichtmimetische Weise erfolgen. »Christliche Liturgie steht in kontradiktorischem Gegensatz zum archaischen Ritus und seinen ›stabilisierten Spannungen‹. Sie ist wesenhaft nicht ›Darstellung‹, keine imitatorische ›Transzendenz ins Diesseits‹. Ihre wiederholenden Elemente sind nur anamnetische Rekonstruktion des raumzeitlichen Substrats eines historischen oder als historisch gewollten Ereignisses und bewirken von sich aus, d.h. als Wiederholung, noch gar nichts. Zu Ende kommt dieser Ritus gerade nicht im Bild, sondern in der Verinnerlichung des Glaubens an eine unsichtbare Präsenz des gnädig sich herablassenden Gottes«.[52] Methodisch will Warning die behauptete Differenz zwischen Kerygma und Mythos in der Weise belegen, daß er die theologischen Implikate der untersuchten Spiele mit Positionen damals aktueller dogmatischer Lehren vergleicht, also etwa das Adamsspiel mit der 50 Jahre älteren Satisfaktions-Theorie Anselms.[53] »Mißt man nämlich das Spiel solchermaßen an der jeweils offiziellen Lehre, d.h. am jeweiligen Stand dogmatischer Reflexion, dann ergibt sich eine prinzipielle und unaufhebbare Interessendivergenz, die . . . darin besteht, daß das Spiel immer genau das hereinnimmt und perpetuiert, was dogmatischer Purismus als mythologische Aufweichung der Lehre diagnostiziert und auszugrenzen sucht«.[54] Aber was wird hier ausgegrenzt? Und warum muß es ausgegrenzt werden?

Für P. Burke, den englischen Kulturwissenschaftler, gehört die Ausgrenzung der geistlichen Spiele aus dem Kult in jenen Prozeß, den er als »Reform der Volkskultur« beschrieben[55] und dessen erste Phase er in die Zeit zwischen 1500 und 1650 datiert hat. Neben das theologisch orientierte Modell der Ambivalenz von Kerygma und Mythos tritt hier das soziologisch fundierte Erklärungsmuster eines Antagonismus zwischen der Kultur der Gebildeten und der Volkskultur. Die puristischen Maßnahmen wandten sich quer durch Europa »gegen bestimmte Formen der populären Frömmigkeit, so gegen Mirakel- und Mysterienspiele, volkstümliche Predigten und vor allem gegen religiöse Feste wie Heiligenfeste und Pilgerfahrten. Auch viele Formen der weltlichen Volkskultur waren ihnen ein Dorn im Auge: . . . Balladen, Bänkelsänger, Bärenhatz, Charivaris, Handlesen, Hexerei, Jahrmärkte, Karten, Märchen, Mummenschanz, Puppenspiele, Scharlatane, Schauspieler, Stierkämpfe, Tanzen, Volksbücher, Weissagungen, Wirtshäuser, Würfelspiel und Zauberei«.[56] Gewiß war die Toleranz gegenüber solchen Volksbräuchen, wie sie sich vor allem im Karneval konzentrierten, in den katholischen Regionen größer als bei den Protestanten, und im Luthertum hat man

52 A.a.O. 77.
53 A.a.O. 146ff.
54 A.a.O. 32.
55 P. Burke, Helden, Schurken und Narren. Europäische Volkskultur in der frühen Neuzeit, Stuttgart 1981, 221ff.
56 A.a.O. 222.

manches geduldet, was für den Calvinismus schlechterdings unerträglich war. Aber generell schwelt für Burke in dieser Zeit überall in Europa »ein offener Konflikt zwischen zwei entgegengesetzten Lebenshaltungen, zwei verschiedenen ethischen Einstellungen . . .: Die Ethik der Erneuerer war die der Wohlanständigkeit, des Fleißes, der Ernsthaftigkeit, Bescheidenheit, Ordnung, Klugheit, Vernunft, Selbstkontrolle, Nüchternheit und Sparsamkeit. . . . Diese Ethik stand im Konflikt mit der traditionellen Ethik, die schwerer zu definieren ist, weil man sie weniger in Worte faßte, von der man aber sagen kann, daß sie mehr Wert legte auf Großzügigkeit und spontanes Verhalten und der Unordnung gegenüber mehr Toleranz bewies«.[57] In diesem Konflikt verbot beispielsweise »1534 der Bischof von Evora in Portugal das Aufführen von Stücken ohne Sondergenehmigung, ›selbst wenn sie die Passion unseres Herrn Jesus Christus, oder seine Auferstehung, oder seine Geburt darstellen . ., weil aus diesen Stücken vieles entsteht, was unpassend ist (muitos inconvenientes), und weil sie oft bei jenen Anstoß erregen, die in unserem heiligen katholischen Glauben nicht sehr gefestigt sind, wenn sie die Ungereimtheiten und Übertreibungen dieser Stücke zu Gesicht bekommen‹«.[58] Welche Elemente im geistlichen Spiel mußten bei den Theologen Anstoß erregen, weil sie Übertreibungen darstellten und im Volk zu Mißverständnissen führen konnten? Was wird im Rahmen der Ambivalenz zwischen Kerygma und Mythos, im Antagonismus zwischen Volkskultur und Kultur der Gebildeten ausgegrenzt?

Es ist in der Literatur immer gesehen worden, daß das kirchliche Ausgrenzungsbedürfnis mit der Aversion gegen eine exzessive Darstellung menschlicher Triebhaftigkeit in den Spielen zusammenhängt. Nachdem die Aufführungspraxis von der Geistlichkeit in die Hände der Laien gelangt war, haben sich auch die Inhalte in der Weise verselbständigt, daß immer mehr Szenen mit derber Sexualität und drastischer Aggressivität eingebaut wurden.

Als Beispiel für die Zunahme von Zweideutigkeiten führt Warning ein Osterspiel aus Sterzing an, in dem der Gärtner Jesus Maria Magdalena verdächtigt, sie hätte sich hier zu einem Stelldichein mit einem jungen Mann eingefunden. Außerdem ist er wütend darüber, daß die Frau ihm die Gräser zertrampelt; denn er bereitet daraus eine Salbe, mit der man störrische Weiber gefügig machen kann. In einem anderen Text kann diese Salbe bei jungen Mädchen straffe Busen bewirken und verlorene Jungfräulichkeit wieder herstellen.[59]

Neben derben Witzen und obszönen Reden, die reichlich unzensiert Sexualität artikulieren, sind es vor allem aggressionsgeladene Szenen, die die kirchliche Kritik herausgefordert haben. »Aus knappsten Hinweisen, oft nur

57 A.a.O. 227.
58 A.a.O. 225.
59 R. Warning, Das geistliche Spiel zwischen Kerygma und Mythos, a.a.O. 23f.

Andeutungen in den Evangelien, werden Tausende von Versen, die zwei und mehr Tage füllen, gespickt mit unüberbietbaren Grausamkeiten und aufgeführt vor einer Menge, die 10.000 Köpfe und mehr zählen konnte. Dieser Jesus wird geschlagen und beschimpft, er wird Objekt eines breit ausgespielten Wett- und Zielspuckens, dem nach der Dornenkrönung Blutüberströmten wird der Bart ausgerissen, der Weg nach Golgatha beginnt mit dem Abreißen des Purpurrocks, der auf den Wunden festklebt und sie nun wieder öffnet, für die Kreuzigung hat man eigens stumpfe Nägel anfertigen lassen, die Löcher wurden absichtlich in zu großem Abstand gebohrt, damit die Arme mit großen Stricken auseinandergezerrt werden können, das gleiche wiederholt sich bei der Nagelung der Füsse«.[60] Zusammenfassend kommentiert Warning diese Entwicklung folgendermaßen: »die Spiele inszenieren die ›Schlachtung‹, und dies in einer Drastik, die das in der Messe so subtil verdrängte archaische Substrat des Opfers in seiner ganzen psychologischen Brisanz wieder hervorkehrt, in der Realität der Aufführung aktualisiert und damit das geschichtliche Ereignis der Kreuzigung in eine ihm ursprünglich fremde Dimension hinüberspielt«.[61]

Die kirchliche Abwehr, zweifellos mit dogmatischen Argumenten vorgetragen und sicher auch in frühbürgerlicher Bildung begründet, gilt also der exzessiven Darstellung von Triebhaftigkeit im geistlichen Spiel.[62] Das ist von der theologischen und germanistischen und volkskundlichen und theaterwissenschaftlichen Literatur auch immer so gesehen worden. Die entscheidende Frage gerade im liturgiegeschichtlichen Kontext ist aber: In welchem Verhältnis steht die explizite Präsentation von Triebhaftigkeit in den Spielen zur biblischen und liturgischen Basis, aus der sie herausgewachsen sind und die sie aufführen wollen? Das gängige Interpretationsmuster lautet: Hier mußte durch die Kirche ausgegrenzt werden, was von außen in die biblische und liturgische Überlieferung eindrang. Hier mußte das Kerygma vor dem Mythos, das genuin Christliche vor dem Paganen gerettet werden. Der christliche Gottesdienst mit seinen spezifischen Darstellungsmitteln mußte vor heidnischer Überfremdung geschützt werden. Deshalb ist bis heute auf der Kirchenbank kein Kultdrama zu sehen, sondern ist von der Kanzel her das Wort Gottes zu hören und am Altar das Mahl des Herrn zu feiern. Der

60 A.a.O. 26.

61 R. Warning, Ritus, Mythos und geistliches Spiel, in: M. Fuhrmann (Hg.), Terror und Spiel. Probleme der Mythenrezeption, München 1971, 232.

62 Das gilt natürlich auch für die Reformatoren; vgl. W.F. Michael, Das deutsche Drama der Reformationszeit, Bern 1984, 51: »Die Passion Christi dünkte Luther und den seinen für die Bühne ungehörig, denn die Leichtfertigkeit, mit der die heiligsten Dinge abgehandelt wurden, der mangelnde Ernst, vielmehr die grobe Komik neben dem Tragischsten, empfanden sie als vulgär. Wenn Göttliches durch Menschen dargestellt wird, so führt das Unvermögen zu ungewollter, zu blasphemischer Komik. Hier offenbart sich ein neues Weltbild. Das Luthertum verstand keinen Spaß«.

christliche Gottesdienst hätte dann darin sein Spezifikum, daß hier die triebhafte Besetzung des kultischen Verhaltens überwunden und die zwanghafte Verknüpfung von Ritus und Mythos aufgebrochen ist. Die heilige Hochzeit wie der heilige Mord brauchen nicht mehr aufgeführt zu werden, weil das befreiende Heilshandeln Gottes unabhängig vom kultischen Verhalten der Menschen in Geltung steht.

Ein anderes Interpretationsmodell ist mindestens denkbar. Danach wäre in den vom Klerus verpönten geistlichen Spielen etwas sichtbar geworden, was untergründig immer auch zum christlichen Kult gehört hat und bis heute gehört, die vitale Basis von Religion nämlich, in der es um der Lebenserhaltung willen immer auch um die Integration von Sexualität und Aggressivität gegangen ist. Die Spiele wurden kritisiert, zensiert und teilweise verboten, weil sie das triebhafte Fundament religiöser Praxis gerade am kultischen Heros demonstrierten. Der Gärtner Jesus war ja nicht nur die Idealfigur christlicher Agape, sondern konnte mit seinen derben Späßen auch Eros und Sexus religiös integrieren. Und der Jesus der Passionsspiele blieb auf seinem Weg zum Kreuz ein permanentes Aggressionsobjekt, an dem sich aller Haß gegen das Heilige austoben konnte. Daß diese triebhaften Elemente im Darstellungsrepertoire des christlichen Gottesdienstes nicht geduldet wurden, ist dann nicht als Befreiungsvorgang zu interpretieren, sondern als ein Geschehen der Abspaltung.

Es wird kein Zufall sein, daß es in der weiteren Liturgiegeschichte mindestens zwei Konflikte gegeben hat, die in diesen Zusammenhang zu gehören scheinen. Die Aggressionsproblematik ist berührt, wenn die Reformatoren die Anschauung, in der Messe käme es zu einer unblutigen Wiederholung des Opfers Christi am Kreuz, vehement kritisieren.[63] Und zur Sexualproblematik gehört, wenn die römisch-katholische Liturgiewissenschaft der Behauptung F. Heilers, in der Feier der Osternacht seien Relikte eines vorchristlichen Phalluskultes enthalten, auf der einen Seite heftig widersprochen, aber andererseits in der Liturgiereform die umstrittenen Stellen entschärft hat.[64] Das alles könnte auf ein elementares Defizit des christlichen Gottesdienstes aufmerksam machen. Sexualität und Aggressivität können in diesem Kult, anders als in den Riten anderer Religionsgemeinschaften, nicht mehr sozial gestaltet und symbolisch integriert werden. Oder läuft selbst im protestantischen Gottesdienst untergründig mehr ab, als theologische Rationalität mit ihrem verkürzten Blick wahrzunehmen vermag?

63 S. u. S. 279ff.

64 A. Stock, Ostern feiern. Eine semiotische Untersuchung zur Osterliturgie, in: A. Stock/M. Wichelhaus, Ostern in Bildern, Reden, Riten, Geschichten und Gesängen, Zürich 1979, 108ff; s.o. S. 59.

Struktur

»Das Kultdrama weicht dem katechetischen Konzept«[65], charakterisiert J. Stalmann das reformatorische Gottesdienstverständnis. Mit der Zentralstellung der Predigt und der Ausweitung des Gemeindegesangs gelangen Elemente in den Gottesdienst, denen man höchstens indirekt eine darstellende Funktion zuschreiben kann. Durch den Liedgesang wird zwar einerseits die Beteiligung der Gemeinde am kultischen Geschehen erhöht, aber dieses Geschehen selbst gewinnt andererseits durch die Predigt vorrangig doktrinäre und paränetische Züge. Die Heilsgeschichte wird nicht mehr aufgeführt, sondern bestenfalls erzählt und verkündigt, meistens aber nur in ihren lebenspraktischen Konsequenzen entfaltet. Dennoch bleibt die Frage: Was ist die wirkliche Alternative? Was ist der Gottesdienst, wenn er kein Kultdrama ist? Kerygmatisch ausgerichtete Gemeindeversammlung? Veranstaltung zur politischen Aufklärung? Festliches Spiel? Mysterienfeier? Angesichts der Vielzahl der in den letzten Jahrzehnten entwickelten Gottesdienstkonzeptionen[66] soll ein »Zauberwort« gegenwärtig die liturgische Einheit sichern helfen.[67] Die Identität des Gottesdienstes trotz aller Pluralität und Polarität der Gottesdienstformen liegt in seiner Struktur. Dieser Begriff, in die breitere Öffentlichkeit durch ein Dokument der Lutherischen Liturgischen Konferenz getragen[68], hat zunächst kirchenpolitischen Zielen gedient und die wechselseitige Anerkennung der alternativen Positionen befördert. Mit seiner Hilfe wurde aber nicht nur das Verhältnis zwischen liturgischen Traditionalisten und Reformern entspannt. Vielmehr hat man auch seine Nützlichkeit für die ökumenische Verständigung entdeckt, weil auch die Formulare der unterschiedlichen Konfessionen letztlich vergleichbare Strukturelemente enthalten. Und nicht zuletzt kann man im Schutz dieses Begriffs die Spannung von Tradition und Situation in der sonntäglichen Gottesdienstpraxis auf eine Weise zu lösen versuchen, die die überkommene Polarität von Ordinarium und Proprium weit hinter sich läßt: »der Hinweis auf geschichtlich gewachsene und damit ein für allemal verbindliche ›Grundstrukturen‹

65 J. Stalmann, Tagesordnungspunkt Gottesdienst, 2. Auflage, Hannover 1984, 85.

66 Vgl. die Typologie bei M. Josuttis, Praxis des Evangeliums zwischen Politik und Religion. Grundprobleme der Praktischen Theologie, 4. Auflage, München 1988, 142ff, aufgenommen und weitergeführt durch H. Liersch, Der Gottesdienst und die vier tiefenpsychologischen Grundmuster, WPKG 66, 1977, 115ff, und A. Denecke, Treffpunkt Gottesdienst. Predigt und Gottesdienst im Kontakt mit der Gemeinde, Gütersloh 1983, 13ff.

67 K.-H. Bieritz, Im Blickpunkt: Gottesdienst. Theologische Informationen für Nichttheologen, Berlin 1983, 69. Erstmals verwendet hat das Stichwort O. Jordahn, Verständigung über den Gottesdienst? JLH 20, 1976, 137.

68 Versammelte Gemeinde – Struktur und Elemente des Gottesdienstes. Zur Reform des Gottesdienstes und der Agende, Hamburg 1974.

kann nicht von der Aufgabe immer wieder neuer Strukturierung entbinden. Nicht die ›strukturgerechte Ausformung‹ eines vorgegebenen Grundmusters, sondern die ›regelgerechte Strukturierung‹ des gottesdienstlichen Geschehens - als auf einen situativen (sozialen, kulturellen, politischen, ökonomischen) Kontext verweisender Vollzug symbolischer Kommunikation unter dem Evangelium - kann und muß das Ziel liturgischer Arbeit sein«.[69] Anknüpfend an diese Einsichten[70] hat die kirchliche Arbeitsgruppe »Erneuerte Agende« das Konzept »erkennbare, stabile Grundstruktur mit vielfältigen Gestaltungsmöglichkeiten« entwickelt und es folgendermaßen begründet: »Die stabile Grundstruktur des Gottesdienstes muß erkennbar bleiben. Sie bedarf aber wegen der sehr unterschiedlichen Situationen, in denen Gemeinden leben, immer wieder der vielfältigen Ausgestaltung. Grunderkenntnisse des Glaubens, die sich auch in der Struktur des Gottesdienstes niederschlagen und deshalb nicht beliebig sind, bedürfen der Übersetzung in die Situation. Ort, Zeit und die jeweilige Gemeinde müssen innerhalb dieser Grundstruktur Berücksichtigung finden«.[71]

Was ist mit diesem Zauberwort Struktur wirklich gemeint? K.- H. Bieritz versteht darunter »gleichsam ein Netz von Beziehungen, das unter der Oberfläche der Erscheinungen liegt. Ein inneres Sinngefüge, das den Zusammenhang festlegt, in dem die einzelnen Teile untereinander stehen. Es stellt einen Sinnzusammenhang zwischen den einzelnen Elementen eines größeren Ganzen her. Es beschreibt die Aufgaben, die die einzelnen Elemente aneinander und im Zusammenhang des größeren Ganzen erfüllen«.[72] Und J. Hermans will die Struktur des Meßgottesdienstes sogar christologisch von den unterschiedlichen Präsenzformen des Erlösers her, interpretieren: »Von der ›sachlichen‹ Gegenwart des Herrn im Wort und in den eucharistischen Gestalten her läßt sich die zweifache Grundstruktur der Eucharistie leicht begreifen; es gibt eine Liturgie oder einen Dienst des Wortes (Wortgottesdienst) und daneben eine Liturgie oder einen Dienst der Eucharistie (Eucharistiefeier)«.[73]

Aber wird dieser hohe Anspruch in der Durchführung wirklich gedeckt? Die Identifizierung der verschiedenen Gottesdiensttypen durch das Freilegen einer gemeinsamen Grundstruktur läuft auf eine Skelettierung hinaus. Der Vorentwurf der Erneuerten Agende sieht für beide Grundformen vier

69 K.-H. Bieritz, Struktur. Überlegungen zu den Implikationen eines Begriffs im Blick auf künftige Funktionen liturgischer Bücher, JLH 23, 1979, 47.

70 J. Stalmann, Gottesdienst als Gestaltungsaufgabe. Vom Strukturpapier zur Erneuerten Agende, in: Freude am Gottesdienst. Festschrift F. Schulz, Heidelberg 1988, 79ff.

71 Erneuerte Agende. Vorentwurf, Hannover/Bielefeld 1990, 10.

72 K.-H. Bieritz, Im Blickpunkt: Gottesdienst, a.a.O. 47.

73 J. Hermans, Die Feier der Eucharistie. Erklärung und spirituelle Erschließung, Regensburg 1984, 57.

solcher Strukturblöcke vor: Eröffnung und Anrufung, Verkündigung und Bekenntnis, Abendmahl, Sendung.[74] Welches Sinngefüge sich in dieser Abfolge darstellt, nach welcher Logik die einzelnen Strukturelemente miteinander zusammenhängen, das bleibt vollkommen offen. Wer den Strukturbegriff ernsthaft verwendet, darf aber nicht nur Einzelteile aneinanderreihen, sondern muß auch das Netz ihrer Interdependenzen beschreiben können. Wenn das Verhalten im Gottesdienst nicht im kultdramatischen Sinn und von der Heilsgeschichte präfiguriert ist, muß es anderen Gesetzmäßigkeiten folgen. Gewiß kann man den Ablauf des Gottesdienstes auch nach dem Schema, das alle »Rituale freundlicher Begegnung« strukturiert[75], interpretieren. Es gibt eine Phase der Eröffnung, der Bandbekräftigung und des Abschieds. Aber das wäre eine ebensolche formalistische Abstraktion wie jenes Ergebnis einer Strukturanalyse, das am Ende nur feststellt, daß ein Gottesdienst anfängt und endet sowie oft Predigt und Abendmahl umfaßt. Die Struktur eines Gottesdienstes läßt sich nicht additiv angeben.[76] Die Interde-

74 Erneuerte Agende, a.a.O. 32 und 42.

75 Vgl. I. Eibl-Eibesfeldt, Die Biologie des menschlichen Verhaltens. Grundriß der Humanethologie, München 1984, 616:
»a) Eröffnungsphase (Begrüßung)
Aufgabe (Funktion): Selbstdarstellung, Bandstiftung und Beschwichtigung. Eröffnung freundlichen Kontaktes ohne Unterwerfung.
Beobachtete Verhaltensweisen des Imponierens: Imponiertanz, Handschütteln, militärischer Salut.
Beobachtete Verhaltensweisen der Beschwichtigung und Bandstiftung: Überreichen von Geschenken, Lächeln, Nicken, Augengruß, Umarmung, Kuß, Appell über das Kind.
b) Phase der Bandbekräftigung
Aufgabe (Funktion): Bekräftigung der Beziehung. Emotionelle Vertiefung der Bindung oft als Vorbereitung für sachliche Kontrakte (Geschäfte, Kriegsbündnisse).
Beobachtete Verhaltensweisen: Bekundung von Übereinstimmung und Anteilnahme in Dialogen. Bekundung von Gemeinsamkeit durch gemeinsames Handeln, gemeinsames Speisen, Tanzen, gemeinsamen Kampf gegen vorgestellte Feinde, gemeinsame Trauer.
c) Phase des Abschieds
Aufgabe (Funktion): Erhaltung des Bandes für die Zukunft. Beschwichtigung.
Beobachtete Verhaltensweisen: Geschenkaustausch oder als Äquivalent Austausch guter Wünsche. Gegenseitige Versicherung der Verbundenheit.«

76 Auch in der Vorgeschichte des liturgischen Strukturbegriffs bleibt das Verständnis des agendarischen Ablaufs meistens formal; vgl. das Material bei F. Schulz, Die Struktur der Liturgie. Konstanten und Varianten, JLH 26, 1982, 81ff; auch das Stichwort »eulogisches Gedenken«, mit dem H. B. Meyer, a.a.O. 454ff, die Handlungsstruktur der Messe erfassen will, wird deren innerer Dynamik, vor allem dem Schritt vom Wort- zum Sakramentsteil, nicht gerecht.

pendenz der Einzelteile und die Dynamik des Handlungsganzen müssen verstanden werden.

Lernprozeß

Einen konsequenten Versuch, den katechetischen Charakter des protestantischen Gottesdienstes ernstzunehmen, hat D. Trautwein unternommen. Er unterteilt den »Lernprozeß Gottesdienst« ebenfalls in vier Blöcke und sieht darin folgende Lernschritte ablaufen:[77] Im Eröffnungsteil, mit den Stichworten »Lage und Frage« überschrieben, wird ein Problem gesehen und eingegrenzt. »Suche und Antwort« im zweiten Teil, der die Lesungen und die Predigt umfaßt, signalisieren, daß hier die Lösung gesucht, daß Einsichten gewonnen werden und daß die Folgen bedacht werden. Im dritten Teil kommt es im Rahmen von Kirchengebet und Abendmahl zur Vorwegnahme der Lösungen im Gebet, zur Feier und zum Beginn des Praxisvollzugs. Der letzte Teil schließlich, »Ausblick und Zusage«, bringt die Zusammenfassung und gibt im Segen Vergewisserung im Blick auf das alltägliche Leben.

Anzuerkennen ist, daß das gottesdienstliche Geschehen hier in modernen, nämlich lerntheoretischen Kategorien eingefangen werden soll und daß der Gottesdienst in seinem gesamten Ablauf, nicht nur in seinen Einzelteilen, eine durchlaufende Logik zugeschrieben erhält. Natürlich sind auch die Fragwürdigkeiten eines solchen Versuchs nicht zu übersehen. Es gibt einzelne Unstimmigkeiten: Inwiefern enthält das Gebet die Vorwegnahme der Lösung im lerntheoretischen Sinn? Es gibt problematische Tendenzen, wenn etwa durch das zugrunde liegende Schema Bibellesung und Bibelauslegung unter den Zwang, ein Lösungsangebot zu präsentieren, geraten. Und es gibt schließlich auch prinzipielle Bedenken, weil Lernprozesse allemal effektiver organisiert werden können[78], als das im Teilnahmeverhalten des klassischen Gottesdienstes möglich ist.

Weg

Was ist im Gottesdienst zu sehen und zu erleben, wenn zwischen Kanzel und Altar kein Kultdrama, aber auch nicht unbedingt ein Lernprozeß abläuft?

77 Vgl. die Übersicht bei D. Trautwein, Mut zum Fest. Entdeckungen, Anstöße, Beispiele für Familien, Gruppen, Gemeinden, München 1975, 59. Ausführlich entwickelt bei D. Trautwein, Lernprozeß Gottesdienst, Gelnhausen/München 1972. Zum Problem s. auch K. Meyer zu Uptrup, Liturgie und Katechese, JLH 26, 1982, 1ff.

78 Das Problem ist in den 70er Jahren mit dem Aufkommen kommunikationswissenschaftlicher Fragestellungen viel diskutiert worden; vgl. H.-D. Schneider, Unter welchen Voraussetzungen kann Verkündigung Einstellungen ändern? PTh 58, 1969, 246ff; P. Sbandi, Gruppenpsychologie und liturgische Feiern im kleinen

Mein eigener Vorschlag, die gottesdienstliche Struktur in ihrer Dynamik und Dramaturgie zu verstehen, ist hier nur zu skizzieren und in den folgenden Kapiteln ausführlich zu entfalten. Der Gottesdienst ist demnach, wie es der Titel des Buches behauptet, »Der Weg in das Leben«. Die einzelnen Etappen, die den liturgischen Vollzug strukturieren, sind Schritte einer Bewegung, die zur Begegnung mit dem Heiligen führt. Das menschliche Verhalten, das hier abläuft, kommt in der Vereinigung mit der Gottheit zum Ziel. Eine naheliegende Analogie bietet das mystische Erleben. Was dort freilich im Bereich individualpsychischer Akte abläuft, hat im Kult kollektive rituelle Gestaltung gefunden und bleibt infolgedessen mit sprachlich gesteuerten Bewußtseinsvorgängen, Interaktionssequenzen und objektiv materialen Symbolen verbunden.

Vor der Entdeckung des Zauberwortes Struktur hat man den liturgischen Ablauf gern in drei Teile gegliedert und von Gebets-, Wort- und Sakramentsgottesdienst geredet. Den inhaltlichen Sinn dieser Gliederung und die Entwicklung, die in diesem Ablauf involviert ist, beschreiben am ehesten die Begriffe purificatio, illuminatio und unio.[79] Am Beginn des Gottesdienstes sorgen Lieder und Gebete, Anrufungen und Bekenntnisse für Reinigung. Wer sich dem Heiligen nähert, muß sich von aller Selbstbezogenheit und Weltverfallenheit lösen. Er muß frei werden von Ängsten und Sorgen, indem er seine Ängste und Sorgen vor Gott trägt. Er muß zur Alltagswirklichkeit in Distanz gehen, um die Wirklichkeit der transzendenten Macht zu erfahren. Auf diese Reinigung erfolgt die Erleuchtung. Die Lesungen aus der Heiligen Schrift, die Predigt, die das Wort Gottes verkündigt, bringen Licht in eine dunkle Welt, erhellen verfinsterte Herzen und schenken verzweifelten, todgeweihten Menschen neues Leben. Hier geht es also nicht einfach um eine Verdoppelung der Elendserfahrung durch Information über neue Leidensrealitäten und auch nicht um eine Verstärkung der Zwänge durch Handlungsappelle. Hier bricht ein verbum externum in die Todeswirklichkeit ein, das Horizonte eröffnet, Zukunft schenkt und neue Lebensmöglichkeiten bereit stellt. Wer in dieser Weise gereinigt und erleuchtet ist, ist auch bereit zur Vereinigung. Der erste Akt des Gottesdienstes bereitet auf die Begegnung vor. Im zweiten Akt ist das lebenserneuernde Wort der Liebe zu hören. Auf dem Höhepunkt der Begegnung kommt es im Medium der Oralität zur kör-

Kreis, in: H.B. Meyer (Hg.), Liturgie und Gesellschaft, Innsbruck 1970, 55ff, sowie H. Arens, Die Predigt als Lernprozeß, München 1972.

79 Eine entsprechende Dreistufung taucht schon in der Erkenntnislehre des Dionysos Areopagita mit der Unterscheidung zwischen Reinigung, Erleuchtung und Vollendung auf; vgl. K. Ruh, Geschichte der abendländischen Mystik I. Die Grundlegung durch die Kirchenväter und die Mönchstheologie des 12. Jahrhunderts, München 1990, 53ff. H. Silberer, Probleme der Mystik und ihrer Symbolik, Wien 1914, 123 und 252ff, verwendet die Begrifflichkeit zur Interpretation von Texten aus Alchemie und Freimaurerei.

perlichen Vereinigung. Der Leib des Glaubenden inkorporiert den Leib des Erlösers und partizipiert so an der Gemeinschaft des Leibes Christi.

Auch der protestantische Gottesdienst, der von den Theologen so gern katechetisch definiert wird, scheint in seinem Ablauf den Regeln intensiver, die Körperlichkeit umfassender Kommunikation und den Grundbedürfnissen des Menschseins zu folgen. Ob alle Triebaspekte, wie sie in den geistlichen Spielen des Mittelalters unverhüllt zutage getreten sind, aus diesem Geschehen wirklich radikal ausgeblendet, ja ausgemerzt sind, läßt sich an dieser Stelle noch nicht entscheiden. Das Stichwort Reinigung signalisiert sicherlich eine Tendenz zur Distanzierung von allen psychischen und sozialen Konfliktherden. Aber der Vorgang der Vereinigung beim heiligen Essen könnte, indem er von Fleisch und Blut, von Schuld und Tod redet, durchaus Problembereiche von Sexualität und Aggressivität tangieren.

III.

Der Weg in das Leben, den der Gottesdienst geht, vollzieht sich über weite Strecken im Sitzen. Das bedeutet, wie schon betont, daß sich die meisten Bewegungen, die hier angeregt werden, im Inneren vollziehen, als Bewegung von Geist und Seele, von Wille und Wahrnehmung, von Einfällen, Gefühlen und Phantasien. Damit es bei fixierter Körperlichkeit zu diesen intensiven Erlebnissen überhaupt kommt, bedarf es kräftiger Impulse von außen. Sie werden im Gottesdienst nur indirekt durch den Raum vermittelt. Entscheidend sind die Personen, die an der Vorderfront, zwischen Taufstein, Altar und Kanzel, den Weg in das Leben vorangehen. Die gottesdienstliche Bewegung, so darf man vermuten, vollzieht sich durch Identifikation mit dem kultischen Personal.[80]

Prominente und Publikum

Wesentliche Einsichten in das Verhältnis von »Handeln und Zuschauen«, von Akteuren und Publikum sind der theatersoziologischen Studie von U. Rapp zu entnehmen, zumal er seine an der Schaubühne gewonnenen Erkenntnisse zu einer Veranstaltungstheorie generalisiert hat. »Veranstaltungen (Rituale, Zeremoniale; Feiern und Begehungen; Aufführungen und Versammlungen usw.) sind stilisierte, d.h. durch Wiederholungen und seligierte Gleichförmigkeiten strukturierte Ereignisse, die rekapituliert werden und erlebte Bedeutsamkeiten kondensiert vergegenwärtigen«.[81] Entgegen einer verbreiteten Anschauung sind alle Beteiligten an einer solchen Veranstaltung, nicht nur die Darsteller, für Rapp Repräsentanten. »Die Teilnehmenden selbst . . sind Repräsentanten einer weit umgreifenden und nicht sinnfällig zu konkretisierenden Gesamtheit von zur Situation gehörigen Subjekten, die nicht einmal gegenwärtig Lebendige zu sein brauchen. Existenz und Wille der Gemeinschaft, die nur in Repräsentation wirklich und wirksam werden (Voegelin), bedürfen jeweils rhetorischer Bestätigung, indem die Repräsentanz in lebendiger Gegenwärtigkeit die Menge von ihrer Repräsentativität überzeugt«.[82] Ihre Zusammengehörigkeit wird vor allem dadurch konstituiert, daß sie alle an der Aufdeckung eines Geheimnisses partizipieren. »Heimlichkeit und Geheimnis haben doppelte Bedeutung bei den Veranstaltungen: Erstens ist die vorgeführte Handlung selbst etwas Geheimnis-

80 Wie sich Darsteller und Publikum gegenseitig in autoaggressive Schlagrituale hineinsteigern können, zeigt E. Canetti, Masse und Macht, Frankfurt 1980, 162ff, am Beispiel des schiitischen Muharramfestes.
81 U. Rapp, Handeln und Zuschauen. Untersuchungen über den theatersoziologischen Aspekt in der menschlichen Interaktion, Darmstadt/Neuwied 1973, 180.
82 A.a.O. 181f.

volles, nicht voll und ganz Zugängliches, sie hat ihr Hinter-den-Kulissen, ihr Unausgesprochenes, nur verschlüsselt Angedeutetes; gerade die Spektakularität als vordergründige Sichtbarwerdung hat ein Moment der Verhüllung und Abdeckung neben dem Moment der Enthüllung und Manifestierung; es bleibt ein unaufgedeckter, abgesonderter (sekretierter) Rest. . . Zweitens nun wieder quer dazu: die Gemeinschaft der an dem Geheimnis Beteiligten ist zwar eine Öffentlichkeit, aber eine prinzipiell eingeschränkte Öffentlichkeit: die der Dazugehörigen, der in das Geheimnis Eingeweihten. Das, was sich bei einer Veranstaltung abspielt, ist eine ›Verschwörung‹ der Teilnehmer, die eine neue, und auf die relevant Dazugehörigen beschränkte Verbindung zwischen ihnen herstellt (Abwesende können, wie gesagt, repräsentiert sein, wenn sie eben relevant dazu gehören)«.[83] Aufgabe der Prominenz in solchen Situationen ist die Darstellung von Epiphanie. »Epiphanie ist das Erscheinen des Gottes, der entweder vorher in einer anderen Gestalt zugegen war und nun sich zu erkennen gibt, d.h. die als Gott identifizierte Gestalt annimmt; oder aber vorher nicht ›zugegen‹ war und nun aus seiner Unsichtbarkeit heraustritt in die Wahrnehmbarkeit. In beiden Fällen stellt sich der Gott dar in seiner Rolle als Gott. Epiphanie ist ein Umdefinieren der Situation als besonderer, heiliger, jedenfalls bedeutsamer, mittels des Sich-Darstellen des Nicht-Wahrnehmbaren in der Wahrnehmung. . . . Epiphanie ist also Enthüllung des Geheimnisses und die daran Teilhabenden werden zu Mitwissern. Die Doppelfunktion der Prominenz in den Veranstaltungen bewirkt also zum ersten die Beteiligung der Anwesenden an dieser Enthüllung. Zum anderen aber bleibt in der Epiphanie ein Geheimnis auch vor den Dabei-Seienden: das Wahre, Eigentliche, verbirgt sich hinter der Maske, nicht nur in der Person des A(=kteurs), sondern auch in der Ineffabilität der Rollenfigur (des Gottes) und der Transzendenz der Sinnzusammenhänge, die nicht in den schwachen Leib einer Person eingefaßt sein können«.[84] Dementsprechend werden an solche prominenten Führergestalten doppelte Anforderungen gerichtet, die Rapp im Anschluß an Hofstätter so formuliert: »1) Die Person, auf die man projiziert, muß im gewissen Sinne anders beschaffen sein als die übrigen Angehörigen der Gruppe; – 2) Die Person, mit der man sich identifiziert, muß dem allgemeinen Typus der Gruppenangehörigen möglichst gleichartig sein«.[85]

Die Akteure im Gottesdienst üben ihre Darstellungsfunktion dadurch aus, daß sie etwas hören lassen und etwas zu essen geben. Was die Zuschauer von ihnen dabei zu sehen bekommen, welche Kleidung sie tragen, wie sie sich gebärden, welche Rolle sie vor den Augen der anderen spielen, ist jetzt zunächst zu betrachten.

83 A.a.O. 183.
84 A.a.O. 186f.
85 A.a.O. 188.

Investition

Im Akt der Investition durch spezifische Kleidung können Menschen zu Göttern werden.[86] Die Huichol, die sich auf die Reise nach Wirikuta vorbereiten, fertigen unter Anleitung des Schamanen die Kleidungsstücke an, die zu den ihnen zugeteilten Götternamen gehören.[87] Auch die Gottheiten, die im brasilianischen Candomblé dargestellt werden, sind durch bestimmte Roben und Embleme charakterisiert.[88] Eine besonders grausame Investition ist aus der altmexikanischen Religion bekannt: »Zur Erneuerung der Mondgöttin . . wurde eine Frau geköpft und ihr die Haut abgezogen, worauf ein Mann sich diese Haut anlegte und damit die wiedererstandene Göttin darstellte«.[89] Kleidung drückt also nicht nur Schamgefühle und Imponierwünsche aus, dient nicht nur zum Schutz gegen Witterungseinflüsse und definiert auch nicht nur soziale Zugehörigkeit, sondern verleiht auch eine spezifische Macht.[90] Selbst dann, wenn der Kleidungsträger nicht mehr direkt mit einer Gottheit identifiziert werden kann, ist seine Tracht mit Symbolen politischer oder religiöser Potenz geschmückt, wie es z.B. M. Eliade von den Schamanen berichtet: »Die Tracht stellt für sich selbst einen geistigen Mikrokosmos vor, der von dem umgebenden profanen Raum qualitativ verschieden ist. Einerseits bildet sie ein fast vollständiges symbolisches System, andererseits ist sie durch die Konsekration mit vielerlei geistigen Kräften und vor allem mit ›Geistern‹ getränkt. Einfach durch das Anlegen der Tracht - oder durch das Benutzen der Gegenstände, die sie ersetzen - überschreitet der Schamane den profanen Raum und rüstet sich, mit der geistigen Welt in Berührung zu treten. Im allgemeinen bedeutet diese Vorbereitung fast schon die konkrete Einführung in jene Welt, denn man legt die Tracht erst nach manchen Vorbereitungen, unmittelbar vor dem Beginn der schamanischen Trance an«.[91]

Spuren einer solchen theofizierenden Investition tauchen auch an einigen Stellen der alttestamentlichen Überlieferung auf. Zu denken ist dabei an das linnene Ephod, das nach R. de Vaux in drei Bedeutungszusammenhängen erscheint. In den ältesten geschichtlichen Texten ist damit »ein priesterliches

86 Zum Zusammenhang zwischen Darstellung und Verwandlung vgl. P. Stefanek, Ritual, Ekstase, Mimesis. Studien zu frühen und späten Formen szenischer Praxis, Theaterwissenschaftliche Habil. Wien 1976, 69ff.

87 B.G. Myerhoff, a.a.O. 87ff.

88 Vgl. E.A. Kasper, Afrobrasilianische Religion. Der Mensch in der Beziehung zu Natur, Kosmos und Gemeinschaft im Candomblé - Eine tiefenpsychologische Studie, Frankfurt 1988, 60ff.

89 C.G. Jung, Das Wandlungssymbol in der Messe, Grundwerk 4, Olten 1984, 135.

90 Vgl. K.E. Müller, Das magische Universum der Identität, a.a.O. 314ff, sowie R. König, Kleider und Leute. Zur Soziologie der Mode, Frankfurt 1967, 94ff.

91 M. Eliade, Schamanismus und archaische Ekstasetechnik, Frankfurt 1975, 149.

Kleidungsstück«[92] bezeichnet, wie es z.B. von Samuel im Tempel zu Silo, aber auch von David während seines Kulttanzes getragen wurde (1. Sam. 2,18; 2. Sam. 6,14). Während es sich hierbei um eine Art Schurz gehandelt haben dürfte (2. Sam. 6,20), meint das Ephod später ein Kleidungsstück des Hohenpriesters, das über Unterkleid und Mantel getragen wurde (Ex. 29,5), vorzustellen als »ein breiter, mit Gold durchwirkter Stoffstreifen aus verschiedenfarbiger Wolle und aus Leinen«.[93] Schließlich bedeutet das Ephod auch einen Kultgegenstand, den Micha für sein Heiligtum herstellt (Ri. 17,5), den man aufstellt (1. Sam. 23,9) und mit dessen Hilfe man Jahwe befragt (1. Sam. 23,10; 30,8). In der Fachwissenschaft ist umstritten, wie sich priesterliches Kleidungsstück und kultisches Objekt zueinander verhalten. Die Entdeckung, daß das Ephod »das Gewand der Göttin Anat in einem Gedicht aus Ras Schamra« bezeichnet[94], hat zu der Hypothese geführt: »das Ephod, zuerst Schmuck des Bildes eines Gottes, wäre zum Attribut des Priesters geworden, der Orakel im Namen des Gottes gibt, bevor es zum prunkvollen Kleidungsstück des Hohenpriesters wurde«.[95] Derartige Annahmen über Entwicklungsprozesse sind aber von sekundärer Bedeutung, wenn man sich klarmacht, daß die Alternative zwischen Kleidungsstück und Kultgegenstand durchaus neuzeitlichem Denken entspricht. Auch und gerade die priesterliche Bekleidung verleiht ja religiöse Identität und ermöglicht den Vollzug kultischer Funktionen, zu denen sicher auch divinatorische Fähigkeiten gehören. Ob das heilige Material an einer Götterstatue, an einem Altar oder an einem Priesterleib erscheint, wird von zweitrangigen Faktoren beeinflußt. Entscheidend ist auf jeden Fall die repräsentative, das Heilige vergegenwärtigende Potenz, die dem Material in allen Verwendungszusammenhängen zugeschrieben wird und die voraussetzt, daß der Priester selber wie ein Götterbild oder ein Altar zum Darsteller der Gottheit zu werden vermag.

Gegenüber den vielschichtig und farbenfroh bekleideten Schamanen- und Priestergestalten bildet der/die protestantische Pfarrer/in einen starken Kontrast. Im Handlungsfeld zwischen Taufstein, Altar und Kanzel agiert er/sie im schwarzen Talar. Während noch die katholische Priestergewandung eine Vielzahl von Kleidungsstücken enthält, die entsprechend dem Festkalender farbvariabel sind, präsentiert er/sie sich das ganze Kirchenjahr über in unveränderter Amtstracht. Die Frage ist nur: Wen oder was stellt er/sie in dieser Kleidung dar?

Das geistliche Habit ist mindestens im westlichen Christentum geschichtlich gesehen von einer Doppelbewegung bestimmt. Bei seiner Einführung

92 R. de Vaux, Das Alte Testament und seine Lebensordnungen II, 2. Auflage, Freiburg 1962, 182.
93 A.a.O. 183.
94 Ebd.
95 A.a.O. 184.

greift man auf normale Kleidungsstücke aus dem sozialen Umfeld zurück – es gibt also keine speziell religiösen Gewänder. Im Laufe der Zeit entwickelt sich daraus aber eine besondere Amtstracht, die ihren Träger im Gottesdienst von allen anderen Teilnehmern sichtbar unterscheidet. Der Satz des Hieronymus: »Die göttliche Religion hat ein anderes Gewand im heiligen Dienst, ein anderes im gewöhnlichen Verkehr und Leben«,[96] hat sich in der Geschichte der geistlichen Mode immer als wirksam erwiesen.

Für die Alte Kirche stellt J. Braun fest: »Mit Sicherheit ist . . eine besondere gottesdienstliche Kleidung in keinem Sinne für die vorkonstantinische Zeit nachweisbar, weder mit historischen Belegen noch mit dogmatischen Zeugnissen, noch endlich aus der Natur der Sache«.[97] Aber zwischen dem vierten und dem neunten Jahrhundert, der entscheidenden Epoche für die Entwicklung der Sakraltracht, kann man die Spezifizierung der liturgischen Kleidung in fünf Punkten verfolgen: »1. Ausscheiden der bei den gottesdienstlichen Funktionen gebräuchlichen Kleidung aus allem außerliturgischen Gebrauch, 2. Auswahl und Festlegung bestimmter Gewänder für die liturgischen Verrichtungen, 3. Einführung sakraler Distinktiva in Gestalt des Palliums bzw. des Omophorion und der Stola bzw. des Orarium, 4. Vermehrung der für den Gottesdienst bestimmten Gewänder unter Beibehaltung der außerliturgischen Kleidung, also über dieser, nicht mehr anstatt derselben, 5. endlich Einführung der Sitte, die zum Kultornat gehörenden Kleider durch eine besondere Segnung für ihren erhabenen Gebrauch zu heiligen«.[98] In der Gegenwart wirkt die Tracht, die der Priester für das kultische Zeremoniell angelegt hat, absolut außergewöhnlich. Im historischen Rückblick ist aber festzuhalten, daß noch mehrere Jahrhunderte hindurch »kein wesentlicher Unterschied zwischen der liturgischen Kleidung und der besseren bürgerlichen Tracht, zumal der bürgerlichen Festtagskleidung« bestand. »Die Gewandstücke, deren man sich am Altar bediente, begegnen uns noch eine gute Weile ebenso bei Laien und noch weit länger in der außerliturgischen klerikalen Gewandung. Selbst zu Rom waren sie noch im 6. Jahrhundert derart, daß man sie im gewöhnlichen Leben tragen konnte, ohne aufzufallen«.[99]

Ähnlich ist die Entwicklung im Protestantismus gelaufen. Schon 1520 hat Luther in dieser wie in anderen Fragen des äußeren Zeremoniells für christliche Freiheit plädiert: »Wollen wir die Messe richtig halten und verstehen, müssen wir erst einmal alles außer acht lassen, was in dieser Sache die Augen und alle Sinne uns anzeigen und an uns herantragen, es sei Kleidung, Musik, Gesang, Schmuck, Gebet, Tragen, Heben, Legen oder was da in der Messe

96 Zitiert nach J. Braun, Die liturgische Gewandung im Occident und Orient. Nach Ursprung und Entwicklung, Verwendung und Symbolik, Freiburg 1907 (Neudruck Darmstadt 1964), 767.
97 A.a.O. 769.
98 A.a.O. 771.
99 A.a.O. 774.

geschehen mag«.[100] Entsprechend hat es in der Geschichte des protestantischen Gottesdienstes eine breite Vielfalt liturgischer Gewandung gegeben[101], die teils die Tradition der alten Meßgewänder fortsetzte, teils auf die Schaube, den akademischen Gelehrtenrock, zurückgriff.[102] Eine einheitliche Amtstracht der protestantischen Geistlichen hat sich erst im 19. Jahrhundert durchgesetzt.[103] Preußen hatte 1811 den obligatorischen Talar mit Beffchen eingeführt, der sich dann auch in anderen Landeskirchen ausbreitete und mit Modifikationen auch für andere Berufsgruppen, nämlich Professoren und Juristen, verbindlich wurde. Der Talar hat in jener Zeit also den Pfarrer mit jenen Akademikern verbunden, die staatliche bzw. kognitive Macht repräsentierten. Nachdem aller Muff aus dem akademischen Milieu angeblich vertrieben ist und auch die juristische Amtstracht in der Öffentlichkeit kaum einmal sichtbar wird, steht der Pfarrer mit seinem schwarzen Gewand im allgemeinen Bewußtsein weitgehend isoliert. Die kultische Kleidung des protestantischen Theologen hat wieder einen singulären Charakter gewonnen. Spätestens dann, wenn er in dieser Tracht an einer politischen Demonstration teilnimmt, wird ihm die mißbräuchliche Verwendung eines religiösen Erkennungszeichens vorgeworfen.

Was bedeutet diese Separationstendenz, die in der Geschichte der liturgischen Amtstracht zu beobachten ist? Theologisch ist sie, wenn man die Rede vom allgemeinen Priestertum ernst nimmt, nur schwer zu begründen. Soziologisch hängt sie sicher auch damit zusammen, daß im Pfarrerberuf die kultische Praxis der Christengemeinde arbeitsteilig organisiert ist. Denn psychologisch entspringt sie wahrscheinlich der Absicht, den Gottesdienst, der in einem besonderen Raum und zu besonderen Zeiten stattfindet, durch besondere, in mehrfacher Hinsicht ausgezeichnete Personen vollziehen zu lassen. Der protestantische Pfarrer spielt auf den ersten Blick sicher nicht mehr die Rolle der Gottheit. Sein Talar weist ihn als Angehörigen des Gelehrtenstan-

100 M. Luther, Ein Sermon von dem Neuen Testament, das ist von der heiligen Messe, WA 6, 355, zit. nach LTA 3, 58.

101 Vgl. P. Graff, Geschichte der Auflösung der alten gottesdienstlichen Formen in der evangelischen Kirche Deutschlands, Band 1, 2. Auflage, Göttingen 1937, 108: »Der Generalsuperintendent Knorr in Osterode verbietet 1689 in seinem Direktorium für Grubenhagen, daß ein Pastor einem Studiosus im Halstuch zu predigen gestattet; das sei eine unpriesterliche Kanzelmode. Ähnlich befiehlt die Synode zu Rendsburg 1691, daß man die Kanzel in standesgemäßer Kleidung und nicht wie ein Offizier mit Gold oder Silber verbrämt betrete«.

102 Zu den Einzelheiten vgl. W. Lotz, Das hochzeitliche Kleid. Zur Frage der liturgischen Gewänder im evangelischen Gottesdienst, Kassel 1949, und A.C. Piepkorn, Die liturgischen Gewänder in der lutherischen Kirche seit 1555, 2. Auflage, Lüdenscheid 1987.

103 Eine kurze Zusammenfassung der wichtigsten Informationen bei F. Merkel, Schwarz – oder heller? Zur Amtstracht evangelischer Pfarrer, in: Freude am Gottesdienst. Festschrift F. Schulz, Heidelberg 1988, 219ff.

des aus, der wie Professoren und Juristen ein spezifisches Machtpotential verwaltet. Die Farbe schwarz, die seine körperliche Erscheinung neutralisiert und nur den Kopf mit dem Mund sowie die Hände für den sozialen Kontakt freigibt, macht ihn zum Vertreter transpersonaler Objektivität[104], vielleicht sogar, wie man vom Fußball-Schiedsrichter behauptet hat, zum Repräsentanten »des Unheimlichen, Überrationalen und Überirdischen«.[105] Diese Gestalt, die kraft ihrer Kleidung ein Mensch ist und mehr, bewegt sich im Gottesdienst vor aller Augen. Was ist in den Bewegungsabläufen des pastoralen Repräsentanten zu sehen?

Akteure

Rein quantitativ hat sich die Zahl der Akteure im protestantischen Chorraum reduziert. Hier kommt man, anders als in der orthodoxen Liturgie, in der Messe oder gar im Hochamt, ohne die Assistenz von Personal der verschiedensten hierarchischen Grade aus. So werden Lesungen manchmal durch Lektoren übernommen, und ein Kirchenvorsteher kann den Klingelbeutel auf den Altar tragen. Aber in vielen, vielleicht sogar in den meisten Fällen ist der Pfarrer der einzige, der im kultischen Zentralbereich handelt. Bei einem Außenstehenden könnte dieser Sachverhalt die Vermutung nähren: Die Reduktion des Kultpersonals hat die Exklusivität des Hauptakteurs erhöht. Nur noch dieser eine scheint imstande zu sein, die Bewegungen im Kraftfeld von Taufstein, Altar und Kanzel sachgemäß zu vollziehen.

Dabei sieht alles ganz einfach aus. Der Pfarrer muß nur gehen und lesen und reden können. Er muß an den entscheidenden Stellen des liturgischen Ablaufs nur dies: sich zum Altar begeben und auf die Kanzel steigen. Wie es Luther in seinem berühmten Diktum zur Kunst des Predigers ausgedrückt hat: »Erstlich daß er lerne hinauff steigen, id est, ut habeat iustam et divinam vocationem. Zum andern, daß er lerne ein zeitlang darauff zubleiben, id est, ut habeat puram et sinceram doctrinam. Zum drietten, und lerne auch wider herab steigen, id est, ut non ultra horam praedicet«.[106] Ebenso schwierig ist sicher der Gang zum Altar. Man muß, um diesen Weg vor aller Augen gehen zu können, eine einigermaßen zureichende Antwort auf drei Fragen gefunden haben. Man muß wissen: Wer bin ich in dieser Situation? Wohin gehe ich in dieser Richtung? Und wie will ich mich auf diesem Weg verhalten? Saloppes Tänzeln oder würdevolles Schreiten, betont lässiges Schlendern oder

104 So F. Merkel, a.a.O. 222f.

105 G. Heisterkamp, Die Psychodynamik von Kampfspielen. Am Beispiel der Beziehung zwischen Schiedsrichtern, Spielern und Zuschauern, Schorndorf 1975, 67. Etwas anders O. Koenig, Kultur und Verhaltensforschung. Einführung in die Kulturethologie, München 1970, 104: »Der Mensch als Tagtier. . verwendet die schwarze Farbe überall dort, wo es eine besondere Bedrohlichkeit auszudrücken gilt«.

106 Zitiert nach Luthers Werke, Clemen 7, 35.

entschlossenes Vorwärtsstürmen – alle Verhaltensvarianten, die auf dem Weg zum Altar sichtbar werden, lassen etwas von den Stimmungen und den Einstellungen, den Schwierigkeiten und den Unbedachtheiten des Akteurs erkennen.[107] Gerade weil der Altar für die meisten theologisches Niemandsland ist, muß im Protestantismus jeder einzelne Theologe für sich selbst eine Antwort auf die angedeuteten Fragen entwickeln, und die Verhaltensunsicherheit ist angesichts der theoretischen Unklarheit groß.

Nicht der Weg zum Altar, sondern die Stellung am Altar ist in der liturgischen Tradition häufig diskutiert worden. Im Kern geht es dabei um die Definition der Priester- bzw. der Pfarrerrolle; denn in den Positionen, die der Handelnde am Altar einnimmt, liefert er unweigerlich eine Zuordnung seiner Person im Spannungsgefüge zwischen Gemeinde und Gott. Er kann, dem Altar zugewandt, solidarisch mit der Gemeinde und stellvertretend für die Gemeinde Gott anrufen. Oder er kann, hinter dem Altar stehend, die Gemeinde im Namen Gottes ansprechen. Für das erste Jahrtausend hat O. Nußbaum gezeigt: »im Osten wie im Westen ist die Tradition für die Stellung des Liturgen zwischen Altar und Gemeinde ebenso alt wie die Tradition für seinen Standort versus populum. Beide Möglichkeiten reichen zurück, soweit unsere Kenntnis über den christlichen Kultbau zurückreicht«.[108] Der Ausbau der Hochaltäre und die Plazierung der Hostie im Tabernakel haben im Mittelalter dazu geführt, daß die Zelebranten sich beim Meßvollzug zum Altar hin orientiert haben. Für die lutherischen Kirchen in Deutschland hat F. Merkel drei Verhaltensformen nachgewiesen: »1. Der Liturg steht *vor* dem Altar. Die Gebete werden ›ad altarem‹, Lektionen und Anreden an die Gemeinde ›versus populum‹ gesprochen. Das Abendmahl wird durch den vor dem Altar stehenden Pfarrer verwaltet, die Einsetzungsworte zum Altar hin gesprochen. Dies dürfte im Anschluß an den Meßentwurf Luthers die am häufigsten anzutreffende Lösung gewesen sein. – 2. Der Pfarrer steht außer bei der Predigt während des ganzen Gottesdienstes einschließlich des Abendmahls *hinter* dem Altar. – 3. Der Altar wird nur als Abendmahlstisch benutzt, wobei der Pfarrer vorwiegend hinter dem Altar

107 M. Feldenkrais, Bewußtheit durch Bewegung. Der aufrechte Gang, Frankfurt 1978, 65f: »alles Verhalten besteht . . aus vier miteinander untrennbar verbundenen Teilen: mobilisierten Muskeln, Sinnesempfindung, Gefühl und Denken . . . Haltung, Sinnesempfindung, Gefühle, Denken sowie auch die chemischen und hormonalen Prozesse bilden in jedem gegebenen Augenblick ein einziges Ganzes, das nicht in seine verschiedenen Teile zerlegt werden kann. Mag dieses Ganze noch so zusammengesetzt und kompliziert sein: es ist das integrierte Ganze des Systems in jenem Augenblick«.

108 O. Nußbaum, Der Standort des Liturgen am christlichen Altar vor dem Jahre 1000. Eine archäologische und liturgiegeschichtliche Untersuchung, Band 2, Bonn, 1965, 413.

stehen kann«.[109] Ähnlich wie die römisch-katholische Liturgiereform die celebratio versus populum stark favorisiert hat, hat auch F. Merkel für den protestantischen Gottesdienst eindeutig gefordert: »Alle liturgischen Stücke werden von dem ihm angemessenen Ort aus zur Gemeinde gewendet gesprochen«.[110] Mögliche Gegenargumente möchte er durch folgende Feststellung zurückweisen: »Die theologischen Begründungen gegen eine celebratio versus populum werden hauptsächlich in der Mittlerstellung des Pastors gesehen, in deren Vollzug er einmal auf die Seite Gottes und der Gemeinde gegenüber, zum anderen auf die Seite der Gemeinde und Gott gegenüber tritt. Diese Auffassung verdunkelt das gottesdienstliche Geschehen, weil dadurch das Priestertum aller Gläubigen negiert und der Gemeinschaftscharakter des Gottesdienstes nicht ausreichend abgebildet wird«.[111]

In dieser Eindeutigkeit ist die These nicht haltbar und sollte sie auch nicht praktiziert werden. Einmal hat sich gezeigt, daß der Altar, an dem sich der Pfarrer befindet, auf seine funktionale Aufgabe als Abendmahlstisch nicht zu reduzieren ist. Sodann wird das Priestertum aller Gläubigen nicht bestritten, sondern gerade zur Geltung gebracht, wenn der Zelebrant sich mit allen übrigen Gottesdienstteilnehmern in der Bewegungsausrichtung auf den Altar hin solidarisiert. Und schließlich wird die Analyse der Texte, die der Pfarrer zu lesen hat, ergeben, daß er im Altarraum durchaus in unterschiedlichen Rollen auftritt. Die Verhaltensdirektiven, die die lutherische Restauration im 19. Jahrhundert entwickelt hat, sind gemeindetheologisch und kommunikationslogisch bis heute akzeptabel: »Alle Gebete werden ›gegen den Altar‹, alle Lektionen und Anreden an die gottesdienstliche Versammlung ›gegen die Gemeinde‹ gesprochen, respektive gesungen«.[112] Durch die unterschiedlichen Positionen, die er gegenüber der Gemeinde bezieht, signalisiert der Akteur am Altar gewiß nicht eine Mittlerrolle, sondern die Gebrochenheit einer Identität, die den Weg in das Leben auch beschwerlich und strapaziös macht. Die Wendung zum Altar kann, wie der Kniefall auf der Kanzel, der fast ganz in Vergessenheit geraten ist, unverzichtbarer Ausdruck pastoraler Demut sein. Wer andere auf den Weg in das Leben geleiten soll, braucht Verhaltensformen, die ihn selbst vor dem Größenwahn und die anderen vor Glorifizierungstendenzen ihm gegenüber bewahren.

109 F. Merkel, Im Angesicht der Gemeinde. Celebratio versus populum – zu einem Problem des heutigen evangelischen Gottesdienstes, ThExh 166, München 1970, 28.

110 F. Merkel, a.a.O. 49.

111 A.a.O. 51.

112 A.a.O. 35.

Singen

Alles Leben verhält sich - einiges Leben verhält sich manchmal nach der Agende. Der protestantische Gottesdienst beginnt mit Gesang. Wer in die Kirche gegangen ist, auf einer Bank Platz genommen und sich umgeschaut hat, wird an der Wand eine Liedanzeigetafel entdecken. Die Ziffern verweisen auf Nummern in dem Gesangbuch und verraten dem Kenner, wann welche Verse gesungen werden. Zahlen kündigen Lieder an. Auch das Singen hat im Gottesdienst seine Ordnung. Die Agende legt fest, wann, das Gesangbuch bietet an, was im Gottesdienst gesungen werden darf. Beide Werke sind von Experten-Kommissionen entworfen worden, und ein Experte, der Theologe, der den Gottesdienst hält, hat während der Vorbereitung auch die Auswahl der Lieder getroffen. Singen im Gottesdienst, das geschieht nicht spontan und drückt keine aktuellen Stimmungen aus, sondern folgt einem vorgeschriebenen Verhaltensschema und verlangt vom Einzelnen ein erhebliches Maß an Anpassungsfähigkeit.

Erstaunlicherweise kann solches Singen dennoch sehr viel bewirken. In seinem Versuch therapeutischer Selbstreinigung von der »Gottesvergiftung« hat T. Moser ausführlich dargelegt, »wie tief mich manche der Texte und Melodien berührt haben«.[1] Sicher hängen diese Wirkungen in seinem Fall auch damit zusammen, daß er in einer konfessionellen Diaspora aufgewachsen ist und daß die eigene Mutter im Gottesdienst die Orgel gespielt hat. Immerhin, das Grundgefühl, das die Lieder vermittelt haben, droht auch den Erwachsenen noch zu überwältigen. »Die Traurigkeit beim Lesen in deinem Gesangbuch ist eine Mischung aus Ohnmacht, Resignation, Wertlosigkeit. Von dir geht eine Lähmung aller Initiative aus, ein Gefühl von Vergeblichkeit allen irdischen Tuns«.[2] Selbst die Jubellieder haben auf ihre Weise diese Erfahrung einer gebrochenen Geborgenheit unterstützt. »Bei diesen Liedern quoll aus der sonst eher dumpfen Gemeinde etwas wie eine gottestrunkene Ekstase. Manche Pfarrer oder Vikare waren Meister in der stimmlichen Orchestrierung des ekstatischen Gesanges, sie wirkten dann wie mächtige Führer zum Heil und mögen sich auch so gefühlt haben beim Singen, es war eine gemeinsame Regression in einen viel selbst- und gottesgewisseren Zustand, als er beim Predigen je zu erreichen ist«.[3] Der Therapeut kann begrifflich analysieren, worin die tiefreichende Wirkung der Lieder gründet. »Im Gesangbuch wie in der Bibel fällt mir inzwischen auf, wie genau du die narzißtischen Sehnsüchte deiner Gläubigen erfaßt hast, die um so stärker sind, je

1 T. Moser, Gottesvergiftung, Frankfurt 1976, 53.
2 A.a.O. 55f.
3 A.a.O. 70f.

miserabler ihre reale Umwelt war. Doch ebenso sind die Gefühle der Verlorenheit, die Sehnsucht nach Führung, Versorgung, ja Fütterung, Tränkung, Schutz und Beschenktwerden angesprochen. Ein Katalog früheelterlicher Funktionen, die du alle natürlich viel besser ausfüllen kannst als sie«.[4] Aber der Therapeut insistiert auch darauf, daß das Singen im Gottesdienst nur eine Ersatzbefriedigung darstellt. »Deine Schrift wie deine Lieder sprechen in subtiler Weise *alle* Kinderängste und -sehnsüchte an, selbst die noch unerforschten, und um so stärker, je weniger sie bei realen Menschen einen Widerhall finden. Ich will dir also sagen, obwohl es dir schon oft gesagt worden ist: je mehr du von Menschen verehrt oder gefürchtet wirst, desto weniger war ihr frühes Beziehungsleben in Ordnung. Du bestehst aus Verweisung, Entschädigung, Ersatz, bist ein Destillat aller frühen, unerfüllten Ahnungen und Ängste«.[5]

Singen die Menschen, weil sie nicht aufhören wollen und können, Kinder gewesen zu sein? Wesentliche Aspekte dieses Verhaltens sind im Blick auf die Alltagspraxis (I.), in der Religion (II.), in der biblischen Tradition (III.) und bei den Reformatoren (IV.) zu klären, bevor seine präparative Funktion im gegenwärtigen Gottesdienst deutlich ist (V.).

4 A.a.O. 85f.
5 A.a.O. 82.

I.

Musik und Gesang gehören für unsere Kultur weitgehend in den Freizeitbereich. Sie erklingen bei Festen. Man konsumiert sie direkt oder technisch vermittelt nach Feierabend. Sie dienen der Rekreation vom Streß der alltäglichen Arbeit. Für die meisten Menschen soll Musik Entspannung bewirken, Kurkonzert sein.

Kooperation

Diese Lokalisierung ist zweifellos sekundär. Ursprünglich ist Musik Hilfsmittel der Arbeit gewesen. Indem sie menschliches Erleben prägt und menschliches Verhalten formt, ermöglicht sie Kommunikation und Kooperation. B. Malinowski hat in seiner klassischen ethnologischen Studie eindrucksvolle Belege aus Neuguinea zusammengetragen. »Den typischsten, den kabwaku-Schrei, kann man hören, wo immer gepflanzt wird, einzeln oder in Gemeinschaft; andere, etwa kunstvollere Liedchen singen die Trobriander dagegen nur, wenn sie gemeinschaftlich pflanzen. Der Schrei, der zum Roden gehört, ist schon erwähnt worden, und die Erntelieder werden noch darzustellen sein. Hier sei indessen eingeschaltet, daß die Trobriander Lieder im engeren Sinn unterscheiden - Tanzlieder, die wie der Tanz selbst wosi heißen - und melodische Schreie, für die sie keinen Oberbegriff kennen«.[6] W. Suppan hat den Kreis der Beispiele erweitert. »Bei den Maori geschieht das Pflanzen der Süßkartoffeln (kumara) in der Art, daß sich die Arbeitenden mit ihren Grabstöcken in einer Reihe aufstellen und die einzelnen Bewegungen in einem militärisch-exakten, einheitlichen Rhythmus ausführen, der von den Gesängen vorgegeben wird. Die magische Bedeutung des Arbeitsvorganges wird dadurch bezeugt, daß der Refrain der Gesänge jeweils von allen mitgesungen wird, die Arbeit wird dabei unterbrochen und die Arbeiter halten ihre Grabstöcke zusammen hoch. Auf Tikopia wird der Vorteil der durch Musizieren geregelten kooperativen Arbeit ebenfalls genutzt. Ist die gemeinsam zu tragende Last besonders schwer, etwa ein für den Kanubau bestimmter Baumstamm, singt man gemeinsam«.[7]

Die motivierende Kraft der Musik hat sich auch die angewandte Psychologie zunutze gemacht, die mittels »Muzak«, einem Programm funktioneller Hintergrundmusik, die menschliche Arbeitsleistung in Büroräumen, Industriehallen und Versammlungsräumen zu steigern verspricht. »Die Formel

6 B. Malinowski, Korallengärten und ihre Magie. Bodenbestellung und bäuerliche Riten auf den Trobriand-Inseln, Frankfurt 1981, 152.

7 W.Suppan, Der musizierende Mensch. Eine Anthropologie der Musik, Mainz 1984, 84.

für den Stil solcher Musik lautet . .: keine Aggressivität. Gesungene Partien werden vermieden, um die Hörer nicht über den Text nachdenken zu lassen. Musik ertönt in unaufdringlicher Lautstärke, soll aber an jedem Platz der Werkshalle gut gehört werden können, damit nicht der eine Arbeiter durch übermäßige Lautstärke irritiert, der andere durch die Anstrengung, etwas hören zu wollen, abgelenkt wird. Das Programm umfaßt Unterhaltungsmusik aller Sparten, vermeidet jedoch die jeweiligen Spitzenreiter der Hitparaden, die zu Diskussionen pro oder contra, zu Begeisterung oder Ärger herausfordern könnten. . . . Das Tempo basiert auf der Metronomangabe 70, also dem Tempo des Herzschlages des gesunden Menschen. Aus Tierversuchen ist bekannt, daß Rhythmusbeschleunigungen den Herzschlag mitbeschleunigen können, die Erregung des Menschen also steigern würden; und das würde dem Gleichlauf der Arbeit schaden. Rücksicht wird auch darauf genommen, daß ständige Berieselung abstumpfen und sich deshalb um den Effekt bringen würde. Die Viertelstundenprogramme werden daher durch Pausen unterbrochen.«[8] Detmolder Musiker haben 1977 gegen diese manipulative Verwendung der Macht der Töne protestiert.[9]

Therapie

Ihren positiven Einfluß auf das menschliche Erleben in Körper, Seele und Geist hat sich die Medizin immer zunutze gemacht. Am Asklepios-Heiligtum zu Epidaurus scheint auch eine Art Musik-Therapie praktiziert worden zu sein. Der junge David wird als Harfenspieler an den Hof Sauls geholt, um das Gemüt des kranken Königs aufzuhellen (1. Sam. 16,14ff). Für die Zeit zwischen 800 und 1800 hat W. F. Kümmel die Verwendung von Musik in der europäischen Medizin untersucht; sie diente als Sedativum bei Schmerzen und Schlaflosigkeit, als Stimulans bei Ohnmacht und Katalepsie, sie sollte Fiebernden Kühlung und Schwangeren Beruhigung schaffen.[10] Die Wirkungen der gegenwärtigen Einzel- und Gruppenmusiktherapie hat Kohler folgendermaßen aufgelistet:

»Das sind hinsichtlich der Einzelmusiktherapie:
- nonverbale Förderung der therapeutischen Bindung
- emotionale Aktivierung von Erlebnissen
- antriebssteigernde Wirkungseffekte zur Überwindung neurotischer Gehemmtheiten
- Neubelebung von Interessen
- Erweiterung der ästhetischen Erlebnis- und Genußfähigkeit
- psychophysische Regulierung

8 A.a.O. 86.
9 A.a.O. 87.
10 W.F. Kümmel, Musik und Medizin. Ihre Wechselbeziehungen in Theorie und Praxis zwischen 800 bis 1800, Freiburg/München 1977.

- Differenzierung der nonverbalen Kommunikation als Voraussetzung für eine sozialadaptierte verbale Kommunikation
- Stärkung des Selbstwerterlebens über bewältigte nonverbale Kommunikation;

im Hinblick auf die Gruppenmusiktherapie:
- Einordnen in gemeinsamen Handlungsvollzug
- verstärktes Geborgenheitserleben
- Überwindung der Ichgerichtetheit durch gemeinschaftsbezogene Tätigkeit
- soziales Übungsfeld für spontanes Agieren«.[11]

Kommunikation

Wie läßt sich diese kommunikative Macht der Musik verstehen? Wie kommen ihre kooperativen und therapeutischen Wirkungen zustande? Warum führt insbesondere das Erlebnis des gemeinsamen Singens Menschen zusammen? In der breit gestreuten Literatur aus den verschiedensten Disziplinen, die sich mit solchen Fragen beschäftigen, begegnet man zwei unterschiedlichen Interpretationsmodellen. Nüchtern, weil naturwissenschaftlich und semiotisch fundiert, ist das erste Modell. W. Suppan resümiert die grundlegenden Forschungseinsichten: »Fassen wir die Ergebnisse musikethnologischer Feldarbeit, historisch-biographischer Quellenstudien, empirischer Sozialforschung, kunstästhetischer Einsichten und psychologischer Texte zusammen, so können wir – mit guten Gründen – davon ausgehen, daß die Bedeutung der Musik nicht darin zu sehen wäre, daß sie auch die in Worte faßbaren Bewußtseinsinhalte zu formen vermag, sondern daß Musik auf diejenigen Zentren des Nervensystems wirkt, die die physische und psychische Einstellung des Menschen regeln. Und davon hängen Allgemeinbefinden und Selbstverwirklichung des Menschen ab, Absichten und Gemütsbewegungen, die ihn in die gesellschaftliche Wirklichkeit einbinden und ihn veranlassen, gewisse Handlungen auszuführen oder nicht auszuführen. Die Musik entwickelt ihr eigenes Zeichensystem, das aber im Rahmen eines Ensembles verbaler und nonverbaler Zeichensysteme funktioniert: Biologische Dispositionen einerseits und kulturspezifische Vereinbarungen andererseits ermöglichen zwischenmenschliche Kommunikation auf unterschiedlicher Ebene, unter unterschiedlichen zivilisatorischen Bedingungen«.[12]

Das zweite Modell konzentriert sich auf einen Begriff, der vor allem in den Zitaten aus der Ethnologie schon beiläufig angeklungen ist, und versucht, die Wirkungsmacht der Musik mit dem Stichwort »Magie« zu umschreiben. Für

11 Kohler, zitiert nach H. Remmler, Musiktherapie, in: Die Psychologie des 20. Jahrhunderts, Band III, München 1977, 1246.
12 W. Suppan, a.a.O. 178.

den Komponisten und Musiktheoretiker D. Rudhyar ist Magie »kein archaisches Konzept. Sie ist die häufigste Handlungsweise in der Gesellschaft«[13] und besteht in jenem bewußten Willensakt, »der den magisch Handelnden befähigt, ein lebendiges Wesen dadurch zu beherrschen, daß er den Namen des Wesens erklingen läßt«.[14] Urform magischer Praxis ist das Klangerleben, beim Einzelnen, aber auch gattungsgeschichtlich. »Die Menschen sind zwei Grundarten von Naturklängen ausgesetzt, denen der Elemente und der Tiere. Da diese Naturklänge potentiell oder tatsächlich eine Botschaft übermitteln, handelt es sich bei ihnen wirklich um Töne. Sie haben magische Kraft. Wenn Menschen sich in Resonanz zu ihnen befinden, geschieht es, daß sie den Namen bestimmter Tiere oder Elementarkräfte lernen - der Kräfte des Windes, der Stürme, des Regens, eines tosenden Flusses und so weiter.«[15] Die besondere Stellung des Menschen in der Natur kommt darin zum Ausdruck, daß er mit seiner Stimme nicht nur den Wind und andere Laute aus seiner Umgebung nachzuahmen, sondern auch andere Lebewesen zu zähmen vermag. Insofern ist im stimmlichen Verhalten des Menschen immer mehreres angelegt, die Fähigkeit zur Vereinigung mit den anderen Stimmen, die Tendenz zum Ausdruck der eigenen Stimmungen, die Absicht der Unterwerfung jener, die die eigene Stimme hören. In der individual-psychologischen Entwicklung ist das narzißtische Erleben von Einheit und Allmacht sicher auch durch das Singen geprägt. Indem die Mutter den Säugling in ihren Armen wiegt und in den Schlaf summt, wird Einheit erfahren. Und wenn der Säugling aus Hunger und Verlassenheitsangst zu schreien beginnt und das freundliche Antlitz der Mutter über sich auftauchen sieht, entdeckt er seine Fähigkeit, das »Gefühl gegenwärtigen Heils« mit Hilfe der Stimme herbeizubeschwören.[16]

Singen ist also mehr als Freizeitbeschäftigung oder Kunstgenuß, Singen ist archaische Praxis des Lebens. Auf präverbale Weise gestalten Körper, Seele und Geist in der Ordnung der Töne die Einsicht, daß die Welt letzlich in Ordnung ist. Im Akt des Singens findet Vereinigung statt, Integration innerhalb des singenden Menschen, Kommunikation mit anderen bei Arbeit und Spiel, Initiation in das symbolische Universum der jeweiligen Gesellschaft. Diese Vereinigung geschieht im Medium der Leiblichkeit, aber anders als in der sexuellen Begegnung bleibt die Distanz zwischen den beteiligten Menschen erhalten. Im gemeinsamen Singen erweitern sich die Ich- und die Gruppengrenzen, ohne daß, wie in den obsessiven Erlebnissen der Ekstase, das Bewußtsein ausgelöscht wird. Singen ist ein Verhalten mit transzendenter Tendenz.

13 D. Rudhyar, Die Magie der Töne. Musik als Spiegel des Bewußtseins, München 1988, 37.
14 A.a.O. 36.
15 A.a.O. 38.
16 E.H. Erikson, Die Ontogenese der Ritualisierung, Psyche 22, 1968, 484.

II.

Historisch und funktional gehört Musik von der Frühzeit an zur Religion. Wenn sie in psychologischer Hinsicht Emotionen freisetzt, wenn sie soziologisch gesehen Vereinigung schafft, wenn sie Erfahrungen möglich macht, die den Alltagshorizont transzendieren, dann ist es fast selbstverständlich: Religion gibt es kaum ohne Musik.[17] Um so auffälliger ist, daß die Religions- wie die Musikwissenschaftler diesen Zusammenhang nur selten thematisieren.

Der heilige Klang

Einer der wenigen, die dem »heiligen Klang« die gebührende Aufmerksamkeit widmen, ist K. Goldammer. Er betont sehr nachdrücklich, daß die Bindung des Klangs an das Wort, wie es für unser Singen so charakteristisch ist, ein sekundäres Phänomen darstellt. »Geräusch, Laut, Ton und Melodie führen zweifellos in frühen Zeiten ein Eigenleben in der Religion, wie es die auditionären Erlebnisse von Mystikern und Propheten in späterer Zeit noch erkennen lassen, wie es aber auch in den kultischen Klängen und Geräuschen neuzeitlicher Naturvölker deutlich wird. . . . Das eigentümliche Phänomen des heiligen Klanges ist ein sehr elementares. Es appelliert nicht an ein feindifferenziertes Stimmungsgefüge des Gemütslebens oder gar an den Intellekt, es wartet nicht auf Identifizierung und Einordnung durch das Denken, sondern spricht jene Seiten der menschlichen Erlebnisfähigkeit an, die sich auch von ähnlichen akustischen Erfahrungen im Naturleben beeindrucken lassen: vom Poltern des Donners, vom Toben des Sturmes, vom Rauschen des Regens, vom Brüllen der Wild- und Weidetiere, vom Singen der Bäume und Pflanzen unter dem Winde, vom Wogenrollen der Brandung«[18] Ebenso sind die Wirkungen der religiösen Musik für das archaische Erleben keineswegs auf die menschliche Psyche begrenzt. »Religiöses Elementarempfinden geht hier aber über das rein Erlebnishafte weit hinaus und objektiviert: der

17 C. Lévi-Strauss, Mythologica I: Das Rohe und das Gekochte, Frankfurt 1976, 30f, spricht von einer elementaren »Affinität zwischen Musik und Mythen« und sieht diese fundiert »in der dem Mythos und dem musikalischen Werk gemeinsamen Eigenschaft, Sprachen zu sein, die jede auf ihre Weise die Ebene der artikulierten Sprache transzendiert und dennoch wie diese und im Gegensatz zur Malerei eine zeitliche Dimension erheischt, um sich zu offenbaren. Aber dieser Zeitbezug ist besonderer Art: alles geht so vor sich, als hätten Musik und Mythologie die Zeit nur deshalb nötig, um sie zu verleugnen. Tatsächlich ist die eine wie die andere ein Apparat zur Beseitigung der Zeit. . . . So daß wir, wenn wir Musik hören und während wir sie hören, eine Art Unsterblichkeit erlangen«.

18 K. Goldammer, Die Formenwelt des Religiösen. Grundriß der systematischen Religionswissenschaft, Stuttgart 1960, 266f.

Klang, der Ton wirkt nicht nur auf den Menschen (worüber häufig gar keine analytischen Erwägungen angestellt werden), sondern vor allem auch auf Geister und Götter. Die Trommeln rufen die Geister herbei, zwingen sie mit magischer Gewalt, wie das Zauberwort den ihm dienstbaren Geist. Und noch mehr: in den Signaltrommeln und in sonstigen kultischen Musikgeräten wohnen die Geister oder die Ahnen. Die in ihnen enthaltene Klangpotenz wird als Einwohnung des Göttlichen gedeutet«.[19] Erst auf diesem Hintergrund wird auch die spezifische Stimmführung bei der kultischen Rezitation heiliger Texte verständlich. »Es ist oft ein singendes Murmeln oder ein halbmelodisches akzentuierendes Rezitativ, das nicht selten von rhythmischen Bewegungen des Körpers, zumindest des Oberkörpers oder des Kopfes, begleitet wird. In ähnlicher Weise werden häufig die Gebete singend rezitiert: Der Hindu singt, wenn er betet. Dieses Murmeln oder Singen heiliger Texte hat nicht nur eine mnemotechnische Funktion für das leichtere Erlernen und Behalten des Wortlautes, und nicht nur eine interpretative für das Eindringen in den Sinn, für Aufbau und Gliederung der Texte. Das Entscheidende ist der wesensmäßige Ausdruck des Gesagten, den das Melos bildet, und zum anderen die magische Wirkung des gesungenen Wortes«.[20] In und mit der Musik gewinnt die Religion ihre Macht über Menschen und Götter.

In der Praxis kann das auf höchst unterschiedliche Weise geschehen. Es kann sich in der Religion die »dionysische Tiefe der Musik«[21] präsentieren, aber auch ihr apollinisches Maß. Wobei auch die Ekstase-Techniken der Schamanen für M. Eliade auf die Seite Apollos gehören, weil sie nicht auf bacchantische Besessenheit, sondern auf mystische Bewußtseinserweiterung zielen.[22] Das entscheidende Instrument für die schamanischen Zeremonien ist die Trommel. Die Funktion der Musik wird faßbar im Vorgang ihrer Herstellung wie in den symbolischen Zeichnungen, die sie schmücken. Der Schamane, der sich eine Trommel bauen will, läßt sich den geeigneten Baum von den Geistern zeigen, oder er geht mit geschlossenen Augen in den Wald, oder er wählt einen Stamm, den der Blitz getroffen hat. Immer geht es darum, Holz zu finden, das vom Weltenbaum stammt und das deshalb die Verbindung mit dem Zentrum der Welt ermöglicht. Auch der Zierat, mit dem bei manchen Völkern die Trommel versehen wird, symbolisiert ihre Aufgabe, die Himmelsreise des Schamanen zu unterstützen. »Der Weltenbaum, d.h. die Opferbirke, die der Schamane ersteigt; das Pferd, das Opfertier; die Hilfsgeister der Schamanen; Sonne und Mond, die er im Lauf seiner Himmelsreise erreicht; die Unterwelt . . ., in die er bei seinem Abstieg zum To-

19 A.a.O. 268.

20 A.a.O. 270.

21 F. Nietzsche, Die Geburt der Tragödie, Werke 1, ed. K. Schlechta, München 1966, 106; vgl. auch 28.

22 M. Eliade, Schamanismus und archaische Ekstasetechnik, Frankfurt 1975, 370ff.

tenreich eindringt – all diese Elemente, in denen gewissermaßen Reiseweg und Abenteuer des Schamanen zusammengefaßt sind, finden sich auf seiner Trommel dargestellt. . . . Die Trommel veranschaulicht einen Mikrokosmos mit seinen drei Zonen Himmel, Erde und Unterwelt und zeigt gleichzeitig die Mittel an, mit denen der Schamane die Ebenen zu durchbrechen vermag und die Verbindung mit der oberen und der unteren Welt herstellt«.[23] Rhythmik und Motorik der Musik erschließen Bereiche der Wirklichkeit, die für das Alltagsbewußtsein unzugänglich bleiben.[24]

Konfuzianismus

Nicht Ekstase, sondern Integration ist das Ziel musikalischer Praxis im Konfuzianismus. »Das Ritual ist ein unergründliches Mysterium und auf eine sehr reale Weise das Tao des Konfuzianismus, – weil Ritual und Musik nicht nur wesentlich menschliche Aktivitäten, sondern auch gemeinschaftliche menschliche Aktivitäten darstellen, welche den Menschen, ohne ihn seiner Individualität und seines Selbst-Bewußtseins zu berauben zu suchen, wieder – auf einer höheren, weil menschlichen, Ebene – in die kosmische Harmonie integriert«.[25] In der Musik gewinnt eine Menschengemeinschaft immer erneut ihre kosmisch fundierte Ordnung. »Durch Riten vereinen sich Himmel und Erde in Harmonie: Sonne und Mond scheinen, die vier Jahreszeiten schreiten ordnungsgemäß voran, die Sterne und Sternbilder rücken vor, die Flüsse fließen, und alles gedeiht; der Menschen Zuneigungen und Abneigungen sind reguliert und ihre Freuden und ihr Haß zweckdienlich gemacht. Die Unteren sind gehorsam, die Oberen erleuchtet; alle Dinge wandeln sich, geraten aber nicht in Unordnung; nur wer den Riten den Rücken kehrt, wird vernichtet. Sind sie nicht wirklich wunderbar? Wenn sie richtig eingesetzt und zur höchsten Vollkommenheit gebracht sind, kann niemand auf der Welt ihnen etwas hinzufügen oder von ihnen fortnehmen. Durch sie werden Wurzel und Zweig in die rechte Ordnung gebracht«.[26] Im Ritual, das zur Mäßigung führt, kann auch Musik nur maßvoll eingesetzt werden. »Schönheit

23 A.a.O. 171.

24 Eine eindrucksvolle Beschreibung der Karfreitags-Trommeln in seinem Geburtsdorf Calanda/Aragonien liefert L. Buñuel, Mein letzter Seufzer. Erinnerungen, Frankfurt 1983, 14ff: »Dieses Trommeln, ein unglaubliches, mächtiges, kosmisches Phänomen, das das kollektive Unbewußte anrührt, läßt den Boden unter den Füßen beben. Die ganze Nacht hindurch schwingt die Natur im Rhythmus der Trommeln. Wenn man die Hand auf die Mauer eines Hauses legt, spürt man, wie sie zittert«(16).

25 R.C. Zaehner, Mystik – Harmonie und Dissonanz. Die östlichen und westlichen Religionen, Olten 1980, 297f.

26 A.a.o. 298. Zaehner zitiert hier B. Watson, Hsün Tzu. Basic Writings, Columbia University Press, 1963, 91.

und Häßlichkeit, Musik und Weinen, Freude und Leid sind Gegensätze, und doch macht das Ritual von ihnen allen Gebrauch, läßt sie hervortreten und verwendet sie, bald das eine, bald das andere. Schönheit, Musik und Freude dienen dem Hervorrufen einer Haltung der Gelassenheit und finden bei glücklichen Anlässen Verwendung. Häßlichkeit, Weinen und Leid rufen eine Haltung der Unruhe hervor und finden bei unheilvollen Anlässen Verwendung. Aber obwohl von Schönheit Gebrauch gemacht wird, sollte sie nie den Grad der Sinnlichkeit oder des Verführerischen erreichen, und obwohl von Häßlichkeit Gebrauch gemacht wird, sollte sie nie bis zum Verhungern oder zur Selbstschädigung gehen. Obwohl von Musik und Freude Gebrauch gemacht wird, sollten sie nie wollüstig und hemmungslos werden, und obwohl von Weinen und Leid Gebrauch gemacht wird, sollten sie nie rasend und der Gesundheit abträglich werden. Ist dies geschehen, dann haben Riten die Mitte erreicht«.[27]

Griechenland

In der griechischen Mythologie klingt auffallend häufig der Zusammenhang zwischen Musik und Tod an. Der Schwan ist zum Boten Apollos und zum Sinnbild für Orpheus geworden, weil er nur einmal, nämlich in der Stunde des Sterbens, singen soll.[28] W.F. Otto verweist auf den Ausruf des gerade geborenen Gottes im homerischen Hymnus: »Leier und Bogen will ich lieben!«[29] Und sieht die Gemeinsamkeit zwischen Waffe und Musikinstrument in der Überwindung von Distanzen, in der Ähnlichkeit des Materials, aber auch in der Treffsicherheit, die menschliche Herzen bis in den Tod zu bewegen vermag. Die lebensgefährliche Macht von Gesang ist in den Sirenen verkörpert. Odysseus hat sich an den Mastbaum binden und seinen Gefährten die Ohren verstopfen lassen, um ihren Lockrufen nicht zu erliegen.[30] In der Forschung wird die Ansicht vertreten, ursprünglich seien die Sirenen »Todesdämonen« gewesen, »verwandt mit den Harpyien und Lamien (Vampire), gierig nach Blut und Liebesgenuß«.[31]

Musik kann also der Todesmacht dienen, sie kann aber ihre Macht auch gegenüber dem Tod demonstrieren. Orpheus ist der faszinierende Repräsentant dieser Macht. Schon als Kind hat er mit Hilfe der Leier Bäume versetzt und Tiere gezähmt. Vögel haben ihn auf seinen Wanderungen begleitet, die

27 R.C. Zaehner, a.a.O. 298f.

28 Plato, Phaidon 84 e, Rep. 10, 620; F. Nietzsche, Nietzsche contra Wagner, Werke 2, ed. K. Schlechta, München 1966, 1045, generalisiert: »Jede wahrhafte, jede originale Musik ist Schwanengesang«.

29 W.F. Otto, Theophania. Der Geist der altgriechischen Religion, Hamburg 1956, 103f.

30 Od. 12, 39ff; 158ff.

31 H. von Geisau, Art. »Seirenes«, Der Kleine Pauly 5, München 1979, 79.

Fische sind aus dem Meer ihm entgegengesprungen. Und um Eurydike wieder ins Leben zu holen, hat er den Weg in die Unterwelt gewagt. »Während Orpheus sang, bellte der Kerberos nicht. Ixions Rad blieb stehen. Tityos' Leber wurde nicht zerfleischt. Die Töchter des Danaos hörten mit dem vergeblichen Wassertragen auf. Sisyphos setzte sich auf seinen Stein. Tantalos vergaß Hunger und Durst. Die Erinyen staunten, und die Totenrichter weinten. Es weinte die grenzenlose Schar der Seelen, die sich um Orpheus versammelt hatte«.[32] Das Scheitern seiner Expedition in den Hades macht freilich auch deutlich, worin die Grenzen der Lebensmacht von Musik bestehen. Als die Liebenden sich einander zuwenden, um sich anzublicken, werden sie für immer voneinander getrennt. Die ätherische Verbindung durch Töne löst sich auf, wenn durch Blickkontakt leibliche Nähe hergestellt werden soll. Die Kraft des Gesangs wirkt bis in die Todeswelt, aber sie kann die Macht des Todes über die Körper nicht brechen. Deshalb ist auch das tragische Ende des Sängers nur konsequent. Weil er sich nach seiner Rückkehr aus dem Totenreich den Frauen verweigerte und sich nur noch mit jungen Männern umgab, die er in die orphischen Lebensgeheimnisse einführte, wurde er, der für eine Frau den Gang in den Hades gewagt hatte, von den Frauen getötet. »Der Sänger geriet auf seiner Wanderung im Pangaiongebirge in die geheime Feier der thrakischen Bakchantinnen. Sie erkannten ihn wohl, es war kein Wahn wie bei den Thebanerinnen, die den Pentheus für einen Löwen hielten. Und sie zerrissen den Sohn der Muse«.[33]

Die Macht der Musik zeigt sich im Umfeld des Todes.[34] Ihre Gefährlichkeit hängt nicht zuletzt damit zusammen, daß sie Gefühle zwischen den Geschlechtern auslöst und damit Konflikte mobilisiert, die aus der Perspektive der Männerangst tödlich enden. Sehr aufschlußreich ist in diesem Zusammenhang die Wirkungsgeschichte des Sirenen-Motivs, das H. Rahner in der Alten Kirche verfolgt hat. »Die Sirenen erscheinen bei den Kirchenvätern in einer doppelten Gestalt, und dieser entspricht auch eine zweifache Form der

32 K.Kerényi, Die Mythologie der Griechen. Band II: Die Heroen-Geschichten, München 1987, 22f.
33 a.a.O. 224.
34 Wie sich militaristische Ideologie dieses Zusammenhangs bemächtigen kann, hat W. Zank, Der Sturm auf Langemarck, DIE ZEIT Nr. 46 vom 10.11.1989, 49f, am Beispiel des Langemarck-Mythos gezeigt; daß kriegsbegeisterte Soldaten mit dem Deutschland-Lied auf den Lippen die französischen Stellungen gestürmt haben sollen, wie man in der Weimarer Zeit und im Dritten Reich immer wieder behauptet hat, ist weder nach der damaligen Angriffs-Taktik noch nach den historischen Einzelinformationen wahrscheinlich. Zur Wirkungsgeschichte des Motivs vgl. auch: U.-W. Ketelsen, »Die Jugend von Langemarck«. Ein poetisch-politisches Motiv der Zwischenkriegszeit, in: Th. Koebner/R.-P. Janz/F. Trommler (Hg.), »Mit uns zieht die neue Zeit«. Der Mythos Jugend, Frankfurt 1985, 68ff. Ein Beispiel für Revierabgrenzung durch Töne berichten D. Schilling/V. Sommer, Gibbons im thailändischen Regenwald, Bild der Wissenschaft 1986, 69f.

tödlichen Gefahr, die der himmelreisende Odysseus zu bestehen hat: die Sirenen sind Symbole der tödlichen Lust, aber auch des tödlichen Wissens«.[35] In der altkirchlichen Literatur werden sie nacheinander zu Sinnbildern für die heidnische, die häretische, die moralische und die weibliche Versuchung. Sie repräsentieren die Faszination, die von der heidnischen Weisheit, aber auch von der ketzerischen Irrlehre ausgeht. Für Ambrosius enthält ihr Gesang die Verlockung der Wollust: »So ergötzt uns auch die Wollust der Welt . . mit schmeichelndem Fleisch, um uns zu täuschen. Allein, wie dort bei den Sirenen nicht die Küste an sich die Schuld am Untergang trug, sondern die Süße des Gesangs, die da bewirkte, daß man die Klippen der Küste vergaß: also ist auch bei uns nicht das Fleisch als solches der Grund zum Untergang, sondern jene Kraft, durch die das Fleisch Reiz und Aufruhr verspürt«. Und ein Mönch aus Clairvaux sagt ausdrücklich: »Der Sang der Sirenen ist das Gerede der weltlichen Frauen«.[36] Die Macht des Gesangs, die bis in die Todeswelt reicht, ist selber beängstigend, weil sie die Lebenstriebe mobilisiert.

35 H. Rahner, Griechische Mythen in christlicher Deutung, 2. Auflage, Basel 1985, 301.

36 A.a.O. 311. Wie in Abgrenzung gegen heidnische Kulte und häretische Kreise der liturgische Frauengesang aus dem altkirchlichen Gottesdienst herausgedrängt worden ist, zeigt J. Quasten, Musik und Gesang in den Kulten der heidnischen Antike und christlichen Frühzeit, 2. Auflage, Münster 1973, 111ff.

III.

In der biblischen Tradition wird eine bildlose, aber nicht eine tonlose Gottesverehrung gefordert. Entsprechend selbstverständlich ist die musikalische Praxis im israelitischen wie im frühchristlichen Kult, und entsprechend zahlreich sind die Angaben, die in den biblischen Schriften dazu gemacht werden. Religion gewinnt ihre lebensformende Kraft nicht in dogmatischer Belehrung oder durch ethische Unterweisung, sondern in der hymnischen Doxologie.

Altes Testament

Die Musik-Instrumente wie die Gattungen der profanen Lieder hat Israel mit seiner Umwelt geteilt.[37] Auch die grundlegenden Funktionen musikalischer Praxis, von denen bisher die Rede war, sind hier wiederzufinden. Die Musik »wirkt bindend und entfesselnd, begeisternd und befreiend; sie kann Macht bannen oder Macht zur Entladung bringen«.[38] Ihre animierende Wirkung zeigt sich beim Offenbarungsempfang in der Geisterbeschwörung. »Instrumentale M. führt die Ekstase der Propheten herbei (2 Kön 3,15; 1 Sam 10,5), sie dient der Divination; in der Kultprophetie wird die M. eine wesentliche Bedeutung erreicht haben; es ist noch ein Zusammenhang erkennbar zwischen Kultpropheten und Sängern (nibba' heißt 1 Chr 25,1 ff ›musizieren‹). Wie hier der Geist oder eine Kraft durch M. herbeigeholt wird, so kann die M. böse Geister bannen«.[39] An anderen Stellen sind mindestens Erinnerungen an magische Beschwörungshandlungen nicht auszuschließen (Num. 10,10; Jos. 6,3 ff).[40] Nach Th. Reik sind die psychischen Erschütterungen beim Schofar-Blasen im synagogalen Gottesdienst nur zu verstehen, wenn man annimmt, daß dabei die ursprüngliche Tötung der Gottheit in Tiergestalt nachklingt.[41]

Natürlich liefern das wichtigste Material für den Zusammenhang von Kult und Musik in Israel die Psalmen. Für R. Smend ist »völlig deutlich, daß Israel in eine längst bestehende Tradition der Psalmographie eintrat, vermutlich durch kan. (aanäische) Vermittlung«.[42] Leider sind viele Angaben in den Texten nur schwer zu entziffern, vor allem was die Aussagen der Überschrif-

37 Vgl. die Liste bei A. Sendrey, Musik in Alt-Israel, Leipzig o. J., 58.

38 C. Westermann, Art. »Musik III«, RGG[3] IV, Tübingen 1960, 1203

39 Ebd.

40 Zu einseitig vom prophetischen Gottesverständnis her beschreibt W. Wiora, Die vier Weltalter der Musik. Ein universalhistorischer Entwurf, München 1988, 86ff, die Musik im alten Israel.

41 Th. Reik, Das Ritual, 2. Auflage, Leipzig 1928, 201ff.

42 R. Smend, Die Entstehung des Alten Testaments, Stuttgart 1978, 192.

ten zur Aufführungspraxis und was die Zuordnung einzelner Lieder zu bestimmten Festen betrifft. Auch die Frage, ob die levitischen Berufssänger eine Früh- oder Spätform darstellen, ist umstritten.[43] Immerhin lassen sich aus den Texten noch einzelne liturgische Abläufe rekonstruieren. »Wie die Seraphen einander den Hymnus zusingen (Jes 6,3), so singen im Gottesdienst nacheinander verschiedene Gruppen dieselben Worte (vgl. Ps 118, 1-4; 135, 19f.). Die Gemeinde antwortet auf den Chorgesang mit einem Amen (1 Chr 16,36) oder mit Kehrversen, wie sie mehrere Pss durchziehen (46; 67; 80; 99; vgl. 42 f., auch 8). Es gibt auch die Litanei mit dem Wechsel von Zeile zu Zeile (136; Gesang der drei Männer im Feuerofen). Ein liturg. Vorgang ist die wahrscheinliche Aufeinanderfolge von Bitte und Orakel in den Klageliedern, nur daß das Orakel in unseren Texten nur im Ausnahmefall erhalten ist; vgl. aber immerhin Ps 12; 60; 85; 121«.[44] Auch die zentralen Gattungen der Klage- und Loblieder, letztere unterteilt in Danklied und Hymnus, lassen erkennen, daß alle Aspekte menschlicher Lebenserfahrung, die negativen wie die positiven, im kultischen Singen vor Jahwe ausgebreitet werden.

In der kultischen Vergegenwärtigung der Heilsgeschichte, aber auch von individueller Leidenswirklichkeit entsteht in den israelitischen Gottesdiensten eine neue Realität. »Wirklichkeit wird im Fest kultdramatisch erzeugt, hier ereignet sich das Heil für Israel und für die ganze Welt. Von dieser Festwirklichkeit leitet sich die Gestalt der konkreten politischen und sozialen Wirklichkeit ab, wie auch die der Natur, eben die Alltagswirklichkeit in allen ihren Dimensionen, indem diese ihre Ermöglichung und Realisierung, letztlich ihr Nichtchaossein, d.h. ihr Nichtunwirklichsein als Schöpfung, aus dem Kult erhält. Kultdramatische Wirklichkeit entsteht am Heiligtum durch Aktualisierung von idealem Geschehen, nicht mythischer, sondern, und das ist das Proprium Israels, historischer Vergangenheit, deren ideale Züge aber nicht durch tatsächliches historisches Geschehen in der Vergangenheit abgedeckt sind, die ihnen vielmehr in ihrem Anspruch, jeweilige Gegenwart kultdramatisch zu transzendieren, aus dieser heraus beigelegt werden . . . Fest ist in Israel Wirklichkeit der Nähe Gottes, gesteigerte Wirklichkeit, aus der Heil und Segen in die Welt fließen, in der der Mensch zu jubeln beginnt, zu singen, zu loben, der Segen Gottes sich in der Festekstase ausdrückt«.[45] Der Gottesdienst läßt also heilvolle Interdependenzen zwischen der heiligen Vergangenheit und der unheiligen Gegenwart, zwischen Bund und Recht, zwischen Kult und Natur entstehen, und er öffnet damit eine Sicht auf die Schöpfung,

43 Vgl. A. Sendrey, a.a.O. 142.

44 R. Smend, a.a.O. 200.

45 E. Otto, Fest und Freude im Alten Testament, in: E. Otto/T. Schramm, Fest und Freude, Stuttgart 1977, 62. Zur Kultmusik im Jerusalemer Tempel vgl. H. Seidel, Musik in Altisrael. Untersuchungen zur Musikgeschichte und Musikpraxis Altisraels anhand biblischer und außerbiblischer Texte, Frankfurt 1989, 81ff.

in der ganz unprotestantisch »Gottesdienst im Alltag der Welt« (E. Käsemann) passiert. Nicht nur die Musikinstrumente (Ps. 150), sondern auch Berge und Hügel (Ps. 65,13 f), Bäume (Ps. 69,5) und Gestirne (Ps. 148,3) sind am Lob Gottes beteiligt. Was im Kult geschieht, hat kosmische Weite.

Im gottesdienstlichen Singen artikuliert sich der Sinn des Seins. Wenn die Sprache des Hymnus mehr ausdrückt als den Überschwang religiöser Gefühle oder die Weitschweifigkeit poetischer Metaphorik, dann artikuliert sich darin die Behauptung, daß in dieser Sprache das Leben zu seiner Bestimmung findet. Im Gotteslob der Gemeinde erfüllt sich das Leben aller Geschöpfe. So erhebt der Hymnus einen den Kosmos umfassenden Anspruch. Das hymnische Singen ist demgemäß als ein Akt projektiver Weltauslegung anzusehen. Die Doxologie entdeckt in sich selbst die Logik des Lebens. Die Schöpfung kommt zur Einheit in der hymnischen Bejahung des Schöpfers. Singen ist dann ein Akt selbstvergessener, gottgegründeter Lebensbejahung.

Neues Testament

Das Neue Testament hat diesen universalen Horizont nicht preisgegeben, aber in einer bestimmten Hinsicht modifiziert. Die klassischen Stellen (Kol. 3,16; Eph. 5,18f) belegen eindeutig, daß das Singen konstitutiv zum urchristlichen Gottesdienst hinzugehört hat; und aus einzelnen Angaben in der Johannes-Apokalypse wollen manche erschließen, daß dieses Singen vom Spiel der Kithara begleitet gewesen ist (5,8 f; 14,2; 15,2).[46] Überhaupt enthält »Das hymnische Evangelium« schon in seinem Aufbau eine eschatologische Perspektive, die man auch sonst für das Verständnis des geistgewirkten Gemeindegesangs voraussetzen darf. »Das hymnische Finale in Kap. 19, angeführt von einem Siegeslied, ist innerhalb der Apokalypse der Punkt, der die Realisierung der Herrschaft Gottes über diesem Kosmos markiert, nachdem auch Babel gestürzt worden ist. Indem nun Himmlische und Irdische gemeinsam singen, wird zugleich klar, wie weit das Jetzt der Gegenwart der Kirche entfernt ist von der Vollendung. Doch indem dieses Finale zurückblickend auf die Vernichtung der Feinde gesungen wird, ist es die Legitimation aller vorausgegangenen Prolepse und korrespondiert dem eschatologischen Lobgesang, der bei der Gerichtseröffnung in Kap. 4 und 5 erklungen war. Das Richten Gottes ist zu Ende, die Heilszeit kann beginnen«.[47] Das Singen hat also seine Vereinigungskraft nicht verloren, aber die Welt, in die es hineinführt, ist nicht dieser, sondern der kommende Äon, ist nicht die irdische Natur, sondern die Himmelswelt der Engel, Dämonen und Geister.

46 Chr. Wetzel, Die Träger des liturgischen Amtes im evangelischen Gottesdienst, bei dem Apostel Paulus und bei Martin Luther, Leiturgia IV, Kassel 1961, 272.
47 K.-P. Jörns, Das hymnische Evangelium. Untersuchungen zu Aufbau, Funktion und Herkunft der hymnischen Stücke in der Johannesoffenbarung, StNT 5, Gütersloh 1971, 169.

»Das Singen ist ein vorauslaufendes endzeitliches Zeichen und verbindet die angefochtene Gemeinde auf Erden mit der Gemeinde der Vollendeten«.[48]

Auch im Singen ereignet sich der Einbruch des endzeitlichen Geistes. Deshalb unterscheidet Paulus zwei Arten des Psalmengesangs, »im Geist« und »mit dem Verstand« (1. Kor. 14,15). »Ist das Beten im Geist ein unartikuliertes, fremdsprachlich unverstandenes und unverständliches Reden, so ist Singen im Geist Vokalmusik auf unartikulierte Laute, das heißt ein instrumentales Musizieren der menschlichen Stimme«.[49] Die Glossolalie ist also keineswegs auf das Reden beschränkt. Paulus akzeptiert diese enthusiastischen Phänomene. Er kritisiert sie nicht prinzipiell, aber er definiert den Realitätsgehalt neu. E. Käsemann hat wahrscheinlich gemacht, daß die rätselhaften Aussagen des Apostels sich auf die gottesdienstliche Praxis beziehen und durch den Verweis auf das Seufzen der Schöpfung im Kontext eine antienthusiastische Spitze erhalten (Röm. 8,26 f). »Selbst als Bittende und zu Gott Schreiende durchschauen wir unsere eigene Lage noch nicht, wie es nötig und angebracht ist. Nicht einmal die Christen tun es. Deshalb muß der Geist uns zur Hilfe kommen, nicht um uns aus dem Irdischen zu befreien, sondern um stellvertretend für uns unsere Not Gott mit unaussprechlichen Seufzern entgegenzuschreien. Das geschieht in den glossolalischen Gebetsrufen. Sie sind nicht der Engelsgesang, den die Korinther vernehmen. Sie sind vielmehr der Beweis dafür, daß die Gläubigen noch in den Chor der Tiefe einstimmen müssen, wie die unerlöste Schöpfung ihn hören läßt«.[50] Das gottesdienstliche Singen, mag es geistgewirkt oder gar glossolalisch sein, führt die Gemeinde nicht in überirdische Sphären, sondern vereinigt sie mit den Klagelauten der leidenden Kreatur.

So ist die Weltauslegung im neutestamentlichen Verständnis des Singens auf doppelte Weise gebrochen. Die Gemeinde vereint sich im Gottesdienst mit dem himmlischen Lobgesang und distanziert sich dadurch von diesem vergehenden Äon. Oder sie entdeckt wie Paulus ihre Solidarität mit der Welt und muß dann auch im ekstatischen Jubel das Stöhnen der auf Erlösung harrenden Schöpfung vernehmen. Zwischen den Zeiten ist das gemeindliche Singen Zeichen der Erlösung, aber auch Zeichen der Erlösungsbedürftigkeit. Gerade im enthusiastischen Jubel kann die Gemeinde zur Gemeinschaft der Auferstandenen werden und den Kontakt zu jener Lebensrealität verlieren, der ihr durch das Wort vom Kreuz unwiderruflich eingeprägt ist. Für Paulus jedenfalls steckt im ekstatischen Singen eine Verführungsmacht,

48 O. Söhngen, Theologische Grundlagen der Kirchenmusik, Leiturgia IV, Kassel 1961, 12.

49 Chr. Wetzel, a.a.O. 274.

50 E. Käsemann, Der gottesdienstliche Schrei nach der Freiheit, in: Paulinische Perspektiven, Tübingen 1969, 230f.

weil die Gemeinde zur enthusiastischen Flucht aus der Wirklichkeit verlockt werden kann.

Kirchengeschichte

Wenn das Singen in der weiteren Geschichte der Kirche als versuchlich eingestuft wird, dann nicht deswegen, weil es aus der Welt hinaus-, sondern weil es in die Welt zurückführt. Das Singen, die Musik überhaupt faszinieren durch einen ästhetischen Schein, der für den wahren Glauben gefährlich wird. Auf unübertroffene Weise hat Augustin in seinen »Confessiones« diese schwankende Haltung zum Ausdruck gebracht. Musik rührt auch im Gottesdienst an die Sinne und animiert damit zur Sinnlichkeit. »Ich fühle wohl, daß diese heilgen Worte, wenn sie gesungen werden, meine Seele in frömmere und heißre Andachtsgluten tauchen, als wenn sie nicht gesungen würden, weil jede Regung unsrer Seele nach ihrer Art auch in Gesang und Stimme ihre Weise hat, etwas wie tief verborgene Verwandtschaft, die sie reizt und anregt. Oft aber täuschen sich auch nur die Freuden meiner Stimme, und sie betäuben und betören meine Seele, die drum sich hüten soll, sich ihnen hinzugeben«.[51] Vor allem die monastischen Asketen haben dann alle Gefühlslastigkeit aus dem Kirchengesang verbannt. Abt Pambo erklärt einem Schüler, der in Alexandria die bestrickenden Kirchenchöre gehört hat und sie auch unter den Mönchen einführen will: »Die Mönche sind doch nicht in diese Wüste hinausgezogen, um überheblich vor Gott hinzutreten, Melodien vorzutragen, in Tonarten rhythmisch zu singen, in die Hände zu klatschen und die Füße in Tanzschritten zu bewegen. Nein, wir müssen in Furcht und Zittern, weinend und seufzend, fromm und zerknirscht, mit maßvoller demütiger Stimme unsere Gebete Gott vortragen«.[52] Eine Lösung liegt nahe, die die emotionalen Wirkungen der Musik auf ein Minimum reduziert. Augustin hat sie vorgeschlagen: »mehr und mehr bin ich der Meinung, wenn ich schon damit kein unwiderruflich festes Urteil geben will, daß in der Kirche das gewohnte Singen wohl zu billigen sei, daß durch die Lust der Ohren sich die schwächre Seele zu innigerer Frömmigkeit erhebe. Wenn aber, wie es manchmal mir geschieht, mich der Gesang mehr rührt als die gesungnen Worte, dann gesteh ich offen, daß ich sträflich sündige«.[53]

Einen Kompromiß zwischen der affektiven Betäubungspotenz der Musik und ihrer integrativen Harmonisierungskraft hat die mittelalterliche Kirche des Westens im gregorianischen Gesang gefunden. Auf dessen komplizierte Entstehungs- und Überlieferungsgeschichte ist hier im einzelnen nicht einzugehen. F. Buchholz, der sich im Rahmen der Alpirsbacher Bewegung um die

51 Augustinus, Bekenntnisse. Übertragen und eingeleitet von H. Hefele, Düsseldorf 1959, 260.

52 Zitiert nach W. Wiora, a.a.O. 88.

53 Augustinus, a.a.O. 261.

Erneuerung dieser Tradition auch für den protestantischen Gottesdienst bemüht hat,[54] charakterisiert die musikalische Eigenart der Gregorianik folgendermaßen: »sie ist Gesang, also des Instuments bewußt entratende und durch Instrumente immer nur verfälschte Vokalmusik (während unsre ganze Musik heute, auch dort, wo sie als Gesang auftritt, im Grunde instrumental gemeint ist). Dieser Gesang ist streng einstimmig und bedient sich der diatonischen Tonleiter, also nur der sieben Stammtöne. Er ist freirhythmisch, enträt also der uns geläufigen Taktvorstellung«.[55] Der theologische Vorzug dieser Musik besteht für Buchholz darin, daß sie vollkommen textunabhängig verläuft und also »mit romantischer Ausdruckstheorie« gar nichts zu tun hat. »Diese typischen Melodien gelten allen Texten ohne Rücksicht darauf, ob sie jeweils einen fröhlichen, lobenden oder einen bittenden oder klagenden Inhalt haben. Damit überläßt die Gregorianik das Textwort seiner eignen Kraft, streicht nichts ab, tut nicht hinzu. Sie malt deshalb auch nichts stimmungsmäßig aus, ohne deshalb nun gleich ›ausdruckslos‹ zu werden. Sie erhebt vor allem nicht den Anspruch, als Melodie an die Stelle der Verkündigung treten zu können, sie erhebt nicht den Anspruch, Predigerin im eigentlichen Sinne zu sein«.[56] Als reine Musik fordert sie damit geradezu die reine, textgebundene Verkündigung. Bei allem Respekt vor diesem Rezeptionsunternehmen wird man aber fragen müssen, ob hier nicht die transpsychologische Qualität des gregorianischen Gesangs zu einseitig interpretiert wird. Die Kirchenväter haben vor der Verführungskraft der Musik gewarnt. Im Mittelalter distanziert man sich auch von Entwicklungstendenzen der allgemeinen Musikkultur. Im gregorianischen Gesang sollen demgemäß die obsessiven Möglichkeiten musikalischer Ergriffenheit überwunden werden. Er drückt gewiß keine übersteigerten Stimmungen aus und setzt auch keine ekstatisierenden Wirkungen frei, aber die Absicht dieser Musik ist durchaus psychozentriert: Sie will der Seele jene Gestimmtheit vermitteln, die der von Gott geschaffenen Ordnung des Kosmos entspricht. Sie zielt gewiß nicht auf Expression, aber dafür umso stärker auf Integration. In theologischer Hinsicht wäre dann aber erst noch zu begründen, inwiefern eine Musik, die weder abgrundtiefer Klage noch überschwenglicher Freude Ausdruck zu geben vermag, als besonders glaubensadäquat gelten soll.

Weil die Angst vor der Musik jahrhundertelang mit der Angst vor der Frau kombiniert war, haben, vor allem in Italien und Spanien, eine Zeit lang Kastraten Einzug in die Kirchenchöre gehalten. Schon in der Antike waren die Eunuchen in Privathaushalten und Kaiserhof nicht nur mit intimen Dienst-

54 Unterschiede zu anderen Konzepten benennt O. Brodde, Evangelische Choralkunde (Der gregorianische Choral im evangelischen Gottesdienst), Leiturgia IV, Kassel 1961, 354 ff.

55 F. Buchholz, Gregorianik heute, in: Liturgie und Gemeinde.Gesammelte Aufsätze, ThB 45, München 1971, 66.

56 A.a.O. 74.

leistungen, sondern auch mit der Vermittlung kultureller Werte beschäftigt.[57] »Die höchste moralische und künstlerische Sanktion für ihre ›Duldung‹ erhielten die Kastraten um die Mitte des 16. Jahrhunderts durch ihre Zulassung zum ersten Kirchenchor der Welt, zur päpstlichen Kapelle. Es scheint, daß die Verordnung des Papstes Paul IV. vom 30. Juli 1555, welche alle verheirateten Sänger - darunter auch Palestrina - aus der päpstlichen Kapelle wies, ihnen endgültig den Weg zu ihr freimachte«.[58] Während die Kastration als Strafmaßnahme und zu therapeutischen Zwecken unstrittig war, galt sie, wenn sie des Gesangs wegen und damit auch aus ökonomischen Interessen durchgeführt wurde, für die meisten Theologen zu Beginn der Neuzeit als unerlaubt.[59] Dennoch ist ein ausdrückliches Verbot kirchlicherseits nicht nachweisbar. So produzierte die Angst vor der Frau, nicht nur in musikalischem Zusammenhang, beschädigte Männer.

In der Kirche ist die Angst vor der verführerischen Macht der Musik spürbar groß gewesen. Wie soll man erklären, daß dennoch in den Gottesdiensten bis heute musiziert und gesungen wird? Wie vor allem ist zu verstehen, daß ausgerechnet die Orgel[60] zum Sinnbild religiöser Musik im Protestantismus werden konnte, ein Instrument also, das die Kirchenväter heftig attackiert haben, weil es im römischen Zirkus auch beim Sterben der christlichen Märtyrer erklang? D. Schuberth hat die Integrationsgeschichte der Instrumentalmusik und insbesondere der Orgel in den abendländischen Gottesdiensten verfolgt. Man kann seine Ergebnisse in der These zusammenfassen: Die Angst vor der Macht der Musik konnte nur mit Hilfe einer anderen Macht

57 Vgl. P. Guyot, Eunuchen als Sklaven und Freigelassene in der griechisch-römischen Antike, Stuttgart 1980.

58 F. Haböck, Die Kastraten und ihre Gesangskunst. Eine gesangsphysiologische, kultur- und musikhistorische Studie, Berlin/Leipzig 1927, 162f.

59 P. Browe, Zur Geschichte der Entmannung. Eine religions- und rechtsgeschichtliche Studie, Breslau 1934, 106, führt als Beispiel für eine positive Begründung den italienischen Theatiner Zacharias Pasqualigo an: »Der Mensch ist nicht Herr seines Leibes und seiner Glieder, sondern nur ihr Verwalter; als solcher aber darf er über sie verfügen, wenn das ein lebenswichtiges Interesse verlangt; er darf sich eines weniger nützlichen und wertvollen Gliedes berauben, wenn dadurch ein nützlicheres und wertvolleres gerettet wird. Nun aber ist die Erhaltung des Knaben-Kehlkopfes für viele wichtiger und wertvoller als die der Keimdrüsen; also dürfen sie, um jenen zu erhalten, diese verstümmeln. Denn diese Entmannung macht sie reich und angesehen, jedenfalls aber schützt sie vor Not und gibt ihnen eine Lebensstellung, was so wichtig ist wie die Gesundheit, für deren Erhaltung sie doch, wie alle zugeben, erlaubt ist. Außerdem dient sie dem öffentlichen Wohle«.

60 Zur Geschichte der Orgel seit der Schenkung eines Instruments durch den byzantinischen Kaiser Konstantin VI. Kopronymos im Jahre 757 an den Frankenkönig Pippin III. vgl. D. Droysen, Musikinstrumente im mittelalterlichen Gottesdienst, in: K.G. Fellerer (Hg.), Geschichte der katholischen Kirchenmusik I, Kassel 1972, 350ff.

überwunden werden. Ursprünglich gehört nämlich auch und gerade die Orgel zum Zeremoniell der römischen Kaiserverehrung, und mit der Christianisierung des Kaisertums ist sie aus dem Zirkus in die Kirche gewandert. »Die drei Imperien von Rom, Konstantinopel und Aachen sind vom Glanz einer Instrumentalmusik umgeben, die als Herrschaftszeichen verstanden werden kann. Sie mag auf den drei Stufen äußerlich sich nahezu gleichbleiben; durch die Umstände aber erfährt sie unterschiedliche Deutungen und Anwendungen. In Rom ist sie an der Ehrung des Gottkaisers beteiligt. Die Christianisierung des Reiches macht den Gottkaiser zum Stellvertreter, das heißt zum Diener Gottes; den ehrt nun die Instrumentalmusik von Byzanz. Bei der Übertragung von Formen der Kaiserehrung in den Westen ergibt sich im Zusammenwirken verschiedener Faktoren der weitere Schritt einer Einbeziehung von Zeremonialmusik in die Liturgie. ... Der Glanz der Kaiserherrschaft ist auf die Kirche, und das heißt wohl vorerst auf den Episkopat, übergegangen. Das konnte nicht anders verstanden werden, als daß er damit noch ausdrücklicher zum Glanz Jesu Christi wurde. Er war es in Byzanz als Glanz eines Stellvertreters; er blieb es im Westen, wurde es aber dort außerdem und vielleicht deutlicher als Glanz des Volkes Gottes«.[61] Die Instrumentalisierung des heidnischen Musikinstruments wäre dann dort an ihr konsequentes Ende gelangt, wo es mit seiner gloriosen Strahlkraft fast ausschließlich zur Begleitung des doxologischen Gemeindegesanges dient.

61 D. Schuberth, Kaiserliche Liturgie. Die Einbeziehung von Musikinstrumenten, insbesondere der Orgel, in den frühmittelalterlichen Gottesdienst, Göttingen 1968, 135.

IV.

Die Reformation ist zweifellos auch eine Singbewegung gewesen. »Während die Gebildeten der Städte häufig durch gelehrte Disputationen für die Reformation gewonnen wurden, geschah das in den unteren Kreisen nicht zuletzt durch das deutsche evangelische Lied als gesungene reformatorische Predigt. . . . Die Reformation in den Städten war im Unterschied zu der durch Visitationen von oben diktierten Reformation der Fürsten in den Territorien eine Bewegung von unten, die erst nach und nach auch Angehörige anderer sozialer Gruppen ergriff. Für diese Reformation von unten war das deutsche evangelische Lied ein nicht zu unterschätzender Faktor«.[62]

Luther

Luther selbst hat sich in Magdeburg seinen Lebensunterhalt zum Teil durch Straßensingen verdient, und als Student in Erfurt hat er in den Jahren vor seinem Klostereintritt auch die Laute spielen gelernt. Zeit seines Lebens hat er die Musik für ein großes Geschenk Gottes gehalten, vom Schöpfer der Welt eingestiftet, vom Geist zum Trost der Seelen benutzt, deshalb für die Gemeinde des Sohnes unendlich wichtig.[63] Fast wie eine frühe verhaltenstheoretische Problembeschreibung klingt es, wenn Luther das unerklärliche Wunder beschreibt, »auf welche Weise durch eine so leichte Bewegung der Zunge und noch leichtere der Kehle die Luft bewegt wird und jene unendliche Verschiedenheit und Ausdrucksweise der Stimme und Sprache nach dem Willen der lenkenden Seele so mächtig und leidenschaftlich ausbreitet, so daß sie über so große Zwischenräume hinweg ringsum von allen nicht nur

62 I. Mager, Lied und Reformation. Beobachtungen zur reformatorischen Singbewegung in norddeutschen Städten, in: Das protestantische Kirchenlied im 16. und 17. Jahrhundert, Wolfenbütteler Forschungen 31, Wolfenbüttel 1986, 27. Wie Luther in die kirchenpolitischen Auseinandersetzungen seiner Zeit mit einem Lied eingegriffen hat, zeigt M. Rössler, Ein neues Lied wir heben an. Ein Protestsong Martin Luthers, in: Reformation und Praktische Theologie. Festschrift W. Jetter, Göttingen 1983, 216ff.

63 Erst unter seinem Einfluß ist der Gemeindegesang zu einem konstitutiven Faktor des liturgischen Geschehens geworden. Auch die jüngste Untersuchung zum geistlichen Lied im Mittelalter hat eindeutig ergeben, »daß sich eine echt liturgische Verwendung deutscher Lieder vor der Reformation nicht nachweisen läßt und daß überhaupt der Anteil von wirklichen Gemeindegesängen am geistlichen Liedgut des Mittelalters gering ist, weil die Funktion der Gemeinde, auch beim Singen deutscher geistlicher Lieder, vielfach von der Schola übernommen wurde«; so J. Janota, Studien zu Funktion und Typus des deutschen geistlichen Liedes im Mittelalter, München 1968, 3; vgl. auch die tabellarische Zusammenfassung 271f.

klar gehört, sondern auch verstanden werden kann.«[64] Sehr pointiert wird ihre rhetorische Kraft direkt neben die Verkündigung gestellt: »Denn was findest du wirksamer als die Musik, die Traurigen zu trösten, die Fröhlichen zu erschrecken, die Verzweifelnden zu ermutigen, die Überheblichen zu demütigen, die Leidenschaften zu beschwichtigen?«[65] Ob sich diese rekreative Funktion auch für Luther wie bei den mittelalterlichen, letztlich an Pythagoras anknüpfenden Theoretikern aus der numerus- und ordo-Lehre ergibt,[66] mag hier dahingestellt bleiben. Auf jeden Fall hat diese Hochschätzung der Musik Auswirkungen auf die Gestaltung des Gottesdienstes und das Programm des Schulunterrichts[67] gehabt. Das theologische Urteil über die Musik ist unter den Reformatoren keineswegs einheitlich gewesen. O. Söhngen hat die verschiedenen Positionen übersichtlich zusammengestellt.

	Gemeinde-gesang	*freie Kirchen-lieddichtung*	*Chormusik*		*Orgelmusik (Instrumentalm.)*	*Altar-gesang*
			a) im Hause	*b) im Gottesdienst*		
Zwingli	nein	nein	ja	nein	nein	nein
Calvin	ja	nein	ja	nein	nein	nein
Luther	ja	ja	ja	ja	ja	ja

»Daraus ergibt sich, daß Zwingli die Musik im Gottesdienst radikal und in jeder Gestalt ablehnt; daß Calvin nur den einstimmigen Gemeindegesang im Gottesdienst duldet, und zwar auch nur dann, wenn er biblischen Wortlaut hat (Psalmen), dagegen die mehrstimmige Chormusik, die Instrumentalmusik, einschl. des Orgelspiels, und den gregorianischen Chor- und Einzelgesang ablehnt; daß Luther dagegen der ganzen Fülle der Musik, dem Gemeindelied, dem Chorgesang, dem Orgelspiel und dem Altargesang im Gottesdienst Raum schafft, und auch freie geistliche Dichtung für den Gemeindegesang zuläßt«.[68]

Zwingli

Insbesondere als Gegenpol zu Luthers Einstellung ist Zwinglis radikale Haltung sehr aufschlußreich. Wie die Bilder bleiben auch die Töne aus dem Gottesdienst ausgeschlossen. Die Gründe für diese entschiedene Ablehnung jeder Musik sind schwer zu fassen. Zur privaten Erholung nach den Mühen des Tages hat der Züricher Reformator musikalische Unterhaltung geliebt, und mindestens mit seinem Kappeler Lied »Herr, nun heb den Wagen selb« hat

64 M. Luther, Eine Lobrede auf die Musik, LTA 3, 181, WA 50, 370f.
65 Ebd.
66 So Chr. Wetzel, Studien zur Musikanschauung Luthers, Musik und Kirche 25, 1955, 238ff und 274ff.
67 Vgl. das Schulheft aus der Chemnitzer Ratsschule bei Chr. Wetzel, Die Träger des liturgischen Amtes . . ., a.a.O. 320f.
68 O. Söhngen, a.a.O. 18.

er einen Text geschrieben, der 1536 erstmals in ein Gesangbuch aufgenommen worden ist. Daß der Einzelne vor dem Wort Gottes nur still werden kann, könnte mit seiner Prädestinationsanschauung zusammenhängen, die die Vereinigungskraft des gemeinsamen Singens vermeiden muß, weil die anwesende konkrete Gemeinde ja immer aus Erwählten und Verworfenen besteht. Es könnte aber auch die alte Angst vor der ästhetischen Überwältigung darin stecken, die in der entstehenden bürgerlichen Lebenswelt eine besondere Bedeutung gewinnt. Die Verbannung der Töne aus dem Gottesdienst bezeichnete dann wie der Bilderstreit »die Schwelle zwischen zwei Lebenshaltungen, von denen sich die alte in der spätmittelalterlichen Festkultur, die neue als protestantische Ethik äußerte. Parallel zur Ausbildung des Frühkapitalismus - Zürich wurde zu einem der kapitalreichsten und am frühesten industrialisierten Länder Europas - erfolgte die immer weitergehende puritanische Unterdrückung der Sinnlichkeit«.[69]

Zwinglis Einwand ist unwirksam geblieben, vielleicht auch deswegen, weil man entdeckt hat, daß die Formung des Menschen, die zu den grundlegenden Interessen der neuzeitlichen Zivilisation gehört, auch und gerade mit Hilfe der Musik erfolgen kann. In der Regel wird die Einführung des Gemeindegesangs durch die Reformation als Einladung zur aktiven Beteiligung interpretiert. Indem sie singt, wird die Gemeinde, wie es W. Blankenburg ausgedrückt hat, »zum Mitträger des Gottesdientes, d.h. sie wird Träger eines liturgischen Amtes«.[70] Auch in der Liturgie- Konstitution des II. Vaticanums wird dieser Gesichtspunkt der tätigen Teilnahme aller Gläubigen beim Singen besonders betont: »Um die tätige Teilnahme zu fördern, soll man den Akklamationen des Volkes, den Antworten, dem Psalmengesang, den Antiphonen, den Liedern sowie den Handlungen und Gesten und den Körperhaltungen Sorge zuwenden. Auch das heilige Schweigen soll zu seiner Zeit eingehalten werden«.[71] Aber die Liedanzeigetafeln an der Wand signalisieren in den evangelischen und den katholischen Kirchen, welche Form der

69 P. Jezler/E.Jezler/Chr. Göttler, Warum ein Bilderstreit? Der Kampf gegen die »Götzen« in Zürich als Beispiel, in: H.-D. Altendorf/P. Jezler (Hg.). Bilderstreit. Kulturwechsel in Zwinglis Reformation, Zürich 1984, 102. Zu Zwinglis Musikanschauung und Liedschaffen vgl. F. Schmidt-Clausing, Zwingli als Liturgiker. Eine liturgiegeschichtliche Untersuchung, Göttingen 1952, 81ff, und M. Jenny, Luther, Zwingli, Calvin in ihren Liedern, Zürich 1983, 175ff.

70 W. Blankenburg, Der gottesdienstliche Liedgesang der Gemeinde, Leiturgia IV, Kassel 1961, 562.

71 Konstitution über die heilige Liturgie 103, zitiert nach K. Rahner/H. Vorgrimler (Hg.), Kleines Konzilskompendium, Freiburg 1966, 62; vgl. Art. 113, a.a.O. 85. Zur nachkonziliaren Entwicklung vgl. S. Schmid-Keiser, Aktive Teilnahme. Kriterium gottesdienstlichen Handelns und Feierns. Zu den Elementen eines Schlüsselbegriffes in Geschichte und Gegenwart des 20. Jahrhunderts, Teil I, Bern 1985, 382ff.

Beteiligung am Gottesdienst von der Gemeinde erwartet wird. Partizipation vollzieht sich als Exekution des vorgeschriebenen Verhaltens.

Gesangbuch

Deshalb hat das Gesangbuch für den Vollzug und das Verständnis des Gottesdienstes eine so große Bedeutung gewonnen. Es ist in der Geschichte des Protestantismus immer zugleich Spiegel der kirchlichen Theologie, Medium der Gemeindefrömmigkeit, aber auch Instrument der Volkserziehung gewesen. Durch Texte und Melodien, die im Unterricht gelernt, im Gottesdienst gesungen, vielleicht auch in Hausandachten wiederholt wurden, wurden Werte und Wahrheiten vermittelt, Normen eingeschärft, Stimmungen verbreitet und damit Einstellungen und Verhaltensweisen vieler mindestens mitgeprägt. Die aktive Teilnahme in der Form des Singens war und ist immer zugleich ein Akt passiver Übernahme der im Singen vermittelten Weltsicht. Diese Partizipation an der liturgischen Handlung ist immer auch eine Integration in die liturgische Gemeinschaft. Im Singen findet Vereinigung auch mit dem Ziel der Anpassung statt.

K. Barth hat, im Anschluß an L. Christ, die Geschichte des protestantischen Kirchenlieds als »Weg des Abfalls von der Reformation« charakterisiert, und zwar im Blick auf »die innere Säkularisierung, die sich da vollzogen hat«.[72] Schon mit der Wende vom 16. zum 17. Jahrhundert sei in den Liedern ein zweites Betrachtungszentrum sichtbar geworden, das Herz, die Seele, das menschliche Ich, das im Lauf der weiteren Entwicklung in den Texten immer bestimmender wird. »An Stelle des Dramas der Schöpfung, Versöhnung und Erlösung als des Werkes des dreieinigen Gottes tritt nunmehr dieses andere Drama: man hört nun monologisch die Seele mit sich selbst oder dialogisch die Seele mit Gott oder Gott mit der Seele oder auch bereits eine Seele zu den anderen reden«.[73] Barths Ausführungen, die forschungsgeschichtlich äußerst wirksam gewesen sind, basieren auf einer dreifachen Voraussetzung. Die methodische Perspektive ist die des Dogmatikers, der die Lieder auf ihre Lehrinhalte befragt und an doktrinalen Kriterien mißt. Dabei verwendet er durchweg Kategorien, die durch die Polarität von theologisch und anthropologisch, von objektiv und subjektiv bestimmt sind. Und aus beidem ergibt sich ein Geschichtsbild für die Entwicklung des protestantischen Kirchenliedes, das ebenso eindeutig wie einseitig als »Weg des Abfalls von der Reformation« zu beschreiben ist. Wer die Bedeutung des Gemeindegesangs für den Gottesdienst wirklich verstehen, wer erfassen will, was beim gottesdienstlichen Singen durch die und mit den Menschen geschieht und welche

72 K. Barth, KD I/2, 280; zum Ganzen vgl. L. Christ, Das evangelische Kirchenlied, Zwischen den Zeiten 3, 1925, 358ff.
73 K. Barth, a.a.O. 276.

Wirkungen dieses Singen auf ihr Alltagsverhalten gewinnen kann, der wird sich von der dogmatischen Perspektive wie von einer an Alternativen orientierten Begrifflichkeit freimachen müssen. Auch wenn keine empirischen Untersuchungen über die emotionalen Effekte des kultischen Liedgesangs zur Verfügung stehen[74], läßt sich aus der Analyse der Lieder einiges über die beabsichtigten und teilweise wohl auch eintretenden Wirkungsmöglichkeiten ermitteln.

Sehr aufschlußreich für die inneren Bewegungen, die das Singen als ein elementares Verhalten im Gottesdienst auslöst, dürfte Luthers »Nun freut euch, lieben Christen gmein« sein. Für G. Hahn in seiner bedeutsamen Untersuchung der Luther-Lieder[75] bringt es »wie kein anderes« zur Geltung, »daß Evangelium nicht nur als Gehalt, sondern als spezifischer Akt des Sprechens darüber, als bevollmächtigte Verkündigung, Botschaft ist: in der Typuswahl, im Aufbau, im Verhältnis von Sinn- und Bildschicht, von Erzählung und Rede, in der Gestaltung der Perspektiven auf das Ereignis und der Zeitverhältnisse«.[76] Hahn arbeitet in seiner literaturwissenschaftlichen Analyse sehr präzise die theologische Fundierung des Liedes heraus, das in Struktur, Wortwahl und Dramaturgie die von Barth formulierten Alternative zwischen Heilsgeschichte und Seelengeschehen weit hinter sich läßt. Freilich bleibt auch in dieser gründlichen Arbeit letztlich unberücksichtigt, daß dieses Werk des Wittenberger Reformators nicht als Thesenreihe diskutiert und nicht als Traktat gelesen, sondern als Lied in einem spezifischen Verhalten aktualisiert, nämlich gesungen sein will.

Die Tragweite dieser modifizierten Betrachtung erschließt sich am ehesten dann, wenn man den Ich-Aussagen des Textes folgt. Im Akt des Singens werden diese Ich-Aussagen vom Singenden wiederholt und unvermeidlich, wenn auch mit unterschiedlicher Intensität, auf die eigene Person bezogen. Die inneren Schwierigkeiten, die mancher Gottesdienstbesucher beim Mitsprechen des Glaubensbekennntnisses empfindet, treten sicher auch beim Liedgesang auf und führen verständlicherweise auch hier in manchen Fällen zur Verweigerung. Das Ich der Kirchenlieder enthält an die, die diese Lieder singen sollen, gefährliche Zumutungen. Die Ich-Strukturen in Luthers Lied sind besonders komplex, zumal wenn man zwischen expliziten Ich-Aussagen und impliziten Ich-Positionen differenziert. Die Notwendigkeit einer solchen Unterscheidung zeigt schon v. 1, der ausdrücklich die 1. und die 2. Person Plural verwendet. Das Ich des Singenden ist hier eingebettet in die Ge-

74 Ansätze bei K.-F. Daiber/H.W. Dannowski/W. Lukatis/L. Ulrich, Gemeinden erleben ihre Gottesdienste. Erfahrungsberichte, Gütersloh 1978, 92f, 111.

75 Vgl. die ausführliche Würdigung bei K.-H. Bieritz, Evangelium als literarische Anweisung. Theologische Anmerkungen zu einem Buch von Gerhard Hahn, JLH 27, 1983, 225ff.

76 G. Hahn, Evangelium als literarische Anweisung. Zu Luthers Stellung in der Geschichte des deutschen kirchlichen Liedes, München 1981, 133.

meinschaft. Aber schon die Aufforderung zu Beginn, »Nun freut euch, lieben Christen gemein«, annonciert indirekt eine Ich-Position, von der heraus die Gemeinschaft angeredet wird. In den folgenden Versen artikuliert sich dieses Ich auch ausdrücklich. Es ist von den Verderbensmächten Teufel, Tod und Sünde besessen (v. 2). Es wird trotz guter Werke und freien Willens von Angst und Verzweiflung überwältigt (v. 4). Es erfährt aber auch das herzliche Erbarmen des göttlichen Vaters (v. 5) und die solidarische Zuwendung des gehorsamen Sohnes (v.6). Das Ich, das sich in diesen Aussagen manifestiert[77] und in das man mit dem Akt des Singens eintritt, ist Glied der Christengemeinde, Opfer abgründiger Mächte und Adressat der göttlichen Heilsbotschaft (v. 7). Gegen ältere Interpretationsansätze, die das Lied sehr stark von Luthers persönlichen Glaubenskämpfen her aufgehellt haben, macht Hahn mit Recht geltend: »Das biographische Ich ist . . . übergeführt in ein ›repräsentatives‹ Ich, repräsentativ nicht in dem, was es leistet, sondern in dem, was an ihm heilsgeschichtlich geschieht«.[78]

Dennoch darf man nicht übersehen, daß das Lied noch weitere Ich-Aussagen enthält. Eine indirekte Ich-Position ist in der wörtlichen Rede des Vaters impliziert (v. 5). Und direkte Ich- Sätze erscheinen in der Anrede Christi, die sich über vier Verse erstreckt und nach der Vereinigungsformel (»ich bin dein, und du bist mein«) auffälligerweise im Futurum gehalten ist. Im Akt des Singens erfährt sich der Einzelne nicht nur als Glied der Gemeinde und als Partizipant der Heilsgeschichte, sondern er darf und soll auch die Worte des göttlichen Vaters und des gehorsamen Sohnes für sich übernehmen. Wer dieses Lied singt und seine Ich- Sätze ernst meint, wird in eine gewaltige Bewegung hineingezogen. Aus der Tiefe der Besessenheit über die Barmherzigkeit des allmächtigen Vaters zur Hingabebereitschaft des Sohnes führt ihn das Lied.

Theologisch sind diese Ich-Aussagen und ihre dramaturgische Dynamik sicher in jenem Glaubensverständnis Luthers fundiert, wonach der Glaubende sowohl an der Allmacht Gottes als auch an der Hingabefähigkeit Christi partizipiert. Religionspsychologisch erschließen sie sich am ehesten im Rahmen der Rollentheorie, wie sie H. Sundén für das Verstehen des religiösen Erlebens fruchtbar gemacht hat. Sundén denkt nicht an das Gesangbuch, aber er schließt es auch nicht ausdrücklich aus, indem er konstatiert: »Wenn die religiöse Tradition schriftlich fixiert ist, enthält sie eine Anzahl Erzählungen über Situationen, wo der Mensch im Verhältnis zu dem Gott oder den

77 Zum Menschenbild in Luthers Liedern vgl. P. Veit, Das Kirchenlied in der Reformation Martin Luthers. Eine thematische und semantische Untersuchung, Stuttgart 1986, 118ff, sowie ders., Gottes Bild und Bild des Menschen in den Liedern Luthers. Untersuchungen zur religiösen Sensibilität, in: Das protestantische Kirchenlied im 16. und 17. Jahrhundert, Wolfenbütteler Forschungen 31, Wolfenbüttel 1986, 9ff.
78 G. Hahn, a.a.O. 128.

Göttern einen bestimmten Status besitzt, zu dem eine bestimmte Rolle gehört. Alle, die diese Tradition kennen, können sich mit einem dieser Menschen identifizieren, und die Identifikation hat dann zur Folge, daß sie auch die Rolle des Gottes aufnehmen«.[79]

Die Rollen, die Luthers Lied zur Verfügung stellt, sind teils sozialer (Christ in der Christengemeinde), teils existentieller (verlorener Sünder), teils heilsgeschichtlich- theologischer (Vater und Sohn) Art. Die Fähigkeit zur inneren Übernahme solcher Rollenangebote hat sich in der psychosozialen Entwicklung gebildet. Dort sind frustrierende Erfahrungen von Verlorenheit und Verworfenheit, aber auch narzißtische Allmachtsphantasien und libidinöse Vereinigungswünsche in der eigenen Psyche entdeckt und teilweise auch bearbeitet worden. Durch die Übernahme der religiösen Rollen wird nach Sundén im Individuum eine Wahrnehmungs- und eine Handlungsbereitschaft geweckt[80]; und die futurischen Formulierungen im zweiten Teil des Luther-Liedes dürften nicht zuletzt darin ihren Sinn haben, daß sie die lebenspraktische Repetition des Christusverhaltens im Alltag der Singenden intendieren, wie es v. 10 dann auch explizit ausdrückt.

Natürlich sind die Rollenangebote in den meisten Gesangbuch- Liedern nicht so komplex und vor allem nicht so theistisch. Wie sich noch zeigen wird, ist die biblische und insbesondere die protestantische Tradition im religionswissenschaftlichen Vergleich extrem reserviert gegenüber allen Experimenten einer direkten Identifikation zwischen Gott und Mensch. Aber an einem besonders aufschlußreichen Beispiel dürfte eine Dimension des Singens deutlich geworden sein, die sowohl für die hymnologische Forschung neue Aufgaben als auch für die gottesdienstliche Praxis neue Verstehensmöglichkeiten erschließt. Der Akt des gottesdienstlichen Singens ist ein Verhalten, in dem religiöse Rollenangebote vermittelt werden, in dem dergestalt eine Erweiterung individueller Identitäten erfolgt und in dem auf diese Weise mindestens punktuell eine Verhaltensmodifikation angestrebt wird. Die Liedanzeigetafeln an der Kirchenwand machen deutlich, daß sich im Akt des Singens immer zugleich pädagogische Absicht, theologische Lehre und emotionaler Ausdruck miteinander verbinden. Der Einzelne tritt auf Anweisung von außen in Rollen ein, die poetisch gestaltet wie doktrinal reflektiert sind, die er auf Grund seiner bisherigen Lebenserfahrung erfassen und auch mehr oder weniger stark emotional auffüllen kann[81], die aber auch

79 H. Sundén, Die Religion und die Rollen. Eine psychologische Untersuchung der Frömmigkeit, Berlin 1966, 13.

80 A.a.O. 14ff.

81 H.-G. Kemper, Das lutherische Kirchenlied in der Krisen-Zeit des frühen 17. Jahrhunderts, in: Das protestantische Kirchenlied im 16. und 17. Jahrhundert, a.a.O. 107, hat gezeigt, wie in den Liedern zu Beginn des 17. Jahrhunderts »das Sich-Hineinversenken in das Leben Jesu, in seine Psyche, seine Gefühle und Schmerzen, eine bemerkenswerte, sehr affekthaltige Eigenbedeutung für die Gläubigen« gewinnt.

immer ein verlockendes, ein abstoßendes oder anziehendes Identifikationsangebot enthalten. Die hymnologische Arbeit am reichen Überlieferungsschatz des Kirchenliedes müßte genauer differenzieren, welche Rollenerwartungen und auch Rollenzumutungen das Bild christlichen Lebens[82] jeweils geprägt haben.

Ich-Erweiterung und Gott-Vergegenwärtigung vollziehen sich im Luther-Lied durch das Medium personaler Vermittlung. Der Singende tritt beim Akt des Singens in göttliche Rollen ein. Auf andere Weise geschieht Vergleichbares in einem Text von G. Tersteegen, der offenkundig als so bedrohlich empfunden wird, daß das »Handbuch zum Evangelischen Kirchengesangbuchs« ausdrücklich warnt: »Mit dem Gebrauch des Liedes wird man vorsichtig sein müssen«.[83] Auch hier werden Identifikationserfahrungen angesprochen, die freilich viel archaischer sind, weil von vorpersonaler Qualität. »Gott ist gegenwärtig« - das ist eine Art magischer Zauberformel, die die Präsenz Gottes für den Augenblick des Singens beschwört. Eine Vereinigung findet statt mit jenen ätherischen Himmelswesen, die das Trishagion ebenso singen wie jetzt die Gemeinde (v. 2). Um welche Etappen in der individuellen Entwicklungsgeschichte es geht, sagt eindeutig v. 3; der Verzicht auf Lust und Freude, auf Wille, Leib, Seele und Leben ist nur vordergründig als moralischer Appell zu verstehen, sondern signalisiert die Regression auf einen Erfahrungsmodus der allerfrühesten Lebenszeit. Erst mit v. 4 deutet sich, ausgedrückt in der Bitte, die Aufhebung einer Verschmelzungsphantasie an, die freilich für den weiteren Lebensvollzug das Ideal engelgleicher Existenz postuliert.

Erstaunlich ist - oder auch nicht -, daß sich diese Bewegung von Hin- und Rückreise[84] alsbald wiederholt, jetzt formuliert in Natursymbolen. Luft und Wasser, Licht und Wärme sind Medien, in denen es zum Versenken und Verschwinden des Ich kommt (v. 5), in denen auch, durch die Blumen-Metapher, so etwas wie Wiedergeburt, ja Neubefruchtung phantasiert werden kann (v. 6). Auch jetzt bezeichnen die Bitten den Wunsch, das rauschhafte Erleben der Verschmelzung für den alltäglichen Lebensvollzug nicht festzuhalten, aber fruchtbar zu machen, in jener Stille, Innigkeit und Isolation, in der der Geisterfüllte irdischen Versuchungen und Attacken wie ein Adler in der Luft entzogen ist (v. 7-8).

Man hat diesen »Grenzgänger zwischen christuslosem Quietismus und

82 Methodisch vorbildlich, wenn auch leider ohne Berücksichtigung des Liedguts M. Scharfe, Die Religion des Volkes. Kleine Kultur- und Sozialgeschichte des Pietismus, Gütersloh 1980, bes. 48ff.

83 J. Kulp/A. Büchner/S. Fornaçon, Die Lieder unserer Kirche. Handbuch zum Evangelischen Kirchengesangbuch, Sonderband, Göttingen 1958, 206.

84 Vgl. D. Sölle, Die Hinreise. Zur religiösen Erfahrung - Texte und Überlegungen, 9. Auflage, Stuttgart 1988.

christlicher Innerlichkeit« theologischerseits kritisiert[85], weil die mystische Erfahrung bei ihm weitgehend ohne christologische Vermittlung erfolgt. Das mag in theologischer Hinsicht berechtigt sein. Freilich darf man nicht übersehen, daß dieses Defizit sich nicht einfach theologischen Entscheidungen oder Verweigerungen verdankt, sondern den selbstverständlichen Begleitumstand eines psychischen Experiments regressiver Art darstellt, in dem es zur Begegnung mit personalen Objekten gar nicht mehr kommen kann. Ich-Erweiterung und Gottes- Vergegenwärtigung sollen im ätherisch getönten Erlebnis der Verschmelzung erfolgen, und im Akt des Singens wird - wie vorübergehend auch immer - dieses Erlebnis beschworen. Im Akt des Singens stimmen wir mit den Cherubim überein, im Akt des Singens schwebt die Luft, die alles füllet, zum Lobe des höchsten Wesens durch uns hindurch.

85 T. Stählin, Gottfried Arnolds Einfluß auf die Dichtung Gerhard Tersteegens und Christian Friedrich Richters, JLH 13, 1968, 180.

V.

Präparation

Singen ist ein Verhalten, das auf Vereinigung zielt. Mit seiner Musik begibt sich der Mensch in die Sphäre kosmischer Harmonie. Mit Hilfe der Töne unterstützt er die Kooperation bei der Arbeit. In Klängen sucht er Heilung von Krankheit an Körper und Seele. Sein Singen führt ihn in sonst unzugängliche Wirklichkeiten, läßt ihn am Lobgesang der Schöpfung und der himmlischen Mächte partizipieren, vereinigt ihn mit der versammelten Gemeinde im Gottesdienst, läßt ihn aber auch Rollenangebote übernehmen, die seine Identität für den Augenblick bis ins Göttliche hinein zu erweitern vermögen. Was im meistens bescheidenen, oft auch kläglichen Gesang des gewöhnlichen Sonntagsgottesdienstes abläuft, hat einen universalen Horizont, hat psychologische Tiefe und eine Wirkung, die sich, auch ohne Taumel und Raserei, als semi-ekstatisierend charakterisieren läßt. Im Akt des Singens, aber auch an anderen Stellen des Gottesdienstes zeigt sich, daß keineswegs feststeht, wo wir sind, wer wir sind, was aus uns wird.

Gerade deswegen gehört zum Gottesdienst andauernd ein untergründiger Kampf um die Macht. Bewußtseinserweiterungen, Identitätsveränderungen, die hier stattfinden können, bedürfen der schonsamen Lenkung, damit Menschen nicht unter die Herrschaft widergöttlicher Mächte geraten. Das intensive Erleben, das den lebendigen Gottesdienst ausmacht, muß an den Grund des Lebens gebunden bleiben. Die Warnungen vor der Verführungsmacht der Musik verraten, an welcher Stelle christliche Theologie in ihrer Geschichte immer Gefahren gewittert hat. Musik kann sich als Sirenengesang präsentieren und sinnliches Begehren, rauschhafte Entzückungen wecken. Die Angst vor ungezügelter Triebhaftigkeit hat zur Verbannung des Tanzes aus dem christlichen Kult geführt. Die Töne bleiben zugelassen, aber sie sollen durch die Macht der Sprache domestiziert werden. So ist das Verhältnis von Wort und Musik ein Dauerthema der Liturgiegeschichte.[86] Die Integrierbarkeit von Instrumenten und reinen Instrumentalwerken wird immer wieder bestritten. Vielen Liedern wird durch den doktrinalen Text eine katechetische Absicht beigemengt. Und wenn T. Moser mit seiner Kritik im Recht ist, dann befördern die Melodien des protestantischen Chorals depressive Stimmungen der Verlorenheit, der Resignation und der Wertlosigkeit; selbst im Ausdruck von Jubel und Lebensfreude, wie ihn viele Festgesänge enthalten, bleibt der Einzelne auf die Macht der göttlichen Gnade angewiesen. Die Selbstgewißheit des Glaubens, die sich im Singen artikuliert, lebt aus

86 Zur Diskussion in diesem Jahrhundert vgl. G.A. Krieg, Die gottesdienstliche Musik als theologisches Problem. Dargestellt an der kirchenmusikalischen Erneuerung nach dem Ersten Weltkrieg, Göttingen 1990.

der Quelle der Gottesgewißheit. In der Auslegung der Väter vermittelt die Atmosphäre, in der sich der biblische Gott im Kult präsentiert, kein ausgelassenes, sondern ein moderates Lebensgefühl.

Das konkrete Verhalten der einzelnen Gottesdienstteilnehmer ist gerade beim Singen von vielen individuellen Faktoren abhängig,
- von der Bereitschaft zur Mitwirkung,
- von den Fähigkeiten der Stimme,
- von der Bekanntheit der Melodie,
- von den aktuellen Stimmungen.

Daß im protestantischen Gottesdienst Mitteleuropas diese individuellen Faktoren eine solche Bedeutung gewonnen haben, zeigt an, daß die verhaltenssteuernde Kraft des Rituals im Vergleich mit anderen Gottesdiensttypen hier nicht sehr stark ausgeprägt ist. Am Beispiel der Lautstärke beim Singen, die durchaus der individuellen Beliebigkeit anheimgestellt ist, kann man sehen, wie wenig normativ und verhaltensregulierend der Gottesdienst an einzelnen Punkten wirkt. »Die Normen des Lautstärkegrades im Pfingstgottesdienst sind derart konzipiert, daß eine Mindestschwelle – falls nicht anders vom Evangelist angekündigt . . . – von jedem Aktanten überschritten werden muß, um als aktiv praktizierender Christ betrachtet zu werden. Eine Höchstschwelle scheint dagegen nicht zu existieren, sondern es herrscht die Regelhaftigkeit, daß im allgemeinen eine emotional hochgradig ausgeprägte Verhaltensweise des Betenden, z.B. hohe Lautstärke, vocal characterizers (weinen, schluchzen, schreien) und gestische Bewegungen mit hörerer Standfestigkeit im Glauben assoziiert wird«.[87] Formelhaft läßt sich der Vergleich so generalisieren: In den charismatischen Versammlungen der Pfingstgemeinde ist die Struktur des liturgischen Ablaufs längst nicht so starr fixiert wie durch unsere Agenden, dafür aber sind die einzelnen Verhaltensetappen, weil sie als Indikatoren von Glaubensintensität gelten, hochgradig von Verhaltenserwartungen besetzt und von Verhaltensurteilen begleitet; der großkirchliche Gottesdienstablauf dagegen determiniert das Verhalten der Teilnehmer zwar durch einen rigiden Rahmen, räumt aber dem Einzelnen bei der Erfüllung der Verhaltenspostulate einen großen Spielraum ein, weil aus dem jeweiligen Verhaltensakt nicht ohne weiteres auf einen spezifischen Glaubensstand geschlossen werden darf.

Luther hat in seiner Predigt zur Einweihung der Schloßkapelle in Thorgau am 5.10.1544 die Aufgabe des Gottesdienstes folgendermaßen beschrieben: »das nichts anders darin geschehe, denn das unser lieber Herr selbs mit uns rede durch sein heiliges Wort, und wir widerum mit jm reden durch Gebet und Lobgesang«.[88] Im theologischen Fachjargon gehört das Singen demge-

87 M. Pütz, Kommunikation im anglo-karibischen Gottesdienstritual. Eine ethnosemiotische Perspektive, Frankfurt 1987, 188.
88 WA 49, 588.

mäß zur Antwort des Menschen auf das verkündigte Wort Gottes. Bei einem verhaltenswissenschaftlichem Ansatz muß man freilich der Tatsache Rechnung tragen, daß der Gottesdienst mit Gesang beginnt und daß nicht nur nach, sondern auch vor der Predigt ein Lied erklingt. Offensichtlich erfüllt das Singen im Ablauf des protestantischen Gottesdienstes präparative Funktionen, was übrigens jeder Liturg bei der Auswahl der Lieder immer berücksichtigt hat. Sie sollen dem Charakter des Sonntags entsprechen, sie sollen auf den Inhalt der folgenden Predigt einstimmen - solche Gesichtspunkte haben bei der Selektion immer eine Rolle gespielt. Generell basieren sie auf der Annahme, daß durch das Singen ein psychischer Prozeß in Gang gesetzt wird, der dem dramaturgischen Ablauf des Kults korrespondiert. Dabei werden sicher nicht nur Lehren vermittelt und Einstellungen geformt, die im Extremfall bis zur »Gottesvergiftung« reichen. Eine psychische Gestimmtheit soll ausgelöst werden, die auf Öffnung, Bewußtseinserweiterung, Identitätsentgrenzung zielt, um die singenden Menschen auf den Einzug der göttlichen Atmosphäre einzustellen. Der Gemeindegesang im protestantischen Gottesdienst kann auch als eine Technik betrachtet werden, die für die Begegnung mit dem Heiligen präparieren soll.

Dieser Aspekt ist auch deswegen relevant, weil er die Diskussion über die sogenannten »Neuen Lieder«[89] um eine wichtige Dimension erweitert. Natürlich hat jede Zeit, hat jede Generation das Recht und den Auftrag, sich auch im Gottesdienst mit ihren sprachlichen und musikalischen Mitteln zu artikulieren. Zu messen sind diese Darstellungen eines gegenwärtigen Glaubens aber nicht nur an den Kriterien der Zeitgenossenschaft und der Glaubensüberlieferung, wie sie theologischerseits immer wieder mit Recht ins Spiel gebracht worden sind. Gefragt werden sollte auch und vor allem nach ihrer präparativen Valenz: Welche Weltsicht enthalten die Lieder? Welche Horizonte schließen sie auf? In welche Wirklichkeiten führen sie ein? Was tragen sie zur Erweiterung von Bewußtsein und Identität der Gemeinde bei?

Jedes Singen enthält eine Transzendierungstendenz. Deshalb erinnern die Lieder des Glaubens an menschliches Elend, aber auch an göttliches Heil. Nicht nur Hoffnung drücken sie aus, sondern vertrauensvolle, in der Heilsgeschichte fundierte Gewißheit. Sie reden von dem, was zu tun ist, indem sie vergegenwärtigen, was schon zur Rettung der Welt geschah. Sie erneuern die Lebenskraft, indem sie die Annäherung an den Grund allen Lebens erlauben. Im Singen äußert sich Verlassenheit und Jubel, Klage, Bitte und Dank, voller Erwartung, daß menschliches Schreien in der Weite des Kosmos nicht ungehört bleibt. Im Singen rufen die Kinder Gottes nach der Gegenwart ihres Heils.

89 Ich verweise nur auf H. Schröer, Theologische Analyse neuerer geistlicher Liedtexte, in: A. Juhre (Hg.), Singen um gehört zu werden. Lieder der Gemeinde als Mittel der Verkündigung, Wuppertal 1976, 60ff, sowie R. Bohren, Bemerkungen zu neuen Liedern, EvTh 39, 1979, 143ff.

Hören

Alles Leben verhält sich – einiges Leben verhält sich manchmal nach der Agende. Wenn man in der Kirche Platz genommen, sich umgeschaut und das Eingangslied gesungen hat, gibt es fast eine Stunde lang sehr viel zu hören. Gebete werden gesprochen, Lesungen vorgetragen, eine mehr oder weniger lange Predigt verlangt Aufmerksamkeit. In diesem Ritual muß man hören, um etwas verstehen zu können.

Der theologischen Systematik gemäß müßte das Hören vor dem Singen und dem Sehen behandelt sein; denn erst das Wort Gottes, das in der Verkündigung laut wird, ermöglicht jene Antwort des Menschen, die sich im Lobgesang, aber auch in der architektonischen Gestaltung des Kultraumes artikuliert. Wenn wir das Hören erst an dieser Stelle traktieren, dann folgen wir damit nicht der theologischen Theorie, sondern der liturgischen Praxis, und das in der Meinung, daß sich aus dieser Praxis ein bestimmtes Verständnis des Gottesdienstes erheben läßt. In der Folge von Gehen, Sitzen, Sehen und Singen geht es immer weiter zurück in jene Ursituation, in der für jeden Menschen mit dem Akt des Hörens die Selbst- und Welterfahrung beginnt.

Daß mit dem Hören eine tiefere Stufe der Regression erreicht ist, zeigt der Vergleich mit dem Sehen. Der Jazzexperte J.-E. Berendt hat diese Differenz so beschrieben: »Der sehende Mensch analysiert, er zerlegt in Teile – wie sofort deutlich wird, wenn man das Sehen auf die Spitze treibt: beim Blick durch Elektronenmikroskope. Da zerfällt sogar noch das, was ›unteilbar‹ scheint. Das Auge ist etwas Wunderbares, aber je besser es ist, desto schärfer ist es, und Schärfe ist eine Qualität des Messers und des Schneidens. Der – vorrangig – sehende Mensch hat jenen Exzeß der Rationalität herbeigeführt, dessen Zusammenbruch wir gegenwärtig erleben. Symbol des Ohres ist die Muschel, die ihrerseits das weibliche Geschlechtsorgan symbolisiert – ein Symbol des Empfangens und des Aufnehmens; das Leben wird nicht analysiert, es wird als Ganzes in sich aufgenommen«.[1]

Für die reformatorische Theologie ist das Ohr zum zentralen Sinnesorgan geworden. H.-M. Gutmann hat dies mit Zitaten aus Luthers Hebräerbrief-Vorlesung belegt. Das Wort »ist keine Darbietung von Gegenwärtigem, ›sed testimonium non apparencium. Iccirco opus est, ut audias, quod videre et capere non poteris.‹ An einer anderen Stelle der gleichen Vorlesung bezeichnet

1 J.-E. Berendt, Nada Brahma. Die Welt ist Klang, Reinbek 1985, 14; zu den Einseitigkeiten seiner Musiktheorie vgl. P. Bubmann, Urklang der Zukunft. New Age und Musik, Stuttgart 1988, 75ff; zur Rezeptionssymbolik vgl. E. Jones, Die Empfängnis der Jungfrau Maria durch das Ohr. Ein Beitrag zu der Beziehung zwischen Kunst und Religion (1914), in: Zur Psychoanalyse der christlichen Religion, Frankfurt 1970, 37ff.

er die *Ohren* als das entscheidende sinnliche Organ der Christen und hebt sie positiv von den *Händen* und den *Füßen* ab. ›nec iam pedes aut manus nec ullum aliud membrum deus requirit praeter aures . . . Nam si quaeris ex Christiano, quodnam sit opus, quo dignus fiat nomine Christiano, nullum prorsus respondere poterit nisi auditum verbi Dei id est fidem. Ideo solae aures sunt organa Christiani hominis, quia non ex ullius membri operibus, sed de fide iustificatur et Christianus iudicatur.‹«[2]

In dieser Hierarchie der Gliedmaßen und Sinnesorgane ist, wenn man so will, ein Verhaltensprogramm enthalten. Das Ohr ist seiner rezeptiven Reichweite wegen dem Blick überlegen, weil es auch das zu erfassen vermag, was den optischen Wahrnehmungshorizont transzendiert. Im Hören ereignet sich die Konstitution christlicher Identität, sofern im Rechtfertigungsakt ein wirksames, kreatives Urteil über den Menschen gesprochen wird. Nur auf der Basis dieser Passivitätserfahrung wächst jener Glaube, der Augen, Mund, Hände und Füße erneuert und die Person zu einem wahrnehmungs- und handlungsfähigen Subjekt restituiert.

Hat die Reformation mit dieser Konzentration auf das Ohr eine Entscheidung getroffen, die zu neuzeitlichen Entwicklungen in Widerspruch steht? Der kanadische Kommunikationswissenschaftler R.M. Schafer hat schon 1977 die These vertreten: »Im Westen machte zur Zeit der Renaissance das Ohr dem Auge als dem wichtigsten Zuträger von Informationen Platz, und zwar infolge der Entwicklung der Druckpresse und der perspektivischen Malerei«.[3] Und der deutsche Kultursoziologe Th. Kleinspehn ist 1989 der Frage nachgegangen, »warum das Sehen in der Moderne so viel wichtiger zu werden scheint als die übrigen Sinne«.[4] Enthält die reformatorische Worttheologie, die in ontogenetischer Hinsicht zweifellos an allerfrüheste Erfahrungen anknüpft, auch kultur- und religionsgeschichtlich eine archaisierende, eine antimoderne Tendenz? Oder gehört sie nicht andererseits in jene bürgerliche Lebenswelt, die in der Versprachlichung und Rationalisierung aller Beziehungen ihre Eigenart hat und die gerade, indem sie die Gotteserfahrung ans Hören bindet, die Welt für das objektivierende und säkularisierende Sehen freigibt? Was wird aus dem Gottesdienst, wenn sich die Präsenz Gottes vorrangig in der Sprache ereignet, und was wird aus der Welt, wenn das Heilige dort nicht mehr ansehnlich ist?

2 H.-M. Gutmann, Über das Verständnis von »Intimität« und »Autorität« bei Martin Luther. Wechselbeziehungen zwischen den Aussagen Luthers über den Glauben und über die Familienseelsorge im Kontext des Zivilisationsprozesses, Theol. Diss. Göttingen 1989, 358; den Titel der Druckfassung s.o. S. 126.

3 R.M. Schafer, Klang und Krach. Eine Kulturgeschichte des Hörens, Frankfurt 1988, 17.

4 Th. Kleinspehn, Der flüchtige Blick. Sehen und Identität in der Kultur der Neuzeit, Reinbek 1989, 14.

Um Bedeutung, Vollzug und Inhalt dessen, was im Gottesdienst nach der Agende zu hören ist (III.), angemessen verstehen zu können, sollen individuelle und kollektive (I.), aber auch religiöse (II.) Aspekte des Hörverhaltens wenigstens in Umrissen vorgestellt werden.

I.

Beim Einzelnen

In den Wochen nach der Geburt ist das Hören oft mit Abwehrverhalten gekoppelt. Ch. Bühler hat dazu ältere Untersuchungen zusammengestellt. Akustische Reize lösen folgende Reaktionen aus: »Plötzliches Zusammenzucken, Lidschlag, die Augenlider werden fest zusammengepreßt, dadurch die Stirne quergefaltet. Die Gesichtsmuskeln verziehen sich, die Lippen werden eingeschlagen und aufeinander gepreßt. Die Ärmchen werden in die Höhe geworfen und sofort wieder an den Körper gezogen, die Finger gespreizt, gleich darauf geballt und zum Gesicht gebracht, in das sie in krampfartiger Weise eingreifen. Der Kopf rötet sich, wendet sich allmählich der Schallrichtung zu, es werden Unlustlaute ausgestoßen oder Schrei-weinen beginnt«.[5] Erst allmählich lernt das Menschenjunge, akustische Signale zu tolerieren und positiv zu rezipieren. »Im zweiten Monat wirkt der akustische Reiz noch überwiegend negativ. Im dritten Monat ist diese negative Wirkung neutralisiert und die Reaktionsdauer ist nun die längste, die Beschäftigung mit dem Reiz erfreulich, aber das Interesse daran ist bereits im Abflauen und hat sich einem anderen Sinnesgebiet zugewendet, nämlich dem optischen Reizgebiet«.[6] Diese Öffnung der Hörbereitschaft und die Erweiterung des Wahrnehmungshorizonts bilden das Fundament für die weitere Entwicklung, vor allem für den Vorgang des Spracherwerbs. Wie sich die »endlosen Ströme undifferenzierter Laute« und »der endlose Strom undifferenzierter Erfahrung«[7] in der Psyche des Kindes so kombinieren, daß daraus die Fähigkeit zu sinnvoller sprachlicher Artikulation erwächst, ist ein noch immer nicht restlos aufgeklärter Prozeß. Mit einigem Recht verwendet Ch. Bühler große Vokabeln, wenn sie konstatiert, die Bezugsperson sei für das Kind »Mittler geworden auf seinem Weg zur Sprache. Mit der Hilfe der andern öffnet dem Kind die Sprache die Welt der Gegenstände zu neuem, zum geistigen Sein«.[8] Das Hören als passives Verhalten ist von Anfang an angstbesetzt, aber es bildet zugleich die Grundlage für die Wahrnehmung und die Benennung von Welt.

Die emotionale Qualität des Gehörten beeinflußt das Kind schon sehr früh. »Lange bevor ein Wortverständnis vorhanden ist, reagiert das Kind auf

5 Ch. Bühler, Kindheit und Jugend. Genese des Bewußtseins, 4. Auflage, Göttingen 1967, 20.

6 A.a.O. 23.

7 Vgl. J. Britton, Die sprachliche Entwicklung in Kindheit und Jugend, Düsseldorf 1973, 41f.

8 Ch. Bühler, a.a.O. 95.

die Intonation der Rede. Hohe Töne sind dem Säugling angenehm, tiefe verstimmen ihn. Schon kleine Mädchen, die das erste Mal zu einem Säugling sprechen, tun dies unwillkürlich mit einer hohen Fistelstimme. Freundliche, sanfte, leicht singende Anrede löst offensichtlich Wohlbehagen aus. Der Tonfall der mütterlichen Rede ist ein wichtiges Medium, über das sich schon dem ganz jungen Säugling das Akzeptiertwerden oder Abgelehntsein mitteilt«.[9] Im präverbalen Dialog mit der Mutter macht jedes Kind Entdeckungen von höchster Tragweite. R. A. Spitz hat an Einzelbeobachtungen gezeigt, wie das Menschenjunge während der »Achtmonatsangst« »nicht nur fähig wird, das Liebesobjekt von Fremden zu unterscheiden, sondern auch das Belebte vom Unbelebten«.[10] Wie destruktiv die Erfahrung eines unbelebten Liebesobjektes sich auswirkt, zeigt das Schicksal jener Affenjungen, die mit Ersatzmüttern aus Draht und Frotteestoff aufwachsen mußten und in ihrer Entwicklung stagnierten, weil diese Surrogate sich allenfalls zur Abfuhr von Aggressivität eigneten. Im Wechselspiel von Aktion und Reaktion mit einer festen Bezugsperson bildet sich eine Austauschstruktur, die mit Emotionen ausgefüllt ist und die Integration von libidinösen wie aggressiven Triebimpulsen erlaubt. Jetzt erst, auf der Basis des archaischen Dialogs mit einem lebendigen Partner, kann sich beim Kind auch innerhalb relativ kurzer Zeit die Sprachfähigkeit entwickeln. Ein entscheidender Schritt auf dem Weg zur kommunikativen Selbständigkeit erfolgt, wenn das in den mütterlichen Verboten permanent Gehörte Nein zur »Identifiktion mit dem Aggressor«[11] der Mutter gegenüber selber verwendet wird.

Im Hören bleibt das Menschenjunge gefährdet. Das Ohr nimmt nicht nur die Nuancen emotionaler Zuwendung wahr und nicht nur die Namen von Menschen und Dingen, in denen sich die Welt strukturiert. Durch das Ohr empfängt jeder auch jene traumatischen Wunden, die den weiteren Lebensweg prägen, selbst wenn sie aus dem Bewußtsein längst wieder entschwunden sind. Sehr anschaulich hat die Bedeutung der frühen Kontakterfahrungen die Transaktionsanalyse beschrieben, indem sie vom Lebensscript, von den Grundanschauungen redet, die sich bei jedem Menschen in den ersten Lebensjahren bilden. »Ich glaube, daß bis zum Ende des zweiten Lebensjahres oder irgendwann während des dritten das Kind sich für eine der ersten drei Grundanschauungen entschieden hat. Ich bin nicht o. k. – Du bist o. k., ist die erste zaghafte Entscheidung, die auf den Erfahrungen des ersten Lebensjahres beruht. Bis zum Ende des zweiten Jahres ist sie entweder bestätigt, oder sie macht der zweiten oder der dritten Grundanschauung Platz: Ich bin nicht o. k. – Du bist nicht o. k. (2) oder Ich bin o. k. – Du bist nicht o. k. (3).

9 L. Schenk-Danzinger, Entwicklungspsychologie, 3. Auflage, Wien 1970, 38.

10 R.A. Spitz, Vom Dialog. Studien über den Ursprung der menschlichen Kommunikation und ihrer Rolle in der Persönlichkeitsbildung, Frankfurt 1982, 13f.

11 R.A. Spitz, Nein und Ja. Die Ursprünge der menschlichen Kommunikation, Stuttgart 1964, 106.

... Die Entscheidung für eine der ersten drei Positionen beruht völlig auf Streicheln oder Nicht-Streicheln. Die ersten drei Entscheidungen vollziehen sich auf einer nicht begrifflichen Ebene, also ohne sprachliche Vorverarbeitung. Sie sind Folgerungen, nicht Erklärungen. Doch sie sind mehr als bloße Reflexe. ... Sie sind ein Produkt der Datenverarbeitung im Erwachsenen-Ich des sehr kleinen Menschen«.[12] Das Stichwort »Streicheln« macht darauf aufmerksam, daß es nicht nur um verbale Kontakte geht. Aber mit zunehmendem Alter gewinnen sprachliche Erfahrungen immer mehr an Gewicht. »Positives Streicheln kann in Form von Anerkennung, Belohnung und Beifallsbezeigung geschehen, die befriedigende Gefühle auslösen. Hinzukommen kann eine physische Berührung oder etwa ein symbolischer Kontakt, z. B. eine Geste, ein Blick, ein paar geschriebene Zeilen usw. - irgendein Ausdruck für jenes ›Ich weiß, Du bist da und Du bist o.k.‹«.[13] Wer diese Botschaft, die das eigene Leben bejaht, in der frühen Kindheit nicht oder nicht ausreichend hören durfte, wird ein Leben lang Schwierigkeiten haben, sich selbst und andere zu akzeptieren. Wer verwundet ist, muß sich verschließen oder andere anklagen. Im passiven Akt des Hörens erwirbt der Mensch also nicht nur die aktive Sprachfähigkeit, vielmehr prägt die darin eingeschlossene Welterfahrung auch die eigene Weltzuwendung. Im frühen Hören bildet sich eine Weltanschauung, die die weitere Lebenshaltung bestimmt.

In der Gesellschaft

Für das Welterleben der Stammeskulturen bildet Hören eine wesentliche Dimension der Diffusion von Vitalkraft. Die Rezeptivität akustischer Kommunikation impliziert häufig eine spezifische Machterfahrung. »Dem Wort, im Munde (im Kopf) gebildet, mit Speichel durchfeuchtet, vom Atem getragen und auf andere, selbst über eine gewisse Entfernung hinweg, sichtbar Einfluß ausübend, wird so auch überall auf der Welt eine besondere Wirk-, ja Zauberkraft zugeschrieben. Worte - auch in geschriebener oder nur gedachter Form - können ebenso glücklich stimmen wie in Verzweifelung versetzen, können erheben und demütigen, heilen wie krankmachen, Geister zwingen, einen Körper, von dem sie Besitz ergriffen haben, zu verlassen (Exorzismus). Sie spielen in den meisten, namentlich aber in magischen und religiösen Riten eine wesentliche, nach Auffassung mancher Naturvolkgesellschaften und auch Ethnologen vielleicht sogar die eigentlich ausschlaggebende Rolle. Einer bestimmten Formel kann, wie etwa die Batek Dé im Süden der Halbinsel Malakka der Überzeugung sind, eine derartige Kraft innewohnen, daß schon ihre bloße Rezitation ausreicht, den gewünschten Effekt zu bewirken.

12 Th.A. Harris, Ich bin o.k. - Du bist o.k.. Eine Einführung in die Transaktionsanalyse, Reinbek 1975, 60f.

13 M. James/L.M. Savary, Befreites Leben. Transaktionsanalyse und religiöse Erfahrung, München 1977, 83.

Worte können so nicht nur, wie auch Kinder meinen, die Wirklichkeit verändern, sondern sogar umfassendere Naturprozesse in Gang setzen Litten z. B. die Selknam, eine der beiden Hauptgruppen der Ona auf Feuerland, allzusehr unter anhaltendem Schneefall, führten sie einen bestimmten Ritus durch und rezitierten dabei immer wieder und mit konzentrierter Eindringlichkeit Formeln wie: ›Bald wird der Regen den Schnee vertreiben‹, ›Nun wird der Schnee dem Regen weichen‹, ›Jetzt muß der Regen kommen‹. Verständlich daher, daß Worte nicht zuletzt bei der Schöpfung oft eine bedeutende Rolle spielen. In zahlreichen Kosmogonien (auch in der biblischen!) lassen die Götter Himmel und Erde (und anderes) einzig kraft ihres Wortes entstehen – denn, wie der Psalmist sagt: ›So er spricht, so geschiehts; so er gebeut, so stehets da‹ (Psalm 33: 9)«.[14]

Das Ohr bleibt immer ein Sinnesorgan, das auch Information vermittelt, die man über taktile oder visuelle Kanäle nicht mehr wahrzunehmen vermag. Damit erfüllt es elementare Funktionen im Lebenskampf, wie sich besonders in den aggressiven Verhaltenssequenzen während der Jagd und des Krieges zeigt. Der erfahrene Jäger verfolgt seine Beute nicht nur anhand von sichtbaren Spuren, sondern auch indem er akustische Signale sorgfältig registriert; und gleichzeitig muß er darauf bedacht sein, beim Anschleichen jedes Geräusch zu vermeiden. Auch beim Überfall auf Menschen gehört Lärmvermeidung zu den grundlegenden Strategien. Aber oft genug war es bei Kriegszügen üblich, die Geräuschkulisse zu steigern und durch Geschrei und Musik sich selbst Mut zu machen, den Feind aber in Angst zu versetzen. Im Hören kann man Warnsignale empfangen, aber auch überwältigende Schreckenserfahrungen machen. Jahwes Macht wird spürbar, wenn er einhergeht wie ein brüllender Löwe (Jes. 31, 4; Hos. 11, 10). Und die apokalytische Phantasie rechnet beim Anbruch des Reiches immer auch mit einer ohrenbetäubenden Mischung von Donner- und Posaunenschall (Jes. 27, 13; Mt. 24, 31; Luk. 21, 25). Die Epiphanie vollzieht sich entweder sehr lautstark (Ex. 19, 16) oder in vollkommener Stille.[15]

Weil die individuellen Möglichkeiten, sich gegen Lärmüberflutung zu wehren, immer begrenzt sind, hat es schon in der Antike Versuche gegeben, das Problem durch gesetzliche Maßnahmen in den Griff zu bekommen. »Die einzig tatsächlich wirksame Lärmgesetzgebung, die jemals zustande kam, gab es in Form von göttlicher Strafe. In Gilgamesch-Epos (etwa 3000 v. Chr.) lesen wir: ›In diesen Tagen wimmelte es nur so auf der Erde, die Welt brüllte wie ein Stier und der große Gott wurde durch den Lärm gestört. Enlil

14 K.E. Müller. Das magische Universum der Identität. Elementarformen sozialen Verhaltens – Ein ethnologischer Grundriß, Frankfurt 1987, 222.

15 Vgl. auch W.F. Otto, Dionysos. Mythos und Kultus, Frankfurt 1933, 86: »Der wilde Geist des Ungeheueren, aller Ordnungen und Regeln Spottenden offenbart sich gleich in der ersten Begleiterscheinung des nahenden und gegenwärtigen Gottes. Das ist der Lärm und sein verwandtes Widerspiel: Die Totenstille«

hörte das Getöse und sagte zu den Göttern im Rat: ›Dieser Tummult der Menschheit ist unerträglich und es ist nicht mehr möglich zu schlafen.‹ Und so wurden die Götter bewegt, die Flut zu schicken.‹ Das erste Ortsstatut im modernen Sinne, das sich auf Lärm bezieht, stammt von Julius Caesar und steht in seinem Senatus Consultum aus dem Jahr 44 v. Chr. ›Von jetzt ab sind keinerlei Räderfahrzeuge innerhalb des Stadtgrenzen von Sonnenaufgang bis eine Stunde vor der Dämmerung zugelassen . . . Die in der Nacht hereingekommenen Fahrzeuge, die zur Morgendämmerung noch in der Stadt sind, müssen anhalten und leer stehen bleiben bis zur angegebenen Stunde‹. Wegen des Gedränges in den engen Gassen durften Wagen nur nachts herumfahren, was dem Schlaf kaum förderlich gewesen sein konnte. In seiner dritten Satire sagt Juvenal (117 n. Chr.): ›Es ist absolut unmöglich, irgendwo in der Stadt zu schlafen. Der unaufhörliche Verkehr von Wagen in den Nachbarstraßen . . . genügt, um Tote aufzuwecken‹«.[16]

R. M. Schafer bezweifelt, daß man der inzwischen unendlich gewachsenen Lärmüberflutung durch eine einfache Lärmbekämpfung Herr werden kann. Er setzt dagegen das Konzept einer Akustikökologie, die die Beziehung »zwischen dem Menschen und den Lauten seiner Umwelt« und die Folgen der Veränderung dieser Beziehung untersucht, und darauf aufbauend das Modell eines Akustikdesign, einer »auditiven Kultur«,[17] die »die globale Lautsphäre als eine riesige Musikkomposition« betrachtet, »die sich rings um uns unaufhörlich entfaltet. Wir sind gleichzeitig ihre Zuhörer, ihre Spieler und ihre Komponisten. Welche Laute wollen wir erhalten, verstärken, vervielfachen? Wenn wir das wissen, werden die langweiligen oder destruktiven Laute so auffallend, daß wir genau bestimmen können, warum wir sie ausschalten müssen. Nur ein völliges Verstehen der akustischen Umwelt kann uns die Ressourcen an die Hand geben für eine Verbesserung der Orchestrierung der Lautsphäre«.[18]

In der Therapie

Das Leben kann durch Hören bedroht und beschädigt, es kann aber auch im Medium zunehmender Aufmerksamkeit geheilt werden. »Das dritte Ohr«, bei F. Nietzsche Voraussetzung für die ästhetisch angemessene Rezeption von Literatur[19], ist für den Psychoanalytiker die Bedingung seiner professionellen Kompetenz. Weil hier »nicht so sehr ein Herz-zu-Herz-Gespräch wie ein Trieb-zu-Trieb-Gespräch, ein unhörbarer, aber höchst ausdrucksvoller Dialog« stattfindet, ist die Wahrnehmung des Unbewußten, ja manchmal so-

16 R.M. Schafer, a.a.O. 234.
17 A.a.O. 250.
18 A.a.O. 249.
19 F. Nietzsche, Jenseits von Gut und Böse. Achtes Hauptstück, 246, Werke 2, ed. K. Schlechta, München 1966, 713.

gar des Ungesagten entscheidend. »Es kann gezeigt werden, daß der Analytiker wie sein Patient Dinge weiß, ohne zu wissen, daß sie sie wissen. Die Stimme, die in ihm spricht, spricht leise, aber derjenige, welcher mit einem dritten Ohrt hört, hört auch, was fast lautlos ausgedrückt wird, was pianissimo gesagt wird. Es gibt Beispiele, wo Dinge, die jemand in der Psychoanalyse gesagt hat, bewußt nicht einmal vom Analytiker gehört werden, aber nichtsdestoweniger verstanden oder gedeutet werden«.[20] Diese Fähigkeit ist nicht auf den geschulten Psychologen beschränkt. Th. Reik bringt Beispiele dafür, daß ein sogenannter Laie die Probleme eines Patienten sehr viel früher intuitiv erfaßt hat als der behandelnde Therapeut. Im Trieb-zu-Trieb-Gespräch der Psychoanalyse findet Hören statt als Mischung aus Fremd- und Selbstwahrnehmung. In den eigenen emotionalen Reaktionen kommt der Analytiker, wenn er »seinen Phantasien nachgibt und seinen Instinkten folgt«[21], den Konflikten des anderen auf die Spur. Man wird annehmen dürfen, daß dieses dritte Ohr auch im Gottesdienst aufmerkt. Eine seiner Eigenarten besteht darin, »daß es auf zwei Kanälen hört. Es kann erfassen, was andere Leute nicht sagen, sondern nur fühlen und denken; es kann aber auch nach innen gerichtet werden. Es kann Stimmen aus dem Innern hören, die sonst nicht hörbar sind, weil sie vom Lärm unserer bewußten Gedankenprozesse übertönt werden«.[22] Die meisten unserer inneren Stimmen stammen aus ferner Vergangenheit, von Mutter und Vater, von Geschwistern und Altersgenossen. Gerade in der extrem rezeptiven Situation des Hörens vollzieht sich auch während der Predigt ein vielschichtiger Dialog, zwischen der eigenen und der fremden Person, zwischen neuen Entwicklungsmöglichkeiten und alten Konflikten. Was jetzt zu hören ist, kann frühere Wunden aufreißen, Ängste und Wünsche wecken, Abwehr mobilisieren, aber auch Vertrauen schenken. Das dritte Ohr, das zu jedem Menschen gehört, besteht aus der Fähigkeit, im Spannungsfeld zwischen der eigenen und der fremden Person, zwischen Vergangenheit und Gegenwart, zwischen Bewußtem und Unbewußtem die Wirklichkeit des anderen Wortes, des verbum alienum beinahe ohne Störungen und Verzerrungen wahrzunehmen.

Der Dialog ist, wie R. A. Spitz festgestellt hat, von Anfang an für die Entwicklung des Lebens wichtig. Was benötigen Menschen, um auch im Erwachsenenalter weiter zu reifen? In einer empirischen Untersuchung, in der er das Gottesdienst-Erleben von Theologen auswertet, hat H. van der Geest drei Dimensionen erhoben: »Am tiefsten getroffen, am meisten erfreut, am dankbarsten für den Gottesdienst sind die Teilnehmer dann, wenn der Prediger in ihnen ein Gefühl von Vertrauen, von Geborgenheit geweckt hat. Der

20 Th. Reik, Hören mit dem dritten Ohr. Die innere Erfahrung eines Psychoanalytikers, Frankfurt 1983, 167.
21 A.a.O. 166.
22 A.a.O. 168f.

Inhalt der gesprochenen Worte ist ein nicht unwichtiges Element beim Zustandekommen dieses Geborgenheitsgefühls, aber nicht das einzige und oft auch nicht das wichtigste. Je tiefer sich die Zuhörer angesprochen fühlen, desto mehr Geborgenheit haben sie im Gottesdienst erlebt«.[23] Zu dieser Dimension der Geborgenheit gesellen sich in den meisten Äußerungen noch die Dimension der Befreiung und die der Erkenntnis. Für van der Geest bilden sie eine in allen Aspekten unverzichtbare Einheit. »Geborgenheit ohne Befreiung gibt es zwar auch, sie ist aber eine infantile Geborgenheit, die nur unselbständige Menschen anspricht. Ohne Erkenntnis ist sie naiv. Befreiung ohne Geborgenheit ist unverbindlich, ohne Erkennen ist sie nicht zuverlässig. Erkennen ohne Geborgenheit ist unpersönlich, ohne Befreiung ist es steril. Die drei unterschiedenen Dimensionen hängen aufs engste zusammen. Sie sind Varianten der Trias Liebe, Hoffnung und Glaube«.[24]

Worte können den Entwicklungsprozeß des individuellen Lebens schädigen oder fördern. Deshalb versuchen therapeutische Konzeptionen, für den Dialog eine Inszenierung zu finden, die die Entwicklungsrichtung in positiver Weise beeinflußt. Aber auch in den Alltagsgesprächen wollen die Partner meistens einander bei der Lebensbewältigung unterstützen. Immer ist vorausgesetzt, daß es auf die Grundfragen des Lebens eine einverständige Antwort gibt. Was wollen und sollen und können Menschen werden? Nur im Rahmen einer Antwort auf diese Frage kann man etwas sagen, das sich zu hören lohnt. C. R. Rogers hat das Lebensziel seiner Klienten bei Kierkegaard formuliert gefunden: »Das Selbst zu sein, das man in Wahrheit ist«.[25] Im Zuhören, Reden und Schweigen seiner therapeutischen Tätigkeit hat er jene Trends und Tendenzen bestärkt, die diesem Lebensziel dienen. In negativer Hinsicht wollen die Klienten weg von den Fassaden, weg von der Erfüllung fremder Erwartungen, weg von den Zwängen zur Konformität. Positiv wird die Entwicklung zur Selbstbestimmung angestrebt, die Entwicklung zur Prozeßhaftigkeit, zur Komplexität, zur Erfahrungsoffenheit, zum Selbstvertrauen und zum Akzeptieren des anderen. Wenn ein anderer ihm zuhört, kann der Klient sich von der bedrängenden Macht früherer Worte befreien und durch die Integration seiner Ängste und Wünsche sich selber entdecken. »Die charakteristische Entwicklung ist dergestalt, daß der Klient sich erlauben kann, frei der wechselnde, fließende Prozeß zu sein, der er ist«.[26] Im angstfreien Hören öffnet der Einzelne sich dem Strom des Lebens. Andere psychotherapeutische Entwürfe gehen mit anderen methodischen Konzepten und anderen anthropologischen Zielsetzungen ans Werk. Meistens liegt

23 H. van der Geest, Du hast mich angesprochen. Die Wirkung von Gottesdienst und Predigt, Zürich 1978, 40.
24 A.a.O. 41.
25 C.R. Rogers, Entwicklung der Persönlichkeit. Psychotherapie aus der Sicht eines Therapeuten, Stuttgart 1973, 167, unter Verweis auf »Die Krankheit zum Tode«.
26 A.a.O. 181.

der therapeutischen Arbeit dabei eine doppelte Annahme zugrunde: Durch Worte, die einer anhören mußte, ist seine Identität erheblich beschädigt – durch Worte, denen ein anderer zuhört, kann sich seine Identität allmählich rekonstruieren.

Was tut ein Mensch, wenn er hört? Er ist verwundbar. Er ist erfüllt von den Geräuschen, Klängen und Stimmen, die ihm bisher eine Welt-Anschauung vermittelt haben. Er weicht allem aus, was ihm Angst macht. Er sucht Worte, die sein Leben bejahen. Hören ist ein Verhalten, das unvermeidlich, aber auch schwer erträglich ist, weil es voller Abhängigkeitserfahrungen steckt.

II.

Im Zentrum des protestantischen Gottesdienstes ist die Predigt zu hören. Als religiöse Rede ist sie kein einzigartiges Phänomen. Erst im Vergleich mit anderen Typen verbaler Artikulation religiöser Natur tritt ihre Eigenart deutlich hervor. Dabei ist auszugehen von einer grundlegenden Unterscheidung. In der Religion gibt es entweder inspirierte oder interpretierende Rede. In der Anschauung, daß man auch zur Interpretation von heiligen Zeichen oder heiligen Texten einer besonderen Inspiration bedarf, sind beide Aspekte der idealtypischen Differenzierung vereint. Streng genommen setzt die interpretierende Rede schon einen Akt des Sehens, nämlich des Lesens, voraus. Aber oft gilt der dabei auszulegende Text selber als inspiriert, ist also in einem Ereignis spezifischer Audition zustandegekommen.

Interpretierende Rede im Bereich der Religion hat es nicht nur mit heiligen Sprachdokumenten zu tun. Vor der Entstehung von Schriftkulturen präsentiert sie sich vor allem in der Form des Orakels. »Die Lesbarkeit der Welt«[27], spätestens seit der Aufklärung gegen den Offenbarungsanspruch der positiven Religion ins Feld geführt, ist vom archaischen Denken für spezifische Vorgänge schon immer behauptet worden. Aus dem Vogelflug, aus dem Eingeweide der Opfertiere, aus der Konstellation der Gestirne wollte und konnte man Rückschlüsse auf vergangenes, gegenwärtiges und zukünftiges Geschehen in der Gemeinschaft ziehen. Für begabte und begnadete Menschen offenbaren Vorgänge in der Natur Entwicklungen in der jeweiligen Kultur.

Orakel

In einer klassischen ethnologischen Studie hat E. E. Evans-Pritchard »Hexerei, Orakel und Magie bei den Zande«, einem Volk in Zentralafrika, Ende der dreißiger Jahre untersucht.[28] Im Mittelpunkt des gesellschaftlichen Lebens steht das Giftorakel. Hühnern wird ein bestimmter Pflanzenextrakt verabreicht, und ihr Verhalten, insbesondere ihr Tod oder ihr Überleben, antwortet auf die umstrittenen Fragen, die man ihnen bei diesem Orakel vorlegt. Zur Entscheidung stehen alle denkbaren Situationen sozialer Krisen und Konflikte. Vor der Heirat, vor der Beschneidung des Sohnes oder einer Blutsbrüderschaft befragt man das Orakel ebenso wie bei Schwangerschaft, Krankheit und besonderen Sterbefällen; der Verdacht auf Ehebruch kann auf diese Weise geklärt werden, aber auch die Vermutung, bei einem Ereig-

27 Vgl. H. Blumenberg, Die Lesbarkeit der Welt, Frankfurt 1986.
28 E.E. Evans-Pritchard, Hexerei, Orakel und Magie bei den Zande, Frankfurt 1988, 181ff.

nis sei Hexerei im Spiel. Die drei Rollen, die zu diesem Orakel gehören, nämlich Eigentümer des Orakelgiftes, Bediener des Orakels und Fragesteller zu sein, können prinzipiell von allen erwachsenen Männern eingenommen werden. Auch bildet in jedem Fall die Beachtung bestimmter Tabus im Sexual- und Speiseverhalten die Voraussetzung für die Teilnahme. Die eigentliche Kunst des Orakelvollzugs besteht in der Auswahl der Tiere, in der Dosierung des Giftes und in der Formulierung der zu klärenden Frage, die meistens nur durch einen gegensinnigen Doppelversuch zu entscheiden ist. Dafür ein relativ alltägliches Beispiel: »Erste Probe. Wenn X Ehebruch begangen hat, Giftorakel, töte das Huhn. Wenn X unschuldig ist, Giftorakel, schone das Huhn. Das Huhn stirbt. - Zweite Probe. Das Giftorakel hat X des Ehebruches für schuldig erklärt, indem es das Huhn tötete. Wenn seine Erklärung wahr ist, laß es dieses zweite Huhn schonen. Das Huhn überlebt. - Resultat. Ein gültiges Urteil. X ist schuldig«.[29] Man kann leicht ausrechnen, daß bei diesem Verfahren vier Ergebnisse möglich sind. Zwei führen zur Klärung, weil das Orakel in beiden Gängen dasselbe Urteil spricht, zwei bleiben ungültig, weil sich die Orakelaussagen widersprechen.

Die Kompetenz der religiösen Rede äußert sich hier gegenüber einem Orakel, das nicht in personaler Gestalt agiert. Es redet indirekt, durch die physische Reaktion eines Tieres. Das ist in der Orakelpraxis nicht immer so. Der Geist kann sich auch bestimmter Medien bedienen, der Priesterin in Delphi, des Priesters in Jerusalem. Aber auch in einem solchen Fall kann man mit einer binären Befragungskonstellation operieren, wie das folgende Beispiel aus der Geschichte Sauls demonstriert: »Dann sagte Saul: ›Wenn die Schuld bei mir oder meinem Sohn Jonathan liegt, Jahwe, Gott Israels, gibt urim; wenn die Schuld bei deinem Volk Israel liegt, gibt tummin‹. Saul und Jonathan wurden bezeichnet, und das Volk ging frei aus. Saul sagte: ›Werft das Los zwischen mir und meinem Sohn Jonathan‹, und Jonathan wurde bezeichnet« (1. Sam. 14, 41f).[30]

Für K. Latte ist die »Abgrenzung des von einem Gott in seinem Tempel erteilten Bescheides gegen die sonstigen Formen der Erkundung des Götterwillens« für die Frühzeit Griechenlands schwierig[31], und Delphi ist nur ein besonders aufschlußreiches Exempel für die im ganzen Mittelmeerraum verbreitete Orakelpraxis. Unter dem Einfluß der kleinasiatischen Gottheit Apollo gewinnt dieser Ort durch zwei Besonderheiten seine zentrale Bedeutung. Das ist einmal »der Anspruch auf universale Geltung«, der die sonst übliche Begrenzung auf den lokalen Stammesverband sprengt, und das ist zum anderen die Erteilung in Form von Hexametern: »darin liegt der An-

29 A.a.O. 203.
30 Übersetzung nach R. de Vaux, Das Alte Testament und seine Lebensordnungen II, 2. Auflage, Freiburg 1962, 185.
31 K. Latte, Art. Orakel, PRE 18/1, Stuttgart 1942, 829.

spruch auf dauerndes Gedächtnis seiner Sprüche, die darum in die Form gegossen werden, die damals allein ein Fortleben über den Moment hinaus gewährleisten konnte«.[32] Inhaltlich ging es bei den Fragen, die schriftlich eingereicht wurden, natürlich um Probleme des Kults. Aber auch die beabsichtigte Änderung einer Verfassung mußte von der Gottheit sanktioniert werden. Das Orakel scheint außerdem auf die griechische Kolonisation eingewirkt zu haben, es hat in die Rechtsprechung einzelner Städte eingegriffen, war an der Einführung des lunisolaren Kalenders beteiligt und hat mit begrenztem Erfolg die Humanisierung der kriegerischen Auseinandersetzungen in seinem Einflußbereich versucht. Ungeklärt ist bis heute die Art des Offenbarungsempfangs. Latte sieht in der griechischen Religiosität einen Unterschied »zwischen dem dionysischen Taumel, der die Hemmungen des Bewußtseins übertönt und ungeahnte Kräfte im Menschen weckt, und der Inspiration der Priesterin, die sich dem Gotte hingibt«.[33] Die Vasen- Darstellungen zeigen »die Priesterin in ruhiger Haltung auf dem Dreifuß sitzend. Da diese Bilder dem Kultritual entsprechen, ist jeder Gedanke an heftige Bewegungen, die von wirklicher Ekstase unzertrennlich sind, ausgeschlossen. Es muß sich um einen rein innerlichen Vorgang gehandelt haben«.[34]

Prophetischer Wortempfang

Ähnlich ungeklärt ist auch in der alttestamentlichen Wissenschaft das Problem des prophetischen Wortempfangs. Noch immer bemerkenswert ist G. Hölschers Buch über »Die Profeten«, 1914 erschienen und als Beitrag »zur Religionsgeschichte Israels« deklariert. Wichtiger noch als der längst umstrittene »Nachweis, daß das ekstatische Profetentum der altisraelitischen Zeit aus den kanaanäischen Kulten stammt und von den Hebräern erst nach ihrer Ansiedlung in Kanaan zugleich mit den einheimischen Vegetationskulten übernommen worden ist«, ist der von Hölscher unternommene Versuch, »die allgemeinen psychologischen Erscheinungen, die das Profetentum und ihm verwandte Größen aufweisen, in geordneter Weise darzustellen«.[35] Eine Kostprobe mag demonstrieren, wie Hölscher sich die Techniken der »Begeisterungsmantik« vorgestellt hat. »In der professionellen Mantik scheinen die äußerlichen Erregungsmittel mehr und mehr zurückgetreten zu sein; die Reizbarkeit des Nervensystems, die sich durch gewohnheitsmäßige Erzeugung der Erregungszustände einstellte, war bei diesen Berufsmantikern oft-

32 A.a.O. 841.

33 Ebd.

34 Ebd. Moderne Formen einer Orakelpraxis durch Inhalation von Kräutersubstanzen beschreibt F.M. Welte, Der Gnawa-Kult. Trance-Spiele, Geisterbeschwörung und Besessenheit in Marokko, Frankfurt 1990, 105ff.

35 G. Hölscher, Die Profeten. Untersuchungen zur Religionsgeschichte Israels, Leipzig 1914, III.

mals vielfach so stark, daß schon ein leiser Reiz, ja die bloße Vorstellung mit suggestiver Wirkung den Zustand der Begeisterung hervorrufen konnte. Für Elisa genügte, wie erzählt wird, das Spiel des Saitenspielers, um ihn in Ekstase zu versetzen (2. Kg. 3, 15). Diese Berufsmantik geht darauf aus, in der Begeisterung sinnvolle Offenbarungen zu geben, aber sie behält in ihrer vulgären Form vielfach die alte exaltierte Art bei. Daher der Ausdruck ›träufeln lassen‹ (hiṭṭîf Am. 7, 16, Mi. 2, 6.11, Hes. 21, 2.7) für die prophetische Rede, daher das laute Schreien der Worte (1. Kg. 13,2, Mi. 3,5, Hes. 6,11 vgl. 21, 11f. 17), das oft mit lebhaften Gesten verbunden ist (Hes. 6,11; 21, 22), daher gelegentlich das wiederholte Ausrufen einzelner Worte, wie es Jer. 6, 14; 7, 5; 8, 11 (vgl. Jer. 22, 19, 1. Kg. 13, 2) angedeutet wird. Selbst da, wo die Gedanken in vollen Sätzen zum Ausdruck gelangen, unterscheidet sich das Wort des Enthusiasten grundsätzlich von der ausgeführten Art einer Ansprache, einer Predigt oder eines Vortrages. Der Profet hält keine vorher durchdachten Reden, sorgfältig memoriert oder wohl gar aufgezeichnet und vorgelesen. Sein Wort ist ein Kind des Augenblicks, der plötzlichen Eingebung, im Moment erhöhter Seelenspannung aufgegriffen und unmittelbar im Affekt, in der ›Glut des Geistes‹ (Hes. 3, 14) geäußert«.[36]

Erst während der Reformbewegung, die den Jahwekult vor der Baalisierung schützen soll, zeigt sich eine »Tendenz, die magischen Zaubermethoden beiseite zu stellen: Elisa heilt Na'aman nicht durch Handschwingen oder zauberhaftes Namensprechen, sondern durch sein bloßes Wort (2. Kg. 5, 11); ebenso bleibt der Zauberstab Elisas in Gechasis Hand wirkungslos, während Elisas Gebet sofort wirkt (2. Kg. 4, 29 ff.). Die meisten Wunder des Elia und Elisa geschehen denn auch durch das einfache Wort . . ., wie es in erhabener Dramatisierung die Karmelszene darstellt (1. Kg. 18,36f); das ist nicht das wilde Schreien der Ba'alspfaffen im sinnlosen Taumel, sondern klaren Geistes spricht der seiner Sache sichere Profet Jahwes sein weihevolles Gebet«.[37] Diese geistig-sittliche Religiosität kommt in den großen Propheten zum Abschluß. »Vor der Klarheit ihres Denkens schwindet mehr und mehr das altertümliche Wesen der ekstatischen Mantiker. Sie sind nicht mehr willenlos Verzückte, die im Taumel Einzelauskünfte über die verborgenen Absichten und Launen der Gottheit geben, sondern feierlich klardenkende Verkünder einer großen einheitlichen Anschauung. Wohl fühlen auch sie sich, als Werkzeuge der Gottheit, vom Geiste ergriffen und dem Willen des Gottes unbedingt hingegeben; auch bei ihnen treten noch die alten profetischen Formen, wenn auch in abgeklärter Gestalt, auf; sie warnen und raten von Fall zu Fall durch ihre Orakel, aber der Einzelfall ist nur ein Teil ihrer Einsicht in das Ganze des göttlichen Willens. Die Enthüllung von Einzelgeheimnissen und konkreten Dingen ist Nebensache; sie kümmern sich nicht

36 A.a.O. 149f.
37 A.a.O. 182.

mehr um entlaufende Esel, aber wohl um die großen Geschicke der Völker«.[38]

Hölscher hat auf Belege aus der psychologischen Literatur, die er studiert hat, bewußt verzichtet; im Vorwort verweist er ausdrücklich nur auf W. Wundt und dessen »Völkerpsychologie«.[39] Sein Ziel liegt auch mehr in der Beschreibung als in der Erklärung dessen, was er außergewöhnliche Gemütsbewegungen nennt. Grundlegend für das psychologische Verständnis ist in seiner Sicht Kants Unterscheidung zwischen sthenischen und asthenischen Affekten. »Im sthenischen Affekte steigert sich einerseits die Spannung der willkürlichen Muskeln; die Erregung macht sich geltend in lebhaften und sich wiederholenden Ausdrucksbewegungen. Dazu kommt eine verstärkte Spannung der Zentralorgane; die Herzschläge und der Atem beschleunigen sich, die peripherischen Gefäße erweitern sich und füllen sich mit Blut; Erröten und beschleunigter Pulsschlag ist die Folge. Umgekehrt vermindert sich im asthenischen Affekt die Spannung der willkürlichen Muskeln, so daß Erschlaffung und bei höchster Steigerung zeitweilige Lähmung eintritt; infolge der dauernden Kontraktion der kleinen Arterien erblaßt die Haut; Atem und Herzschlag werden schwächer, ja das Herz kann zeitweilig stillstehen. - Diese körperlichen Folgen der Affekte üben ihrerseits eine Rückwirkung auf die Gemütsbewegungen aus: einerseits können sie, wie die wiederholten Ausdrucksbewegungen, die Affekte selber steigern; andererseits wirken sie lösend auf den Affekt ein, indem sie diesen durch Steigerung der Erregung über seinen Höhepunkt hinweg führen und zugleich die das Leben gefährdende Spannung von den Zentralorganen ableiten«.[40] Ihren religionsphänomenologischen Ausdruck finden die asthenischen Affekte in der exaltierten Ekstase. »Unter der regelnden Macht des höheren Kultes hat sich das laut gellende Schreien und Lärmen zu edlerem Kultgesang und zur Kultmusik entwickelt; ihre Entstehung aus den natürlichen Affektäußerungen jedoch verraten diese Kulthandlungen noch in dem exaltierten Jauchzen beim Kultfeste ebenso wie in dem leidenschaftlichen Heulen, welches zu allen Zeiten die Totenklage begleitet hat«.[41] Demgegenüber steht die apathische Ekstase, die Hölscher etwa in Hiob 4, 14 - 16 beschrieben findet. Für beide Formen ist charakteristisch, daß das außergewöhnliche Erleben auf die Einwohnung der Gottheit zurückgeführt wird, auch wenn man in Israel mit der Rede vom Geist eine distanzierte Identifizierung ausgedrückt hat. »Die Profeten reden nicht nur im Auftrage und nach dem Geheiße Jahwes, wiederholen nicht nur Worte und Offenbarungen, die der Gott ihnen zugeraunt oder in der Vision gezeigt hat, sondern sie reden als Gott selbst und identifizieren

38 A.a.O. 187.
39 A.a.O. III.
40 A.a.O. 5.
41 A.a.O. 7.

sich, solange sie ekstatisch sprechen, durchaus mit ihm. Wenn Jeremia in der Vision seine Lippe von Jahwes Hand berührt fühlt (Jer. 1, 9), wenn Hesekiel das Buch voller Seufzer, Stöhnen und Klagen sogar verschlingt (Hes. 2, 8 ff.), so ist dies nur ein Ausdruck für die Überzeugung, daß fortan der Profet im vollen Sinne ein Mund der Gottheit ist«.[42]

Heiliges Reden setzt heiliges Hören voraus. Inspiration führt an die Grenze der Divination. Der Mensch, der zum Sprachrohr der Gottheit wird, muß von ihrer Macht ergriffen sein. Bei Latte und bei Hölscher sind für den griechischen und den israelitischen Raum die zwei Formen solcher Wahrnehmungs- und Bewußtseinserweiterung begegnet. Eine modifizierte Differenzierung hat J. Lindblom mit der Typologie von »Verschmelzungsekstase« und »Konzentrationsekstase« vorgeschlagen. »Psychologisch gesehen bedeutet Ekstase im ersten Sinne ein Gefühl des Verlorengehens des Menschen im göttlichen All; Ekstase im zweiten Sinne bedeutet dagegen radikale Konzentration des sehenden Lebens auf ein bestimmtes Gefühl oder eine bestimmte Vorstellung oder Vorstellungsgruppe mit dem Erfolg, daß der normale Bewußtseinsfluß abgestellt wird und die äußeren Sinne mehr oder weniger vollständig außer Funktion gesetzt werden«.[43]

Neben diesen Versuchen, den prophetischen Wortempfang im Rahmen ekstatischer Phänomene verständlich zu machen, hat es auch psychopathologische und tiefenpsychologische Erklärungsansätze gegeben. B. Lang, der dazu einen kurzen Überblick gibt, greift auf Sundéns Rollentheorie zurück und faßt deren wesentlichen Elemente im Referat über die entsprechende Schamanismus- Interpretation so zusammen: »Der Schamane macht ein längeres Noviziat unter einem älteren, erfahrenen Meister durch; er erlernt seine Rolle ›through intentional instruction and incidental learning‹ . .; der Lernprozeß erstreckt sich auch auf die Aufnahme (role-taking) von Götter- und Geisterrollen, die durch Mythen vermittelt werden; dem Novizen manifestieren sich die Geister in Visionen und Auditionen; die Geisterrollen bilden für ihn den Referenzrahmen der Weltbeobachtung«.[44] In all diesen Interpretationsmustern ist freilich vorausgesetzt, daß sich religiöse Rede auf der Grundlage außergewöhnlicher Erfahrungen konstituiert. Nur wer etwas Besonderes gehört hat, hat etwas Heilvolles zu sagen. Trance und Ekstase, Versenkung und Entgrenzung, Meditation und Exaltation sind Verhaltenstechniken im religiösen Bereich, mit deren Hilfe ein Zustand der Be-Geisterung erreicht werden soll. Wer sich in solche bewußtseinserweiternde Momente der Selbstvergessenheit zu versetzen und dem Zugriff der Gottheit

42 A.a.O. 25.

43 J. Lindblom, Einige Grundfragen der Alttestamentlichen Wissenschaft, in: Festschrift A. Bertholet, Tübingen 1950, 327; diesen Ansatz hat er weiterverfolgt in seinem Werk: Prophecy in Ancient Israel, Oxford 1967.

44 B. Lang, Wie wird man Prophet in Israel? Aufsätze zum Alten Testament, Düsseldorf 1980, 48f.

auszuliefern vermag, wird zum Medium der Inspiration. Sein Wort ist um Gottes willen zu hören.

Geistwirkungen im Christentum

Auch im frühen Christentum wird das Wirken des Geistes als Einbruch einer gewaltigen Macht erfahren, die Menschen ergreift und außergewöhnliche Erlebnisse wie Fähigkeiten vermittelt. Die urchristlichen Gottesdienste waren nach allem, was die überlieferten Texte verraten, soziale Situationen einer vielschichtigen Polyphonie.[45] Menschen- und Engelzungen erklangen, Apostel, Propheten und Lehrer kamen zu Wort, männliche und weibliche Stimmen waren zu hören, konfessorische Akklamationen, Sätze heiligen Rechts, heilige Schriften, apostolische Briefe, Textauslegungen wurden laut, Verzückte lallten, Ergriffene sangen, Gebets- und Segensakte leiteten Wunderheilungen ein – der Geist Gottes manifestierte sich in einem Stimmengewirr, weil er begleitet wurde von Erfahrungen der Geistesverwirrung. Traditionen aus dem synagogalen Gottesdienst, aber auch Elemente der Mysterienkulte mischten sich nach den Bedürfnissen und Interessen, nach den Wünschen und Ängsten der jeweils Anwesenden, nach dem aktuellen Diktat des in ihnen wirksamen Geistes. Liturgische Kommissionen hatten noch nicht für Ordnung gesorgt. Was auf den ersten Blick wie ein chaotisches Sammelsurium unzusammenhängender Artikulationsfetzen aussah, entwickelte im Verlauf jeder Versammlung seine spezifische Struktur, und sehr früh wurden erste Ablaufschemata deutlich.

Natürlich besaßen solche Gottesdienste einen hohen emotionalen Erlebniswert und eben deshalb auch ein großes Konfliktpotential. Divergierende Gruppeninteressen traten ans Licht, weitreichende Meinungsverschiedenheiten wurden bewußt, Autoritätsansprüche auf Grund spezifischer Geistbegabungen meldeten sich, die ungezügelte Wortflut der Gottesdienste mußte mit den Verhaltensregeln des Alltagslebens verknüpfbar bleiben. In den Briefen des Paulus, also sehr früh, kann man erste Versuche erkennen, den gewaltigen Einbruch des endzeitlichen Geistes mit dem Ziel der Kommunikations- und Realitätssicherung zu kanalisieren. Schon H. Gunkel hat darauf insistiert, daß Paulus das dynamische, dynamistische Geistverständnis seiner Gemeinden geteilt hat. Aber der Apostel hat es in mehrfacher Hinsicht modifiziert.[46] Die individuelle Geistergriffenheit war für ihn kein

45 Das wird in den theologisch interessierten Gesamtdarstellungen nicht immer deutlich; vgl. G. Delling, Der Gottesdienst im Neuen Testament, Göttingen 1952, und F. Hahn, Der urchristliche Gottesdienst, SBS 41, Stuttgart 1970.

46 H. Gunkel, Die Wirkungen des heiligen Geistes nach der populären Anschauung der apostolischen Zeit und der Lehre des Apostels Paulus, 3. Auflage, Göttingen 1909, 75: »Die Gemeinde also hält für pneumatisch das Außerordentliche im Christenleben, Paulus das Gewöhnliche; jene das einzelnen Eigentümliche, Paulus das

Selbstzweck, sondern sollte der Gemeindeerbauung dienen (1. Kor. 14,16). Die schrillen Schreie der glossolalisch Verzückten galten ihm nicht als Indiz einer Himmelsentrückung, sondern blieben stellvertretender Ausdruck jenes sehnsuchtsvollen Stöhnens nach Erlösung, das die ganze Schöpfung durchzieht (Röm. 8,19ff). Überhaupt wollte der Apostel das Wirken des Geistes nicht nur in den extraordinären Erlebnissen des kultischen Überschwangs, sondern in den gesamten alltäglichen und vernünftigen Äußerungen des Gemeindelebens entdecken (1. Kor. 12,28). Selbstverständlich ist deshalb bei Paulus und seinen Gemeinden zu lernen: »Der Enthusiasmus ist unentbehrlich, wo das allgemeine Priestertum wirklich erweckt und die Gemeinde durch die Laien repräsentiert und beweglich gemacht werden soll. Es gibt die christliche Freiheit nicht ohne einen Schuß von Enthusiasmus«.[47] Das dynamische, inspirierte und exaltierte Wort-Feld, das in den christlichen Gottesdiensten der Anfangszeit zu hören gewesen ist, hat sich freilich relativ schnell grundlegend verändert.

Eine wichtige Wandlung im Verhältnis von Inspiration und Interpretation hat sich schon in vorchristlicher Zeit durch die Verschriftlichung religiöser Traditionen ergeben. Die schriftliche Fixierung des heiligen Wortes ist ursprünglich selbst ein Akt der Besitzergreifung. »Schreiben ist Zaubern und eine Methode, sich des lebendigen Wortes zu bemächtigen. ... Das Aufschreiben der heiligen Texte kommt nicht in erster Linie der präzisen Tradition (die mündliche Tradition läßt bei antiken und primitiven Völkern nichts zu wünschen übrig!), sondern der Bemächtigung zugute, indem man mit dem geschriebenen Worte machen kann, was man will«.[48] Ordal- und Orakelpraxis, Losungen, Wandsprüche und Amulette[49] unterstellen, bewußt oder unbewußt, dem geschriebenen Text bis heute eine besondere Kraft. Das heilige Wort, das gesagt und gehört ist, kann durch die geheimnisvolle Kunst des Schreibens konserviert und konzentriert werden.[50] Aber gerade weil die Kenntnis des Alphabets in frühen Kulturen ein Privileg von Eliten gewesen ist, eignet sich die schriftliche Tradition als Instrument sozialer Kontrolle.[51] Die heiligen Texte sind Produkte göttlicher Inspiration und können sachgemäß nur von Menschen interpretiert werden, die dazu von Amts wegen ordi-

allen Gemeinsame; jene das abrupt Auftretende, er das Stetige; jene einzelnes im Christenleben, er das Christenleben selbst«.

47 E. Käsemann, Das Evangelium der Freiheit, in: Der Ruf der Freiheit, Tübingen 1969, 75.

48 G. van der Leeuw, Phänomenologie der Religion, 3. Auflage, Tübingen 1970, 495.

49 A.u.J. Knuf, Amulette und Talismane. Symbole des magischen Alltags, Köln 1984, 27f.

50 F. Heiler, Die Religionen der Menschheit, 4. Auflage, Stuttgart 1982, 350ff.

51 J. Goody, Funktionen der Schrift in traditionalen Gesellschaften, in: J. Goody/I. Watt/K. Gough, Entstehung und Folgen der Schriftkultur, Frankfurt 1986, 41.

niert sind. Im Kampf gegen unterschiedliche Außenseiter hat das frühe Christentum sich durch die Festlegung des Kanons, die Formulierung der Glaubensregel und den Ausbau des Amtes einen institutionellen Rahmen geschaffen, innerhalb dessen die Beziehung von Inspiration und Interpretation[52] sowohl traditions- als auch situationsgerecht ausbalanciert werden konnte.[53] Die theologischen Kontroversen über das Verhältnis von Wort, Amt und Geist, die in der Kirchengeschichte immer wieder entflammt sind, waren im Kern von der Frage bewegt, wer und was im Namen Gottes zu hören ist.

Dieser Prozeß der Konzentration und Kontrolle hat auch seine liturgischen Konsequenzen gehabt. Ins Zentrum des Gottesdienstes rückt mehr und mehr die Vermittlung sprachlicher Überlieferungen. An die Stelle freier Geistesäußerungen ist die Lesung getreten. Nur noch besonders geweihte Individuen dürfen das Wort ergreifen. Und mit der Einführung der Kirchenbänke sind, wie gezeigt, alle Besucher in eine Körperhaltung gebracht, die sie zum permanenten Hören befähigen soll. Kanon, Amt und Kirchenbank sind jene Faktoren, die bis heute das Verhalten der Hörer im mitteleuropäischen Gottesdienst des Protestantismus determinieren. Welche Verluste dem Kult speziell durch die zunehmende Versprachlichung drohen, hat A. Lorenzer in seiner Kritik an der Liturgiereform des II. Vaticanum aufgewiesen. »›Verbalismus‹, das ist die brüske Absage an die Verehrung des Numinosen in sinnlichen Darstellungsfiguren, Bildern, phantasiegeladenen Symbolen vom Kunstwerk bis zum Kranz aus Papierblumen, den Stickereien, Abziehbildchen, Wachsgebilden usw.. Wer den Spielraum der Phantasie an der Basis des Volksspiels einengt, ihn überprüft (auf christologische Reife hin), kontrolliert (auf magisch-heidnische Zutaten), reglementiert (im Einklang mit den Richtlinien des Konzils) und wer ihn insgesamt in den Dienst der Wortverkündigung stellen will, vertreibt mit Notwendigkeit die sinnliche Symbolik. Zwangsläufig werden die Kirchenräume zu Vortrags- und Diskussionssälen«.[54] Weil Symbol für Lorenzer »die Einheit von Interaktionsform und

52 Zu den Problemen von Autoritätsbildung und -sicherung in der Religion vgl. J. Wach, Religionssoziologie, Tübingen 1951, 24ff.

53 Vgl. K. Schäferdiek, Art. »Amt/Ämter/Amtsverständnis/V«, TRE 2, Berlin 1978, 542: »Parallel zur Bildung des neutestamentlichen Kanons und zur Entstehung der Glaubensregel . . . wurden die kirchlichen Dienste in die Form einer Reihe von festumschriebenen Ämtern gepreßt, an deren Spitze das Bischofsamt stand. Diese Verfestigung und Normierung des Amtes bedeutete nicht die Unterwerfung der freien, charismatischen, von spontaner Inspiration geleiteten und an keine festen Formen gebundenen Versammlung der Christen unter die Herrschaft einer skrupellosen Bürokratie, sondern es handelte sich um eine erfolgreiche Strategie, deren Ziel es war, einen völligen Identitätsverlust der Kirche zu verhindern«.

54 A. Lorenzer, Das Konzil der Buchhalter. Die Zerstörung der Sinnlichkeit – Eine Religionskritik, Frankfurt 1981, 235.

Sprachfigur« meint[55], kann durch die Erweiterung der Sprachlichkeit zwar die Bewußtheit der Weltwahrnehmung gesteigert, aber bei gleichzeitiger Entsinnlichung der Interaktionsformen auch auf rationalistisches Weltverhalten reduziert werden. Sein Urteil über die liturgischen Reformen der Reformationszeit ist zwiespältig. Auf der einen Seite unterstreicht er ihre »antiautoritär-befreiende Wirkung«[56], auf der anderen Seite bewegt ihn aber auch die Frage, »wohin die Verschiebung der religiösen Erfahrungen weg vom Sinnlich-Präsentativen des alten Kults hin zur Intellektualität des Worts führte«.[57] So wird man seine Kritik an der katholischen Meßreform mit Modifikationen auch auf den protestantischen Gottesdienst beziehen müssen. Das hohe Maß an körperlicher Verhaltensfreiheit, das Lorenzer der alten Messe attestiert, ist hier fast vollständig verschwunden. Die Sprach- und Kopflastigkeit des Gottesdienstes kann auch hier zum »Instrument einer systematischen Pädagogisierung und Indoktrinierung« werden[58]. Wenn im gottesdienstlichen Ritual kein Mythos mehr zur Darstellung kommt, so daß sich »die beiden großen Bewegungen der Symbolbildung fundamental kreuzen: die Linie von unbewußter Sinnlichkeit zum Bewußtsein und die Spannung zwischen Individualität und Kollektivität«[59], dann degeneriert der Kult zur Vermittlung einer pseudomythischen Weltanschauung, die »modern, ichkonform und doch irrational« ist.[60] Der Gottesdienst, der sich aufs Hören konzentriert, wird zum Instrument des Gehorsams und verliert jenes Widerstandspotential, das in den traditionellen Mythen und Riten enthalten ist.[61]

Wie sich Inspiration und Interpretation, Wortbezogenheit und Geistergriffenheit in einem Ritual darstellen, das von außereuropäischen Verhaltensdeterminanten geprägt ist, hat M. Pütz am Beispiel anglokaribischer Einwandererreligiosität in Großbritannien gezeigt. Für den modernen Kommunikationswissenschaftler blieb vieles lange Zeit rätselhaft, so etwa die Normen des Lautstärkegrades und die darin enthaltene »Regelhaftigkeit, daß im allgemeinen eine emotional hochgradig ausgeprägte Verhaltensweise des

55 A.a.O. 93.
56 A.a.O. 109.
57 A.a.O. 137.
58 A.a.O. 81.
59 A.a.O. 34f.
60 A.a.O. 119.
61 F. Fühmann, Das mythische Element in der Literatur, in: Erfahrungen und Widersprüche. Versuche über Literatur, Frankfurt 1976, 202, findet darin »Jahrtausende, vielleicht Jahrmillionen alte eingeschliffene Menschenerfahrung im Prozeß des Findens seiner selbst als Entfaltung seines Existenzwiderspruchs von natürlichem und gesellschaftlichem Wesen«; eine entsprechende Lokalisierung der mythenbildenden Arbeit des Bewußtseins auch bei L. Kolakowski, Die Gegenwärtigkeit des Mythos, München 1973, 146f, und ders., Geist und Ungeist christlicher Traditionen, Stuttgart 1971, 105f.

Betenden, z.B. hohe Lautstärke, vocal characterizers (weinen, schluchzen, schreien) und gestische Bewegungen mit höherer Standfestigkeit im Glauben assoziiert wird«.[62] Ähnlich mußten Schüttelbewegungen des Predigers und einzelner Gemeindeglieder für den außenstehenden Beobachter als Zeichen für eine »Kontaktsituation mit Gott«[63] allererst dekodiert werden. Aber auch ein so fremdartiges Phänomen wie die Glossolalie wird, um den Zustand religiöser Dissoziation anzuzeigen, von einem spezifischen Verhaltensrepertoire begleitet:

» - starrer Gesichtsausdruck (die Augen fest geschlossen oder weit geöffnet)
- ›Schulterzucken‹ primär, sowie generell Zuckungen am ganzen Körper
- halbkreisförmiges Bewegen der nach oben ausgestreckten Arme, gelegentliches Klatschen mit den Händen (Selbstadaptor mit Stabsignalfunktion)
- Stampfen mit den Füßen (Stabsignalfunktion)
- meist stehende Körperhaltung, gelegentlich auch kniend oder liegend
- Speichelfluß und Schweißabsonderung«.[64] Auch bei der Predigt werden Rezeptionsregeln wirksam, die nach unserer Anschauung den Prozeß des Verstehens eigentlich stören müßten. »Dazu gehören (1) die zeitliche Dauer der Predigt, (2) die historisch-verwurzelte Interaktionsform zwischen Prediger und Gemeindemitgliedern, welche durch die Realisierung von feedback- Prozessen gekennzeichnet ist, (3) die Enkodierung parasprachlicher Alternanten, (4) die Interaktionsform mit dem Bible Student, (5) die hohe Lautstärke, (6) die a-rythmische Artikulierung, (7) Zungensprechen, (8) hoher Grad kinesischer Ausprägung, (9) proxemische Verhaltensweise (großer Aktionsradius)«.[65]

Sprache und Schutz

Was ist in einem Gottesdienst der Großkirchen zu hören? Was der Geist Gottes im Wort der Schrift durch den Mund eines Amtsträgers sagt. Die Gebete, die Lesungen und die Predigt, die gerade für den Protestantismus ein Zentrum des kultischen Ablaufs bilden, sind in ihrer Bedeutung wie in ihrem Vollzug durch ein Höchstmaß theologischer Rationalität sanktioniert. Das kollektive Sicherungsbedürfnis, das man im Hintergrund vermuten darf, ist dogmengeschichtlich immer dergestalt zum Ausdruck gekommen, daß die Pneumatologie funktional zur Stabilisierung kirchlicher Konfliktkonstellationen eingesetzt worden ist. Im Kontext des Schriftprinzips ist das Offenbarungswirken des Geistes gegen allen enthusiastischen Aktualismus an die bi-

62 M. Pütz, Kommunikation im anglo-karibischen Gottesdienstritual. Eine ethnosemiotische Perspektive, Frankfurt 1987, 188.
63 A.a.O. 148.
64 A.a.O. 274.
65 A.a.O. 192.

blische Überlieferung fixiert. Im Zusammenhang mit der Ämterlehre, durch Aussagen über Priesterweihe und Ordination, ist festgestellt, wer wann in der Vollmacht des Geistes das Wort ergreifen darf. In der Trinitätslehre hat die westliche Kirche durch die Einfügung des filioque den Anspruch erhoben, daß wie dessen Herkunft auch das Wirken des Geistes an den Sohn und also auch an die Repräsentanten des Sohnes gebunden bleibt. Im Blick auf die Gemeinde erfolgt eine grundlegende Einschränkung menschlicher Hörfähigkeit, wenn der Katechismus feststellt, »daß ich nicht aus eigener Vernunft noch Kraft an Jesum Christ, meinen Herrn, gläuben oder zu ihm kommen kann, sondern der heilige Geist hat mich durchs Evangelion berufen, mit seinen Gaben erleuchtet, im rechten Glauben geheiliget und erhalten«.[66]

Der positive Sinn solcher dogmatischer Grundentscheidungen zielt auf Traditionssicherung, auf Wahrheitsbewahrung. Im Stimmengewirr der Religions- und der Weltgeschichte soll das eine heilvolle Wort der Lebensbejahung nicht vergessen werden. Das kollektive Gedächtnis der Kirche[67] muß vor häretischen Verfälschungen und heidnischen Überfremdungen geschützt werden. Gerade weil das Hören voller Abhängigkeitserfahrungen steckt, muß das zu Hörende vom verderblichen Einfluß gottfeindlicher Mächte abgesperrt bleiben. Deshalb können Inspiration und Interpretation nur Worten folgen, die schon vorgeschrieben sind. Deshalb dürfen keine Stimmen laut werden, die in Taumel versetzen oder zu Verzückungen führen. Was zu hören ist, soll verstanden werden und muß infolgedessen in der konzentrierten Haltung des Sitzens und Schweigens zur Kenntnis genommen werden. Wenn sich im heiligen Wort eine gewaltige Macht artikuliert, dann geraten Menschen unter dem Einfluß dieser Macht in eine Bewegung – im protestantischen Gottesdienst ist das eine Bewegung der Seele.

Das Schutzbedürfnis, das sich in der theologischen Rationalität artikuliert, gilt freilich nicht nur der diffusen Lautsphäre, die den Einzelnen zu überwältigen droht, und den lebensfeindlichen Kräften, die sich darin besonders aufdringlich bemerkbar machen. Das Schutzbedürfnis, das die untergründige Dramatik in jedem Gottesdienst ausmacht, betrifft auch und gerade den Einbruch des göttlichen Geistes selbst. Die Macht des Heiligen, die sich im kultischen Ritual einstellen soll, kann gewalttätig, ja zerstörerisch wirken.[68] Der Allmächtige kann die Ohnmächtigen überwältigen. Seine Herrlichkeit kann die unreinen Sünder zerstrahlen. Die zum Tode Verurteilten würden dann die Begegnung mit dem Quellgrund des Lebens nicht überstehen. Im Grad rituell gestalteter Gottesfurcht zeigt sich der Realitätsgehalt einer liturgi-

66 Die Bekenntnisschriften der evangelisch-lutherischen Kirche, 3. Auflage, Göttingen 1956, 511f.
67 Zum Verhältnis von Gedächnis und Kirchengebäude vgl. M. Halbwachs, Das kollektive Gedächnis, Frankfurt 1985, 156ff.
68 Beispiele bei R. Otto, Das Heilige. Über das Irrationale in der Idee des Göttlichen und sein Verhältnis zum Rationalen, München 1979, 14ff und 120ff.

schen Praxis. Wenn es im Gottesdienst um die Annäherung an die Atmosphäre des Göttlichen geht, dann gehören ganz selbstverständlich Maßnahmen in den kultischen Ablauf, die die Teilnehmer vor unerwünschten, schädlichen Nebenwirkungen schützen. Eine grundlegende Aufgabe des religiösen Berufs besteht in der Dosierung. Das Heilige soll nur insoweit zur Sprache kommen, daß es nicht die Sinne des Einzelnen und die Strukturen der Gesellschaft verwirrt. Der unbändige, ungebärdige Geist des Göttlichen wird durch den Kult in der Weise kanalisiert, daß seine Dynamik für die Lebensförderung, Lebensbejahung, Lebensermutigung fruchtbar werden soll.

Natürlich kann die theologische Rationalität in der kultischen Praxis zwiespältige Wirkungen haben und zur Abwehr jenes Heiligen dienen, dessen Präsenz sie angeblich und auch wirklich sichern soll. Die rituelle Praxis degeneriert dann zum Ritualismus. Im Gottesdienst wird dann so viel geredet, daß das Wort Gottes nicht mehr zu hören ist. Verhalten und Erleben der Teilnehmer werden so kontrolliert, daß die Macht des Heiligen sie nicht mehr zu ergreifen vermag. Liturgisches Handeln erfolgt, wie wir sahen, auf der Basis einer prinzipiellen Paradoxie. Es geht um Tätigkeit in einem Bereich, in dem kein Mensch etwas ausrichten kann. Jetzt dürfte deutlich geworden sein, daß sich im Ziel dieses Handelns die fundamentale Paradoxie noch verschärft. Der liturgische Ablauf soll für eine angemessene Dosierung des unverfügbar Heiligen sorgen, so daß die göttliche Atmosphäre sowohl zugänglich wird als auch erträglich und lebensförderlich bleibt. Jede Agende muß deshalb menschliches Verhalten im religiösen Ritual so regulieren, daß Beschwörung und Beschwichtigung, Vertrauen und Respekt gegenüber dem Heiligen gleichermaßen gewahrt werden.

Bedeutung, Inhalt und Vollzug des Hörens vor dem biblischen Gott sind konzentriert festgehalten im Schem'a Israel, jener Kombination aus Dt. 6,4-9 mit Dt. 11,13-21 und Num. 15, 38-41, die jeder Jude vor Mitternacht und vor Sonnenaufgang als Bekenntnis zu sprechen hat. Wer den Text, wie in der Regel geboten, laut proklamiert, macht sich als Sprecher zum Hörer. Der Einzelne wird zur Gemeinde. Er gerät in jene Haltung, in der die Atmosphäre des Göttlichen sein Leben bestimmt, entsprechend der rabbinischen Auslegung, die die drei Teile mit folgenden Überschriften versehen hat: »Annahme des Jochs der göttlichen Herrschaft, Annahme des Jochs der Gebote, der Auszug aus Ägypten«.[69] Die Übersetzung von Dt. 6,4 ist exegetisch umstritten. Drei Möglichkeiten stehen zur Auswahl:

»1. Jahwe, unser Gott, Jahwe ist ein (einziger) (= einziger Gott).
2. Jahwe, unser Gott, ist ein (einziger) Jahwe.
3. Jahwe ist unser Gott, Jahwe (als) der einzige (= Jahwe allein)«.[70]

69 J. Petuchowski, Das »Höre Israel«, in: H.H. Henrix (Hg.), Jüdische Liturgie. Geschichte - Struktur - Wesen, Freiburg 1979, 70.

70 E. Nielsen, »Weil Jahwe unser Gott ein Jahwe ist« (Dtn 6,4f.), in: Beiträge zur Alttestamentlichen Theologie. Festschrift W. Zimmerli, Göttingen 1977, 290.

Im Akt des Sprechens relativiert sich die Frage, ob es sich um ein Bekenntnis zum Monotheismus, zum Monojahwismus oder zur Monolatrie handelt. Im Akt des Sprechens wird die Exklusivität einer Gottesbeziehung proklamiert, die je nach situativem Kontext so oder so zu pointieren ist. Entsprechend sorgfältig sind die Prozeduren der Vorbereitung und der Durchführung zu gestalten. »Wer seine Notdurft verrichtet u. seine Hände abspült u. die Tephillin anlegt u. das Schem'a rezitiert u. betet - dem rechnet es die Schrift so an, als wenn er den Altar erbaut u. ein Opfer darauf dargebracht hätte«.[71] Beim Gehen soll man stehenbleiben, beim Baden soll die Blöße mit (sauberem) Wasser bedeckt sein; wenn zwei unbekleidet im Bett liegen, sollen sie sich nacheinander für die Rezitation mit der Decke umhüllen. Alle Körperbewegungen bedürfen der Konzentration: »Wer das Schem'a rezitiert u. dabei mit seinen Augen ein Zeichen gibt u. seine Lippen zusammenpreßt u. mit seinen Fingern auf etwas hinweist, über den sagt die Schrift: Nicht mich hast du gerufen, Jakob Jes. 43, 22«.[72] Was protestantische Überheblichkeit lange Zeit als jüdische Kasuistik diskreditiert hat, ist in Wahrheit der behutsame Versuch, sich durch ritualisiertes Reden und Hören der Macht der einen göttlichen Atmosphäre zu unterstellen. Für die Oberflächenbetrachtung des Funktionalismus werden hier apotropäische Praktiken[73] anempfohlen. In phänomenologischer Perspektive wird durch die Kraft der Worte ein umfriedeter Raum geschaffen, eine Wirklichkeit, die heilvolle Wirkungen zeitigt. Es ist zu vermuten, daß die Wortsequenzen im christlichen Gottesdienst ähnliche Aufgaben wahrnehmen.

71 P. Billerbeck, Kommentar zum NT aus Talmud und Midrasch IV/1, 2. Auflage, München 1956, 292.
72 Ebd.
73 Vgl. E. Nielsen, a.a.O. 299.

III.

Im protestantischen Gottesdienst gibt es sehr viel zu hören. Die einzelnen Sprechakte, die ein religiöses Ritual charakterisieren, erfolgen hier freilich nicht mehr spontan, als Ausdruck gegenwärtiger Ergriffenheit durch den Geist. Die Gattungen von Gebet, Lesung und Rede sind in ein festes Ablaufschema gebunden. Die unterschiedlichen Rollen sind klar verteilt. Alles Verhalten in diesem Sprachfeld ist offensichtlich von der Einsicht bestimmt, daß der Geist Gottes nur indirekt, nur durch das Lesen und Auslegen von Texten aus der heiligen Tradition präsent werden kann. Die extreme Ritualisierung des Gottesdienstablaufs, die Verhaltensalternativen auf ein Minimum reduziert, kann als Hinweis auf die Bedeutung des Vorgangs verstanden werden; denn nach K. E. Müller »wächst das Ausmaß an Ritualisierung auch mit der Empfindlichkeit und Bedeutung der Bereiche, auf die das Handeln Bezug hat. ... Zweck ist eben, den innergesellschaftlichen Verhaltensabläufen weitgehend Eindeutigkeit, Klarheit und Regelhaftigkeit zu verleihen, um die Kommunikation und Verständigung der Gruppenmitglieder untereinander leichter und zuverlässiger, Reaktionen prognostizierbar, die Kooperation effizienter zu machen und Spannungen, wie sie häufig ja gerade aus Mißverständnissen entstehen, möglichst geringzuhalten«.[74] Das zentrale Ziel des rituellen Reglements, das diesen Gottesdienst determiniert, läßt sich von vorneherein so formulieren: Ungeheuer Wichtiges soll gehört werden können.

Wie ist der Ablauf dieses Gottesdienstes am präzisesten zu analysieren? Im letzten Jahrzehnt haben sprachanalytische Untersuchungen das Verständnis des Rituals erheblich gefördert. I. Werlen hat das Verhältnis von »Ritual und Sprache« am Beispiel der Messe eindrucksvoll dargestellt.[75] J. Schermann hat »Die Sprache im Gottesdienst«, vor allem die dabei auftauchenden Sprechakte, im einzelnen analysiert.[76] E. Hug hat die deutschen Übersetzungen der Kollektengebete kritisch miteinander verglichen.[77] K.-H. Bieritz hat in seiner subtilen semiotischen Analyse die verschiedenen Codes des Eröffnungsteils erhellend zueinander in Beziehung gesetzt.[78] All diese Studien können eine Liturgik, die auf verhaltenswissenschaftlichen Grundlagen arbeiten will, durchaus be-

74 K.E. Müller, a.a.O. 353.

75 I. Werlen, Ritual und Sprache. Zum Verhältnis von Sprechen und Handeln in Ritualen, Tübingen 1984; vgl. auch I. Paul, Rituelle Kommunikation. Sprachliche Verfahren zur Konstitution ritueller Bedeutung und zur Organisation des Rituals, Tübingen 1990.

76 J. Schermann, Die Sprache im Gottesdienst, Innsbruck 1987.

77 E. Hug, Reden zu Gott. Überlegungen zur deutschen liturgischen Gebetssprache, Zürich 1985.

78 K.-H. Bieritz, Zeichen der Eröffnung, in: R. Volp (Hg.), Zeichen. Semiotik in Theologie und Gottesdienst, München/Mainz 1982, 195 ff.

fruchten, weil sie auch die Sprache im Gottesdienst als Modus menschlichen Handelns verstehen und zu anderen ablaufenden Zeichenprozessen in Beziehung setzen. Dennoch wird die folgende Darstellung diesen Spuren nur gelegentlich nachgehen. Die linguistische und semiotische Analyse liefert ein genaues begriffliches Instrumentarium für Sprechakte und Zeichenprozesse, die das rituelle Kommunikationsgeschehen konstituieren. Darin besteht ihre nicht zu unterschätzende Leistung. Auf der anderen Seite bleiben bei diesem Vorgehen aber zentrale Aspekte per definitionem außer Betracht. Der Aufbau des Gottesdienstes folgt einer Dynamik, deren Logik die Analyse der Einzelteile nicht feststellen kann. Die verbalen und non-verbalen Kommunikationsfaktoren lösen psychische Wirkungen aus, die mit elementaren Lebenskonflikten verknüpft sind. Vor allem: in den Verhaltensoperationen sprachlicher und nicht-sprachlicher Art erschließt sich eine Dimension von Wirklichkeit, die allenfalls durch religionsphänomenologische Kategorien zu erfassen ist. Sie sollen deshalb für das Folgende den Leitfaden bilden.

Der Eingangsteil des Gottesdienstes ist in sich dreifach gegliedert: Introitus und Eingangslied, Kyrie-Gloria und Salutatio sowie die Kollekte mit Amen bilden die Einzelblöcke, deren Interdependenz und Dynamik jetzt im einzelnen nachzuzeichnen sind. Die sprachlichen Gattungen, die hier vorherrschen, machen es verständlich, daß man diesen Abschnitt oft auch als Gebetsteil charakterisiert hat. Das Hören, zu dem die Anwesenden angeleitet werden, ist durchweg expressiv. In den Worten von Anrufung, Lob und Bitte artikuliert sich das, was in der Gemeinde an Wünschen und Sehnsüchten, aber auch an Ängsten vorhanden ist. Die Eröffnung des Gottesdienstes geschieht auch als Öffnung der den Gottesdienst feiernden Menschen. Dem expressiven Charakter des Gehörten gemäß reagiert die Gemeinde in diesem Abschnitt auf das Vorgesagte auch sehr rasch mit eigenen gesungenen oder gesprochenen Worten.

Introitus

Der Introitus wurde ursprünglich beim Einzug der Kleriker durch die Schola cantorum gesungen, ist also eine Art »Prozessionspsalm«[79] gewesen. Luther hat ihn dem Chor zugewiesen bzw. durch ein deutsches Eingangslied ergänzt/ersetzt, dem man mancherorts auch eine deutsche Fassung des Gloria patri angefügt hat. Was geschieht, wenn Introitus bzw. Eingangslied zu Beginn des Gottesdienstes erklingen? Als erstes wird man eine Verlagerung der Bewegungen festhalten müssen. Beim Singen, Sprechen und Beten findet kein körperliches Verhalten mehr statt. Allenfalls in der Innenwelt der Teilnehmer gerät etwas in Bewegung. Aber auch auf dieser Ebene ist das Geschehen noch nicht zureichend erfaßt. Introitus – das meint im heutigen Gottesdienst nicht mehr den

79 F. Kalb, Grundriß der Liturgik. Eine Einführung in die Geschichte, Grundsätze und Ordnungen des lutherischen Gottesdienstes, München 1965, 102.

Einzug eines heiligen Standes, und das meint wahrscheinlich auch mehr als die Vermittlung heiliger, religiöser Gefühle. Was sich beim Singen, Beten und Sprechen dieses ersten Teils im Gottesdienst gelingendenfalls ausbreitet, ist eine spezifische Atmosphäre. Im umfriedeten Raum des Kirchengebäudes setzen Menschen sich dem Göttlichen aus, indem sie überlieferte Worte singen, sprechen und hören. Ihr Verhalten ist geprägt von der Paradoxie aller Praxis im religiösen Bereich: Sie wollen und müssen dort handeln, wo kein Mensch etwas tun kann. Insofern bleiben die Aktivitäten des Singens, Betens und Hörens angefüllt mit einer rezeptiven Offenheit in doppelter Hinsicht. Sie können weder als magische Beschwörungsformeln noch aus einer Haltung prinzipieller Skepsis angemessen vollzogen werden. Wer im Gottesdienst zu singen beginnt, wartet darauf, daß er hören wird. Denn in den Techniken der Einstimmung und der Annäherung, als die man das Singen, Sprechen und Beten verstehen kann, soll sich der Introitus einer übermächtigen Wirklichkeit ereignen. In den umfriedeten Raum zieht eine gewaltige Macht. In den Stimmungen der Psyche erschließt sich eine unfaßbare Realität.

Das Heilige, das mit dem Introitus einzieht, ist immer auch unheimlich. Deshalb folgt im agendarischen Ablauf eine Sequenz, deren elementare Aufgabe die Strukturierung ist. Kyrie, Gloria und der wechselseitige Gruß sollen ein Geviert festlegen, innerhalb dessen das gottesdienstliche Geschehen abläuft und das auch vom Einbruch des Göttlichen nicht überspült wird. Offensichtlich sind die Tendenzen zur Entgrenzung und die realitätsgerechte Angst vor Diffusionsvorgängen so groß, daß die Salutatio an weiteren Stellen des Gottesdienstes wiederholt werden muß. Die Begrüßung, die jetzt zu Beginn in unterschiedliche Richtungen ergeht, dient der Strukturierung, der Vergewisserung und der Klärung.

Kyrie und Gloria

Die sprachphilosophische Charakterisierung des Sprechakts »Akklamation« kann die Grundlage für die folgenden Überlegungen bilden. »Der Gruß konstituiert eine Kommunikationssituation von je spezifischer Art und kann durch die Weise, wie er ausgesprochen wird, die Regeln definieren, nach denen Sprecher und Hörer in einer so eröffneten Situation sich zueinander verhalten. Der Gebrauch des Namens stellt eine Beziehung her zwischen gegenwärtiger Begegnung und erinnerter Vergangenheit; dadurch macht er es möglich, eine Sequenz von Erfahrungen, ggfs. über längere Unterbrechungen hinweg, als zusammenhängende Geschichte zu erzählen. Der öffentliche Gebrauch von Grußformeln und Namensnennungen definiert in besonderer Weise das Rollenspiel zwischen dem Grüßenden, dem Gegrüßten und den übrigen Mitgliedern der Kommunikationsgemeinschaft.«[80]

80 R. Schaeffler, Das Gebet und das Argument. Zwei Weisen des Sprechens von Gott – Eine Einführung in die Theorie der religiösen Sprache, Düsseldorf 1989, 119.

Das Kyrie ist »die offenbar urtümlichste Sprachgestalt des Religiösen, ja überhaupt des existenziell sich selbst und das Andere und Höhere wahrnehmenden Uraktes: an- und beirufende Benennung der größeren Macht - noch ohne den jeweils eigentümlichen Namen - und bittende Forderung um das Not wendende Eingreifen«.[81] Diese Verbindung von »Namensausruf und Erbarmensbeschwörung«[82] kann dem Baal gelten (1. Kö. 18,26), aber auch dem Sonnengott oder dem Kaiser.[83] In der Liturgiegeschichte ist es, auch in seiner neunfachen Wiederholung während der Messe, manchmal trinitarisch, meistens jedoch christologisch ausgelegt worden.[84] Seit dem 4. Jahrhundert wurde es als Bekräftigungsform in Bittlitaneien verwendet. Demgemäß hat man die Funktionslosigkeit, in die es durch die Trennung von konkreten Gebetsanliegen geraten ist, immer wieder beklagt.[85] Durch die Vorordnung des Confiteor und die Einfügung eines Gnadenspruchs hat die preußische Agende im 19. Jahrhundert die Plausibilität der Folge von Kyrie und Gloria erhöhen wollen. Die Steigerung der psychologischen Stringenz wird freilich immer mit einer Reduktion der inhaltlichen Weite erkauft. »Die Fülle der im Kyrieruf enthaltenen Bitten - Hilfe an Leib und Seele, Vergebung der Schuld, Bewahrung vor Versuchung, Erlösung von allem Übel, demütige Huldigung der Größe, Heiligkeit und Barmherzigkeit Gottes«[86], wird dann auf jeden Fall eingeschränkt. Vor allem verliert der Ruf dann seinen akklamatorischen Sinn. Gerade in jener Fassung, die auf jede Konkretion verzichtet, enthält das Kyrie die Definition der existenziellen Situation der Beter vor Gott, die Einschränkung ihrer Allmachtswünsche, das Bekenntnis ihrer Angewiesenheit, den Ausdruck demütiger Unterwerfung, die Artikulation umfassenden Vertrauens.

Man könnte lange darüber streiten, ob das Kyrie dem ankommenden oder dem anwesenden Kultheros gilt, ob es also mehr den Herrn herbeiruft oder stärker an seine Barmherzigkeit appelliert. Im ersten Fall würde der Introitus des Göttlichen sehnsuchtsvoll erwartet, im zweiten Fall würden sich auch Befürchtungen artikulieren, die dessen Gegenwart unvermeidlich auslöst. Das folgende Gloria will deshalb uneingeschränkt sicherstellen, daß zum Lob-

81 A.A. Häußling, Akklamationen und Formeln, in: Gestalt des Gottesdienstes, Gottesdienst der Kirche 3, Regensburg 1987, 233.

82 Ebd.

83 Vgl. F.J. Dölger, Sol salutis. Gebet und Gesang im christlichen Altertum, 2. Auflage, Münster 1925, 60ff.

84 J.A. Jungmann, Missarum Sollemnia. Eine genetische Erklärung der römischen Messe I, Wien 1948, 422ff und 414ff.

85 Überscharf M. Geck/G. Hartmann, 38 Thesen gegen die neue Gottesdienstordnung der lutherischen und einiger unierter Kirchen in Deutschland, ThExh 146, München 1968, 13: »Der Kyrie-Ruf zeigt deutlich liturgischen Formalismus und Rückfall in heidnisches Zeremoniell«.

86 F. Kalb, a.a.O. 106.

preis der heilvollen Gegenwart des Göttlichen aller Anlaß besteht. In protestantischer Frömmigkeit hat es immer wieder, nicht nur in der preußischen Agende, nahegelegen, den Schritt vom Kyrie zum Gloria als Weg vom Sündenbekenntnis zur Vergebungsgewißheit zu interpretieren. Aber der Grundkonflikt, der hier sprachlich zum Ausdruck kommt, betrifft nicht das Schuldproblem, sondern die Machtfrage.[87] Der Unterwerfung im Kyrie korrespondiert die Anbetung durch das Gloria. Beides gehört unverzichtbar zusammen. Eine Unterwerfung, die nicht in Anbetung mündet, wird zum Akt eventuell sogar masochistischer Kapitulation. Und eine Anbetung, die ohne explizite Unterwerfung auskommt, kann die Grandiositätsphantasien der Anbetenden beflügeln. Nicht zuletzt die Gottesprädikationen machen deutlich, daß die Wirklichkeit des Göttlichen, das sich im kultischen Vollzug einstellt, eine machtvolle Atmosphäre bildet: »Domine, rex caelestis, deus pater omnipotens - Herr Gott, himmlischer König, Gott, allmächtiger Vater«. Und auch die christologischen Aussagen im Gloria, in denen das Kyrie nachklingt, beschreiben die Herrschaft des Sohnes in der machtbezogenen Spannung zwischen Lamm Gottes und Thron Gottes.

Im Gefolge der Reformation wird das Gloria oft durch ein Gemeindelied aufgenommen. Daß und in welcher Weise dabei Arbeit an und gegenüber der Macht des Göttlichen vollzogen wird, verrät besonders deutlich das Glorialied des N. Decius »Allein Gott in der Höh sei Ehr« (EKG 131). Die angebetete Macht füllt und prägt den umfriedeten Raum. »Nun und nimmermehr« rührt die Singenden kein Schaden, »nun« herrscht »ohne Unterlaß« Frieden, »nun« hat alle Feindschaft ein Ende. Diese Sätze sind gewiß keine Situationsanalysen und auch keine Artikulation frommer Wünsche, sie sind wahrscheinlich auch mehr als Beschwörungsformeln, sondern wollen einer Wirklichkeit Rechnung tragen, die »nun« gegenwärtig ist und einen Bereich der Konflikttranszendenz zu schaffen vermag. Die sprachliche Gebärde von Unterwerfung und Anbetung wird der Macht des Göttlichen so gerecht, daß ohne zeitliche und räumliche Grenzen Frieden entsteht.

Salutatio

In diesem Rahmen kann nun auch eine zweite Strukturierung der gottesdienstlichen Atmosphäre erfolgen. Die Akklamation gegenüber dem Göttlichen ermöglicht die Kommunikation unter den Menschen. In der Salutatio sprechen Liturg und Gemeinde die Heilskraft des Herrn, den sie gemeinsam angerufen haben, einander zu. Die Wechselseitigkeit dieser Sprechhandlung und ihre inhaltliche Bezogenheit auf die Herrschaft Christi stellen sicher, daß

87 Eine Verbindung beider Aspekte versucht K.F. Müller, Das Ordinarium Missae, Leiturgia II, Kassel 1955, 28: »Das Kyrie und Gloria sind Gesänge der Anbetung, mit denen der Mensch immer als Sünder und Gerechtfertigter zugleich vor Gott steht«.

das zugrundeliegende Gegenüber kein Herrschaftsverhältnis sein kann. Und die Tatsache, daß diese explizite Begrüßung erst so spät im Ablauf des Gottesdienstes vollzogen wird, signalisiert, daß alle zwischenmenschliche Kommunikation in diesem Geschehen nur im Licht und unter dem Schutz der übermächtigen Wirklichkeit des Göttlichen sinnvoll ist.[88] Liturg und Gemeinde können Gottesdienst feiern und im Gottesdienst einander gegenübertreten, sobald sie im umfriedeten Raum voneinander den Segensgruß hören können. »Dominus vobiscum – et cum spiritu tuo.« In der Debatte um die sachgemäße Übersetzung des lateinischen Textes hat man optativische, konjunktivische, aber auch indikativische Formulierungen vorgeschlagen.[89] Der Wunsch kann sich an dieser Stelle aber auf keinen Fall zu einem expliziten Zuspruch oder einem direkten Segen verdichten, weil er nicht zu einem Schluß-, sondern zu einem Eröffnungsritual gehört.[90] Er bezieht sich auf den Fortgang des Gottesdienstes und zielt darauf ab, die göttliche Macht, die jetzt Einzug gehalten hat, der Lebenswirklichkeit aller Anwesenden zugutekommen zu lassen. Vorausgesetzt ist dabei, daß die Ergriffenheit durch die heilige Atmosphäre nicht selbstverständlich geschieht. Vorausgesetzt ist wahrscheinlich sogar, daß die Anwesenheit des Heiligen auf jeden Fall nicht ohne Wirkungen bleibt. Wenn der wechselseitige Wunsch nicht erfüllt wird oder aus irgendwelchen Gründen mißlingt, kann das bevorstehende Geschehen auch schädliche Folgen haben.

Kollekte

Deshalb endet der erste Hauptteil des Gottesdienstes mit einem Gebet. Es wird eingeleitet durch die Aufforderung an die Gemeinde und abgeschlossen durch die Bestätigung seitens der Gemeinde. Nach der dialogischen Kommunikation der Salutatio, in der sich Liturg und Gemeinde gegenseitig die Heilskraft des Göttlichen zugesprochen haben, lädt der eine die anderen ein, sich im gemeinsamen Gebet der Gegenwart des Heiligen anzuvertrauen. Eine solche Einladung kann weder im militärischen Indikativ (»Wir beten«) noch mit Hilfe einer Unterstellung (»Wir wollen beten«) ausgesprochen werden. Wenn die Handelnden wirklich mit der Präsenz des Heiligen rech-

88 Vgl. die linguistische Analyse von E. Gülich/I. Paul, Gottesdienst: Kommunikation – Institution – Ritual. Linguistische Überlegungen zum Problem von horizontaler und vertikaler Kommunikation und zur institutionellen Vermittlung des Rituals, in: Gottesdienst als »Mitteilung«. Kommunikative Aspekte rituellen Handelns, Loccumer Protokolle 24/1983, Loccum 1984, 84ff.

89 A.A. Häußling, a.a.O. 228.

90 Zu kurz die Interpretation von J.A. Jungmann, a.a.O. 448, der darin »eine vokative Anrede« im Blick auf die unmittelbare Fortsetzung des Gottesdienstes sieht: »Brüder in Christus, wir wollen beten! Andächtige, vernehmt das heutige Evangelium«.

nen, ist die getragene Ausdrucksweise der klassischen Formel (»Lasset uns beten«) wohl am ehesten angemessen.[91] Daß sie dem im Gebet Gehörten zustimmt, ja daß sie sich damit identifiziert, bestätigt die Gemeinde durch das abschließende »Amen«. W. Wiefel sagt über die Verwendung dieser Formel im urchristlichen Gottesdienst: »In der Akklamation tritt der pneumatischen Einzelleistung - Rede, Beten, Psalmodieren - die Lebensäußerung der Gesamtgemeinde an die Seite. In dieser Zuordnung spricht sich die ›pneumatische Demokratie‹ aus, die in dem Auftreten der Einzelnen nur die partiale Äußerung des dem Kollektivum gegebenen Geistes erfährt«.[92]

In der gegenwärtigen Liturgik wird dieses Stück meistens als »Tagesgebet« bezeichnet. Der Ausdruck »Kollekte« ist in der Liturgiegeschichte unterschiedlich erklärt. Entweder soll er sich auf die gottesdienstliche Versammlung, auf das Fazit verschiedener Gebetsanliegen, auf die Textauswahl aus der Heiligen Schrift oder auf die Einsammlung der Opfergaben beziehen.[93] Im Duktus des hier unternommenen Interpretationsversuchs hat dieses Gebet eine Konzentrationsaufgabe. Das Hören bewegt sich jetzt nicht mehr zwischen unten und oben, zwischen Liturg und Gemeinde, sondern bezieht sich auf die eigene, kollektive und individuelle Person. Und der formale Aufbau folgt dem Stilgesetz der Verdichtung. Anrede an den Vater, Bitte um eine bestimmte Gabe, Berufung auf die Mittlerschaft Jesu Christi erfordern ebenso eindeutige wie allgemeine, umfassende wie elementare Aussagen. In den klassischen Kollektengebeten geht es hauptsächlich um Prozesse der Erhellung und Klärung, der Reinigung und Befreiung, der Erneuerung und Erweckung. Der Priester in der römischen Messe spricht diese Worte stellvertretend für die Gemeinde, mit erhobenen Händen, nach Osten gerichtet, dem Altar zugewandt. Die Strukturierung des Handlungsraums für den Gottesdienst hat ihren Kulminationspunkt erreicht. Die Glaubensgemeinschaft ist präpariert. Die göttliche Atmosphäre kann sich in ihrer ganzen lebenserschließenden Kraft entfalten.

Mindestens die Inhalte des Kollektengebets machen verständlich, daß wir diesen ersten Teil des Gottesdienstes mit dem Stichwort »purificatio« gekennzeichnet haben.[94] Auch wenn der Begriff selbst nur selten ausdrücklich

91 Vgl. H. Kornemann, Die liturgische Aufforderung zum Beten, in: Freude am Gottesdienst. Festschrift F. Schulz, Heidelberg 1988, 101ff.

92 Zitiert bei A.A. Häußling, a.a.O. 222.

93 G. Rietschel/P. Graff, Lehrbuch der Liturgik I, 2. Auflage, Göttingen 1951, 311 ff.

94 Vgl. die Zusammenfassung bei J.A. Jungmann, a.a.O. 467f: »Die Kirche tritt vor Gott hin mit jener Bedürftigkeit, die von ihrer irdischen Pilgerschaft nie zu trennen ist. Manche Formeln nennen überhaupt kein bestimmtes Anliegen, sondern bitten nur um Erhörung - für all die Anliegen in den Herzen der versammelten Beter. Oder es wird das eine oder andere der immerwährenden Anliegen genannt, die stets erneut wiederkehren: Hilfe des göttlichen Armes, Überwindung von Irrtum und Gefahr, Antrieb

erwähnt wird, spielen Vorgänge äußerer Trennung und innerer Distanzierung in diesem Zusammenhang eine erhebliche Rolle. Die Anwesenden haben Berufs- und Familienwelt, Freundeskreis und Freizeitinteressen hinter sich gelassen. Äußere Zwänge und innere Ängste verlieren zunehmend ihre bedrückende Kraft. Der symbolisch gestaltete Raum und die rituell geformte Zeit führen in eine Wirklichkeit, die man durchaus alltagstranszendent nennen kann. Daß hier nicht einfach eine Flucht stattfindet oder eine Verdrängung passiert, dafür sorgen individuelle Assoziationen, aber auch Formulierungen in Gebeten, Lesungen und in der Predigt. Das wird jedoch unbeabsichtigt und unaufdringlich geschehen. Ein Gottesdienst wird miserabel, wenn er sich andauernd als Apologie gegen die verschiedensten Konzepte von Religionskritik präsentiert. Wenn sich im Hören der Gemeinde der Einzug des Heiligen vollzieht, wenn durch Unterwerfung und Anbetung die Allmachtswünsche aufgelöst und Selbstmitleid wie Selbstbezogenheit relativiert werden, wenn sich Liturg und Gemeinde im Wechselgruß der Heilskraft des Heiligen vergewissern, wenn sich im Tagesgebet der konzentrierte Wunsch nach Erhellung und Befreiung, nach Klärung und Reinigung artikuliert, dann ist am Ende dieses Hörgeschehens ein Zustand der Selbstvergessenheit erreicht. Das kultische Verhalten verändert Menschen, und zwar nicht einfach durch psychische Manipulation, durch Seelenmassage oder Massensuggestion. Weder der einziehende Klerus noch der eindringliche Ritus haben derartige Heiligungskraft. Was Menschen im Eröffnungsteil des Gottesdienstes öffnet, ist jene sich ausbreitende mächtige Atmosphäre, die Herzen anrührt, Seelen bewegt, den Geist erneuert, aber auch in körperliche Aktivitäten umgesetzt werden will. Daß dieser Reinigungsvorgang nicht als Betäubungsaktion abläuft, sondern viele innere Widerstände, Auseinandersetzungen, ja Aggressionen auslöst, wird im folgenden noch deutlich zu machen sein.

Lesungen

Die rezeptive Haltung des Hörens wird im anschließenden Wortteil des Gottesdienstes noch verstärkt. Während bisher Singen und Beten, Schweigen

zum Guten, Vergebung der Sünde, Erlangung des Heils. Zugleich spiegelt sich aber in diesem Beten auch immer wieder etwas von den Mächten, die im geistlichen Kampf gegeneinanderstehen, besonders häufig in Form von Begriffspaaren, die die entgegengesetzten Pole bezeichnen, in deren Kraftfeld unsere irdischen Wege verlaufen: Leibliches und Seelisches, Denken und Tun, Bürde der eigenen Leistung und himmlische Fürsprache der Heiligen, Enthaltung von Nahrung und Fasten von Sünde, Freiheit von Bedrängnis und Hingabe an gute Werke, Bekennen und Nachahmen, Glaube und Wirklichkeit, irdisches Leben und ewige Seligkeit. Besonders oft begegnet die tiefgreifende Antithese von äußerem Tun, zeitlichem Dienst, gläubiger Hingabe einerseits, und von innerem Erreichen, ewigem Heil, dauernder Wirklichkeit andererseits.«

und Sprechen rasch aufeinander gefolgt sind, wird die Flut der Worte jetzt quantitativ und qualitativ beträchtlich gesteigert. Zwei Lesungen, das Glaubensbekenntnis, die Predigt bilden en bloc ein kompaktes Sprachgeschehen, das zwar durch einzelne Akklamationen, durch die Beteiligung bei Credo und Predigtlied unterbrochen wird, das aber mit einigem Recht dem protestantischen Gottesdienst das Urteil der Wort- und Kopflastigkeit eingebracht hat. Insbesondere die Doppelung von Epistel und Evangelium hat harte Kritik provoziert: »Wenn man einen Schrifttext mit dem Anspruch vorträgt, er gehe den Hörer hier und jetzt an, so verliert dieser Anspruch an Verbindlichkeit, wenn man unmittelbar darauf einen anderen Text verliest, der den Hörer gleichfalls, aber nun in einer ganz anderen Situation, treffen soll. Dadurch wird nicht die Fülle der biblischen Offenbarung vermittelt, vielmehr entsteht der Eindruck, hier werde ein liturgisches Pensum absolviert«.[95]

Es bleibt sicher zu fragen, ob eine derartige Häufung traditioneller Texte der heutigen Hörfähigkeit auch nur ansatzweise gerecht wird. Aber bevor und wie auch immer man sich in der gottesdienstlichen Praxis entscheidet, sollte man sich bewußt machen, welche Voraussetzungen der liturgischen Überlieferung zugrunde liegen und welche neuzeitlichen Mentalitäten in deren Kritik wirksam werden. Für protestantisches Bewußtsein besonders wichtig ist die Maxime der Hermeneutik: Alles, was zu hören ist, muß auch verstanden werden. Von diesem Anspruch her sind in der Tat alle, die den Wortteil des Gottesdienstes über sich ergehen lassen müssen, maßlos überfordert. Ihre Rezeptionsfähigkeit ist begrenzt, ihre Aufmerksamkeit pendelt in Kurven. Die Flut der Worte, die über sie einbricht und an ihnen vorüberrauscht, kann immer nur punktuell und partiell in Bewußtseinskanäle geleitet werden. Gerade im Wortteil des Gottesdienstes wird sich der selektive Charakter auditiver Rezeption besonders bemerkbar machen.

Aber muß das unbedingt als Quelle möglicher Störungen denunziert werden? Könnte nicht genau darin die Absicht und die Chance dieser Wörterflut liegen, daß man der hörenden Gemeinde ein breites Angebot an Identifikations-, aber auch an Abgrenzungsmöglichkeiten gewährt? Die »illuminatio«, die Erhellung, die in diesem Teil des Gottesdienstes geschehen soll, muß weder durch meditative Konzentration noch durch didaktische Planung erreicht werden. Im Gewitter der Worte wird es da und dort blitzartig einschlagen. Die Atmosphäre des Göttlichen, die sich in sprachlicher Breite über den Hörern entfaltet, bahnt sich unverhofft an vielen Stellen ihren lebensverändernden Weg. Gerade die Ausführlichkeit und thematische Vielfalt der den Raum füllenden Sprache läßt dem lesenden Liturgen wie der hörenden Gemeinde die Freiheit des Kairos.

Lesungen, Glaubensbekenntnis und Predigt werden in den liturgischen

95 M. Geck/G. Hartmann, a.a.O. 29.

Einführungswerken meistens nacheinander behandelt, ohne daß man nach der inneren Struktur, die diesem kompakten Wortblock zugrunde liegt, ausdrücklich fragt. Es wird kein Zufall sein, daß sich auch dieses Zentrum des Wortgottesdienstes in einem Geviert präsentiert und daß dabei das Beziehungsgeflecht des Gebetsteils nachklingt. Epistel und Evangelium stehen zueinander wie Kyrie und Gloria, im Credo und in der Predigt melden sich die Adressaten der Salutatio zu Wort. Ob in dieser Folge eine Klimax entsteht, ist schwer zu entscheiden. Sicher ist, daß die Plazierung des Evangeliums nach der Epistellesung immer als Steigerung verstanden worden ist – nach der Antwort der Apostel ertönt das Wort des Herrn selber.[96] Aber wie der Wechselgruß im Gebetsteil erst nach den akklamatorischen Akten von Anrufung und Anbetung sinnvoll und möglich geworden ist, so muß auch das Bekenntnis der Gemeinde der Ansage der Frohbotschaft nicht als Steigerung, sondern als Antwort folgen.

Wort Gottes

Sicher wird die Dynamik des Wortgottesdienstes im Rahmen konfessioneller Prägungen unterschiedlich erlebt und gestaltet. Wenn das »Wort Gottes«, wie es römisch-katholischer Anschauung entspricht, in den Lesungen aus der Heiligen Schrift laut wird, dann erhält die Predigt eine deutlich nachgeordnete Stellung und eine vorwiegend lehrhafte Aufgabe: »sie sollte zum Worte Gottes, das aus der Heiligen Schrift erklungen war, hinzutreten, sollte dieses also nicht erdrücken, sondern es in das Hier und Heute herein weiterführen; darum ist ihre Grundform eben die Homilie, die Fruchtbarmachung des zuvor gelesenen Schriftwortes«.[97] Wenn dagegen, wie es protestantischem Verständnis gemäß ist, das »Wort Gottes« im Menschenwort der Verkündigung ergeht, dann ergibt sich für den Ablauf des Wortgottesdienstes ein anderer Spannungsbogen. Nachdem die Heilige Schrift verlesen ist, nachdem die heilige Gemeinschaft ihren Glauben bekannt hat, tritt nun die »heilige«, zu diesem Auftrag ausgesonderte Person auf den Plan, aus deren Mund die »viva vox Evangelii« zu hören sein soll.[98] Die Heilsgeschichte will durch Wort und Geist jetzt Gegenwart werden. Der Freispruch Gottes will den Sündern jetzt zugesagt sein. Das neue, das wahre, das ewige Leben ist jetzt zu hören.

Für eine protestantische Gottesdiensttheologie läßt sich das, was im Wortteil mit den Hörern geschieht, deshalb auch als Prozeß zunehmender Einbeziehung beschreiben. Die Texte aus der Bibel machen ein Heilsgeschehen

96 Daß man darin keineswegs die Folge von Gesetz und Evangelium finden darf, betonen mit Recht G. Rietschel/P. Graff, a.a.O. 451.

97 J.A. Jungmann, a.a.O. 566.

98 Zum Verhältnis von Amt und Wort vgl. H. Østergaard-Nielsen, Scriptura sacra et viva vox. Eine Lutherstudie, FGLP 10/X, München 1957, 184ff.

präsent, das seit fast 2000 Jahren aller Welt gilt. Im Sprechen des Credo reiht sich der/die Einzelne in die Gemeinschaft derer ein, die seit 2000 Jahren durch das Hören der Heilsgeschichte zum Leben gefunden haben. Die Predigt expliziert und regeneriert jenen Schritt, der zwischen dem Hören der Schrift und dem Sprechen des Glaubensbekenntnisses immer geschieht: Aus der Vergangenheit in die Gegenwart, aus der Gemeinschaft in das individuelle Leben wirkt die Heilsgeschichte hinein. Man kann fragen, ob das Credo dann nicht viel sachgemäßer hinter die Predigt gehört, wie es in der römischen Messe, aber auch in manchen lutherischen Ordnungen untergebracht worden ist. Im östlichen Gottesdienst, aber auch bei Calvin ist es in den Sakramentsteil gewandert, offensichtlich weil das Bekenntnis des Glaubens in verschiedener Hinsicht die Voraussetzung für die Teilnahme am Abendmahl ist. In seiner jetzigen Stellung vor der Predigt macht es auf jeden Fall deutlich, daß diese Predigt kein Missionsunternehmen ist, daß sie an Menschen ergeht, die zur Gemeinde gehören und die durch das Bekenntnis für das entscheidende Wortgeschehen vorbereitet sind. Der Wortteil des protestantischen Gottesdienstes ist bestimmt durch sprachliche Operationen, die darauf zielen, das Wort Gottes erhellende Gegenwart werden zu lassen.

In der Tat: Das Wort Gottes breitet sich aus. Eine Flut von Sätzen überströmt die Gemeinde. Manches kommt manchem bekannt vor. Nicht alles ist zu verstehen. Satzfetzen, Reizwörter setzen Assoziationen in Gang. Der Strom der Begriffe setzt sich fort in einem Strom von Bildern, Empfindungen, divergenten und diffusen Gefühlen. Unter der Decke der heiligen Sprache entspinnt sich ein unaufhörliches Ringen. Was bei der Oberflächenbetrachtung liturgisch durchaus unstrukturiert und ungeordnet erscheint, was durch Abbau von Wiederholungen und Reduktion von Redundanzen kommunikationstechnisch optimiert werden könnte, verbirgt in der Tiefendimension ein permanentes Konfliktgeschehen. Im Hören geschieht weit mehr als passives Rezipieren. Das Gehörte will, so oder so, verarbeitet werden. Das beginnt mit dem Vorgang der Selektion. Unerträgliches wird abgedrängt. Die eigene Identität Bestätigendes wird bevorzugt wahrgenommen. Was eigene Einstellungen kritisch in Frage stellt, wird, mindestens wenn es von einer Vertrauensperson formuliert ist, in Erwägung gezogen; aber die Prüfungsinstanz ist mehr von emotionalen als von kognitiven Faktoren bestimmt. Was in dieser Weise für die Selektion des Gehörten gilt, vollzieht sich ebenso bei der Interpretation. Verstanden wird nur, was den eigenen Wahrnehmungshorizont und das mitgebrachte Wirklichkeitsbild nicht vollständig sprengt. Was als unsinnig oder gefährlich abgelehnt wird, sickert tief, löst Verunsicherung aus, weckt Aggressionen oder schafft Motivation für neue Suchbewegungen. So bleibt die Integration des Gehörten in die eigene Identität bestenfalls offen. Durch das selektiv Gehörte und partiell Verstandene werden Ängste und Wünsche geweckt, sind Problemimpulse vermittelt, vielleicht sogar neue Lebensperspektiven andeutungsweise ins Blickfeld getreten. Aber das alles rauscht schnell vorbei, kann die Blockade totaler Abwehr erzwingen oder auch in einen Rausch begeisterter Zustimmung versetzen. Die Illumination, die das gottesdienstliche Ritual in diesem Teil anstrebt, wirkt, wenn man an die psychischen Prozesse im Hörerkreis denkt, reichlich wenig geplant und sehr stark dem Zufallsprinzip überlassen.

Sicher besteht eine wichtige Aufgabe der eingeschalteten Zwischengesänge darin, die Aufmerksamkeit der Hörer gegenüber dem laufenden Wortgeschehen wachzuhalten. Auf die Epistel folgt das Halleluja und als Gradualgesang das Wochenlied der Gemeinde. Die Lesung des Evangeliums wird durch die akklamatorischen Formeln »Ehre sei dir, Herre« und »Lob sei dir, o Christe« gerahmt. Der Inhalt dieser Zwischengesänge beschreibt eindeutig ihre Funktion. Sie sollen die Hörenden in jener Haltung anbetender Selbstvergessenheit festhalten, in die sie durch das Kyrie, das Gloria und das Konzentrationsgebet der Kollekte geführt sind. Wenn man die vielfache Kritik bedenkt, die gerade die Episteltexte seit der Reformation immer wieder gefunden haben, wird man auch heute mit sehr zwiespältigen Reaktionen auf solche Lesungen rechnen und fragen müssen, ob diese eingestreuten »Marker« die Funktion der Aufmerksamkeitsregulierung wirklich erfüllen.

Deshalb hat man in der Liturgiegeschichte, mindestens in der Neuzeit, immer wieder versucht, die hermeneutische Effizienz des Wortgeschehens zu steigern. Zwei elementare Konzepte bestimmen auch heute die Reformdiskussion, sind aber spätestens seit der Aufklärung im Gespräch.[99] Es geht um die thematische Ausrichtung und um die Zielgruppenorientierung des Gottesdienstes. Beide Gesichtspunkte sind aufeinander bezogen, aber nicht miteinander identisch. Ein Thema kann so gewählt sein, daß es verschiedene Adressatenkreise erreicht. Und der Kindergottesdienst, die verbreitetste Gestalt eines gruppenbezogenen Angebots, ist lange Zeit ohne thematische Schwerpunktsetzung ausgekommen.[100] Wichtig ist in unserem Zusammenhang nur die Einsicht, welche Veränderung dem Gottesdienst durch thematische Ausrichtung und Zielgruppenorientierung widerfährt.

Das religiöse Geschehen wird dadurch in didaktische Planung genommen. Das kann in bestimmten Situationen durchaus notwendig sein. Gesellschaftliche Verhältnisse können so bedrängend und gleichzeitig so verdrängt sein, daß sie durch ein »Politisches Nachtgebet« der Gemeinde bewußt gemacht werden müssen. Bestimmte Gruppen von Kirchenmitgliedern können dem überlieferten liturgischen Ablauf so fremd gegenüberstehen, daß man den Versuch wagen sollte, sie durch neue Gestaltungsformen in das religiöse

99 Vgl. den knappen Überblick bei A. Ehrensperger, Gottesdienst. Visionen – Erfahrungen – Schmerzstellen, Zürich 1988, 31ff.

100 Zur Geschichte vgl. M.-R. Bottermann, Die Beteiligung des Kindes an der Liturgie von den Anfängen der Kirche bis heute, Frankfurt 1982; C. Berg, Gottesdienst mit Kindern. Von der Sonntagsschule zum Kindergottesdienst, Gütersloh 1987; Chr. Grethlein, Abriß der Liturgik. Ein Studienbuch zur Gottesdienstgestaltung, Gütersloh 1989, 147ff.

Grundgeschehen wieder einzubeziehen. Überhaupt hat jede Generation, jede Schicht, jede Klasse ein theologisch begründetes Recht, Gottesdienst im Kontext ihres jeweiligen Kultur- und Zeichenrepertoires zu feiern. Dennoch, die Gottesdienstmodelle, die auf der Basis derartiger Überlegungen entwickelt worden sind, bilden in den meisten Fällen nicht nur eine Strukturvariante, sondern eine wirkliche Alternative zum überkommenen Meßtyp.

Man kann die eintretende Veränderung am besten mit Kategorien Schleiermachers benennen. Thematische Ausrichtung und Zielgruppenorientierung führen in der Regel dazu, daß der Gottesdienst den Charakter des darstellenden Handelns verliert und zum Modus des wirksamen Handelns wird.[101] Das zeigt sich besonders stark im Wortteil. Die Sprache verfolgt dann ihr Thema. Sie soll den angeredeten Adressaten dann auf jeden Fall etwas sagen. Sie wird zielgerichtet, aber auch zweckorientiert. Die heiligen Traditionen, die in der alten Agende sehr breit und ausführlich entfaltet werden, erhalten jetzt eine pädagogische oder missionarische oder politische Zuspitzung. Wenn es zutrifft, daß die Epistel- und die Evangelienreihen ganz verschiedenen Quellensträngen entstammen[102] und also keineswegs in reflektierter Komposition aufeinander bezogen sind, dann weckt diese Einsicht sofort neuzeitliche Verbesserungstendenzen. Aber gerade Zufallskombinationen enthalten, wie die Kreativitätspsychologie gezeigt hat[103], die Möglichkeit zu kreativer Erhellung, zu Einsichten und Entdeckungen, die man durch keine vorausschauende Planung herbeiführen kann. Und mindestens die Abwehrmechanismen, die sich einstellen, wenn man sich gezielten Beeinflussungsversuchen ausgesetzt sieht, entfallen, wenn ein Schwall von Worten ohne thematische Profilierung vorüberrauscht. Die Schwierigkeit des klassischen Wortgottesdienstes besteht sicher in der mangelnden Strukturierung der Hörinhalte, die einerseits zum Absinken von Aufmerksamkeit führen kann, die andererseits aber auch viele Chancen assoziativer Weiterwirkung enthält. Die Problematik der alternativen Modelle ergibt sich aus der Zweckorientierung, die eine quantitative und qualitative Konzentration der Aussagen erlaubt, aber auch viele Abwehrkräfte mobilisiert. Im Akt des Hörens vollzieht sich dann permanent und zudringlich eine Bearbeitung der Seelen, die auf Belehrung, Bekehrung oder Aufklärung eingestellt ist.

Predigt

Entscheidend für das Verständnis des Wortgottesdienstes ist die Verhältnisbestimmung zwischen Lesung und Predigt. Die Gottesdienste in neuer Gestalt

101 Daß in Schleiermachers Predigttheorie beide Aspekte enthalten gewesen sind, will A. Husar, Missionarische Predigt im Gottesdienst. Zur Beurteilung der missionarischen Intention der gottesdienstlichen Predigt in der Homiletik seit Schleiermacher, ThA XLV, Berlin 1987, 13ff, zeigen.

102 Vgl. G. Kunze, Die Lesungen, Leiturgia II, Kassel 1955, 149ff.

103 Vgl. E. Landau, Psychologie der Kreativität, München/Basel 1969.

wollen von einer modernen Predigtanschauung her das Ganze des Gottesdienstes reorganisieren. Spätestens seit der Jahrhundertwende hat die Homiletik immer wieder empfohlen, in Problemformulierung, Rededauer und Sprachgestalt der Situation der Hörer gerecht zu werden.[104] Entsprechende Grundsätze haben auch die liturgische Reformdebatte bestimmt. Im Kontext der alten Agende ist dagegen der Predigt ein anderer Stellenwert und auch ein modifizierter Aufgabenkatalog zugewiesen. Gewiß soll dort nach den Lesungen aus der Heiligen Schrift und nach dem Bekenntnis der heiligen Gemeinde aus dem Mund der einen »heiligen« Person das Wort Gottes laut werden, die viva vox Evangelii für diese hier versammelte Gemeinde. Und das schließt für den Prediger/die Predigerin allemal eine Kalkulation der Ziele, eine Klärung über das Vorverständnis der Hörer, eine Reflexion der kommunikativen Prozesse ein.

Aber der liturgische Kontext entlastet den Prediger/die Predigerin auch. Das Wort Gottes hat seine Wirkkraft schon während der Lesung begonnen. Die Predigt selbst soll nichts anderes sein als die Fortsetzung der Lesung mit anderen sprachlichen Mitteln. Und mindestens beim Abendmahlsgottesdienst ist die Kanzelrede nicht der letzte Akt von Gottesbegegnung. Nach dem Hören wird noch etwas zu essen sein. Was in diesem Fall vorher zu sagen ist, dient zuallererst der Vorbereitung für die folgende intensive Begegnung und soll nicht unbedingt den gesamten Lebensvollzug im Wochenalltag erhellen. Die Kommunikation zwischen Mund und Ohr muß weniger eindringlich und auch weniger zudringlich sein, wenn die eigentliche orale Kommunikation alsbald folgt.

Was darf man von einer Predigt, die der Erleuchtung dienen soll, füglich erwarten? Sicher wird sie, wenn sie dem bisherigen Ablauf des Gottesdienstes gerecht werden will, nicht mehr in einer so oder so gearteten Zeitanalyse bestehen können. Wenn in den Gebeten die Herzen gereinigt und von Sorgen und Ängsten ein Stück weit befreit, wenn in den Lesungen die Heilstaten Gottes erinnert sind, dann kann die Predigt sich mit der Information über Elendsverhältnisse und mit dem Appell zu politischen oder pädagogischen oder sozialtherapeutischen Aktionen nicht zufrieden geben. Sie wird aber auch, zur anderen Seite hin, nicht einfach jenen frommen Optimismus verbreiten, der aus der Verdrängung unerfreulicher Realitäten erwächst und in der Pflege einer getrösteten Innerlichkeit sein Ziel hat. Erst recht kann Erleuchtung durch das Wort von der Kanzel nicht meinen, daß zu allen Problemen, die das Leben der Hörer erschweren und die man in der Predigt aufgreifen kann, nun eine Lösung geliefert wird. Die Illumination, die an dieser Stelle erfolgt, besteht einzig und allein darin, daß die Enge des gegenwärtigen

104 Vgl. F. Wintzer, Die Homiletik seit Schleiermacher bis in die Anfänge der ›dialektischen Theologie‹ in Grundzügen, Göttingen 1969, 119ff, und W. Steck, Das homiletische Verfahren. Zur modernen Predigttheorie, Göttingen 1974, 158ff.

Alltagshorizonts durch eine Botschaft von außen aufgebrochen wird. Die aktuellen Ereignisse werden in das Licht der Heilgeschichte gerückt. Dadurch werden die Machtansprüche gesellschaftlicher und psychischer Instanzen relativiert. Die Irrungen und Wirrungen des individuellen und kollektiven Lebens geraten durch die Ansage letzter Wahrheit in den Rang vorletzter Irritationen. Private und politische Dunkelheiten müssen nicht mehr verdrängt werden, wenn der zu Wort kommt, der von sich sagt: »Ich bin das Licht der Welt« (Joh. 8,12).

Erleuchtung durch die Predigt bedeutet Horizonterweiterung[105] – gegen die Enge einer bedrückenden Gegenwart die Erinnerung an die heilvolle Gottesgeschichte. Erleuchtung bedeutet ebenso: Befreiung von Zwängen und Ängsten[106], freilich in einer Kommunikationssituation, in der man zum Sitzen und Schweigen verurteilt scheint. Aber gerade in dieser Verhaltenskonstellation, die konzentriertes Hören ermöglichen soll, kann jenes Wort laut werden, auf das menschliche Ohren seit der Geburt voller Hunger und Anspannung warten: das Wort der Liebe, der Annahme, der Bejahung. Die Theologie hat durch die Verknüpfung der Pneumatologie mit Schrift-, Ämter- und Kirchenlehre klargestellt, daß in der gottesdienstlichen Predigt keine direkte Offenbarung geschieht. Was die Erleuchtung durch das Wort in der Kraft des Geistes bewirkt, ist Öffnung, Öffnung zu einer Weltsicht und einer Lebenshaltung, die alles Irdische in einer neuen Perspektive wahrzunehmen vermag. Wenn die Atmosphäre des Göttlichen Menschen ergreift, geraten alle Dinge des Lebens in das Licht der Verheißung.

Natürlich geht es auf der Kanzel nicht um die Selbstdarstellung eines erleuchteten Menschen. Verräterisch ist das Verhalten jener Prädikanten, die die Bibel nach der Textverlesung rasch zuklappen und beiseite legen, um sich ihrem eigenen Manuskript zuzuwenden. Aber auch wenn die Akzente zwischen Text und Rede nicht so überdeutlich gesetzt sind, hat man beim Hören

105 Vgl. A. Schütz/Th. Luckmann, Strukturen der Lebenswelt I., Frankfurt 1979, 50: »Es gibt ebenso viele Schockerlebnisse wie es geschlossene Sinngebiete gibt, die durch Einstellungsänderungen den Akzent der Wirklichkeit erhalten können. Wir führen hier nur einige Beispiele an: das Einschlafen als Sprung in den Traum, das Erwachen, das Öffnen des Theatervorhangs, das ›Versenken‹ in ein Gemälde; ferner die Bewußtseinsverschiebung, wenn man zu spielen beginnt, das Erlebnis des ›Numinosen‹, auch der Ruck, mit dem sich zum Beispiel der Wissenschaftler nach dem Mittagessen in die theoretische Attitude versetzt, aber auch das Lachen als Reaktion auf die Realitätsverschiebung, die einem Witz zugrunde liegt«; insbesondere für die religiöse Erleuchtung gilt: »wenn wir also einen spezifischen Schock erfahren, der die Grenzen des für uns augenblicklich ›realen‹, geschlossenen Sinngebiets sprengt, müssen – oder ›wollen‹ – wir den Realitätsakzent auf ein anderes Sinngebiet verlegen« (51).

106 Erhellung schließt also die Aspekte der Klärung und der Befreiung ein; anders E. Lange, Zur Theorie und Praxis der Predigtarbeit, in: Predigen als Beruf. Aufsätze zu Homiletik, Liturgie und Pfarramt, München 1982, 25ff.

oft das Gefühl: Der Prediger/die Predigerin scheint sich für das Gelesene zu schämen und will den altmodischen, unverständlichen, in jeder Hinsicht überholten Text durch das eigene Reden allererst zum Leben erwecken. Dagegen ist mit allem Nachdruck zu sagen: Das Wort des Lebens steht in der Heiligen Schrift. Jede Lesung aus diesem Buch verändert, erneuert die Welt. Und nur der kann anhand eines Textes wahrhaftig predigen, der diesen Text angemessen vorzulesen vermag. Weil es auch in der christlichen Gemeinde, wie in der Religion überhaupt, um die lebenserneuernde Kraft der heiligen Überlieferung geht, hört sie die Lesungen, nicht die Predigt, im Stehen. Sie signalisiert damit, daß sie »gekommen ist, etwas zu empfangen«[107], und daß dieses Empfangen nur in respektvoller Haltung erfolgen kann.

Auch und gerade das Hören im Gottesdienst ist eine Erfahrung von Macht. Die Atmosphäre des Göttlichen breitet sich im Wortgeschehen von Lesungen, Bekenntnis und Predigt vielfältig aus. Mit-Teilungen laufen ab, aber auf höchst unterschiedliche Weise. Eine Wortflut überschwemmt die Gemeinde, droht die Einzelnen zum Verschwinden zu bringen, verwickelt sie in Erinnerung, Aggression oder Begeisterung, reißt Wunden auf, aber tröstet auch und schenkt manchmal auch die Geborgenheit längst vertrauter Sätze und Klänge. Wenn dieser dramatische, konflikterfüllte Verhaltensprozeß des Hörens ans Ziel kommt, stellt sich Erhellung ein, Einsicht in den Sinn von Gott, Welt und eigener Existenz, Annahme des Lebens in seiner ganzen widersprüchlichen Gegebenheit, Einstimmung in jene göttliche Macht, die im Hören zu Wort kommt, der sich alles Geschaffene verdankt und die sich im Fortgang des Gottesdienstes zur Vereinigung schenken will.

107 H. Reifenberg, Fundamentalliturgie. Grundelemente des christlichen Gottesdienstes II, Klosterneuburg 1978, 123.

Essen

Alles Leben verhält sich – einiges Leben verhält sich manchmal nach der Agende. Der Gottesdienst geht weiter und tiefer. Man hat Platz genommen, sich umgeschaut. Man hat einige Lieder gesungen und viel gehört. Und wird dann in den Altarraum geladen. Der Weg in das Leben, der im Gottesdienst abläuft, findet sein Ziel im Essen und Trinken. Die Körper, für lange Zeit auf der Kirchenbank ruhig gestellt, dürfen sich zum Sakramentsempfang wieder bewegen. Die Präsenz der göttlichen Atmosphäre, im Wortgeschehen zwischen Lesen, Reden und Hören ätherisch verbreitet, materialisiert sich in Brot und Wein. Leib und Blut des Erlösers kann man zu Heilsgewinn und Lebenserhaltung inkorporieren.

Die Teilnahme am heiligen Essen ist nicht selbstverständlich. Bestimmte Zulassungsbedingungen müssen erfüllt sein. Die Gemeinde versammelt sich zum Empfang des heiligen Mahls am Altar. Und bevor das möglich ist, geht, wie wir sehen werden, noch eine andere Reise vonstatten. Das alles bedeutet: In diesem Geschehen vollzieht sich ein großes Geheimnis. Nicht selbstverständlich ist deshalb auch, daß man in aller Öffentlichkeit darüber redet, Ablauf und Erleben kommentiert und gar die abgründige Logik dieses Geschehens zu erheben versucht. Die weitgehende Sprachlosigkeit, die in der Gemeinde dem Sakrament gegenüber herrscht, ist wahrscheinlich sachgemäßer als jener eilfertige Austausch theologischer Formeln, dem der religiöse Profi sehr schnell anheimfällt. Das heilige Essen ist ein mysteriöser Akt von lebenserschließender Abgründigkeit. Jede theoretische Reflexion, die die Logik des Abgründigen freizulegen versucht, ist daran zu messen, inwieweit sie die Aura des Unverständlichen zu respektieren vermag.[1]

In ironisierender Distanzierung hat Heinrich Heine konstatiert: »Die Hamburger sind gute Leute und essen gut. Über Religion, Politik und Wissenschaft sind ihre respektiven Meinungen sehr verschieden, aber in betreff des Essens herrscht das schönste Einverständnis. Mögen die christlichen Theologen dort noch so sehr streiten über die Bedeutung des Abendmahls; über die Bedeutung des Mittagsmahls sind sie ganz einig«.[2] Das ist in der Tat auffällig und in der Tradition oft beklagt, daß ausgerechnet das Mahl, das Gemeinschaft stiften soll, immer wieder Anlaß zum Streit in der Kirche geliefert hat. Weil ihre Abendmahlsanschauungen intolerabel waren, wurden einzelne Theologen verketzert. Konfessionen bildeten sich durch Spaltung in

1 Zu den methodischen Grundsätzen für das folgende vgl. M. Josuttis, Zur Hermeneutik des Abendmahls, in: Praktisch- theologische Hermeneutik. Festschrift H. Schröer, Rheinbach-Merzbach 1991, 411ff.

2 H. Heine, Memoiren des Herrn von Schnabelewopski, 1831, Erstes Buch/Drittes Kapitel.

der Lehre vom Sakrament. Und bis heute spielt die Frage nach der Möglichkeit oder Unmöglichkeit von Abendmahlsgemeinschaft in den interkonfessionellen Gesprächen eine zentrale Rolle. Wer darf am heiligen Essen partizipieren? In diesen Streitigkeiten tobte nicht einfach der Lebenskampf um das tägliche Brot, der aus Mangelerfahrungen resultiert und zwischen den Hungernden einen permanenten Konkurrenzdruck erzeugt. Hier ging es vor allem um die Definition von kollektiver Identität. Die gemeinsam zum Tisch des Herrn treten dürfen, gehören zusammen. Und die Zulassung für die Teilnahme an jenem Ritus, der für das Individuum wie für die Gemeinschaft Leben vermittelt, wurde durch die Übernahme einer bestimmten Lehre konstituiert.

Auf diese Weise ist die doktrinale Einstellung sehr stark in die Funktion der Präparation geraten. Wer zum Abendmahl geht, muß vorher wissen und sagen können, was ihn dort erwartet. Das kann mit allen Schutzaspekten, die eine theologische Rationalisierung enthält, eine sinnvolle Vorbereitung auf das abgrundtiefe Erleben sein. Auf der anderen Seite droht, wenn man die verhaltensregulierende Bedeutung von Lehre überstark in den Vordergrund rückt, nicht die Abendmahlsfeier selbst, sondern der dogmatische Konsens über das Abendmahl zur identitätsstiftenden Basis von Kirche zu werden.[3] Freilich sollte eine theologische Generation wie die unsrige, die ihrerseits kaum noch warnende Schranken vor unwürdigem Empfang aufzurichten vermag, die eigene Unfähigkeit den Vätern nicht als kritisches Idealbild vorhalten wollen.

Das umstrittene Geheimnis des heiligen Essens soll hier in dreifacher Hinsicht beleuchtet werden. Gefragt wird, (I.) wieso der alltägliche Akt der Nahrungsaufnahme zur religiösen Symbolisierung geeignet ist, (II.) was die im religiösen Kontext weltweit auftretenden Opfervorstellungen bedeuten und (III.) welches Geschehen in der Abendmahlsfeier abläuft, wenn man die Aussagen der Agende ganz wörtlich nimmt.

3 Daß der Konsens in der Abendmahlslehre nicht nur zum bene esse, sondern zum esse der Kirche gehört, hat vor allem E. Kinder betont; zu seiner Abendmahlslehre s. vor allem E. Kinder, Die Gegenwart Christi im Abendmahl nach lutherischem Verständnis, in: P. Jacobs/E. Kinder/F. Viering, Gegenwart Christi. Beitrag zum Abendmahlsgespräch in der Evangelischen Kirche in Deutschland, Göttingen 1959, 33ff.

I.

Essen ist ein Verhalten von banaler Alltäglichkeit und bildet zugleich die elementare Grundlage für Lebenserhaltung und Weltwahrnehmung. Allenfalls beim Atmen vollzieht sich ein Kontakt mit der Umwelt, der noch andauernder, noch unauffälliger und noch lebenswichtiger ist. Durch jeden Akt des Essens praktiziert das Individuum einen Austausch mit der sozialen und der natürlichen Umgebung. Ein körperinternes feed-back-Verfahren sorgt für Hungersignale, die in regelmäßigen Abständen zur Nahrungsaufnahme aktivieren.[4] Sofern die Geschmacks- und Geruchsnerven besonders positiv affiziert werden, kann es dabei zu einem ausgesprochen lustvollen Erleben kommen. Weil alle Lebens-Mittel, die zur Verfügung stehen, aus der sozialen und der natürlichen Umwelt stammen und weil in dieser Umwelt die Lebensressourcen begrenzt sind, ist jedes Essen unvermeidlich auch Teil des Lebenskampfes, in den alle Lebewesen verstrickt sind.

Beim Individuum

Frühe Akte der Einverleibung vermitteln erste Erfahrungen von Zuwendung, Liebe, Geborgenheit, aber auch von Ablehnung und Bedrohung. »Gefüttertwerden umfaßt also sowohl die Qualität, von einem liebenden Wesen beschützt, gesättigt, geliebt, befriedigt - auch im Sinne des Erotischen -, geschätzt und gesichert zu werden. Versagungen rufen daher diffuse Gefühle von Bedrohung durch Verlassen-, Gehaßt-, Ausgestoßenwerden, zu verhungern, nichts Wert zu sein hervor«.[5] Durch die Kooperation zwischen Hand und Mund, die sich allmählich zu entwickeln beginnt, bilden sich beim Säugling auch erste Bestandteile einer Weltanschauung, die um den Vorgang der Einverleibung zentriert sind. »Die frühe Mundbetätigung dient also nicht nur der Stillung des Nahrungsbedürfnisses und der sinnlichen Befriedigung, sondern sie bedeutet auch einen Modus des Erfahrens und Erfassens der räumlichen Welt. Durch das Erkunden der Welt mit dem Mund und der Hand entsteht initial durch Bewältigung eines Mini-Raumes ein inneres Modell der Umwelt. Dabei darf nicht vergessen werden, daß mit zunehmender Differenzierung auch dem visuellen Aufnehmen eine Rolle zukommt, die für das Phantasieerleben nicht ohne Bedeutung ist. Das heißt, daß mit zunehmender Entwicklung Aufnehmen nicht mehr nur eine primär somatische,

4 Vgl. J. le Magnen, Hunger. Problems in the Behavioural Sciences 3, Cambridge 1985, 83ff.

5 J. Zauner, Einverleibung und Individuation, in: M. Josuttis/G.M. Martin (Hg.), Das heilige Essen. Kulturwissenschaftliche Beiträge zum Verständnis des Abendmahls, Stuttgart 1980, 87.

materielle und substantielle Angelegenheit bedeutet, sondern im übertragenen Sinne ein Hineinnehmen von Phantasien, Vorstellungen und somit bestimmten Aspekten der äußeren Objekte. Man verwendet ja auch in der Psychoanalyse den Begriff der Introjektion zur Beschreibung der Wahrnehmungsvorgänge, die sich an die biologischen oralen, inkorporierenden Tätigkeiten des Säuglings anschließen. Rituelle Einverleibungs- und Vereinigungszeremonien könnten also einer kultischen Wiederbelebung latent bereitliegender Bedürfnisse aus Erinnerungsspuren archaischer Verschmelzungserlebnisse entsprechen«.[6]

Daß das Eßverhalten ein frühes Kommunikationsmedium darstellt, zeigt sich auch in seiner Störanfälligkeit. Für R. Battegay ist schon der erste Schrei nach der Geburt »Ausdruck eines Hungers, der dann ausbricht, wenn die intrauterine Homöostase verlorengeht und demzufolge eine Frustration in Bezug auf Umsorgung entsteht«.[7] Damit ist ein grundlegender Lebenskonflikt gesetzt. »Der ›Hunger‹ ist nicht nur eine Angelegenheit des Magens, sondern auch des Narzißmus. Erhält ein Individuum im Kleinkindesalter nicht genügend Bestätigung in Form von Wärme, Stimulation und Kognitionsmöglichkeiten, so bleibt es ungestillt im Bereiche des Selbst. Es bleibt liebes-›hungrig‹. Aber auch Kinder, die übermäßig umhegt worden sind, leiden in ihrem späteren Leben unter diesem emotionalen ›Hunger‹, weil ihnen niemand die frühkindliche Verwöhnung zu ersetzen vermag. Dieses ›Hungrig-Sein‹ nach Liebe bedeutet, daß der betreffende Mensch zeitlebens eine Leere in seinem Selbst, in seinem Selbstgefühl, schmerzend erlebt und alles daransetzt, diese schmerzlich empfundene Befindlichkeit zu beheben«.[8] Liebes- und Machthunger, Rach- und Arbeitssucht sind verbreitete Erscheinungsformen solcher narzißtischen Unersättlichkeit. In den Hungerkrankheiten ist diese Tendenz noch gesteigert. »Jene, die wir als Hungerkranke bezeichnen, sind . . in einem besonderen Maße und in spezieller Art in ihrem Selbst- und Fremdwerterleben beeinträchtigt. Deshalb werden sie ihr ganzes Leben unersättlich, krankhaft den Objekten nachjagen, um mit ihnen fusionieren, sich durch sie erhöhen und stärken zu können. Diese Menschen neigen dazu, ihre engen Bezugspersonen oder eine weitere Umwelt total für sich zu beanspruchen, oder aber, falls sie Überbehütungen, Versuchungen oder Fehlidentifikationen der Eltern mit ihnen erlebt haben, jegliches Objektangebot strikte zurückzuweisen und die Welt durch ihr Leiden auf sich aufmerksam zu machen. Sowohl die unersättliche Einverleibung von Objekten bei der Adipositas, bei Alkohol-, Medikamenten- und Drogenabhängigen wie auch die entsprechende Tendenz bei Depressiven und die im masochistischen Triumph

6 A.a.O. 88.

7 R. Battegay, Die Hungerkrankheiten. Unersättlichkeit als krankhaftes Phänomen, Frankfurt 1989, 11.

8 A.a.O. 17.

gipfelnde Zurückweisung aller Objekte bei der Anorexia nervosa zeugen davon, daß die Betroffenen zu keiner reifen Objektbeziehung fähig sind«.[9] Die Unmenschlichkeit leiblichen Hungerleidens zeigt sich nicht zuletzt darin, daß sich der narzißtische Horizont auf die Probleme unmittelbarer Nahrungszufuhr verengt und die Betroffenen nur noch dahinvegetieren. »Der den Menschen sonst auszeichnende Lebenshunger schwindet beim längeren Hungerleiden dahin. Im Hunger-Leiden wird der Mensch seines Wesentlichsten beraubt: der Lebenssehnsucht und der Lust«.[10]

In welcher Weise ein sozial ausdifferenziertes religiöses System solche Eßstörungen zu integrieren vermag, hat T. Habermas durch den Vergleich zwischen der Magersucht und asketisch orientierten weiblichen Heiligen des Spätmittelalters untersucht. Der zugrundeliegende Triebkonflikt deutet sich an, wenn die Überlieferung als Ausgangspunkt für das heiligmäßige Leben die Ablehnung einer vom Vater angeordneten Verheiratung nennt. Wie in den heutigen Familien im Falle der Magersucht ein Kampf um das Essen entbrennt, so gerieten die asketischen Frauen damals sehr schnell in Konflikt mit der Kirche, die vor allem in Gestalt der Beichtväter zur Mäßigung riet. »Ähnlich aber wie heutige Magersüchtige die weithin übliche Praxis der Gewichtskontrolle überziehen, übertrieben die Heiligen die konventionelle Askese. Beide streben nach einer unerreichbaren Perfektion und Einmaligkeit«.[11] In beiden Fällen ist auch die Selbstzerstörung getragen von einem starken Drang zur Selbstbehauptung. »Für Heilige wie Magersüchtige ist gleichermaßen dokumentiert, wie sie in der Pubertät sich gegenüber den ihnen Nächsten durchsetzen, nur daß die einen sich dabei auf Gott, die anderen auf einen rätselhaften Appetitverlust und später die ›Krankheit‹ berufen. Im Streben nach dem Höchsten geht es dem Nächsten schlecht«.[12] Im Unterschied zu den Magersüchtigen heute stand freilich den Frauen im Mittelalter die »Identifizierung mit dem Leidensweg Christi« als Sinninterpretament zur Verfügung und damit ein enormer narzißtischer Gewinn, »den sie aus dem Leiden bezogen. Es diente nicht allein der Buße, sondern brachte sie Gott näher, so nahe, als seien sie Gottes Sohn oder Schwiegertochter«.[13] Aber nicht nur in ideologischer, sondern auch in sozialer Hinsicht stand für die Frauen damals eine Alternative bereit. »Sie ermöglichte ihnen die Lösung von der Familie durch den Übertritt in eine gesellschaftliche Institution, innerhalb derer ihr Verhalten einen Sinn erhielt. Es gab ein Rollenangebot, nämlich das der Nonne, und eine zwar schwierige, aber mögliche Rolle, die der Heiligen«.[14]

9 A.a.O. 150.
10 A.a.O. 157.
11 T. Habermas, Heißhunger. Historische Bedingungen der Bulimia nervosa, Frankfurt 1990, 44.
12 A.a.O. 46.
13 A.a.O. 45.
14 A.a.O. 47.

Besonders in den Bettelorden fanden sie »eine kulturell akzeptierte Form, nicht nur ihre Autonomie gegenüber den eigenen körperlichen Bedürfnissen, sondern auch gegenüber der eigenen Familie und schließlich innerhalb der Kirche sich zu erkämpfen«.[15] Zur Erklärung ihrer Nahrungsverweigerung haben diese Heiligen oft angeführt, daß sie allein von der Eucharistie zu leben vermögen. Seit der Jahrtausendmitte wandelte sich das Idealbild von Heiligkeit. Und die Nahrungsverweigerung wird, nicht zuletzt unter dem Einfluß der Reformation, aus einem religiösen Wunder zu einem medizinischen Problem.

Für das Verständnis des Abendmahls besonders wichtig kann eine Unterscheidung sein, die K. Abraham in die orale Entwicklungsstufe eingeführt hat. Er möchte zwischen der saugenden und der beißenden Mundtätigkeit des Säuglings differenzieren. Die primäre Stufe des Saugens vollzieht Einverleibung im Sinne von Einung. »Das saugende Kind und die nährende Brust (oder Mutter) stehen in keinem Gegensatz zueinander. Auf Seiten des Kindes fehlen sowohl die Regungen der Liebe wie die des Hasses. Der seelische Zustand des Kindes auf dieser Stufe ist demnach frei von den Erscheinungen der Ambivalenz«.[16] Auf der sekundären Stufe erhält die Mundtätigkeit durch das Beißen sadistische Impulse, die den Charakter der Einverleibung verändern. »Auf der Stufe der beißenden Mundtätigkeit wird das Objekt einverleibt und erleidet dabei das Schicksal der Vernichtung. Man braucht nur einem Kinde zuzusehen, um sich von der Intensität der Beißimpulse zu überzeugen, in welchen Nahrungstrieb und Libido noch zusammenwirken. Es ist das Stadium der kannibalischen Antriebe. Folgt das Kind den Reizen des Objektes, so gerät es zugleich in die Gefahr, ja in die Notwendigkeit, das Objekt zu vernichten. Damit beginnt die Ambivalenz das Verhältnis des Ich zum Objekt zu beherrschen. Die sekundäre, oral-sadistische Stufe bedeutet also in der Libidoentwicklung des Kindes den Anfang des Ambivalenzkonfliktes«.[17]

In der Kultur

Zivisilatorische Erziehung in der Neuzeit ist darum bemüht, diese aggressiven Aspekte des Essens möglichst in den Hintergrund abzuschieben. In seiner Untersuchung der Tischsitten hat N. Elias wichtige Beobachtungen zusammengetragen. Eine bemerkenswerte Veränderung betrifft das Verhalten zu den getöteten Tieren, die im Mittelalter und lange Zeit später noch als ganze auf der Tafel serviert und die erst während des Essens zerlegt und aus-

15 A.a.O. 48.

16 K. Abraham, Versuch einer Entwicklungsgeschichte der Libido auf Grund der Psychoanalyse seelischer Störungen (1924), Gesammelte Schriften II, Frankfurt 1982, 59.

17 A.a.O. 60.

geteilt wurden. Die zivilisatorische Entwicklung hat den aggressiven Umgang mit den getöteten Tieren von der Tafel in die Kulissen der Küche verlagert, offenkundig weil sich die Peinlichkeitsgrenzen verschoben haben. »Von jenem Standard des Empfindens, bei dem der Anblick der erschlagenen Tiere auf der Tafel und sein Zerlegen unmittelbar als lustvoll, jedenfalls ganz und gar nicht als unangenehm empfunden wird, führt die Entwicklung zu einem anderen Standard, bei dem man die Erinnerung daran, daß das Fleischgericht etwas mit einem getöteten Tier zu tun hat, möglichst vermeidet. Bei einem guten Teil unserer Fleischgerichte ist die tierische Form durch die Kunst der Zubereitung und der Zerlegung so verdeckt und verändert, daß man beim Essen kaum noch an diese Herkunft erinnert wird. - Es wird noch zu zeigen sein, wie die Menschen im Laufe der Zivilisationsbewegung alles das zurückzudrängen suchen, was sie an sich selbst als ›tierische Charaktere‹ empfinden. Ganz ähnlich drängen sie es auch an ihren Speisen zurück«.[18] Entsprechende Wandlungen zeigen sich im Gebrauch des Messers, das im Mittelalter »bei weitem das wichtigste Eßgerät« war.[19] In den zahlreichen Tabuisierungen seiner Verwendung, nach denen man etwa Kartoffeln und Fisch nicht schneiden darf, findet Elias »eine langsam durch die zivilisierte Gesellschaft von oben nach unten dringende Tendenz, den Gebrauch des Messers, zunächst im Rahmen der bestehenden Eßtechnik selbst, soweit als irgend möglich einzuschränken, und, wo irgend es angeht, dieses Instrument überhaupt nicht zu gebrauchen«.[20]

Aber nicht nur die Tischsitten unserer Gesellschaft geben Auskunft über das, was beim Essen geschieht. Wenn der Einzelne durch diesen Akt in den Stoffwechsel-Austausch mit der natürlichen Umwelt eintritt, dann ist diese Umwelt durch die Auswahl, die Zubereitung und die Präsentation der Speisen immer schon gesellschaftlich präfiguriert. »Das Essen ist offensichtlich eine Tätigkeit, deren Bedeutung weit über die Funktion, Natur zur Reproduktion der physischen Natur anzueignen, hinausgeht. Das Essen als eine Form der Aneignung der Natur hat nicht nur eine materielle, sondern auch eine symbolische Bedeutung. Die Aneignung der Natur wird selbst beim Essen nicht nur vom Bauch, sondern auch vom Kopf bestimmt. Das Essen ist mehr als ein bloßer Mechanismus der Befriedigung physiologischer Bedürfnisse. Das Essen repräsentiert auch eine kulturelle Form. . . . Das Essen ist nicht nur eine materielle Aneignung von Natur, sondern auch symbolische Aneignung der Natur. Das Essen ist - um es in einer Kurzformel zu fassen - eine elementare Form des Übergangs von der Natur zur Kultur«.[21]

18 N. Elias, Über den Prozeß der Zivilisation. Soziogenetische und psychogenetische Untersuchungen 1: Wandlungen des Verhaltens in den weltlichen Oberschichten des Abendlandes, 5. Auflage, Frankfurt 1978, 162.

19 A.a.O. 165.

20 A.a.O. 168.

21 K. Eder, Die Vergesellschaftung der Natur. Studien zur Sozialevolution der praktischen Vernunft, Frankfurt 1988, 12. Einen kurzen Überblick gibt R. Tannahill,

Dementsprechend sind von den Wandlungen in der Eßkultur alle lebensrelevanten Dimensionen des Menschseins betroffen[22], das Körperbild und seine Grenzen, die psychosoziale Problematik von Nähe/Distanz, die Machtverteilung in der Familie und in der Gesellschaft, die politische Zuweisung von Lebenschancen, die Ausgebeutete und Arbeitslose zum Hungern verurteilt und zugleich den eigenen Konsum von Luxusgütern steigert. Jeder Bissen, den einer zu sich nimmt, ist deshalb nicht nur durch den symbolischen Kosmos seiner Kultur zubereitet, sondern auch von der sozialen Position geprägt, die der Einzelne bei der Verteilung von Lebensmöglichkeiten in der Gesellschaft gewonnen hat.[23]

In der Religion

Angesichts dieser Verflochtenheit des Eßverhaltens in den symbolischen Kosmos und die sozialen Konflikte jeder Menschenkultur ist es nicht verwunderlich, daß es weltweit auch im religiösen Kontext erscheint. Für die religionssoziologische Betrachtung stellen die kultischen Speiserituale zunächst eine Verdoppelung des profanen Alltagsgeschehens dar, wie man sie auch bei der Sprache und beim Gesang, bei Tanz, Opfer und Kopulation beobachten kann.[24] Ihre gemeinschaftsbildende Kraft knüpft an soziale Erfahrungen an und steigert sie zur Kommunikation mit dem Transzendenten. »Zwischen der Ernährungssymbiose von Mutter und Säugling und den Vergemeinschaftungsschüben durch Festgelage steht die Tischgemeinschaft im familialen Haushalt. Nicht mehr naturales Ereignis wie die Mutter-Kind-Symbiose und nicht gelegenheitsvariabel wie das Festgelage, ist die Versammlung aller Mitglieder einer Familie an der Tafel, oft nebst Gesinde, und ihre regelmäßige Speisung dort eine der kaum beachteten und doch fundamentalen sozialen Institutionen zur Regulierung des Alltagslebens«.[25] Ebenso vermitteln die religiösen Speiserituale »ein intensives Dazugehörigkeits-

Kulturgeschichte des Essens. Von der letzten Eiszeit bis heute, München 1979; wichtige Texte sind zusammengestellt bei H. Heckmann, Die Freud des Essens. Ein kulturgeschichtliches Lesebuch, Frankfurt 1981.

22 Vgl. die Problemliste bei Th. Kleinspehn, Warum sind wir so unersättlich? Über den Bedeutungswandel des Essens, Frankfurt 1987, 27f.

23 Entsprechend vielsagend ist die Verdrängung des Hungerthemas aus der neueren deutschen Erzählliteratur; vgl. A. Wierlacher, Vom Essen in der deutschen Literatur. Mahlzeiten in Erzähltexten von Goethe bis Grass, Stuttgart 1987, 18ff.

24 K. Messelken, Vergemeinschaftung durchs Essen. Religionssoziologische Überlegungen zum Abendmahl, in: M. Josuttis/G.M. Martin (Hg.), Das heilige Essen, a.a.O. 44f.

25 A.a.O. 53. Vgl. beispielsweise J. Assmann, Der schöne Tag. Sinnlichkeit und Vergänglichkeit im altägyptischen Fest, in: W. Haug/ R. Warning (Hg.), Das Fest, München 1989, 3ff.

gefühl, bei ihnen gibt es Alimentation von demselben Brot und demselben Wein, so wie Geschwister von der Milch derselben Mutter genährt werden. Durch das Essen desselben Tieres wird man . . . gleichermaßen von dessen Geist beseelt. Die Christen erleben ihre Brüderlichkeit im Genuß von Fleisch und Blut desjenigen, der ihren Bund stiftete«.[26] Unterstützt wird diese integrative Funktion des gemeinsamen Mahles durch exkludierende Strategien, die andere von der Teilnahme ausschließen und auf diese Weise den Wert der Zugehörigkeit steigern.[27] Wie jeder Akt der Nahrungsaufnahme vitalisierende, aber auch therapierende Kraft übertragen soll[28], geht es erst recht im heiligen Essen um den Gewinn eines elementaren Lebens-Mittels.

Die religionsgeschichtliche Schule in Göttingen hat seit ihrem Aufkommen vor 100 Jahren die Vergleichbarkeit des christlichen Abendmahls mit außerchristlichen Parallelen postuliert. So führt W. Heitmüller als Belege die Menschenopfer der Inkas, die orgiastischen Feiern des thrakischen Dionysos-Kults, die Mithras-Liturgie und die Kamelopfer eines Beduinenstammes auf der Sinai-Halbinsel an.[29] Die anthropologische Basis für diese Vergleichbarkeit findet er in einem gemeinsamen religiösen Trieb. »Hier wie dort wirkt derselbe religiöse Trieb sich aus und sucht dasselbe religiöse Bedürfnis Befriedigung. Denn das ist der Sinn jener rohen und blutigen Ceremonieen, daß die Teilnehmer damit in die denkbar engste Verbindung mit der betr. Gottheit treten, daß sie eins mit ihr werden, daß sie ihr Leben in sich aufnehmen wollen. Das gleiche aber erstreben und erlangen ja auch die Gläubigen, die nach paulinischer Weise das Herrnmahl feiern: sie nehmen – in supranaturaler Weise freilich – den Christus in sich auf. Wie die βακχεύοντες des Dionysos ἔνθεοι werden, so die Teilnehmer am Herrenmahl ἐν Χριστῷ«.[30] Auch wer in dieser Hinsicht vorsichtiger formulieren möchte und statt von einem gemeinsamen Trieb lieber von einem vergleichbaren Verhalten redet, hält an der methodischen Voraussetzung fest, daß für das Verständnis des Abendmahls nicht nur genetische Abhängigkeiten, sondern auch strukturale Analogien bedeutsam sind.

Die religionsgeschichtliche Schule hat auf Grund ihrer geschichtsphilosophischen Voraussetzungen die Entwicklung des heiligen Essens als Fortschritt im Sinne der Humanisierung und der Spiritualisierung interpretiert. »Der Glaube, daß die Gottheit im Opfertier sich inkorporiere, läßt sich nur für sehr frühe Stufen der Entwicklung erkennen. An seine Stelle trat der andere, daß das Leben des Opfertieres mit der Gottheit verwandt sei. Und an

26 K. Messelken, A.a.O. 57.

27 A.a.O. 54f.

28 Vgl. K.E. Müller, Das magische Universum der Identität. Elementarformen sozialen Verhaltens – Ein ethnologischer Grundriß, Frankfurt 1987, 216f

29 W. Heitmüller, Taufe und Abendmahl bei Paulus. Darstellung und religionsgeschichtliche Bedeutung, Göttingen 1903, 40ff.

30 A.a.O. 42f.

Stelle des Gedankens, das Leben der Gottheit unmittelbar zu genießen, trat die Idee der innigen Gemeinschaft mit ihr vermöge der Teilnahme an gleicher Opferspeise. An Stelle des Blutgenusses trat das Blutsprengen. Und schließlich wurde das blutige Opfer durch eine unblutige gemeinsame Mahlzeit ersetzt«.[31] Umso verwirrender muß die Beobachtung wirken, daß ausgerechnet »auf der höchsten Entwicklungsstufe der Religion . . der primitive Gedanke, das Leben der Gottheit im Fleisch und Blute des Opfers unmittelbar zu genießen«[32], wieder auftaucht. Ja, man muß die Verwirrung noch steigern und darauf verweisen, daß im Abendmahl nicht Fleisch und Blut eines Tieres, sondern eines Menschen verspeist werden sollen. Auch wenn die Analyse des Agenden-Textes zeigen wird, daß deren Aussagen ein solches Verständnis abwehren wollen, darf an dieser Stelle ein Beispiel für archaische Praktiken des Kannibalismus nicht fehlen: »Auf der religiös-positiven Ebene soll alles dem Heil dienen. Häufen sich zum Beispiel in einem Bantu-Clan Inzest, Hexerei, Ungehorsam gegen den Häuptling, der als Inkarnation des Urahn gilt, und werden auch noch die Geister von den Lebenden vernachlässigt, dann kann es geschehen, daß die Ahnen zornig werden und Heuschrecken, Dürre oder Feinde auf ihre Nachkommen loslassen. Wo es so schlimm steht, hilft nur noch ein Menschenopfer. Früher wurde dazu der älteste Häuptlingsohn, der Kronprinz, ausersehen, später suchte man Ersatz für ihn. Das Opfer ist ein *Ritus*. Gesten und Worte sind wichtig, und man benötigt nur bestimmte Körperteile, etwa die Zungen- oder die Herzspitze, die Ohrläppchen oder die Fingerspitzen. Daraus machten die Priester eine ›Medizin‹, indem sie die Teile trockneten oder rösteten und sie dann mit Blut und Fett vermischten. Ein Teil der Medizin wurde aufbewahrt, alles andere wurde in Bier oder unter eine Speise gemischt und von allen getrunken oder gegessen. Wer sich weigerte, mußte ein Hexer sein oder auf alle Fälle jemand, der keine Vergebung suchte und darum auszustoßen war«.[33]

Auf dem Weg von der früh- zur spätzeitlichen Religion hat F. Bammel »Das heilige Mahl im Glauben der Völker« verfolgt. Je nach der Dominanz des zentralen Mahlanliegens unterscheidet er drei Typen:
»a) solche mit dominierend vitaler Intention und einem dementsprechend magischen Akzent,
b) solche mit einer Polarität vitaler und seelisch-geistiger Interessen, die dann auch in ihrer äußeren Gestaltung polar sind: magisch und rein religiös,
c) solche einer material wie formal vorherrschend soteriologischen Orientierung«.[34] Zu diesem dritten Typ gehören nach Bammel neben der christlichen Eucharistie der Mahlkult des Mithrazismus, die reformierten Attis-Serapis-

31 A.a.O. 45f.

32 A.a.O. 48f.

33 H.-J. Greschat, Essen und Trinken: Religionsphänomenologisch, in: M. Josuttis/G.M. Martin (Hg.), Das heilige Essen, a.a.O. 38.

34 F. Bammel, Das heilige Mahl im Glauben der Völker. Eine religionsphänomenologische Untersuchung, Gütersloh 1950, 166.

Helios-Bakchos-Mysterien sowie die Prasada-Feiern der hinduistischen Sekte der Kabir Panthi. Obwohl alle diese Kulte im Lauf der Zeit auch durch volksreligiöse Vorstellungen magisch-vitaler Art überformt worden sind, geht es ihnen im Kern um »das zeitliche und ewige Heil der Seele«.[35] Alle drei Typen basieren auf der Erfahrung, daß im Akt der Einverleibung Vereinigung stattfindet.

»Essen und Trinken war ursprünglich nicht nur leibliche Sättigung, physische Stärkung, sondern auch eine ›Zufuhr von orenda‹. So schon war es eine Art sakraler Akt. Das ist und wird die Nahrungsaufnahme erst recht, wenn diese elementarste Lebensbetätigung eine kultische Erhöhung erfährt, wenn sie gar zum Kultakt κατ᾽ ἐξοχήν wird, zur Erstkommunion der Speisesakramente . . . oder zum Opfermahl in des Wortes vieldeutigstem Sinne. Nichts, was da Mensch und Mensch mehr zusammenschließt, nichts auch, was Menschen und die von ihnen verehrten numina einander näherbringt, ihnen ihre Gunst mehr sichert, ihnen ihre Macht, ihr Leben und Wesen mehr zuführt denn eben die Einbeziehung dieser vitalen Funktion in den Kultus, den primitivsten und noch sublimiertesten. Die Leib-Seele-Einheit der menschlichen Existenz kommt da gerade am Phänomen des hl. Mahles zum Vorschein, sei's nun, daß es sich nur um eine hierophagische Tischgemeinschaft mit dem Gotte oder geradezu um eine theophagisch-konsubstantiierende Communio handelt. Für die eine wie die andere Art von Mahlgemeinschaft sind da gewisse Mahlbezeichnungen typische Ausdrucksformen für die dem hl. Mahl eigentümlichste Intention, daß nämlich zwecks Sicherung und Steigerung der eigenen Existenz ein Kontakt mit der höheren Macht und Kraft oder gar eine konsubstantiierende Aneignung derselben für nötig erachtet wird: Menschen genießen, was der Gott auch genießt, und werden so insbesondere wie einander so auch Gott vereinigt – und: der Mensch ißt und trinkt Gott, Gott geht in den Menschen, der Mensch in Gott ein«.[36]

Das heilige Essen ist also ein weltweit verbreitetes Medium religiöser Kommunikation, wie die Sprache, wie Ritualität allgemein. Angesichts der elementaren Bedeutung, die dem Akt der Nahrungsaufnahme für den Lebenserhalt jedes Einzelnen innewohnt, ist dieser Tatbestand nicht weiter verwunderlich. Wenn es der Religion um die Praxis der Lebensbewahrung geht, dann muß sie all jene Verhaltensabläufe besetzen, die ganz unmittelbar der Lebenssicherung dienen. Ebenso selbstverständlich ist, daß die konkrete Ausprägung des heiligen Essens vom Kontext der kulturellen und sozialen Verhältnisse, aber auch von der Eigenart der jeweiligen religiösen Tradition abhängig ist.

Einen sehr umfangreichen Vergleich mit den Mahlfeiern aus der urchristlichen Umwelt hat H.-J. Klauck durchgeführt. Theoxenie und Theophagie,

35 A.a.O. 173.
36 A.a.O. 165.

Opfermahl und Kommunionopfer, Bundesmahl und Totenmahl, Alltags-, Festmahl und Symposion scheiden für ihn aus unterschiedlichen Gründen als Vergleichsgrößen aus. Wie schon für die religionsgeschichtliche Schule bildet auch seiner Meinung nach das Mysterienmahl die nächstliegende Parallele. Folgende Aspekte sind in den Mysterien, aber auch beim Herrenmahl zu finden: »der Mahlritus ist vom Sättigungsmahl getrennt und zu einem reinen Kultakt stilisiert, er findet seine Begründung in einem Stiftungsakt, einem vorbildhaften Tun des Kultgotts, das im erzählenden Mythos aufbewahrt ist und das von Mysten imitierend nachvollzogen wird, der Initiand wird dadurch in das Leidensschicksal der Gottheit, das in den Mysterien in der kultischen Setzung erst seine eigentliche Realität gewinnt, einbezogen und gewinnt Anteil an ihrem unzerstörbaren Leben, es kommt eine Kommunio von Mensch und Gottheit zustande, die im Fall des dionysisch-orphischen Kults die Stufe der stoffgebundenen Theophagie erreicht. Nur hier liegt eine im religionswissenschaftlichen Sinn sakramentale Mahlkonzeption vor, die es in der Umwelt so nicht mehr gibt«.[37] Auf der anderen Seite darf man nach Klauck aber auch die grundlegenden Unterschiede nicht übersehen: »Das Mysterienmahl ist an die einmalige Initiation oder an einen jahreszeitlichen Rhythmus gebunden, das Herrenmahl wird wiederholt begangen (wenigstens wöchentlich) und nimmt eine zentrale Stellung ein. An die Stelle der Arkandisziplin tritt der Öffentlichkeitscharakter. Der individuell vereinzelnden Ausrichtung der Einweihung steht das Gemeindeleben und das Kriterium der Bruderschaft gegenüber. Die ethisch-soziale Verpflichtung, die sich für Paulus aus der Mahlfeier ergibt, ist in den Mysterien nicht schlechthin inexistent, steht aber noch nicht derart im Mittelpunkt. Die entscheidende Differenz aber liegt im Zeitverständnis, insofern die Kulterzählung des Herrenmahls nicht in die zeitlos-mythische Vergangenheit zurückgreift, sondern – traditionsgeschichtlich gesehen mit einigem Recht – auf ein Ereignis, das erst eine Anzahl von Jahren zurückliegt. Auch die Zukunftserwartung ist verschieden. Von den Mysterien erwartet man z.B. Befreiung von der versklavenden Macht des Schicksals in diesem Leben und ein besseres Los im Jenseits (entsprechend ist die hellenistische Mahlmetaphorik ausgerichtet), das Herrenmahl blickt auf die eschatologische Neuschöpfung voraus«.[38]

Im Essen erfolgt die alltägliche Reproduktion des Lebens. Weil sich bei diesem Stoffwechsel die basale Vergesellschaftung der Natur vollzieht, ist die Nahrungsaufnahme beim Menschen nicht nur ein biologischer, sondern immer auch ein sozialer und symbolischer Akt. Frühe Erfahrungen von Zuwendung und Geborgenheit, von Vereinigung und Vernichtung werden beim Essen reaktiviert. Vorstellungen von Kraftübertragung und Kraftaneignung

37 H.-J. Klauck, Herrenmahl und hellenistischer Kult. Eine religionsgeschichtliche Untersuchung zum ersten Korintherbrief, Münster 1982, 367f.
38 A.a.O. 368.

fließen ein. Aber auch Mangelsituationen, die zum innerfamilialen und innerartlichen Kampf um die Nahrung führen, spielen beim Erleben und beim Vollzug des Essens eine Rolle.[39] Was man mit den Händen ergreift und mit den Zähnen zerbeißt, ist immer auch ein Stück eroberter Welt. Deshalb erfüllt der Akt des Essens nicht nur notwendige biologische und soziale Funktionen. Vielmehr erschließen sich in diesem Verhalten immer auch die Strukturen einer gestalteten Wirklichkeit und die Kraft des gegebenen Lebens. Wenn man beim profanen Essen das alltägliche Brot inkorporiert, das in begrenzter Weise für die Erhaltung des Lebens sorgt, so wird beim heiligen Essen jenes Brot einverleibt, »das die Unsterblichkeitsarznei ist, das Gegengift, das den Tod verhindert, aber zum Leben in Jesus Christus für immerdar führt«.[40]

39 Wie die soziale Schichtung der korinthischen Gemeinde Störungen bei der Feier des Herrenmahls ausgelöst hat, zeigt G. Theißen, Soziale Integration und sakramentales Handeln. Eine Analyse von 1. Cor. XI 17-34, in: Studien zur Soziologie des Urchristentums, WUNT 19, 2. Auflage, Tübingen 1983, 290ff.

40 Ignatius an die Epheser, 20,2; zitiert nach W.R. Schoedel, Die Briefe des Ignatius von Antiochien. Ein Kommentar, München 1990, 171. In seiner Einleitung betont Schoedel die doppelte Bedeutung der Eucharistie für den Kirchenvater: »a) als Träger einer heiligen Macht (wie man sie auch immer beschreiben mag), die Unsterblichkeit verleiht, und b) als ein Zeichen unschätzbarer Bedeutung für konkrete Werke der Liebe und des Gehorsams in der Gemeinde« (57). Vgl. auch L. Wehr, Arznei der Unsterblichkeit. Die Eucharistie bei Ignatius von Antiochien und im Johannesevangelium, Münster 1987, bes. 178ff.

II.

Das heilige Essen ist in der Regel Teil einer umfassenden Handlungssequenz. Verstehens- und verhaltensmäßig gehört es in den Zusammenhang eines Opfers und ist deshalb mit Akten und mit Ideen des Tauschs und des Tötens verbunden. Beim Mittagsmahl wird meistens verdrängt, daß die Erhaltung des eigenen Lebens nur um den Preis der Tötung anderen Lebens möglich ist. Und allenfalls im scherzhaften Streit, wer wen ins Restaurant eingeladen hat und infolgedessen das Menu bezahlen darf, treten die Tauschprobleme des Essens ans Licht. Beim Abendmahl sind diese konstitutiven Begleitaspekte sehr viel deutlicher ins Bewußtsein gerückt. Deshalb bildet die Frage, was das christliche Kultmahl mit der allgemeinen Opferpraxis zu tun hat und in welchem Verhältnis die Teilhandlungen des Tötens, des Tauschens und des Essens dabei zueinander stehen, einen zentralen Streitpunkt der Dogmengeschichte. Binnentheologisch gilt: Wer das Abendmahl verstehen will, muß dessen Opferimplikationen angemessen bestimmen. Und von jeder ernsthaften Religionstheorie ist gefordert, daß sie die Logik dieser unheimlichen Handlungssequenz mit einleuchtenden Gründen auf jeden Fall freizulegen, eventuell sogar zu kritisieren[41] hat.

Soziologie und Ethnologie, Tiefenpsychologie und Anthropologie haben das Rätsel menschlicher Opferpraxis auf vielfältige Weise zu lösen versucht. Um eine Möglichkeit zu gewinnen, wenigstens einige Grundlinien der verwirrenden Diskussion nachzuzeichnen, orientieren wir uns an der Bedeutung, die dem Akt des Tötens in der jeweiligen Opfertheorie zugewiesen wird. Die Vernichtung von Leben gilt nämlich entweder als Anlaß oder als Methode der Opferhandlung und kulminiert in dem Ziel der Lebenserhaltung. Weil auch dem Abendmahl eine Tötung zugrunde liegt, bleiben andere Formen der kultischen Lebenszerstörung wie das Verbrennen[42] oder das Vergießen hier außer Betracht. Auch die ökonomischen Aspekte des Opfers, die nach M. Mauss unter der Alternative Gabentausch oder Warentausch[43] diskutiert werden müßten, können hier nur am Rand angedeutet werden.

Aggression gegen Tiere

Bei der Erörterung der olympischen Opferpraxis geht der Altphilologe K. Meuli von einem erstaunlichen Tatbestand aus; danach »pflegten die Grie-

41 Vgl. vor allem M. Horkheimer/Th.W. Adorno, Dialektik der Aufklärung. Philosophische Fragmente, Frankfurt 1969, 46ff.

42 Dazu vgl. jetzt W. Zwickel, Räucherkult und Räuchergeräte, Freiburg/Göttingen 1990.

43 Vgl. die Andeutungen bei M. Mauss, Die Gabe. Form und Funktion des Austauschs in archaischen Gesellschaften, in: Soziologie und Anthropologie II, Frank-

chen das Opfertier so zu teilen, daß den Menschen alles Eßbare, den Göttern aber nur Knochen, Galle und einiges wenige andere zufiel«.[44] Die gängigen Versuche, diesen Vorgang im Rahmen einer Götterspeisung oder als chthonisches Vernichtungsopfer zu interpretieren, werden seiner Meinung nach den spezifischen Verhaltensmodalitäten nicht gerecht. Die nächstliegenden Analogien findet er »im Schlacht- und Opferritus asiatischer Hirtenvölker; dieser Ritus selbst wiederum geht auf jägerischen Brauch zurück«, was alles die These begründet, »daß das olympische Opfer nichts anderes sei als ein rituelles Schlachten«.[45] Vorausgesetzt ist ein intensives kreatürliches Solidaritätsgefühl, wie es die Menschen der Frühzeit gegenüber den Tieren empfunden haben. Deshalb wird in der Jägerkultur das Fest, bei dem das erbeutete Tier, etwa ein Bär, verspeist wird, häufig als Bestattungsvorgang inszeniert. Es gewinnt dadurch »sehr oft einen seltsam zwiespältigen Charakter. In die natürliche Freude mischt sich in wunderlicher Weise zeremonielle Ehrfurcht vor dem anwesenden, alles hörenden und sehenden Tier und demonstrative, zeremonielle Trauer um seinen Tod. Denn es nimmt natürlich am Feste teil. Kopf und Fell des Bären – bei seinem Fest ist alles am reichsten entwickelt – werden auf einen Ehrensitz getan. Da und dort bietet das Fest vorwiegend den Anblick ehrerbietiger Bewillkommung eines hohen Gastes, den man mit Bewirtung, Geschenken und Unterhaltung zu erfreuen sucht; sehr häufig aber hat es den Charakter eines Totenfestes wie für einen verstorbenen Stammesgenossen mit darauf folgender, feierlicher Bestattung«.[46] Auch andere Einzelheiten im Verhaltensablauf sprechen dafür, daß es in der Opferpraxis um die Bearbeitung der Aggressionsproblematik geht: »Der Jäger behandelt das Tier als seinesgleichen, bewirtet, versöhnt, bestattet es; er schützt sich vor seiner Rache, indem er ihm seine Waffen, Klauen und Zähne, wegnimmt und es seiner Sinnesorgane, der Augen, Ohren, Nase, Zunge, beraubt; er sucht sich sein Wohlwollen zu gewinnen, indem er andere als Mörder vorschiebt und sich selbst als Rächer und Freund aufspielt; er tut alles, um dem Tier ein neues Leben zu sichern, gibt ihm zurück, was es dafür braucht, und sucht es zu wohlgesinnter Rückkehr zu veranlassen. Daß er es grausam verstümmelt und dann doch angstvoll abwehrt, das sind Widersprüche, die auch bei der Behandlung toter Angehöriger überall und immer zum Ausdruck kommen, Widersprüche, die tief in der menschlichen Natur verwurzelt sind«.[47] Nach Meuli verfolgen diese Handlungen also ein doppeltes Ziel, indem sie teils

furt 1978, 32ff; die Alternative zwischen Gaben- und Warentausch ist ausführlich entwickelt bei R.W. Müller, Geld und Geist. Zur Entstehungsgeschichte von Identitätsbewußtsein und Rationalität seit der Antike, 2. Auflage, Frankfurt 1981.

44 K. Meuli, Griechische Opferbräuche, in: Phyllobolia. Festschrift P. von der Mühll, Basel 1946, 187.

45 A.a.O. 223.

46 A.a.O. 230f.

47 A.a.O. 248.

dem Ausdruck der der eigenen Aggressivität geltenden Schuldgefühle, teils der Revitalisierung des getöteten Aggressionsobjekts dienen. Ursprünglich war demnach der Götterteil in der olympischen Opferpraxis »keine Gabe, sondern das, was dem Tier zurückgegeben werden mußte, damit es lebe«.[48] Dieses archaische Handlungsmuster, das sich dem Aufkommen der Jägerkultur verdankt, wurde auch beibehalten, als sich neue religiöse Vorstellungen über eine Götterwelt etabliert hatten, und wirkt nach Meuli weiter bis in die Jagdbräuche der Gegenwart.[49] Die Opferpraxis, wie sie weltweit geübt wird, geht also, wenn man der Spur des olympischen Opfers folgt, auf die Anfänge der Menschwerdung in der Jägerkultur zurück und verdankt sich im doppelten Sinn dem Lebenswillen der Menschheit: »Zugrunde liegt die Angst um die Zukunft des Lebens angesichts des Faktums des Todes: die blutige ›Tat‹ war lebensnotwendig, doch nicht minder notwendig ist, daß neues Leben wiederum entsteht. So ist das Sammeln der Knochen, das Erhöhen des Schädels, das Ausspannen der Haut zu verstehen als Versuch einer Restitution, einer ›Auferstehung‹ im handfesten Sinn«.[50] Merkwürdig bleibt freilich, daß die Sühne für diese urtümliche Untat im religiösen Ritual durch eine neue Schlachtung[51], durch eine Wiederholung der Untat also, vollzogen wird.

Aggression in der Gemeinschaft

Nicht die externe Aggressivität gegen Tiere, sondern die interne Gewalt von Angehörigen einer Sozialität untereinander bildet für R. Girard den eigentlichen Handlungsnerv der Opferpraxis. Sie bearbeitet einen Konflikt, der jede Gesellschaft von Grund auf bedroht, weil der Kampf aller gegen alle ins Chaos führt. Sofern die innerartliche Aggressionshemmung beim Menschen ausgefallen ist, bedarf es hier eines anderen Verhaltensregulativs. »Tiere der gleichen Gattung kämpfen nie bis zum Tod; der Sieger verschont das Opfer. Die Spezies Mensch entbehrt dieses Schutzes. An die Stelle des individuellen, biologischen Mechanismus tritt der kollektive, kulturelle Mechanismus des versöhnenden Opfers. Es gibt keine Gesellschaft ohne Religion, weil ohne Religion keine Gesellschaft möglich wäre«.[52] Das Modell, an dem sich dieser verborgene Sinn des Opfers am deutlichsten aufschließt, ist nach Gi-

48 A.a.O. 282.

49 A.a.O. 273ff.

50 W. Burkert, Homo Necans. Interpretationen altgriechischer Opferriten und Mythen, Berlin 1972, 24.

51 Auf den ersten Blick einleuchtender, aber im Kern rationalistisch will A.D. Jensen, Die getötete Gottheit. Weltbild einer frühen Kultur, Stuttgart 1966, den Opferkult von dem weltweit verbreiteten mythischen Grundgedanken aus interpretieren, »daß eine Gottheit stirbt, damit die Nutzpflanzen entstehen« (137).

52 R. Girard, Das Heilige und die Gewalt, Zürich 1987, 320f.

rard das Sündenbock-Ritual, das in den verschiedensten Kulturen vollzogen wird.[53] »Eine Gemeinschaft, die in Gewalt verstrickt ist oder vom Unheil bedrängt wird, dem sie nicht Herr werden kann, stürzt sich oft blindlings in die Jagd auf den ›Sündenbock‹. Instinktiv wird nach einem rasch wirkenden gewalttätigen Mittel gegen die unerträgliche Gewalt gesucht. Die Menschen wollen sich davon überzeugen, daß ihr Unglück von einem einzigen Verantwortlichen kommt, dessen man sich leicht entledigen kann«.[54] Im gemeinsamen Lynchmord findet das destruktive Aggressionspotential nicht nur eine Abfuhrmöglichkeit, sondern auch ein Objekt, das durch seine Passion die von der Gewalt bedrohte Gemeinschaft wieder vereint. Was in gesellschaftlichen Krisenzeiten spontan und eruptiv aufbricht, ist in den kultischen Handlungen rituell gestaltet. Deshalb besteht die Einheit aller Riten im versöhnenden Opfer: »Der Mechanismus des versöhnenden Opfers ist in zweifacher Hinsicht heilbringend; er erzeugt Einmütigkeit und bringt so die Gewalt, wo immer sie sich bemerkbar macht, zum Schweigen; er hindert die Angehörigen daran, einander zu bekämpfen, und er verhindert, daß die Wahrheit des Menschen an den Tag tritt; er nimmt sie aus dem Bereich des Menschlichen heraus, versetzt sie ins Außerhalb des Menschen und macht aus ihr eine unverständliche Gottheit«.[55] Deshalb hat alle Religion einen ihr selbst verborgenen Kern: »Die Religion hat in der Tat immer nur ein Ziel: sie will den Rückfall in die gegenseitige Gewalt verhindern.«[56] Und deshalb ist eine Gesellschaft, die wie die Moderne zur direkten Opferpraxis unfähig ist, von Grund auf gefährdet. Allein die neutestamentliche Botschaft kann auf die Deifizierung der Gewalt-Macht verzichten[57], weil sie einen gewaltlosen Gott verkündigt, und allein sie kann die Menschheit von jenem Verhängnis befreien, das sie in die Selbstvernichtung zu treiben scheint.

Die handlungsauslösende Kraft im Opferverhalten ist für die beiden Konzepte, die wir bisher vorgestellt haben, die Aggressivität. Ob sie außer- oder innerartlich agiert wird, in jedem Fall muß sie durch die Religion bearbeitet werden. Als Motivation gilt entweder ein Schuldbewußtsein, das das getötete Jagdobjekt wieder restituieren möchte, oder ein Bedürfnis nach Sicherung bzw. Wiederherstellung von sozialen Strukturen. Das bei Meuli nicht geklärte Problem, wieso die Sühnehandlung für die Tötung von Tieren das zu sühnende Handeln faktisch wiederholt, wird von Girard mindestens in einer Hinsicht gelöst. Im Sündenbock-Mechanismus wird das bedrohliche Poten-

53 Zur theologischen Bedeutung seiner entsprechenden Veröffentlichungen vgl. R. Schwager, Brauchen wir einen Sündenbock? Gewalt und Erlösung in den biblischen Schriften, München 1978.

54 R. Girard, a.a.O. 121.

55 A.a.O. 405.

56 A.a.O. 86.

57 Vgl. R. Girard, Das Ende der Gewalt. Analyse des Menschheitsverhängnisses, Freiburg 1983, 144ff.

tial der Aggressivität durch die Fixierung auf ein Einzelobjekt kanalisiert, und so bleibt hier die Frage nach jener Kraft, die in der Menschheitsgeschichte zur Entwicklung des Mechanismus des versöhnenden Opfers geführt hat – offensichtlich kann eine solche Fähigkeit zur Regulation von Gewalt nicht aus der Aggressivität selber stammen. Angesichts der Dominanz des Sündenbock-Rituals im Konzept von Girard ist verständlich, daß für sein Opferverständnis die Inkorporation des Opferobjekts durch den Akt des Essens überhaupt keine Rolle spielt.

Verschwendung

Nicht in politischen, sondern in ökonomischen Kategorien hat G. Bataille die Relevanz des Opferverhaltens für den Bestand der Gesellschaft erfassen wollen. Er zählt das Opfer zu jenen Formen der Konsumtion, die nicht einfach der Reproduktion von Arbeits- und Lebenskraft dienen und deshalb mit dem Begriff der »Verausgabung« (Verschwendung) zu bezeichnen sind. Dieser zweite Bereich der Konsumtion umfaßt »die sogenannten unproduktiven Ausgaben: Luxus, Trauerzeremonien, Kriege, Kulte, die Errichtung von Prachtbauten, Spiele, Theater, Künste, die perverse (d.h. von der Genitalität losgelöste) Sexualität stellen ebenso viele Tätigkeiten dar, die, zumindest ursprünglich, ihren Zweck in sich selbst haben«.[58] Das Prinzip des Verlusts, das hier wirksam wird, widerspricht zwar den Rationalitätskriterien neuzeitlicher Zahlungsbilanzen, konstituiert aber zugleich einen »Überschuß, der aus der Masse des nützlichen Reichtums gezogen wird«.[59] Auf der einen Seite erfolgt so die Aufhebung der Verdinglichung, die zum utilitaristischen Umgang des Menschen mit seiner Umwelt unvermeidlich gehört. »Das Opfer gibt der heiligen Welt zurück, was der dienstbare Gebrauch degradiert, profaniert hat. Der dienstbare Gebrauch hat ein Ding (ein Objekt) aus dem gemacht, was zutiefst von gleicher Art ist wie das Subjekt, was sich mit dem Subjekt in einer Beziehung intimer Partizipation befindet. ... Sie müssen nur als Dinge zerstört werden, d.h. sofern sie Dinge geworden sind«.[60] Gleichzeitig aber ist der Mensch, indem er die Verdinglichung zu überholen trachtet, »auf der Suche nach der verlorenen Intimität«.[61] Dieses Stichwort hat bei Bataille eine spezifische Färbung: »Die intime Welt verhält sich zur realen wie das Unmaß zum Maß, wie der Wahnsinn zur Vernunft, wie der Rausch zur Klarheit. Maß gibt es nur in bezug aufs Objekt, Vernunft nur in der Identität des Objekts mit sich selbst, Klarheit nur in der genauen Kenntnis der Objekte. Die Welt des Subjekts ist die Nacht: die erregende, un-

58 G. Bataille, Der Begriff der Verausgabung, in: Das theoretische Werk 1, München 1975, 12.
59 G. Bataille, Der verfemte Teil, in: Das theoretische Werk 1, München 1975, 90.
60 A.a.O. 86.
61 A.a.O. 88.

endlich suspekte Nacht, die, wenn die Vernunft schläft, Ungeheuer hervorbringt«.[62] Gegenüber kapitalistischer Kalkulation und sozialistischer Planung insistiert er darauf, daß humane Ökonomie, wie er sie in Gestalt des Potlatsch findet, in der Verausgabung, der Zerstörung, ja der sofortigen Verzehrung besteht: »das Subjekt ist Verzehrung, soweit es nicht der Arbeit unterworfen ist. Wenn ich mich nicht mehr kümmere um das, was sein wird, sondern nur noch um das, was ist, warum sollte ich dann irgend etwas zurückhalten? Ich kann auf der Stelle, ohne jede Ordnung, die Gesamtheit der Güter, über die ich verfüge, verzehren. Diese nutzlose Verzehrung ist das, was mir gefällt, sobald die Sorge um den nächsten Tag nicht mehr besteht. Und wenn ich so ohne jedes Maß verzehre, offenbare ich meinesgleichen, was ich intimerweise bin: die Verzehrung ist der Weg, auf dem die getrennten Wesen miteinander kommunizieren«.[63] Auch für Bataille droht, wie in anderer Weise bei Girard, der gesellschaftliche Kollaps, wenn die Praxis der Verausgabung unter dem Diktat des Wachstumsgesetzes nicht mehr realisiert werden kann. Weltkriege, Holocaust, Hungerkatastrophen sind »Verschwendungsorgien«[64] allergrößten Ausmaßes, unvermeidlich, wenn die Tendenz zur Verdinglichung nicht begrenzt wird und die rituelle Ausgestaltung des Gabentauschs nicht mehr gelingt.

Sühne

In den bisher präsentierten Konzepten ist das Opferverhalten als Methode verstanden, um das psychische, das politische und das ökonomische Gleichgewicht in einer Menschengemeinschaft zu stabilisieren. Auch die theologische Interpretation, die das Opfer im religiösen Horizont auslegt, sieht es als kultisch ausgestaltete Methode, als »Weg zum Heiligen«, als »Zugang zu Gott«.[65] Exegetisch hat diesen Gesichtspunkt H. Gese am Beispiel der priesterschriftlichen Sühnopfertheologie ausgeführt. Konkret vollzieht sich die Sühne in der Handauflegung, in der der Opferherr das Opfertier am Kopf berührt, und in Blutzeremonien, bei denen das Blut des geschlachteten Tieres auf den Altar, manchmal auch auf Körperteile des Opfernden gesprengt wird. Gegen eine Interpretation, die vor allem mit Lev. 16,21f argumentiert, drückt nach Geses Meinung der Gestus der Handauflegung »eine Subjektübertragung, aber keine Objektabladung aus«[66]; die Handauflegung hat also

62 Ebd.
63 A.a.O. 89.
64 A.a.O. 64. Von anderen theoretischen Voraussetzungen her interpretiert L. deMause, Reagans Amerika – ein psychohistorische Studie, 2. Auflage, Frankfurt 1987, 76ff, ökonomische Prozesse mit Hilfe des Opferbegriffs.
65 H. Gese, Die Sühne, in: Zur biblischen Theologie. Alttestamentliche Vorträge, BEvTh 78, München 1977, 99.
66 A.a.O. 97.

identifikatorischen Sinn.[67] Entsprechend sind auch die Blutriten zu verstehen. Hier wird »durch die Bluthingabe des Opfertieres eine Lebenshingabe des Opferherrn zeichenhaft vollzogen. Für den kultischen Sühnakt ist es nun entscheidend, daß diese Lebenshingabe nicht eine ins Nichts, eine bloße Tötung, sondern eine Lebenshingabe an das Heilige ist, gleichsam eine durch den Blutkontakt zum Ausdruck gebrachte Inkorporation in das Heilige«.[68] Der Sühneritus ist für Gese deshalb im Kern eine Selbstopferung: »er ist der Weg zum Heiligen, der nur durch unseren Tod hindurchführen kann«.[69]

Aggression im Jagdverhalten gegenüber den Tieren, Aggression als drohendes Gewaltpotential in der Gesellschaft, das waren bisher auslösende Faktoren für die Opferpraxis. Und die aggressive Komponente im methodischen Vollzug dieser Praxis bestand entweder darin, daß man Aggressivität kanalisiert und konzentriert auf ein Einzelobjekt, oder darin, daß man sie ins Rauschhafte steigert in den exzessiven Vernichtungsorgien von Potlatsch und Krieg. Die identifikatorischen Gesten beim Opferverhalten signalisieren aber, wenn man der Interpretation von Gese folgt, noch einen anderen Zusammenhang. Der Aggressivität als Fehlverhalten kann und muß Aggressivität im Sühneverhalten korrespondieren, weil und insofern Menschen im Wirkungsbereich des Vergeltungsgesetzes, des Tun-Ergehen-Zusammenhangs existieren. Die stellvertretende Exekution dieses Gesetzes an einem Menschen ist in Israel angesichts der Heiligkeit des menschlichen Lebens nicht möglich. Vorsätzliches Blutvergießen muß durch Blutvergießen beantwortet werden (Ex. 21,12; Lev. 24, 14; Nu. 35, 16-21). Aber auch in Israel erfüllt die Opferpraxis politische und ökonomische Funktionen, indem der Kompromiß der Stellvertretung durch das Opfer von Tieren gleichzeitig die Durchführung von Bestrafung, aber auch den Erhalt der Gesellschaft und die Versorgung von Gruppen erlaubt, die wie Priester und Leviten nicht direkt produktiv tätig sind. Auch im Blick auf das Gottesverhältnis ermöglicht das Tieropfer eine Beziehung, in der sowohl die eigene Schuldhaftigkeit anerkannt, aber auch die Annäherung an das Heilige gewagt werden kann. Das Opferverhalten wäre demnach als Kompromiß zu interpretieren zwischen einem Schuldbewußtsein, das sich selbst für todeswürdig erklärt, und

67 Vgl. B. Janowski, Sühne als Heilsgeschehen. Studien zur Sühnetheologie der Priesterschrift und zur Wurzel KPR im Alten Orient und im Alten Testament, WMANT 55, Neukirchen 1982, 220: »Weil der Opfernde durch das Aufstemmen seiner Hand auf das Opfertier an dessen Tod realiter partizipiert, indem er sich durch diesen symbolischen Gestus mit dem sterbenden Tier identifiziert, geht es im Tod des Opfertieres weder um dessen auf die satisfactio vicaria des Sünders zielende Straftötung noch um die Beseitigung oder Vernichtung des Tieres als eines Sündenträgers, sondern um den eigenen, von dem sterbenden Opfertier stellvertretend übernommenen Tod des Sünders«.

68 H. Gese, a.a.O. 98.

69 A.a.O. 99.

einem Lebenswillen, der der drohenden, sachlich gebotenen Verurteilung zu entgehen trachtet. Die objektive Fundierung der Kompromißlösung hat jener Heilswille des Bundesgottes eröffnet, der die Opferpraxis gestiftet und damit die Kommunikation zwischen seiner Heiligkeit und der Unreinheit, dem Ungehorsam des Volkes ermöglicht hat.

Die bisherigen Überlegungen basierten auf der hermeneutischen Hypothese: Man kann das Abendmahl nicht verstehen, wenn man den Tötungsakt im Opferverhalten nicht hinreichend beachtet. Diese Hypothese ist auch in ihrer Umkehrung zur Geltung zu bringen: Man kann den Vernichtungsvorgang des Opfers nicht interpretieren, ohne zu berücksichtigen, daß in vielen Fällen das Opferobjekt sanktifiziert und inkorporiert wird. Zunächst gibt es auch im Alten Testament Belege für die Vorstellung, »daß Jahwe durch die Opfergaben realiter gespeist werde«; G. von Rad verweist auf Lev. 21,6,8,17; 22,25; 1. Sam. 21,7; Ex. 25,30.[70] Ähnlich gelagert ist die Vorstellung, daß Jahwe solche Opfergaben gern per Inhalation konsumiert (Gen. 8,21; 1. Sam. 26,19). Das alles sind Hinweise darauf, daß das Opfergeschehen zu einem Bundesmahl ausgestaltet sein kann, an dem Israel und sein Gott in gleicher Weise partizipieren. Wirklich brisant aber sind solche Anschauungen, nach denen im sakralen Geschehen die Gottheit selbst getötet und auch verspeist wird. Th. Reik wollte Spuren einer solchen Vorstellung in jenen Texten entdecken, die von Jahwes tonaler Epiphanie im Widderhornschall (Ex. 19,5, 13) und am Hörnerschmuck der Gottesmänner (Ex. 34,29 (LXX) Mose; 1. Kö. 22,11 Zedekia) berichten.[71] Jahwe wäre demnach auch im frühen Israel als Stier oder Widder verehrt, und auch der »Altar, der Widderhörner trägt, ist also ursprünglich wirklich mit dem Widder, dem alten Totemgott, identifiziert worden«.[72]

Totemismus

Damit ist ein Stichwort gefallen, das in der Diskussion der verschiedensten Disziplinen immer umstritten geblieben ist[73], obwohl und gerade weil es die unterschiedlichen Aspekte des Opfergeschehens am ehesten zu integrieren vermag. Das Opfer wäre demnach zentraler Bestandteil des Totemismus. In seiner religionswissenschaftlichen Urfassung meint der Begriff ein System von Vorstellungs- und Verhaltensmustern, in dessen Zentrum ein heiliges Tier, eine heilige Pflanze steht, mit der sich der Clan oder der Einzelne identifiziert. Die Heiligkeit des Totems wird faßbar in Tötungs-, Berührungs- und

70 G. von Rad, Theologie des Alten Testaments I, München 1957, 253 Anm. 152.

71 Vgl. Th. Reik, Das Ritual. Psychoanalytische Studien, 2. Auflage, Leipzig 1928, 224ff.

72 A.a.O. 328f.

73 Vgl. den ersten Satz bei C. Lévi-Strauss, Das Ende des Totemismus, 5. Auflage, Frankfurt 1981, 7: »Mit dem Totemismus verhält es sich ganz wie mit der Hysterie«.

Eßverboten, die nur zu den großen Festen aufgehoben werden. Dann freilich kommt es zu einer intensiven Vereinigung mit dem Totem, dessen Namen man trägt. Man bestreicht sich mit dem Blut des Tieres, man reibt sich mit der heilenden Pflanze ein, man verspeist den tierischen oder pflanzlichen Stoff. Der Zweck besteht in der Restitution von Lebenskraft. So jedenfalls hat es E. Durkheim erklärt: »Jedes Mitglied eines Totemklans trägt in sich eine Art mystischer Substanz, die den Hauptteil seines Wesens ausmacht: denn aus ihr ist seine Seele gemacht. Von ihr kommen die Kräfte, die er sich zuschreibt, und seine soziale Rolle: durch sie ist er eine Person. Er hat also ein vitales Interesse daran, sie intakt und, soweit das möglich ist, in einem Zustand der ewigen Jugend zu erhalten. Unglücklicherweise verbrauchen sich alle, selbst die geistigen Kräfte im Verlauf der Zeit, wenn ihnen nichts die Energie ersetzt, die sie durch den natürlichen Lauf der Dinge verlieren. Es besteht hier eine Urnotwendigkeit, die . . . der Urgrund des positiven Kultes ist. Die Leute eines Totem können nicht sie selbst bleiben, wenn sie nicht periodisch das Totemprinzip erneuern, das in ihnen lebt«.[74]

S. Freud hat die Totemtheorie in der Fassung von W. Robertson Smith aufgegriffen: »Das Opfertier wurde behandelt wie ein Stammverwandter, die opfernde Gemeinde, ihr Gott und das Opfertier waren eines Blutes, Mitglieder eines Clan«.[75] Und er hat auch die Zielbestimmung der Religionswissenschaftler übernommen: »In ältesten Zeiten war das Opfertier selbst heilig, sein Leben unverletzlich gewesen; es konnte nur unter der Teilnahme und Mitschuld des ganzen Stammes und in Gegenwart des Gottes genommen werden, um die heilige Substanz zu liefern, durch deren Genuß die Clangenossen sich ihrer stofflichen Identität untereinander und mit der Gottheit versicherten. Das Opfer war ein Sakrament, das Opfertier selbst ein Stammesgenosse. Es war in Wirklichkeit das alte Totemtier, der primitive Gott selbst, durch dessen Tötung und Verzehrung die Clangenossen ihre Gottähnlichkeit auffrischten und versicherten«.[76] Von seinen klinischen Erfahrungen her, die ihn in vielen Tierphobien die Vatergestalt wahrnehmen lehrten, hat er dann freilich die Grundstruktur des totemistischen Systems im Rahmen des Ödipus-Konflikts interpretiert und schließlich in jeder Opferhandlung die Wiederholung des Vatermordes in der Urhorde feststellen wollen. Alle Varianten der Opfergeschichte, die Freud skizziert, also Tieropfer, Menschenopfer und Sohnesopfer, symbolisch dargestellt in der Eucharistie, sind für ihn elementar vom Vaterkonflikt determiniert. Auch hier dient das Opfer des Sohnes der Sühne, und zwar der Sühne für die reale oder phantasierte Ermordung des Vaters. Aber der Tötungswunsch ist so mächtig, daß er

74 E. Durkheim, Die elementaren Formen des religiösen Lebens, Frankfurt 1981, 456.
75 S. Freud, Totem und Tabu. Einige Übereinstimmungen im Seelenleben der Wilden und der Neurotiker (1912-13), Studienausgabe IX, Frankfurt 1982, 421.
76 A.a.O. 422f.

auch den Vollzug der Wiedergutmachung wirksam bestimmt. Das Opfer ist Selbsthingabe des Sohnes als Sühne für Aggressivität und Sexualität, die in der ödipalen Ur-Konstellation auf Vater und Mutter gerichtet sind. Das Opfer zielt auf Bemächtigung, weil es um die Inkorporation göttlicher Lebenskraft geht. Und das Opfer schafft Einheit, weil sich die rebellischen Brüder im Akt der Sühne durch das gemeinsame Essen substanzhaft identifizieren.

Auch Freuds Opfertheorie ist also durch jene Spannung charakterisiert, derzufolge die menschliche Aggressivität sowohl Anlaß als auch Methode der Opferpraxis bildet. Seine Lösung besteht nicht darin, daß das Gewaltpotential der Gesellschaft sich auf den Sündenbock konzentriert oder als konsumtive Verschwendung sich in der Vernichtung von Gütern orgiastisch manifestiert oder in religiösen Reinigungs- und Sühneaktionen legitim exekutiert wird. Die Spannung zwischen Anlaß und Methode im Tötungsvorgang des Opfers ist für Freud durch die Ambivalenz bestimmt, die in der Beziehung zwischen Vater und Sohn unvermeidlich gegeben ist und in der schillernden Verschränkung zwischen Vater und Sohn in den Opferanschauungen permanent auftaucht. Nicht zufällig ist in der christlichen Dogmengeschichte immer wieder darüber gestritten worden, wer wem am Kreuz Jesu ein Opfer bringt und wie dieses Opfer zwischen Vater und Sohn der Gemeinde der Brüder und Schwestern zugute kommt.

Wenn durch die Reformatoren das Opfergeschehen auf das historische Ereignis der Kreuzigung Jesu beschränkt wird, dann hat es für diese Entscheidung gute theologische Gründe gegeben. Aber angesichts der weltweiten Verbreitung von Opferpraxis muß sich die Theologie bewußt machen, welche gesellschaftlichen Implikationen eine solche Entscheidung möglicherweise enthält. Die Überwindung des Opfergesetzes kann, wie S. Freud noch gemeint hat, ein Akt der Befreiung sein, wenn der Wiederholungszwang im Verhaltenszirkel von Schuld und Sühne, Sühne und Schuld unterbrochen wird. Der Weg zu Gott kann durch das einmalige Opfer des einen Sohnes so offen sein, daß man im Sakrament, ohne selber sterben zu müssen, die Vereinigung mit dem Heiligen überlebt. Es kann aber auch die Gegenmacht des Mammon die Opferhandlung verdorben haben, indem sie den Vorgang von Gabentausch durch die universale Gültigkeit des Prinzips von Warentausch deformiert hat. Dann aber wäre aus der vorgeblichen Befreiung der Ausdruck einer grundsätzlichen Unfähigkeit geworden, die katastrophische Konsequenzen hat. Die Menschheit unter der Macht einer Ökonomie, die objektiv keine Opfer erlaubt, muß, weil sie nach ihrem eigenen Gesetz sinnvollerweise nicht mehr etwas abgeben kann, alles vernichten, die Religion, die Natur und schließlich sich selbst. Wenn die Balance zwischen Anlaß und Methode im aggressiven Verhalten gestört ist, dann droht die Selbstvernichtung des Lebens durch unsere Gattung in Totalität.

Trotz aller zivilisatorischen Maskierung ist deutlich: Essen ist ein aggressionsgeladenes Verhalten. Leben in Tier- oder Pflanzengestalt wird vernichtet, aggressive Impulse der oral-sadistischen Stufe werden reaktiviert. Im

Akt des heiligen Essens ist der Problemhorizont noch erweitert. Jetzt geht es nicht nur um die Erhaltung des vom Hungertod bedrohten Lebens, es geht auch um die Rettung von Leben, das durch die vollzogene oder gewünschte Tötung schuldig wird und das eigene Lebensrecht verwirkt. Die Paradoxie, ja die Antinomie menschlicher Opferpraxis besteht darin, daß ein Verhalten, das als Sühne für Aggression gemeint ist, selber der Sühnung bedarf. Deshalb hebt das heilige Essen nicht nur die elementare Problematik des alltäglichen Essens auf. Vielmehr führt die Kombination von Töten, Tauschen und Essen, die das Opfergeschehen in seiner Gesamtheit ausmacht, alle Beteiligten in eine kosmische Krise, weil dabei sowohl die Vernichtung der Gottheit als auch die Selbstvernichtung drohen. Nur nach intensiver innerer und äußerer Vorbereitung, nur als Zielpunkt eines langen rituell ausgestalteten Anmarschweges, nur unter spezifischen Bedingungen der örtlichen und zeitlichen Präzisierung kann deshalb die heilige Mahlzeit gefeiert werden.

III.

Im Verlauf des Gottesdienstes sind die Anwesenden durch die Kirchenbank konzentriert, durch das Singen eingestimmt, durchs Beten gereinigt und durchs Hören erleuchtet worden - nun können sie sich dem zentralen Geheimnis nähern, nun kann die Vereinigung mit der göttlichen Atmosphäre geschehen. Im Gottesdienst nach der Agende beschreitet man einen Weg, der von der Kirchentür zum Altar führt, aus der Alltagswelt in die Transzendenz, aus der Individualität in die Entgrenzung hinein. Mindestens formal folgt auch der protestantische Kult jenem fünfstufigem Schema, das H. Hubert und M. Mauss für den Ablauf der Opferhandlung weltweit ermittelt haben.[77] Nach den Prozeduren des *Eintritts* (entrance) beginnt die *Konsekration*, in der die Akteure und Gegenstände für den Vollzug der heiligen Handlung aus ihrer Profanität in die Qualität des Heiligen transformiert werden. Im Zentrum des Rituals wird das Opferwesen getötet, das Böse ausgetrieben, die Gottheit einverleibt. Danach erfolgt die Etappe der *Desekration*, in der die Teilnahmer in die Profanität zurückgeführt werden müssen, so daß sie zum *Ausgang* (exit) in die Alltagswelt fähig sind.

Konsekration

Konsekration im religionssoziologischen Verständnis von Hubert und Mauss meint mehr als die Wandlung der Abendmahlselemente, wie es der gängigen theologischen Verwendung dieses Begriffs entspricht. Es geht um die Transformation aus der Profanität in die Sakralität, und der dabei stattfindende Prozeß umfaßt vorrangig die Teilnehmer und erst dann auch die Materialien der heiligen Handlung. Der Gottesdienst hat vor dem Beginn der Sakramentsfeier schon lange gedauert. In dieser Zeit wurden die Anwesenden für den Gang zum Altar immer mehr präpariert.[78] Aber bevor die Kom-

77 H. Hubert/M. Mauss, Sacrifice: its nature and function, 2. Auflage, London 1968, 19ff (Essai sur la nature et la function du sacrifice, Paris 1898).

78 H. Preuss, Die Geschichte der Abendmahlsfrömmigkeit in Zeugnissen und Berichten, Gütersloh 1949, bringt folgende Belege für Vorbereitungsprozeduren, die schon vor Beginn des Gottesdienstes, teilweise neben der Beichte, zu absolvieren waren: sexuelle Enthaltsamkeit (61), orale Nüchternheit (76f), Fußwaschung (137f), Jesus-Minne (142f), ehrbare Kleidung (219f). O. Casel, Die Liturgie als Mysterienfeier, 5. Auflage, Freiburg 1923, 149, zitiert den griechischen Cherubhymnos: »Die Cherubim mystisch darstellend und der lebenspendenden Dreieinigkeit das Dreimalheilig singend, laßt uns alle irdische Sinnen ablegen; laßt uns entgegengehen dem König des Alls, der sich naht mit dem unsichtbaren Gefolge der Engel«. Vgl. die religionsgeschichtlichen Parallelen bei O. Casel, Das christliche Opfermysterium. Zur Morphologie und Theologie des eucharistischen Hochgebetes, Graz 1968, 154ff; die

munion wirklich stattfinden kann, ist noch einmal ein intensiver Akt konsekratorischer Arbeit erforderlich.

Zum Verständnis des Kults gehört »Die Entdeckung der Langsamkeit« (S. Nadolny). Der Ablauf der Agende ist geradezu durch suspense-Effekte organisiert. Zwischen der Erleuchtung durch das Hören der Predigt und der Vereinigung durch das Essen im Mahl tritt zunächst eine Verzögerung ein. Auf dem Weg zum göttlichen Lebensgrund darf die alltägliche Lebensgefährdung nicht vergessen sein. Daran erinnern die Abkündigungen, das Dankopfer sowie das Allgemeine Kirchengebet. Sie informieren über das Leben und Sterben in der Gemeinde. Das grundlegende Lebensmittel in dieser Gesellschaft, das Geld, wird als Dankesgabe an jenen Ort getragen, an dem sich alsbald die Lebenskraft Gottes mitteilen wird. Und im Gebet wird das gesamte Weltgeschehen, werden Opfer und Machthaber, Fromme und Verzweifelte in Dank, Fürbitte und Anbetung der Gnade Gottes befohlen. Alle Krisen und Konflikte, alle Schrecken und Schönheiten des Lebens werden nicht verdrängt, wenn die letzte Etappe auf dem Weg zur Gottesbegegnung beginnt. Erst nachdem die gesamte Alltagswirklichkeit noch einmal besprochen ist, kann sich der Liturg durch ein stilles Gebet für den Fortgang der Handlung rüsten.

»Der Herr sei mit euch - Und mit deinem Geiste«. Der Wechselgruß markiert den Beginn der neuen, der letzten Phase auf dem Weg in das Leben. Durch dieses Startsignal wünschen sich Liturg und Gemeinde beim Aufbruch in ein unheimliches Unternehmen Geleit durch die Gottheit. Und dann beginnt eine rätselhafte Sequenz, die, wenn man sie wörtlich nimmt, die Beteiligten in irgendeiner Weise nach oben treibt. Am Anfang steht die Aufforderung: »Die Herzen in die Höhe«. Am Ende stimmen alle in den himmlischen Lobgesang des Trishagion ein. Wie ist das, was in den meisten Abendmahlsfeiern noch immer gesprochen/gesungen wird, zu verstehen? Was spielt sich hier ab? Wohin geraten die Anwesenden?

Man verbaut sich das Verständnis der konsekratorischen Handlung, wenn man das »Sursum corda« statisch-habituell interpretiert, als ginge es um den »Ausdruck christlicher Haltung«, als sei »die Verfassung ausgesprochen, mit der der Christ eigentlich jedes Gebet beginnen sollte«.[79] Nicht eine Einstel-

angeführten Texte formulieren freilich mehr Warnungen und Mahnungen als Einladungen.

79 So J.A. Jungmann, Missarum Sollemnia. Eine genetische Erklärung der römischen Messe II, Wien 1948, 134. Einleuchtender die Anmerkung Augustins nach A. Adam, Lehrbuch der Dogmengeschichte 1, Gütersloh 1965, 289: »indem die Gemeinschaft der Glaubenden mit Christus zu einer Übereinstimmung der Herzen führt, die dem verherrlichten Christus gegenüber das ›Sursum corda‹ bejaht, wird nicht etwa die Personeinheit des einzelnen begründet, sondern auch auf der Seite der Menschen eine seelische Einheit geschaffen, die als Bewußtwerdung der ursprünglichen anima generalis des Menschengeschlechts bezeichnet werden kann: in concordia Christi omnes una anima sumus«.

lung wird hier angemahnt, sondern zu einer Bewegung wird eingeladen. Das Herz, das personale Lebenszentrum des Menschen, soll sich nach oben bewegen, in jene Richtung der göttlichen Atmosphäre, die in der Antwort der Gemeinde als herrscherliche Person konkretisiert wird. Durch den Austausch von Wort und Gegenwort entwickelt sich eine Dynamik, die die Anbetung der präsenten Gottheit ermöglicht. Daß es in der Bewegung der Herzen um die Ganzheit der Menschen geht, verdeutlicht eine Formel der samaritanischen Liturgie, die an bestimmten Höhepunkten des Gebetes zum Erheben der Hände auffordert.[80] Im sprachlichen Gestus, verstärkt durch eine körperliche Gebärde, manifestiert sich die Ausrichtung der gesamten Person.

Daß die intendierte Bewegung nach oben erfolgreich verläuft, setzen das Präfationsgebet und die Aufforderung dazu voraus. Denn die dort verwendeten akklamatorischen Formeln, die sowohl aus dem jüdischen Kult als auch aus dem politischen Leben der Spätantike bekannt sind, sind ausgesprochen gegenwartsorientiert. Die Übersetzung von H.O. Gibb kann verdeutlichen, wie Göttliches und Menschliches beim Vollzug der Präfation in eine bestimmte Zuordnung geraten: »›würdig‹ – das bezieht sich auf Gottes Heiligkeit; ›recht‹ – das bezieht sich auf Gottes Gerechtigkeit; ›geziemend‹ – das bezieht sich auf des Menschen Möglichkeit; und ›heilsam‹ – das bezieht sich auf des Menschen Seligkeit«.[81] Der ehrende Zuruf gilt der präsenten Gottheit.[82] Im Zuge der Konsekration sind Liturg und Gemeinde dem Ziel ihres Weges ganz nahe gekommen, und nun stellt sich heraus, daß sie dabei das Ziel ihres Lebens gefunden haben. Die Akklamation wird zur Adoration. Die Bewegung der Herzen führt in eine Haltung, die »alle Zeit und allenthalben« andauern soll. Beim Lobpreis des Lebensgrundes entdeckt man den Lebenssinn. Und gerät in eine Gemeinschaft von Himmelswesen, mit denen man sich zur endlosen Anbetung vereint.

Wer und wo sind die Menschen, die die Präfation singen? Der Text enthält Aussagen, die durch zeitliche und räumliche Entgrenzung Identität und Wirklichkeit erweitern. Eine Aufsprengung der Ich-Grenzen erfolgt, wenn der Einzelne sich im Singen mit der irdischen Gemeinde und dem himmlischen Hofstaat zusammenschließt. Nur wer im ewigen Augenblick existiert, kann ohne Rücksicht auf die Alltagskalamitäten, die kurz vorher noch aus-

80 H. Baumstark, zitiert nach J.A. Jungmann, a.a.O. 135. Weitere Texte zu den Verhaltensformen »des Stehens sowie der Erhebung der Augen und Hände zum Himmel« bei F.J. Dölger, Sol salutis. Gebet und Gesang im christlichen Altertum, Münster 1920, 229ff.

81 H.O. Gibb, Zur Problematik einer modernen Übersetzung der Eingangsworte der Präfation, in: Freude am Gottesdienst. Festschrift F. Schulz, Heidelberg 1988, 193.

82 Vgl. E. Peterson, EIS THEOS. Epigraphische, formgeschichtliche und religionsgeschichtliche Untersuchungen, FRLANT 41, Göttingen 1926, 176ff.

führlich erwähnt worden sind, die fortwährende Dauer seines Entrückungszustands behaupten. Die Vereinigung mit den englischen Chören, die Anbetung der anwesenden Gottheit ist nur möglich, wenn der liturgische Text die singende Gemeinde in den Himmel zu führen versteht.

Aber auch diese Formulierung dürfte noch nicht präzise sein. Sie setzt ja voraus, daß zwischen dem Kultraum und der Himmelswelt eine Distanz besteht, die man überwinden muß. Und man kann dann darüber streiten, ob eine solche Himmelsreise die Seele nach oben heraufführt oder den Himmel herabbringt.[83] In der räumlichen Alternative von oben und unten drückt sich die Schwierigkeit aus, die Tiefendimension verborgener Wirklichkeit sprachlich genau zu erfassen. Der Konsekrationsvorgang der Abendmahlsfeier ist deshalb als eine Verhaltenssequenz zu beschreiben, mit deren Hilfe die Anwesenden die Grenzen ihrer personalen Identität und ihrer raumzeitlichen Realität zu transzendieren versuchen. Im Hören und Singen entstehen Bewegungen der Seele, Vorstellungen von Gemeinschaft, Äußerungen von Anbetung, die in den grenzenlosen Zustand des ewigen Augenblicks versetzen, auch wenn alle Beteiligten dem äußeren Anschein nach im Kirchenraum und nirgends sonst anwesend sind. Wenn die Präparation in der Eintrittsphase geglückt ist, kann die Kombination von Sprache, Musik und Phantasie Menschen in eine »Traumzeit« geleiten, wie sie auf ihre Weise antike Mysterienkulte und moderne Drogenexperimente intendiert haben.

Weshalb die Feiernden durch den Vollzug der Konsekration in den Bereich des Heiligen transformiert werden müssen, verrät der Inhalt des Lobgesangs, den himmlische und irdische Gemeinde gemeinsam anstimmen: »Heilig, heilig, heilig ist Gott, der Herr Zebaoth«. Die Atmosphäre des Göttlichen erfüllt den Raum, ja, wie es die entgrenzende Sprache der Doxologie ausdrückt, sie erfüllt »alle Lande«. Die Erinnerung an die Jesaja-Vision im Tempel von Jerusalem kann zwei Aspekte verdeutlichen, die auch für das Verständnis des sakramentalen Geschehens wesentlich sind. In der folgenden Kommunion vollzieht sich mehr als das Ereignis sozialer Gemeinschaft, sie wird geprägt von der Präsenz jener himmlichen Macht, die sich jetzt in der Gemeinde niedergelassen hat. Und die Gemeinde, die aus Menschen »unrei-

83 Vgl. W. Bousset, Die Himmelsreise der Seele (1901), Darmstadt o.J., sowie A. Dieterich, Eine Mithrasliturgie, 3. Auflage, Leipzig 1923, 179ff. Daß auch in den antiken Mysterien Drogenerfahrungen eine Rolle gespielt haben können, zeigen R.G. Wasson/ A. Hofmann/ C.A.P. Ruck, Der Weg nach Eleusis. Das Geheimnis der Mysterien, Frankfurt 1984. Sicher wird das innere Erleben in diesen Augenblicken auch durch die architektonische Gestaltung beeinflußt; vgl. E. Norman, Das Haus Gottes. Die Geschichte der christlichen Kirchen, Stuttgart 1990, 57: »Die Hagia Sophia und in ihrem Kielwasser zahlreiche Kirchen, die durch Nachahmung ihrer Form ihre Pracht und Herrlichkeit spiegeln, sollten nicht, wie später die westeuropäischen Kirchen, dem Betrachter den Gedanken der Transzendenz nahebringen, sondern den Himmel auf die Erde herunterholen«.

ner Lippen« besteht, kann ohne Gefahr den Lobgesang gegenüber der Gottheit anstimmen, weil sie durch den Verlauf des Gottesdienstes gereinigt und geheiligt wurde.

Aber ist die Vorstellung einer himmlischen Welt und eines englischen Hofstaats überhaupt zeitgemäß? Wird sie nicht viele auf Grund ihrer weltanschaulichen Abständigkeit vom Gang zum Abendmahl fernhalten? Und darf man den Sakramentsempfang durch die klassische Präfation an ein unbestreitbar mythisches Weltbild binden? M. Geck/G. Hartmann haben diesen Teil wegen der Erinnerung »an ein höfisches Zeremoniell« und im Blick auf »die mythologische Sprache« radikal streichen wollen und durch das einfache Bekenntnislied der Gemeinde ersetzt.[84] Ähnlich verfahren andere Vorschläge, die das Präfationsgebet zwar beibehalten, aber dessen Aussagen strikt auf den Horizont irdischer Erfahrung und Hoffnung beschränken.[85] Was ist durch das Festhalten an den alten Worten gewonnen? Und wie ist die Repetition dieser alten Worte angesichts des modernen Weltbildes möglich?

Der Vergleich zwischen den überlieferten und den weltbildmäßig »verbesserten« Präfationsgebeten zeigt die Gefahr: Die Texte werden merkwürdig eindimensional, sie verlieren ihre poetische Kraft, sie erschließen keine unglaublichen Wirklichkeitsdimensionen.[86] Inwiefern aber sind sie auch aufgeklärten Zeitgenossen zuzumuten, ohne daß man sofort darauf verweist, daß science-fiction-Filme und phantasy-Literatur gerade in der Gegenwart eine große Anziehungskraft ausüben? Wie können Menschen, die ein rationales Weltbild vertreten, sich im Lobgesang des heiligen Gottes mit den Engeln verbinden? Im Gefolge des strukturgenetischen Ansatzes von J. Piaget hat R.L. Fetz »Die Himmelssymbolik in Menschheitsgeschichte und individueller Entwicklung« untersucht und dabei eine Abfolge konstatiert, die von der archaischen Stufe naiver Himmelsgläubigkeit über die »hybride« Stufe der Vermengung von symbolischer und wissenschaftlicher Wirklichkeitsdeutung bis zum Stadium der Differenzierung führt. »Das Symbol wird zum

84 M. Geck/G. Hartmann, 38 Thesen gegen die neue Gottesdienstordnung der lutherischen und einiger unierter Kirchen in Deutschland, ThExh 146, München 1968, 31f, 42.

85 Vgl. den Text bei G. Kugler (Hg.), Forum Abendmahl, Gütersloh 1979, 99f.

86 Vgl. H. R. Picard, Dichtung und Religion. Die Kunst der Poesie im Dienst der religiösen Rede, Konstanz 1984, 171: »Die dichterische Rede organisiert gezielt Klang und Rhythmus des akustischen Körpers der Sprache in der Prosodie; setzt das semantische Grundvermögen der Sprache, Bilder zu verwenden, systematisch ein in der Metaphorik; setzt die Rede eines Ich oder anderer Träger der Rede in die fiktionale Redeinszenierung; sie strukturiert schließlich die Abfolge von Inhalten und Redefiguren zu einer Komposition, die, indem sie sich die Ebene der Semantik als bloßes Material dienstbar macht, zu einer eigenen, abstrakt absoluten Ausdrucksfunktion vordringt. Mit diesem Instrumentarium vermag die Dichtung Empfindungen zu erregen und suggestiv die Grenzen sowohl der sachlichen Information als auch die der logischen Argumentation zu überschreiten«.

Medium einer Erkenntnis, die in ihrem Eigenrecht neben andern Zugangsweisen zur Wirklichkeit wie der wissenschaftlichen erkannt und anerkannt wird. Deshalb können wir hier von der ›ausdifferenzierten‹ Stufe der Symbolentwicklung - oder genauer der Entwicklung symbolischer Erkenntnis sprechen«.[87] Diese Ausführungen belegen, daß auch moderne Menschen aufgrund ihrer psychosozialen Entwicklung die Rede von der himmlischen Welt zu verstehen, aber auch in ihrer symbolischen Qualität angemessen einzuschätzen vermögen. Hinzu kommt, daß der mythischen Sprache selber eine plausibilisierende Kraft innewohnt, weil sie den grundlegenden »Existenzwiderspruch von natürlichem und gesellschaftlichem Wesen«[88] gleichzeitig zu benennen und aufzuheben trachtet. »Das mythische Element ist jenes Ingrediens, das bestimmte Worte und Handlungskompositionen so überwältigend wirken und zugleich das Was und Wie dieses Wirkens begrifflich unerklärbar macht. Es ist, zum Unterschied vom Rätsel, das mit seiner Auflösung abgetan ist, jener Rest, der im intellektuellen Begreifen nicht aufgehen will, jenes Gleichnishafte, in dem wir Außen und Innen zu einem SO IST ES verschmelzen fühlen, ohne daß wir genau sagen könnten, was denn nun eigentlich so ist, es sei denn, man spräche das soeben Gehörte wortwörtlich noch einmal aus«.[89] Wahrscheinlich wird der Vortrag der Präfation durch den Liturgen weitgehend darüber entscheiden, ob die Anwesenden sich auf diese Himmelsreise der Seele einlassen und in den himmlischen Lobgesang einstimmen können.

In der jüngeren Liturgiewissenschaft hat vor allem P. Brunner den »kosmologischen Ort des Gottesdienstes« ernst zu nehmen versucht. Seine Ausführungen über die Beziehung zwischen irdischem und himmlischem Gottesdienst sind aber im Vergleich mit der hier vorgelegten Interpretation einerseits zu objektivierend, andererseits zu distanzierend. So entfaltet er in diesem Zusammenhang eine explizite Angelologie: »Engel sind Kreaturen. Aber es sind Kreaturen, die dem Geheimnis des dreieinigen Gottes unmittelbar gegenüberstehen. Sie sind nicht den Bedingungen unserer raumzeitlichen Welt unterworfen. Sie gehören von Anfang an zur himmlischen Welt Gottes. Engel sind daher diejenigen Kreaturen, die von Gottes Glorie unmittelbar getroffen werden und die diese Glorie Gottes unmittelbar widerspiegeln«.[90] Durch derartig konstatierende Existenzaussagen wird aber die zerbrechliche Bitte um Assimilation

87 R. L. Fetz, Die Himmelssymbolik in Menschheitsgeschichte und individueller Entwicklung. Ein Beitrag zu einer genetischen Semiologie, in: A. Zweig (Hg.), Zur Entstehung von Symbolen, Bern 1985, 145.

88 F. Fühmann, Das mythische Element in der Literatur, in: Erfahrungen und Widersprüche. Versuche über Literatur, Frankfurt 1976, 202.

89 A.a.O. 208f.

90 P. Brunner, Zur Lehre vom Gottesdienst der im Namen Jesu versammelten Gemeinde, Leiturgia I, Kassel 1954, 169. Vgl. auch M. Welker, Über Gottes Engel. Systematisch-theologische Überlegungen im Anschluß an Claus Westermann und Hartmut Gese, JBTh 2, 1987, 194ff.

an den Engelgesang, wie sie im Präfationsgebet laut wird, verfälscht. Aussagen, die der Exkursion der vagabundierenden Seele durch die Vereinigung mit personalen himmlischen Mächten Halt geben sollen, taugen nicht als Basis für eine dokrinale Metaphysik. Und umgekehrt klafft zwischen irdischer und himmlischer Liturgie in Brunners Beschreibung lange Zeit eine beträchtliche Lücke: »Wo die Kirche sich im Gottesdienst um den im Pneuma und im Herrenmahl gegenwärtigen Gekreuzigten sammelt, ist der Gottesdienst der Kirche zu dem Gottesdienst der Engel geöffnet und diesem Gottesdienst zugewandt, wie umgekehrt der Gottesdienst der Engel diesem Gottesdienst der Kirche nahe ist, ihn umgibt, einhüllt und trägt . . .. Diese beiden Gottesdienste werden zur Deckung kommen. Der Gottesdienst der Kirche auf Erden wird in den Gottesdienst der himmlischen Heerscharen einmünden«.[91] Erst ganz am Ende dieses Gedankengangs kommt es bei Brunner zu Formulierungen, die eine Vereinigung beider Kulthandlungen nahelegen: »Bei aller Unterschiedlichkeit in der Gestalt und in der Weise des Seins ist der Gottesdienst der Kirche auf Erden und der Gottesdienst der Engel im Himmel ein unzertrennliches Geschehen. Der Gottesdienst der Kirche auf Erden rührt unmittelbar an den Gottesdienst im himmlischen Jerusalem und geschieht in realer Verbindung mit ihm«.[92] Diese Reserve, diese Distanzierungstendenz ist deswegen die unvermeidliche Folge der Objektivierung, weil die Vereinigung mit einem real existierenden Jenseits in der Lebensrealität des Diesseits nicht vorstellbar und erst recht nicht herstellbar ist.

Für eine verhaltenswissenschaftliche Betrachtung des in der Präfation intendierten Geschehens bieten sich andere Kategorien an. Hier handelt es sich offensichtlich um eine »Traumzeit«-Erfahrung, um einen ewigen Augenblick »zwischen den Zeiten«, wie ihn H. P. Duerr für die ekstatischen Erlebnisse von Schamanen, Hexen und Drogenkonsumenten analysiert hat. Ihnen allen gemeinsam ist, »daß sie ›außerhalb der Zeit‹ ihre normalen, ihre Alltagsaspekte verlieren und zu ›jenseitigen‹ Wesen werden, sei es nun, daß sie sich in Tiere und Mischwesen verwandeln, oder sei es, daß sie ihre ›sozialen Rollen‹ umkehren; sei es, daß sie leiblich durch die Landschaft schwärmen oder daß sie dies nur ›con lo spirito‹, in der Ekstase, mit oder ohne ›halluzinogene Drogen‹ tun«.[93] Traumzeit ist insofern reine Zeit, als darin die Selbstvergessenheit auch des Zeitbewußtseins eingeschlossen ist. »›Traumzeit‹ bedeutet jene Perspektive der Wahrnehmung, in welcher ein Ereignis ist, was es ist, ohne Beachtung des Zeitpunktes, an dem es sich befinden mag«.[94] »Zwischen den Zeiten« zerfließen auch die Grenzen der räumlichen Lokalisierung: »In gleicher Weise ist der ›Traumort‹ an keiner bestimmten

91 A.a.O. 170f.
92 A.a.O. 171.
93 H.P. Duerr, Traumzeit. Über die Grenze zwischen Wildnis und Zivilisation, 2. Auflage, Frankfurt 1978, 51.
94 A.a.O. 144.

Stelle, obwohl er natürlich in der gewöhnlichen, der Alltagsperspektive an einer bestimmten Stelle liegt«.[95] Und durch die Wandlung personaler Identität steigert sich die Wahrnehmungskraft gegenüber der Wirklichkeit: »Die Grenzen unserer Person erweitern sich, und wir werden Dinge gewahr, die für unsere gewöhnlichen Augen unsichtbar und unerreichbar bleiben«.[96] Der Wechselgesang versetzt Liturg und Gemeinde, sofern die Phantasie ihrer Seele dem Wortlaut der Präfation zu folgen wagt, in einen Status gesteigerter Identität mit erweiterter Welt-Anschauung. Das rituelle Verhalten führt zur Entdeckung spezifischer Wirklichkeit.

Innerhalb der psychologischen und psychotherapeutischen Theoriekonzepte ist zum Verständnis derartiger Vorgänge an die Hypnotherapie von M. H. Erickson zu erinnern, der sich um die kategoriale Erfassung und den praktischen Einsatz von Trance-Zuständen bemüht hat. E.R. Hilgard hat diese Zustände folgendermaßen charakterisiert: »1. Absinken der Planungsfunktion. – 2. Neuverteilung der Aufmerksamkeit. – 3. Verfügbarkeit visueller Erinnerungen aus der Vergangenheit und erhöhte Fähigkeit zur Phantasiefunktion. – 4. Reduktion der Realitätsüberprüfung und eine Toleranz für hartnäckige Wirklichkeitsverzerrung. – 5. Rollen(spiel)verhalten«.[97]

H. Beaumont betont insbesondere »die Durchlässigkeit der Grenze zwischen Bewußtem und Unbewußtem, die Veränderungen in der Art und Weise der Wahrnehmung . . ., die Phantasie- oder Halluzinationsphänomene . . ., und die Veränderungen im Prozeß der Identifikation oder des Subjektsinnes des Selbst«.[98] Wenn M. H. Erickson feststellt: »Die therapeutische Trance ist ein Zeitabschnitt, währenddem die Beschränkungen der eigenen gewohnten Bezugsrahmen und Überzeugungen vorübergehend aufgehoben werden, so daß der Betreffende für andere Assoziationsmuster und Funktionsweisen empfänglich ist«[99], so ist diese Aussage ohne größere Modifikation auch auf das Erleben des Abendmahls übertragbar. Was der Therapeut in heilender Absicht an Bewußtseins- und Kommunikationserweiterung methodisch anstrebt, stellt sich in anderer Weise bei denen ein, die sich im Vollzug des Rituals auf dessen Impulse zu innerer und äußerer Mobilität einzulassen vermögen. Die binnenpsychologische Betrachtung muß auch in Formen ritueller Trance »hartnäckige Wirklichkeitsverzerrung« konstatie-

95 A.a.O. 147.

96 A.a.O. 134. Transitorische Phänomene bei nächtlichen Taxifahrten analysiert K. Steffen, Übergangsrituale einer auto-mobilen Gesellschaft. Eine kulturanthropologische Skizze, Frankfurt 1990.

97 Zitiert nach H. Beaumont, Trancephänomene in der Gestalttherapie, in: B. Peter (Hg.), Hypnose und Hypnotherapie nach Milton H. Erickson. Grundlagen und Anwendungsfelder, München 1985, 78.

98 H. Beaumont, a.a.O. 77.

99 M.H. Erickson/E.L. Rossi, Hypnotherapie. Aufbau-Beispiele- Forschungen, München 1981, 16; zu den Einzelheiten vgl. die Tabelle häufiger Indikatoren von Trance-Erfahrung (26).

ren. Ein phänomenologisches Konzept, wie es hier vertreten wird, darf demgegenüber damit rechnen, daß sich in solchen Momenten kollektiver Ergriffenheit die Atmosphäre des Göttlichen manifestiert.[100]

Ohne diese zeitweise Konsekration der Feiernden in eine himmlische Existenz würde das ablaufende Geschehen nur umso schwerer verständlich und umso schwerer erträglich. Der Taumel der Entgrenzung, der den ewigen Augenblick »alle Zeit und allenthalben«, »ohne Ende« andauern läßt, setzt, obwohl er nur vorsichtig anklingt, eine vorübergehende Ausschaltung des Alltagsbewußtseins voraus. Die Nähe des Heiligen, die der Lobgesang artikuliert, ist tolerabel nur für die, die zu englischen Wesen verwandelt sind. Und die leibliche Vereinigung mit dem, dessen Kommen sich im Schlußteil des Sanctus ankündigt, bedarf der spezifischen Lokalisierung, um sie vor fleischlichen Mißverständnissen zu bewahren. Durch die Konsekration sind die Feiernden für die Kommunion endgültig präpariert. In der Vereinigung mit dem englischen Lobgesang haben sie jenen Status erreicht, der die Präsenz des Heiligen und die Vereinigung mit ihm lebensförderlich macht. Die Synergie der heiligen Handlung hat im Rahmen der Synchronie der heiligen Zeit und der Syntopie des heiligen Ortes Menschen für die Symbiose mit dem Göttlichen vorbereitet.

Schlachtung

Im Schema von Hubert und Mauss wird der Höhepunkt des Opfergeschehens mit dem Stichwort »Schlachtung« (killing) bezeichnet – das Opfertier wird getötet und von der Opfergemeinschaft einverleibt.[101] Aus der Abendmahlsfeier sind demgegenüber alle Elemente direkter Aggressivität auf der Verhaltensebene getilgt. Nur die Rezitation der Einsetzungsworte erinnert an Akte, die in das Handlungsfeld von »killing« gehören. Der Herr Jesus Christus wurde verraten, er brach das Brot, sein Leib wird »für euch gegeben«, sein Blut »für euch vergossen«. Aber der Wortlaut macht klar: Die eigentliche Tötungsaktion hat in der Vergangenheit stattgefunden. Das Opfer ist schon gestorben. Was jetzt noch geschehen kann, ist die Partizipation an der Opferhandlung durch die Inkorporation des Opferwesens. In der Spra-

100 Vgl. H. Schmitz, Der Gefühlsraum. System der Philosophie III/2, 2. Auflage, Bonn 1981, 103: »Nach der Projektionstheorie haben Gefühle primär im Subjekt ihren Platz und finden dann als Abglanz an Objekten ihre zweite Heimstatt; die hier erörterten Gefühle haben dagegen nach Maßgabe des phänomenologischen Befunds weder im Subjekt noch in Objekten ihren Platz, sondern ziehen vielmehr als eigenständige, mächtige Atmosphären Subjekt und Objekte in sich hinein, indem sie allen diesen ihren Stempel aufdrücken und dabei, so unbestreitbar sie sich als gegenwärtig und wirklich praesentieren, doch selbst ungreifbar und unumschreibbar bleiben: sub, in et cum, wie Christus im geweihten Brot und Wein nach Luthers Ansicht«.
101 H. Hubert/M. Mauss, a.a.O. 32f.

che der lutherischen Reformation: Die Messe ist nicht sacrificium, sondern beneficium, durch das man an der lebenserschließenden Kraft des Opfers Christi am Kreuz heilvollen Anteil gewinnt.[102] Das abgründige Geschehen des heiligen Essens wird dadurch aufgeteilt. Die Schlachtung ist zeitlich und örtlich nach außen verlagert, im Kult muß jetzt nur noch die Einverleibung passieren.

Selbst die Vorstellung einer unblutigen Wiederholung des Opfers Christi, die man angesichts sonstiger Grausamkeiten in der Religionsgeschichte als durchaus maßvoll bezeichnen könnte[103], war für die Reformation so unerträglich, daß der Heidelberger Katechismus die römisch-katholische Messe deswegen als »vermaledeite Abgötterei« (Frage 80) attackiert hat. Was war der Grund für diese scharfe Polemik, die man durch entsprechende Luther-Zitate unschwer noch steigern könnte? Theologische Rationalität verweist an dieser Stelle gern auf die Rechtfertigungslehre. Der sündige Mensch kann dem heiligen Gott gar nichts opfern; und er braucht das auch nicht, weil Christus durch sein Leiden am Kreuz ein für alle Mal die Schuld der Menschheit gesühnt hat. Aber die Wiederholung dieses einmaligen Opfers Christi ist nicht nur unmöglich und nicht nur überflüssig; sie muß, wenn sie so heftig bekämpft wird, im Grund auch verboten sein. Man wird deshalb fragen können, ob sich in der reformatorischen Kritik an der Meßopfer-Theologie auch jene neuzeitliche Aggressionszensur artikuliert, die von der Verhöflichung der Sprache über die Kultivierung der Tischsitten bis zur Zentralisierung des Gewaltmonopols reicht. Die Tiere, deren Fleisch man heute verspeist, sind auf dem Schlachthof getötet!

Untergründige Verbindungslinien zwischen Eucharistie und Aggressivität hat vor allem E. Drewermann freigelegt. Seiner Meinung nach kann das Sakrament

»1) die menschlichen Aggressionen auf wirkungsvolle Weise ritualisieren;
2) die fundamentalen Schuldgefühle und Ängste der Aggressivität kupieren und
3) das Triebziel der Aggression sublimieren«.[104]

Der entscheidende Unterschied zwischen Religion und Ethik besteht für ihn darin, daß Triebhaftigkeit im kultischen Ritual nicht unterdrückt und verdrängt, sondern sozial gestaltet und in kreative Bahnen gelenkt werden kann.

102 Vgl. V. Vajta, Die Theologie des Gottesdienstes bei Luther, 2. Auflage, Göttingen 1954, 43ff; zur römisch- katholischen Interpretation der Meßtheologie Luthers vgl. H.B. Meyer, Luther und die Messe. Eine liturgiewissenschaftliche Untersuchung über das Verhältnis Luthers zum Meßwesen des späten Mittelalters, Paderborn 1965.

103 Vgl. die aufschlußreiche Synopse von Grausamkeiten bei C.G. Jung, Das Wandlungssymbol in der Messe, Grundwerk 4, Olten 1984, 129ff.

104 E. Drewermann, Der Krieg und das Christentum. Von der Ohnmacht und Notwendigkeit des Religiösen, Regensburg 1982, 284.

Freilich wird man auch konstatieren müssen, daß die rituelle Darstellung, die individuelle Wahrnehmung und die theoretische Reflexion von Aggressivität beim Abendmahl im Lauf der Liturgiegeschichte immer stärker eingeschränkt worden sind.

Die aggressiven Implikationen der Eucharistie sind nirgends deutlicher dargestellt als in der Proskomedie der orthodoxen Liturgie. Priester und Diakon beginnen die »Schlachtung des Lammes«, wie die entsprechende Sequenz im Rüstteil heißt, mit einer dreimal wiederholten Erbarmungsbitte, die inhaltlich und funktional dem Agnus Dei vor bzw. während der Austeilung des Abendmahls entspricht: »Gott sei mir Sünder gnädig und erbarme dich meiner!«[105] Im einzelnen umfaßt die Gabenbereitung folgende nonverbale Verhaltensabläufe: »Der Priester nimmt das Opferbrot in die linke Hand, und mit der Lanze in der rechten macht er dreimal das Kreuzzeichen über das Siegel des Opferbrotes . . .. Ebenso in die linke Seite . . .. Dann in den oberen Teil . . .. Schließlich in den unteren Teil . . .. Der Priester stößt die Lanze in die rechte Seite des abgeschnittenen Teiles und nimmt das Lamm heraus . . .. Die Schlachtung des Lammes symbolisierend legt der Priester das Lamm mit dem Siegel nach unten auf den Diskos. Der Priester schneidet (›schlachtet‹) das Lamm, den Opfertod Christi am Kreuz symbolisierend, in Kreuzesform bis zu der oberen Kruste, die das Siegel trägt und das Lamm noch zusammenhält . . .. Dann wendet er das Lamm mit dem Siegel nach oben, stößt es mit der Lanze in seine rechte Seite . . .« Die dazu gesprochenen Worte kommentieren das Geschehen teilweise: »Wie ein Schaf wurde er zum Schlachten geführt«.[106] Teilweise enthalten sie, aus dem Munde des Diakons, auch unmißverständliche Aufforderungen: »Schlachte, Vater! . . . Stich, Vater! . . . Segne, Vater, die heilige Einigung!«[107] Daß bei der Ritualisierung von Aggressivität Schuldgefühle integriert und Einigungserfahrungen, nicht nur in substantieller Hinsicht, vermittelt werden können, kommt in dieser Sequenz auf höchst sinnenfällige Weise zur Darstellung.

Innerhalb der römisch-katholischen Sakramentenlehre hat man verschiedene Destruktionstheorien entwickelt, um der Exekution der immolatio im Messopfer gedanklich gerecht zu werden:

»1) Geschieht im absoluten Opfer eine reale ›Zerstörung‹ der Gabe, so genügt in der Eucharistie als relativem Opfer ein Ritus, der die am Kreuz stattgefundene reale Zerstörung bildhaft darstellt, vorausgesetzt die reale Gegenwart der am Kreuz geopferten Gabe. . . .

2) Jedes Messopfer besagt eine neue Schlachtung u. Darbringung:

105 Die folgenden Zitate sind entnommen A. Kallis (Hg.), Liturgie. Die göttliche Liturgie der Orthodoxen Kirche, Mainz 1989, 18ff.

106 A.a.O. 20.

107 A.a.O. 20f.

a) Die Konsekration bewirkt eine real-physische ›Zerstörung‹ der Brot- u. Weinsubstanz.
b) Nach anderen Theologen wird in jeder Messe Christus selber in einen Opferzustand versetzt«.[108] Besonders wirksam ist die Maktationstheorie von F. Billot geworden, der sich auf patristische Aussagen stützt. Nach dieser Theorie wird durch den Akt der Doppelkonsekration von Brot und Wein die gewaltsame Zerstückelung des Leibes Christi nicht nur angezeigt, sondern auch vollzogen.[109] Überspitzt formuliert: das Verhalten des Priesters, als Opferaktion verstanden, involviert immer noch eine direkte Schlachtung des Erlösers.

Natürlich hat sich die Reformation gegen alle derartigen Anschauungen heftig zur Wehr gesetzt. Aber in den innerreformatorischen Kontroversen wird die Aggressionsproblematik wiederum faßbar, und zwar bei der Diskussion um die manducatio Capernaitica. Konkret geht es um die Frage, was die Zähne beim Abendmahlsempfang zu beißen bekommen. Luther hat den Zugriff auf den Leib Christi in »Vom Abendmahl Christi.Bekenntnis« sehr drastisch beschreiben können: »Wer dis brod angreiffet / der greiffet Christus leib an / Und wer dis brod isset / der isset Christus leib / wer dis brot mit zenen odder zungen zu dru(e)ckt / der zu dru(e)ckt mit zenen oder zungen den leib Christi / Und bleibt doch allwege war / das niemand Christus leib sihet / greifft / isset / odder zubeisset / wie man sichtbarlich ander fleisch sihet und zubeisset«.[110] Erst allmählich haben die Lutheraner gegenüber dem reformierten Einspruch eine Kompromißformel zu entwickeln vermocht, durch die »zugleich der mündliche Empfang behauptet und die Berührung durch

108 F. Dander, Art. »Destruktionstheorien«, LThK III, 2. Auflage, Freiburg 1959, 254.
109 Die Vereinbarkeit von maktationstheoretischen Anschauungen mit der Lehre von der Konkomitanz versucht M. Schmaus, Katholische Dogmatik IV/1. Die Lehre von den Sakramenten, München 1952, 305, zu begründen, wenn er sagt: »Nur durch die sakramentale Trennung von Leib und Blut, die durch die voneinander verschiedenen Gestalten von Brot und Wein angezeigt und daher für den sakramentalen Bereich auch bewirkt wird, kommt das eucharistische Opfersakrament zustande. Trotzdem darf man sagen, daß der Opfertod des Herrn schon durch die eine der zwei Wandlungen, sei es des Brotes, sei es des Weines, wenn sie nur auf die andere hinbezogen wird, im Zeichen real gegenwärtig ist. Der Grund liegt darin, daß die getrennte Darstellung des Blutes durch die Gestalt des Weines oder die getrennte Darstellung des Leibes Christi durch die Gestalt des Brotes doch ohne weiteres und notwendig die Trennung beider, des Leibes und des Blutes, und damit den blutigen Opfertod des Herrn darstellt und vergegenwärtigt. Nur so bleibt ja auch der Genuß des Leibes des Herrn unter der Gestalt nur des Brotes für sich allein die wirkliche Verkündigung des Todes des Herrn«.
110 WA 26, 442, ähnlich 474; zitiert nach: Studienausgabe 4, Berlin 1986, 183.

die Zähne geleugnet« wurde.[111] Die Realität leiblicher Gegenwart des Erlösers und seine Immunität gegenüber menschlicher Aggressivität sollten festgehalten bleiben. »Gott wird getötet und wird nicht getötet, der Leib wird ›gegessen‹ und wird nicht gegessen, der Mund empfängt den Leib, und doch bleibt der Leib vom Munde unberührt«.[112] Diese Diskussion um die orale Aggression bei der Inkorporation des Erlösers wirft sicher auch ein Licht auf die Motive, die zur vehementen Ablehnung der Meßopferlehre durch die Reformatoren geführt haben.

Mindestens ebenso aufschlußreich, wahrscheinlich sogar wichtiger ist ein anderer Gesichtspunkt, der sich im Stichwort »Wiederholung« verbirgt. Die reformatorische Polemik gegen die Meßopfer-Theologie läßt sich auch als Versuch interpretieren, das kultische Grundgesetz, daß man nämlich die Sühnung von Schuld nur in Form der Wiederholung dieser Schuld leisten kann, für überholt zu erklären. S. Freud hat das Abendmahl in der Linie des Totemismus gesehen und in der Tötung des Sohnes die verdeckte Wiederholung des ursprünglichen Vatermords ausgemacht.[113] »Unser Blick verfolgt durch die Länge der Zeiten die Identität der Totemmahlzeit mit dem Tieropfer, dem theanthropischen Menschenopfer und mit der christlichen Eucharistie und erkennt in all diesen Feierlichkeiten die Nachwirkung jenes Verbrechens, welches die Menschen so sehr bedrückte und auf das sie doch so stolz sein mußten. Die christliche Kommunion ist aber im Grunde eine neuerliche Beseitigung des Vaters, eine Wiederholung der zu sühnenden Tat«.[114]

Wenn der Sohn Gottes ein für alle Mal gestorben ist, nämlich am Kreuz, und wenn im Gottesdienst nur die Frucht seines Sterbens an die Gemeinde ausgeteilt würde, dann wäre dieser Gottesdienst davon befreit, die Zwangsmechanismen eines (neurotischen) Kollektivrituals immer erneut agieren zu müssen, weil dann Sühne von Schuld ohne Wiederholung von Schuld möglich geworden wäre. Die Reinigung des Meßkanons von der Opferterminologie, die Luther in seinen Reformschriften schon früh propagiert, zielt dann

111 H. Gollwitzer, Coena Domini. Die altlutherische Abendmahlslehre in ihrer Auseinandersetzung mit dem Calvinismus, dargestellt an der lutherischen Frühorthodoxie, Neudruck ThB 79, München 1988, 206.
112 A.a.O. 208.
113 Dieser spezielle Aspekt des Wiederholungsvorgangs wird bei der theologischen Rezeption der psychoanalytischen Begrifflichkeit gern übersehen; vgl. Y. Spiegel, Erinnern, Wiederholen und Durcharbeiten. Therapeutisches Modell und neuer Gottesdienst, in: Y. Spiegel (Hg.), Erinnern – Wiederholen – Durcharbeiten. Zur Sozialpsychologie des Gottesdienstes, Stuttgart 1972, 14ff, sowie H.-J. Thilo, Die therapeutische Funktion des Gottesdienstes, Kassel 1985, 91: Der Altar ist »Zentralpunkt, an dem Erinnern, Wiederholen und Durcharbeiten kulminieren. Altar ist Ort der Erinnerung an die Gegenwart Christi in dieser Welt und zugleich Wiederholung der Begegnung mit ihm im Empfangen des Altarsakramentes«. Beide Autoren lassen die Aggressionsaspekte unbeachtet.
114 S. Freud, a.a.O. 437.

darauf ab, den agendarischen Ablauf in Einstellung und Verhalten von allen Anklängen direkter gegen den Sohn oder den Vater gerichteter Aggressivität freizuhalten. Die Überwindung des Opferzirkels von Schuld und Sühne kann nur von seiten Gottes gelingen. Deshalb muß die Austeilung der Sündenvergebung, die im Verhaltensablauf des Gottesdienstes geschieht, sich auf vorgängiges göttliches Sühnehandeln beziehen, ohne dieses Handeln im priesterlichen Verhalten auch nur andeutungsweise repetieren zu wollen.

Die reformatorische Theologie will »Das Ende der Gewalt«, das nach R. Girards Meinung das eigentlich Evangelische am Christentum ist, im Abendmahlsritual inszenieren, ohne gleichzeitig zu behaupten, »daß die sakrifizielle Deutung der Passion . . kritisiert und aufgedeckt werden muß als das paradoxeste und kolossalste Mißverständnis der ganzen Geschichte«.[115] Einen Akt des »killing« hat es gegeben, aber dieser Akt ist der communio zeitlich und sachlich auf jeden Fall vorgeordnet. Nur so kann diese communio reine, weil aggressionsfreie Lebensgemeinschaft vermitteln. Die Frage ist dann: Wie kann ein Ritual, in dem »Fleisch« gegessen und »Blut« getrunken wird, so gestaltet werden, daß Aggressivität nicht direkt dargestellt, aber auch nicht vollkommen verdrängt wird? Wie können die vielfältigen Assoziationen, die in einer derart intensiven Situation zweifelsohne ausgelöst werden, so gelenkt werden, daß sie der theologischen Intention entsprechen?

Unser Vater

Daß sich der Gottesdienst seinem Höhepunkt nähert, zeigt schon die Tatsache, daß jetzt zwei Texte aus der biblischen Tradition zitiert werden: das Herrengebet und die Einsetzungsworte. Im Unterschied zu anderen Kultritualen führt dieser Gottesdienst kein heiliges Drama auf, aber im Zentrum geschieht auch hier die Zitation heiliger Texte. Noch die radikalsten Reformvorschläge lassen die verba Testamenti unangetastet. Sie bilden so etwas wie ein unverzichtbares, ja tabuisiertes Überlieferungsgut.[116] Und der Gottesdienst wäre, wenn man diesen Tatbestand aus der Geschichte der Liturgiereform ernst nimmt, als Abendmahlsfeier mit ausführlicher Einleitung zu bezeichnen.

Die Reihenfolge der beiden Texte ist seit der Reformation variabel. Die Kirchenordnungen schließen sich entweder Bugenhagen an, der Luthers Absicht gemäß, Einsetzungsworte und Austeilungsakt möglichst eng zusam-

115 R. Girard, Das Ende der Gewalt. Analyse des Menschheitsverhängnisses, Freiburg 1983, 187.

116 Immerhin scheint es in der Alten Kirche Eucharistiefeiern ohne die Einsetzungsworte gegeben zu haben; vgl. K. Chr. Felmy, »Was unterscheidet diese Nacht von allen anderen Nächten?«, Die Funktion des Stiftungsberichtes in der urchristlichen Eucharistiefeier nach Didache 9f. und dem Zeugnis Justins, JLH 27, 1983, 1ff, sowie B. Kollmann, Ursprung und Gestalten der frühchristlichen Mahlfeier, Göttingen 1990, 94ff.

menzurücken, das Unservater vor die Einsetzungsworte gestellt hat.[117] Oder sie lassen, wie die Brandenburg-Nürnberger-Kirchenordnung von 1533, die alte Ordnung unangetastet, so daß das Gebet erst vor der Austeilung gesprochen wird. Entscheidend ist, daß die Stellung des Herrengebets die Dramaturgie des gesamten sakramentalen Geschehens beeinflußt. In der Tradition ist es immer als eine »Zusammenfassung des vorausgehenden Eucharistiegebetes« verstanden worden[118] - die innere Präparation der Gemeinde findet hier ihren Abschluß. Wird es nach den Einsetzungsworten laut, trennt es den Abendmahlsempfang vom Stiftungsakt, der dadurch in eine gewisse zeitliche Abständigkeit gerät. Wird es den Einsetzungsworten vorgeordnet, bilden Einsetzung und Empfang ein einheitliches Geschehen, das im Ablauf der Handlung die heilstiftende Vergangenheit wie die Leben gewährende Gegenwart umgreift.

Daß zum Abschluß des präparativen Weges das Herrengebet erklingt, hat mehrere Gründe. Die Grenze zur allerheiligsten Handlung markiert ein heiliger Text.[119] Der leiblichen Gegenwart des Erlösers darf sich nur nähern, wer sich im Schutz seiner Worte geborgen hat. Und auch inhaltlich weist das Gebet zahlreiche Beziehungen zur folgenden Handlung auf. Insbesondere die Brotbitte hat schon früh dazu geführt, daß »man das Vaterunser als Kommuniongebet betrachtet hat, und zwar in den außerrömischen Liturgien des Abendlandes und denen des Morgenlandes«.[120] Ähnlich konnte die Vergebungsbitte leicht als letzter Reinigungsakt vor dem Sakramentsempfang interpretiert werden, wie das folgende Augustin-Zitat zeigt: »Warum wird es gesprochen, bevor man Leib und Blut Christi empfängt? Aus folgendem Grund: Wenn, wie es menschliche Gebrechlichkeit mit sich bringt, etwa unser Denken Ungehöriges auffaßte, wenn unsere Zunge etwas Unrechtes herausredete, wenn unser Auge sich auf Unziemliches richtete, wenn unser Ohr etwas Unnötiges wohlgefällig anhörte . . ., dann wird es getilgt durch das Gebet des Herrn an der Stelle: Vergib uns unsere Schulden, damit wir beruhigt hinzutreten und wir nicht das, was wir empfangen, uns zum Gerichte essen

117 J. H. Bergsma, Die Reform der Messliturgie durch Johannes Bugenhagen (1485 - 1558), Kevelaer 1966, 190, sieht darin einen »Beweis, daß das Vaterunser auch bei Bugenhagen der Kommunionvorbereitung dient«. Anders H.-Chr. Schmidt-Lauber, Die Eucharistie als Entfaltung der verba testamenti. Eine formgeschichtlich-systematische Einführung in die Probleme des lutherischen Gottesdienstes und seiner Liturgie, Kassel 1957, 181.
118 J. A. Jungmann, a.a.O. 338.
119 Vgl. A.A. Häußling, Akklamationen und Formeln, Gottesdienst der Kirche 3, Regensburg 1987, 237: »Das Gebet des Vaterunsers ist das geraffteste Zeichen, daß es im Gottesdienst der Kirche, selbst wenn nur der einzelne betet, wie zur Zeit Jesu um die Heilsgeschichte Gottes mit den Menschen geht«.
120 J.A. Jungmann, a.a.O. 340.

und trinken«.[121] Die Kirchenväter und in ihrem Gefolge die Meßexegeten[122] haben diese Aussagen immer auf das Leben der Gläubigen vor dem Kirchgang beziehen wollen. Die Sünder bedürfen der Vergebung für die Verfehlungen ihres alltäglichen Lebens. Aber das folgende Geschehen ist ja selbst von höchst abgründiger Art. Fleisch und Blut des Erlösers sollen einverleibt werden. Gewiß hat Er selber diese Handlung befohlen. Aber nur für ein moralisches Sündenverständnis hat sich damit die Schuldproblematik erledigt. Auch wenn der Akt der Opferung, ja selbst die symbolische Darbringung des Opfers im protestantischen Abendmahlsritual nicht mehr erfolgt, enthält allein der Vorgang des Essens in diesem Fall Elemente, die das Auftauchen von Schuldgefühlen durchaus wahrscheinlich machen. Dafür spricht schon die unmittelbare Folge von Brot- und Vergebungsbitte.

Neben diesen beiden Gebetsinhalten dürfte vor allem die Anrede mindestens indirekt eine Beziehung zum sakramentalen Geschehen aufweisen. Wenn Freuds Hypothese im Recht ist, daß im Sühneakt für den Vatermord immer auch eine verdeckte Wiederholung des aggressiven Begehrens mitschwingt, dann gewinnt die Anrufung des Vaters an dieser Stelle einen einleuchtenden Sinn. Die Betenden befinden sich »zwischen den Zeiten«. Sie haben die Heiligkeit der göttlichen Atmosphäre mit allen himmlischen Mächten besungen. Sie sind ganz in der Nähe der göttlichen Majestät. Und versichern dem Vater im Himmel, daß sein heiliger Name unangetastet bleibt, daß alles Folgende seinem Willen gemäß ablaufen soll und daß jener himmlische Machtbereich, in dem sie sich jetzt befinden, sich über die ganze Erde ausdehnen soll. Für eine Betrachtung, die das Geschehen im Kontext des ödipalen Konflikts interpretiert, wird durch die beschwichtigende Anrede gegenüber dem Vater sichergestellt, daß die sühnende Handlung auf das Medium des geopferten Sohnes beschränkt bleibt. Allein der Vater kann auch dafür sorgen, daß alle Anwesenden die Versuchlichkeit dieser Situation überstehen und vom Bösen erlöst werden. Man muß, mit dem Schema von Hubert und Mauss vor Augen, lange suchen, wo denn im Abendmahlsritual die sonst gängige Austreibung der bösen Geister auftaucht. Hier, bei der personalen Differenzierung der göttlichen Atmosphäre zwischen Vater und Sohn, wie sie sich in der Folge von Sanctus und Benedictus schon ankündigte, ist das Problem der Versuchlichkeit besonders gravierend, weil durch die Vermischung von Vater und Sohn die Sühnehandlung eindeutig in die schuldhafte Tat zurückfallen würde.

121 Zitiert nach J.A. Jungmann, a.a.O. 343.

122 Vgl. J. Hermans, Die Feier der Eucharistie. Erklärung und spirituelle Erschließung, Regensburg 1984, 280f.

Einsetzungsworte

Im Ablauf der Agende folgen nun die Einsetzungsworte. Ihr Verständnis ist in der Theologiegeschichte deswegen immer so umstritten gewesen, weil sich die reflektierende Aufmerksamkeit sofort auf das Verhältnis von Wort, Element und Gemeinde gerichtet hat. Dadurch entstand unvermeidlich eine Vielzahl von Fragen. Was machen die Worte aus den Elementen? Was sagen sie der Gemeinde, was empfängt wer aus der Gemeinde, wenn er im Rahmen der Worte die Elemente ißt? Mit diesen Fragen werden auch wir uns beschäftigen müssen, aber erst dann, wenn geklärt ist, aus welcher Perspektive sie sinnvollerweise gestellt und beantwortet werden können.

Die Rezitation der Einsetzungsworte im Handlungsablauf des Gottesdienstes will nicht einfach die Elemente verwandeln oder den Anwesenden die Sündenvergebung zusprechen. Sie will die kultische Ur-Szene des christlichen Glaubens vergegenwärtigen. Der Liturg vollzieht mit seinem Verhalten einen kultdramatischen Akt, sehr sparsam gewiß, weil die Gebärdensprache mit dem Erheben der Elemente und dem Kreuzschlagen mehr angedeutet als ausgeführt ist. In verbaler Hinsicht kommt es jedenfalls an einer Stelle zu einer prekären Identifikation, wenn der Liturg im Akt des Zitierens die Worte des Erlösers direkt wiederholt.[123] Hier findet also, gewiß nur angedeutet und ganz vorübergehend, eine Aufführung statt, ein Drei-Minuten-Spiel, das sich von allen anderen Teilen des Gottesdienstes dadurch unterscheidet, daß es auf den Kultstifter zurückgeht, ja daß es ihn in personaler Repräsentanz durch den Liturgen auftreten läßt.

Das Dasein »zwischen den Zeiten«, in dem sich die Feiernden befinden, ist auf diese Weise um eine neue Dimension erweitert. Sie haben sich im Kultraum eines konkreten Ortes versammelt. Sie haben sich im Ablauf des Rituals mit dem Lobgesang der Himmelsmächte vereint. Sie machen nun die Entdeckung, daß im Grenzbereich zwischen Diesseits und Jenseits etwas geschieht, was vergangen scheint: Jesus Christus lädt seine JüngerInnen zum Mahl. Noch einmal werden dadurch die räumlichen, zeitlichen und personalen Grenzen gesprengt, aber durch die Entgrenzung gleichzeitig präzisiert. Der ewige Augenblick definiert sich als ein Ereignis aus der Vergangenheit. Die göttliche Atmosphäre personalisiert sich in der Gestalt des Erlösers. Die

123 Vgl. die unverblümten Feststellungen des Kommunikationswissenschaftlers I. Werlen, Ritual und Sprache. Zum Verhältnis von Sprechen und Handeln in Ritualen, Tübingen 1984, 189: »Der Priester erzählt nun nicht nur ein Geschehen, sondern er repräsentiert es: er erhebt die Augen zum Himmel, wenn davon die Rede ist, er ergreift die Patene mit dem Brot, er ergreift ›diesen‹ Kelch. Diese Repräsentation, Darstellung ist nicht bloße Darstellung, sondern Vergegenwärtigung, die wirksam ist – der Kern des Sakramentes: das was dargestellt wird, wird auch hergestellt – ein wirksames Zeichen. Die Erzählung wird so systematisch doppelsinnig: es ist eine Erzählung von etwas, was einmal geschehen ist, und was hier und jetzt geschieht. Insofern ist dann der Priester nicht mehr er selbst, sondern Jesus«.

unifizierenden Schwingungen des Lobgesangs materialisieren sich zum Akt der Nahrungsaufnahme durch Essen und Trinken von Brot und Wein.

Was gibt es zu essen? Was wird getrunken? Die neuere Diskussion in Vorbereitung und Auswertung der Arnoldshainer Abendmahlsthesen hat alte innerprotestantische Kontroversen dadurch zu überholen vermocht, daß sie die Substanzfrage durch den Handlungsbegriff relativiert hat. So heißt es in der entscheidenden These 2/1: »Im Abendmahl handelt Jesus Christus unter dem, was die Kirche tut, selbst als der durch sein Wort im Heiligen Geist gegenwärtige Herr«.[123a]

Unsere bisherigen Überlegungen haben deutlich gemacht, daß dieser theologischen These im Ablauf des Rituals eine szenische Realität entspricht. Jetzt handelt Jesus Christus. Jetzt verteilt er mit Brot und Wein sein Fleisch und sein Blut. Jetzt empfangen alle am Tisch des Herrn die Mittel des Lebens. Im Akt sakramentaler Praxis, der zwischen den Zeiten geschieht, sind die theoretischen Fragen nicht aktuell. Für Menschen, die von der Traumzeit erfaßt sind, weil sie sich in der Nähe der göttlichen Atmosphäre befinden, sind so viele Grenzen verwischt, daß sie ohne besondere Anstrengung in, mit und unter den Elementen den Leib des Erlösers inkorporieren. Wenn im Eingangsteil der Sakramentsfeier die Konsekration der Abendmahlsgäste erfolgt ist, dann hat sich das Problem der Konsekration der Abendmahlselemente mindestens für die Dauer der Feier aufgelöst.

Die alten Streitfragen sind auf diese Weise nicht aus der Welt. Ob die Einsetzungsworte mehr Weihekraft oder mehr Verheißungscharakter enthalten, ob die Realpräsenz Christi eher materialiter oder eher spiritualiter erfolgt[124], ob und in welcher Weise der Heilsempfang an den Glauben gebunden ist, das alles sind Probleme, die nicht ohne Grund aufgetaucht sind und von denen man sich theologischerseits nicht einfach verabschieden kann. Eine verhaltenswissenschaftlich orientierte theologische Liturgik muß nur darauf aufmerksam machen, daß sich all diese Fragen erst jenseits des Rituals stellen oder im rituellen Vollzug nur dann, wenn man innerlich aussteigt. Und sie kann ihrerseits verständlich zu machen versuchen, wieso rituelles Verhalten ein derartiges Transzendierungspotential enthält, so daß man in diesem Rahmen sowohl die Alltagswirklichkeit als auch das Theoriebewußtsein hinter sich läßt.

Die gängigen Ritualkonzepte können das in unterschiedlichem Ausmaß leisten.[125] Funktionalistische Ansätze kommen, sofern sie von Entlastung,

123a Zit. nach: Das Mahl des Herrn – 25 Jahre nach Arnoldshain. Ein Votum des Theologischen Ausschusses der Arnoldshainer Konferenz, Neukirchen 1982, 71.

124 Zu den innerprotestantischen Kontroversen vgl. die knappe Übersicht bei E. Bizer/W. Kreck, Die Abendmahlslehren in den reformatorischen Bekenntnisschriften, ThExh 47, 2. Auflage, München 1959.

125 Vgl. die Übersicht bei H.-G. Heimbrock, Ritual als religionspädagogisches Problem, JRP 5, 1988, 55ff.

Kanalisierung, Identitätsstabilisierung reden, noch am wenigsten in Betracht. Genetische Ansätze, die in den Ritualen archaisches Erbe sowohl individueller als auch kollektiver, ja evolutiver Art sehen, können auf jeden Fall die bewußtseinsübersteigende, regressionsfördernde Kraft solcher Verhaltenssequenzen verständlich machen. Um ein Geschehen wie die Feier des Abendmahls adäquat zu erfassen, müssen beide Ansätze jedoch weiter entwickelt werden zu einem phänomenologischen Ritual-Verständnis, das dessen Fähigkeit zur Erschließung verborgener Wirklichkeitsdimensionen gerecht wird. Durch eine lange Phase der Präparation, durch eine Mischung von Sprache, Musik und Gebärden können sich Menschen in einen Zustand versetzen, in dem die Grenzen des alltäglichen Bewußtseins, der alltäglichen Identität, der alltäglichen Wirklichkeit überschritten werden. In den extremen Formen von Trance und Ekstase werden dabei die Alltagsdimensionen aus dem Wahrnehmungshorizont vollkommen zum Verschwinden gebracht. Bei anderen Gelegenheiten bleibt das Bewußtsein von Ich-Identität und Alltagsrealität am Rand des Erlebens erhalten. Aber die Grenzen werden verflüssigt im Gespür für die Anwesenheit befremdlicher Atmosphären. Die innere Mobilität, in Tag- wie in Nachtträumen für jedermann erfahrbar, wird durch das Verhaltensprogramm eines Rituals offenkundig beflügelt. Und im weiten Feld zwischen Himmel und Erde, zwischen Erinnerung und Hoffnung gehen die Seelen auf Exkursion[126]. Die Agende ist auch als Anleitung für eine gelenkte Kollektivphantasie in wirklichkeitserschließender Absicht zu interpretieren.

Das Grundproblem einer Abendmahlstheorie auf verhaltenswissenschaftlicher Basis besteht also nicht in der Frage nach der Konsekration der Elemente; es ergibt sich vielmehr aus der Aufgabe, die Konsekration der Kommunikanten in der Weise plausibel zu machen, daß ihre selbstverständliche Überzeugung, in Brot und Wein Leib und Blut des Erlösers zu empfangen, auch für das theoretische Bewußtsein annäherungsweise nachvollziehbar wird. Auf ihre Weise haben das jene Vorgänge, die in der klassischen Terminologie Anamnese und Epiklese heißen, auch intendiert. Durch die Erinnerung an die großen Heilstaten Gottes, durch die Anrufung der kreativen Kraft des Heiligen Geistes sollen die Menschen »nach Leib und Seele« erneuert werden, so daß »wir unter diesem Brot und Wein deines Sohnes wahren Leib und Blut im rechten Glauben zu unserem Heil empfangen«. Der religiösen Handlungsparadoxie gemäß stellen Anamnese und Epiklese klar, daß die konsekratorische Potenz des Rituals nicht dem Ritual selbst innewohnt. Aber indem sie als konstitutive Bestandteile in das Ritual integriert werden, artikuliert sich in diesen Sprechhandlungen auch dessen Fähigkeit, durch die Erklärung methodischer Selbstbegrenzung die Möglichkeit zur Er-

126 Der Begriff der Exkursions-Seele stammt von H.-P. Hasenfratz, Die Seele. Einführung in ein religiöses Grundphänomen, Zürich 1986, 107.

fahrung von Selbstentgrenzung zu schaffen. Der lutherische Verzicht auf beide Sprechakte[127] ist dann aus einer Haltung liturgischer Selbstvergessenheit zu erklären, die im Glauben der zugesagten Gegenwart Gottes so gewiß ist, daß sie beim rituellen Vollzug das Methodenproblem nicht explizit thematisieren oder noch präziser: daß sie die Thematisierung des Methodenproblems im rituellen Vollzug als Störung der Glaubensgewißheit einschätzen muß. In der Rezitation der Einsetzungsworte kommen Anamnese und Epiklese zum Ziel.[128] Heilsgeschichte und Himmelswelt versammeln sich zur Gegenwart göttlicher Atmosphäre, die durch die angedeutete Aufführung der Ur-Szene konturiert wird.

Agnus Dei

Vor oder während der Austeilung stimmt die Gemeinde das Agnus Dei an, entweder in der deutschen Übersetzung (EKG 136) oder in der Liedfassung von N. Decius »O Lamm Gottes unschuldig« (EKG 55). Theologische Kommentare bezweifeln, ob diese Strophe »allein der entsprechende Ausdruck dessen ist, was die Gemeinde auf diesem Höhepunkt der Abendmahlsfeier vor dem Empfang empfindet. Auf die volle Gnadenbotschaft, die in dem Einsetzungsbericht erscheint, wird neben dem Kyrie eleison, das allein in dem Agnus Dei zum Ausdruck kommt, gerade die lobpreisende Anbetung der Gnade Gottes in Christo ihr volles Recht beanspruchen. Daß gerade hier Loblieder am Platz sind, hängt durchaus mit dem lutherischen Verständnis der Eucharistie zusammen«.[129] Solche Bemerkungen verkennen, daß der sich nähernde Höhepunkt des Rituals viele Schreckensaspekte enthält und daß einer verbreiteten Logik der Opferhandlung gemäß die Teilnehmer, bevor sie das Opferwesen inkorporieren, eine Erbarmensbitte artikulieren. Einen deutlichen Hinweis in diese Richtung bringt die überlieferungsgeschichtliche Information, derzufolge das Agnus Dei durch Papst Sergius I. (687-701) tempore confractionis dominici corporis in die Messe eingefügt

127 Positive Verbindungslinien zwischen den altkirchlichen Begriffen und der Theologie Luthers zieht R. Meßner, Die Meßreform Martin Luthers und die Eucharistie der Alten Kirche. Ein Beitrag zu einer systematischen Liturgiewissenschaft, Innsbruck 1989, 147ff.

128 Die neuere Diskussion um beide Begriffe ist ausgelöst durch die Lima-Liturgie; vgl. F. Schulz, Die Lima-Liturgie. Die ökumenische Gottesdienstordnung zu den Lima-Texten - ein Beitrag zum Verständnis und zur Urteilsbildung, Kassel 1983, 23ff. sowie W. Schöpsdau, Eucharistie, in: Konfessionskundliches Institut (Hg.), Kommentar zu den Lima-Erklärungen über Taufe, Eucharistie und Amt, Bensheimer Hefte 59, Göttingen 1983, 60ff.

129 G. Rietschel/P. Graff, Lehrbuch der Liturgik I, 2. Auflage, Göttingen 1951, 474.

worden sei.[130] Wenn es, wie man vermutet hat, aus östlicher Überlieferung stammt, darf man dabei auch an die ostkirchliche Anschauung denken, daß »die Brechung der Brotsgestalt als Hinweis auf das Leiden und Sterben des Herrn zu betrachten« sei.[131] Wenn die Gemeinde vor dem Empfang des Abendmahls noch einmal, wie schon im Unservater, sehr betont um Erbarmen bittet, dann bezieht sich diese Bitte gewiß nicht nur auf das vergangenheitliche Passionsereignis, sondern auch auf den folgenden Vorgang, bei dem der Erlöser im Status extremster Passivität einverleibt werden soll.[132]

Zu beachten ist auch, daß durch das Agnus Dei die Gegenständlichkeit der Abendmahlsgabe eine neue Qualität gewinnt. In Brot und Wein wird die Gemeinde Leib und Blut des Erlösers empfangen, aber dieser Erlöser wird unmittelbar vor der Austeilung als »Lamm« angerufen. Im Kontext des Rituals impliziert diese Benennung mehrere Bedeutungsnuancen. Zunächst entspricht sie jener Entgrenzungstendenz des Festes, derzufolge das Tier-Mensch-Übergangsfeld wieder eigentümlich durchlässig wird.[133] Gleichzeitig stellt die damit ausgesprochene Animalisierung des Eßobjektes die Humanität des folgenden Eßaktes sicher. Und die Anrufung des Lammes kann Assoziationen wecken, in denen wölfische Appetenz von Brutpflegeimpulsen gegenüber einem kleinen und zarten Lebewesen verdeckt wird.

Spätestens hier stellt sich auch die Frage, inwieweit das Abendmahl kulturelle Eßtabus respektiert bzw. überschreitet. Angesichts der vielen regressiven Aspekte, die das sakramentale Geschehen aufweist, könnte eine oberflächliche Interpretation darauf insistieren, daß es sich um einen Akt von symbolischem Kannibalismus handelt, wenn Leib und Blut der Erlösergestalt verspeist werden sollen und wenn man sich auf diese Weise dessen Lebenskraft aneignen kann. Es wird auch nicht zu bestreiten sein, daß sich in der Scheu vor dem Abendmahlsgang, meistens unbewußt und oft sprachlich ausdruckslos, entsprechende tiefverwurzelte Ängste manifestieren. Auf der anderen Seite wird aber auch zu beachten sein, daß das agendarische Ritual solche archaischen Abgründigkeiten aus dem Wahrnehmungshorizont verlagern möchte. Dem dient auf der einen Seite die Lokalisierung der Handlung in der Himmelswelt, die die Vereinigung mit dem Erlöser vor allzu fleischlichen Mißverständnissen schützen kann.[134] Und auf der anderen Seite sorgen die vegetarischen Kulturprodukte Brot und Wein dafür, daß ein direkt carnivorer Konsum des gottmenschlichen Leibes ausgeschlossen bleibt.

130 J. A. Jungmann, a.a.O. 403.
131 A.a.O. 405.
132 Die Aussage, daß das Lamm die Sünden der Welt trägt, ist im Präsens formuliert. Wie unterschiedlich man den Aktualisierungsvorgang interpretieren kann, zeigt O. Koch, Gegenwart oder Vergegenwärtigung Christi im Abendmahl? Zum Problem der Repraesentation in der Theologie der Gegenwart, München 1965.
133 S. o. S. 54f.
134 Vgl. H. Gollwitzer, a.a.O. 203ff.

Die Gegenständlichkeit der Abendmahlsgaben bietet sich, wenn man den verbalen und nonverbalen Signalen des Rituals folgt, gleichsam in dreidimensionaler Schichtung. Auf der Realebene des Alltagsbewußtseins erhalten die Kommunikanten ein Stück Brot und einen Schluck Wein.[135] Man hat die Symbolträchtigkeit dieser Elemente immer wieder durch duale Polaritäten zu umschreiben versucht. Danach sind sie die grundlegenden Mittel für den Erhalt menschlichen Lebens in fester und flüssiger Form, Produkte von Natur und Kultur[136], Ergebnis menschlicher Arbeit und göttlichen Segens, Ausdruck der Bedürftigkeit menschlicher Existenz, die ohne den Stoffwechsel-Austausch mit irdischer und himmlischer Nahrung zum Sterben verurteilt ist. Sicher wird man aber auch festhalten müssen, daß die Inkorporation des Erlöserleibes im Medium vegetarischer Nahrungsmittel erfolgt, weil die Repräsentanz durch Fleisch und Blut anderer Lebewesen die symbolische Ausdruckskraft nicht erhöhen, sondern eher stören würde. Daß eine solche Möglichkeit naheliegen könnte, zeigt der Gesang des Agnus Dei im Handlungsfeld zwischen Einsetzung und Distribution. Auf der Realebene des Traumzeitbewußtseins gewinnen die Elemente durch diesen Gesang eine weitere Qualität. Sie bleiben, wie vegetarische Nahrungsmittel, eßbar, aber sie erhalten zugleich den Charakter von Fleisch.

In seinen Studien über »Die Vergesellschaftung der Natur« hat K. Eder als ein besonders aufschlußreiches Beispiel auch die Eßverbote verschiedener Kulturen herangezogen. Seine strukturale Analyse der jüdischen Eßtabus interpretiert die Klassifikation nach dem Reinheits-System als eine verdeckte soziale Klassifizierung: »Verabscheute Tiere sind friedlos (wie die feindlichen Nachbarn). - Eßbare Tiere sind nicht räuberisch (wie die Rechtsgenossen), was nicht bedeutet, daß sie friedfertig sind. - Heilige Tiere sind häuslich und friedfertig (wie die Leviten, die heiligen Vertreter Jahwes)«.[137] - In der neuzeitlichen Gesellschaft mit ihrer Tabuisierung von Hunde-, Katzen- und Pferdefleisch läßt sich die Systematik der Eßverbote anhand der Dichotomie von ähnlich/unähnlich profilieren: »Schoßtiere und Raubtiere sind dem Menschen am ähnlichsten insofern, als sie entweder Interaktionspartner oder als sie Jäger und Fleischfresser sind. Stalltiere und auf freier Wildbahn lebende Nicht-Raubtiere sind dem Menschen am unähnlichsten, weil sie Pflanzenfresser sind und weil sie Objekte, sei es der Fürsorge des Menschen, sei es des Hungers von Raubtieren, sind«.[138] In beiden Kulturwelten kann das Lamm zum Repräsentanten des Heiligen werden, weil es ein friedfertiges Haustier, aber kein direkter Partner des Menschen ist. Wenn freilich, wie beim Abendmahl, das Lamm Gottes den Sohn Gottes repräsentiert, muß es

135 Vgl. R. Berger, Naturelemente und technische Mittel, in: Gestalt des Gottesdienstes, Gottesdienst der Kirche 3, Regensburg 1987, 259ff.
136 Vgl. C.G. Jung, a.a.O. 158.
137 K. Eder, a.a.O. 135ff.
138 A.a.O. 146.

seinerseits durch nichtanimalische Elemente dargestellt werden. Erst durch diese dreifache Schichtung ihrer gegenständlichen Qualität werden die Objekte des heiligen Essens inkorporierbar.

Austeilung

Wenn die Ur- Szene der Abendmahlsstiftung aufgeführt wird, zeigt der Liturg Brot und Wein und spricht dazu, meist mit segnender Gebärde, die Einsetzungsworte. Die Gemeinde respondiert mit dem Agnus Dei. Was die natürlichen Elemente »zwischen den Zeiten« der Abendmahlsfeier wirklich sind, verraten nach diesem langen Anmarsch, der die Balance zwischen Archaik und Kultiviertheit beim Essen aufrecht erhalten soll, noch einmal die Spendeformeln, die während der Austeilung gesprochen werden. Einladungsformulierungen oder gar Regieanweisungen, die etwa über die erwünschte Gruppengröße informieren, sollten an dieser Stelle vermieden werden, weil sie den dramaturgischen Zusammenhang zwischen Einsetzung und Austeilung unsachgemäß unterbrechen.

Agende I hatte solche Spendeformeln in vier Fassungen zur Auswahl gestellt. Die Erneuerte Agende hat diese Möglichkeit beibehalten, aber alle Fassungen auf eine radikale Kurzform gebracht. Man kann fragen, ob solche Formeln unmittelbar hinter den Einsetzungsworten überhaupt notwendig sind, und auf die Praxis Luthers verweisen, der den in der Messe üblichen Distributionssatz »Der Leib unseres Herrn Jesus Christus bewahre deine Seele zum ewigen Leben. Amen« ersatzlos gestrichen hat. Verschiedene Gründe sprechen aber dafür, solche Formeln auch weiterhin beizubehalten. Bei großen Kommunikantenzahlen kann zwischen Einsetzung und Empfang viel Zeit verstreichen. Durch die Anrede jedes Einzelnen wiederholt man »in Kurzform die Kernaussage der Einsetzungsworte als persönliche Verkündigung an die Kommunikanten«.[139] Hinzu kommt das doktrinale Interesse, daß »auch der leiseste Zweifel an dem leibhaftigen, sakramentalen Eingehen des Herrn in unsere Existenz ausgeschlossen sei«.[140] Dieser letzte Gesichtspunkt ist weniger aus dogmatischen als aus ritualpragmatischen Gründen deswegen wichtig, weil alle Beteiligten in der Traumzeit der Himmelswelt und angesichts der Vielschichtigkeit der Abendmahlsgaben die Vereindeutigung durch verbale Interpretamente benötigen.

Was die Abendmahlsgaben im Augenblick der Austeilung sind[141], dar-

139 Erneuerte Agende, a.a.O. 55.

140 O. Dietz, Unser Gottesdienst. Ein Hilfsbuch zum Hauptgottesdienst nach Agende I für evangelisch-lutherische Kirchen und Gemeinden, 2. Auflage, München 1983, 190.

141 Außerhalb des Rituals ist dann vor allem die Frage nach der Adoration des Sakraments et extra usum umstritten; vgl. T.G.A. Hardt, Venerabilis et adorabilis Eu-

über geben aber nicht nur die gesprochenen und gesungenen Worte Auskunft, das definiert ganz entscheidend auch das im Ritual praktizierte Verhalten. Deshalb hat es gerade an diesem Punkt in der Liturgiegeschichte auch immer wieder konfessionelle Kontroversen gegeben. Gerade das Verhalten drückt ja nicht nur das subjektive Empfinden und die psychologische Einstellung der einzelnen Teilnehmer aus, sondern enthält immer auch, sofern es auf sozialer Tradition und kirchlicher Sitte beruht, kollektive Haltungen, die ihrerseits Urteile über die gegenständliche Qualität der Abendmahlsobjekte einschließen.

Unter den Reformatoren hat insbesondere Zwingli für eine Kommunion im Sitzen plädiert. Die Abendmahlselemente werden von den Diakonen in Holzgefäßen durch den Kirchenraum getragen, und jeder Einzelne in seiner Bank bricht sich vom Brot selbst etwas ab. Selbstverständlich werden dabei auch nicht mehr Oblaten gereicht, sondern gewöhnliches Hausbrot, wie es auch in der altkirchlichen Praxis üblich gewesen ist.[142] Die lutherische Tradition hat am Altargang durchweg ebenso festgehalten wie an der Austeilung von Oblaten. In beiden Fällen hat sie die Realpräsenz Jesu Christi an Phänomene des Heiligen binden wollen, die, wie vor allem am Altar deutlich geworden sein dürfte[143], von der theologischen Theorie in der Neuzeit kaum wahrgenommen und erst recht nicht mehr zu begründen sind. Ein aufschlußreiches Beispiel für die Gebrochenheit, mit der lutherischer Konservatismus heutzutage in diesen Fragen argumentiert, liefert O. Dietz. Einerseits fordert er nachdrücklich den Gang zum Altar, weil »der Herr Christus selbst die Altäre seiner Kirche . . zu Grenzsteinen, an denen die Zeit an die Ewigkeit, das Diesseits an das Jenseits, die Erde an den Himmel grenzt«[144], durch die Abendmahlsfeier macht. Andererseits aber stellt er auch die Frage, »ob wir nicht gerade in der lutherischen Kirche, die sich mit Recht von der Auffassung der Eucharistie als einer Opferhandlung abgewandt hat, zum Gebrauch wirklichen, d.h. gesäuerten Brotes zurückkehren sollten«.[145]

In verschiedenen Regionen wird immer noch zwischen dem Empfang der einzelnen Elemente der Umgang um den Altar vollzogen, jener archaische Brauch also, durch den in den Religionen weltweit die Restitution des Schöpfungsgeschehens be-gangen wurde. C. von Korvin-Krasinski, der die Spuren dieses Verhaltens verfolgt hat, erklärt auch, unter welchen theologischen Voraussetzungen die Übernahme dieser Praxis von seiten der Kirche geschehen konnte: »Für jene, die den Höchsten Gott des Himmels kannten, war es eine rituell-dramatische Darstellung seiner schöpferischen Taten in

charistia. Eine Studie über die lutherische Abendmahlslehre im 16. Jahrhundert, FKDG 42, Göttingen 1988, 239ff.

142 Belege bei R. Berger, a.a.O. 260ff.

143 S.o.S. 140ff.

144 O. Dietz, a.a.O. 163.

145 A.a.O. 178.

dem von ihm angeordneten Kult: ein ›Mysterium der Schöpfung‹. Für andere, denen die Menschwerdung des Ewigen Logos geoffenbart worden ist, war es ein kultisches Gedächtnis und zugleich eine Re-präsentation der Heilstaten ihres Erlösers: ein ›Mysterium der Erlösung‹. Weil dieser aber als eingeborener Gottessohn an der Schöpfungstat des Schöpfers ab aeterno teilgenommen hat, konnten bei der sakramentalen Darstellung des Todes und der Auferstehung des Erlösers auch jene dreifachen Prozessionen um die Opferstätte weiter beibehalten werden, die seit Urzeiten von den ›Gentes‹ be-gangen wurden, welche in ihren archaischen Kulten des Ursprungs-Mysteriums rituell gedachten«.[146]

Auch in Körperhaltungen hat sich die kollektive Einstellung gegenüber dem Sakrament immer wieder manifestiert. »Daß man den Leib des Herrn kniend empfängt, ist ein Brauch, der sich im Abendland zwischen dem 11. und 16. Jahrhundert im langsamen Fortschreiten durchgesetzt hat«.[147] Seit dem 17. Jahrhundert hat die heute in den römisch-katholischen Kirchen übliche Kommunionbank den früheren Lettner ersetzt. Die Erneuerte Agende konstatiert nüchtern, ohne über die Verbreitung solcher Übungen zu informieren und ihre Einführung zu propagieren: »Der Abendmahlsempfang im Knien sowie die Gesten der Ehrerbietung beim Empfang von Brot und Wein sind Zeichen der Demut und Ehrfurcht angesichts des im Sakrament gegenwärtigen Herrn«.[148]

Sehr aufschlußreich ist auch die jahrhundertelange Diskussion über Hand- bzw. Mundempfang. Cyrill von Jerusalem hat im 4. Jahrhundert eine anschauliche Beschreibung der erwarteten Handhaltung geliefert: »Wenn Du nun hingehst, so gehe nicht hin so, daß Du die flachen Hände ausstreckst oder die Finger auseinanderspreizest, sondern mache die linke Hand zu einem Thron für die rechte, die den König empfangen soll, und dann mache die flache Hand hohl und nimm den Leib Christi in Empfang und sage das Amen dazu. Dann heilige mit aller Sorgfalt Deine Augen durch die Berührung des heiligen Leibes und empfange ihn, gib aber acht, daß Dir nicht etwas davon wegfällt; denn was Dir wegfiele, das wäre Dir wie von den eigenen Gliedern verlorengegangen. Sage mir: wenn Dir jemand Goldstaub gegeben hätte, würdest Du ihn nicht mit aller Sorgfalt festhalten und achthaben, daß Dir nichts davon entfällt und verloren geht? Mußt Du nicht viel sorgfältiger darauf sehen, daß Dir von dem, was kostbarer ist als Gold und Edelstein, kein Brosame entfällt?«[149] Im Lauf des Mittelalters wurden die Sicherungsmaßnahmen immer sorgfältiger. Die Hände mußten gewaschen, auch mit einem

146 C. von Korvin-Krasinski, Warum be-gehen wir Feste? Sprachkundlicher Beitrag zu einem religionsgeschichtlichen Thema, in: Trina Mundi Machina. Die Signatur des alten Eurasien – Ausgewählte Schriften, Mainz 1986, 334.

147 J.A. Jungmann, a.a.O. 456.

148 Erneuerte Agende, a.a.O. 15.

149 Zitiert bei J.A. Jungmann, a.a.O. 459.

weißen Tuch bedeckt werden; wahrscheinlich zusammen mit der Einführung von Oblaten wurde schließlich der Mundempfang üblich. Bevor die Kelchkommunion den Laien überhaupt entzogen wurde, hat man auch beim Trinken entsprechende Vorsichtsregeln praktiziert. Der Wein wurde verdünnt, mit einem Saugröhrchen eingenommen bzw. durch intinctio beim Brotempfang ausgeteilt. Bei allen diesen Maßnahmen spielte die Ehrfurcht vor dem Heiligen sicher ebenso eine Rolle wie die Angst ihm gegenüber. Protestantische Überheblichkeit gegenüber solcher »abergläubischen« Substanzfrömmigkeit sollte sich klar machen, daß personaler Glaube nicht mit praktischer Gedankenlosigkeit verwechselt werden darf.

Weniger religiöse Ängste als soziale Befürchtungen beeinflussen in der Neuzeit das Verhalten beim Abendmahl. Sorge um Ansteckung durch Tbc bzw. Aids hat in unserem Jahrhundert die Einführung des Einzelkelchs fordern lassen.[150] Ähnliche Vorschläge seit der Aufklärungszeit nähren jedoch die Vermutung, daß sich hygienische Argumente sehr schnell mit gesellschaftlichen Abwehrhaltungen verknüpfen[151], so daß jeder Mitmensch als potentieller Bazillenträger erscheint. Wer diese wegen der Gemeinschaftsbezogenheit des Sakraments in der Tat fragwürdige Regelung ablehnt, sollte aber bedenken, daß ein vorhergehender Abbau von Ängsten nicht zur Bedingung für den Abendmahlsempfang gemacht werden darf, und nach Alternativen suchen.

Die Einsicht in die Rückfallgefährdung von Alkoholismus-Kranken macht das regelmäßige Angebot von Abendmahlsfeiern mit Traubensaft notwendig[152], zu denen selbstverständlich nicht nur die Betroffenen, sondern die gesamte Gemeinde geladen wird. Der Respekt vor der religiösen Überlieferung sollte es aber ausschließen, diese ohne weiteres mögliche Ausnahme zum normativen Regelfall auszuweiten. Wer die unvergorenen Früchte des Weinstocks trinkt, erhält nichts anderes und nicht weniger als im Medium des gegorenen Weins. Insofern geht es hier nicht um eine Frage des

150 Vgl. F. Spitta/R. Bürkner u.a., Abendmahls-Feiern mit Einzelkelch. Ihre Notwendigkeit und Gestaltung, Göttingen 1904.

151 Vgl. N. Elias, Über den Prozeß der Zivilisation. Soziogenetische und psychogenetische Untersuchungen 1, 5. Auflage, Frankfurt 1978, 155: »jedenfalls verläuft der Prozeß in gewisser Hinsicht genau umgekehrt, als man es heute zu unterstellen pflegt: erst rückt während einer langen Periode im Zusammenhang mit einer bestimmten Wandlung der menschlichen Beziehungen oder der Gesellschaft die Peinlichkeitsschwelle vor. Es ändern sich die Affektlage, die Sensibilität, die Empfindlichkeit und das Verhalten der Menschen mit vielerlei Schwankungen in einer ganz bestimmten Richtung. Dann wird an einem bestimmten Punkt dieses Verhalten als ›hygienisch richtig‹ erkannt«.

152 Nicht aus therapeutischen Gründen haben die sog. »Aquarier« in der Alten Kirche bei der Eucharistiefeier den Wein durch Wasser ersetzt; vgl. F. J. Dölger, Die Eucharistie nach Inschriften frühchristlicher Zeit, Münster 1922, 51f.

Gnadenempfangs, sondern um die Haltung gegenüber der Tradition und um die Freiheit, diese Tradition aus diakonischen Gründen zu modifizieren, ohne daraus sofort ein neues Gesetz zu machen.

Der Weg in das Leben

Menschen essen ein Stück Brot und trinken einen Schluck Wein. Sie haben das Lamm Gottes um Erbarmen gebeten und hören bei der Austeilung, daß sie den Sohn Gottes zu sich nehmen. Der Gottesdienst ist an sein Ziel gekommen. Nach einem langen Anmarschweg, nach zahlreichen Akten äußerer und innerer Präparation, nach Reinigung und Erleuchtung findet jetzt Vereinigung statt. Die Kommunikanten inkorporieren den Leib des Erlösers und werden in diesen Leib ihrerseits inkorporiert. Was haben sie auf dem Höhepunkt des rituellen Weges erreicht?

Die sprachlichen und nichtsprachlichen Elemente sagen eindeutig: Der Gottesdienst ist der Weg in das Leben. Hier findet Reinigung von hemmenden Beschwernissen statt; Ängste werden relativiert, Sorgen abgestreift, zwanghafte Bindungen werden gelockert. Hier geschieht auch Erleuchtung. In den Irrungen des Lebenslaufs gibt es Orientierung, in den Wirrnissen der Zeit findet Klärung statt, das düstere Weltgeschehen gewinnt einen hellen Horizont durch das Wort des allmächtigen und barmherzigen Gottes. Schließlich: Hier findet Vereinigung statt mit jenem Erlöser, dessen Opfertod für alle Sünde bezahlt und dessen Auferweckung Zukunft ohne Ende eröffnet hat. In der Traumzeit der Abendmahlsfeier verschwimmen die Grenzen zwischen Himmel und Erde, Individuum und Gemeinschaft, Menschsein und Gottsein. Im heiligen Essen gewinnt jede/r Anteil am ewigen Heil.

Gehen

Alles Leben verhält sich – einiges Leben verhält sich manchmal nach der Agende. Der Gottesdienst ist ein Weg. Man geht hin. Man nimmt Platz. Man schaut sich um. Durch das Singen begibt man sich in die Gemeinschaft. Durch das Hören der Heilsgeschichte in Lesung und Predigt geraten Seele und Geist in Bewegung. Die Feier des heiligen Essens versetzt in die Himmelswelt, führt zum Altar und vereint mit dem Leib des Erlösers. Am Ende des Gottesdienstes muß man sich von der Atmosphäre des Göttlichen wieder trennen und den umfriedeten Raum verlassen. Kultische Praxis beginnt und endet im Gehen.

Um diesen letzten Akt des gottesdienstlichen Verhaltens in seinen Implikationen verstehen zu können, sind grundlegende Einsichten in die Konfliktproblematik von Trennung (I.), in den agendarischen Ablauf mit dem Schlußpunkt des Segens (II.) und in das prekäre Verhältnis von Geld und Religion (III.), das bei der Kollektensammlung am Ausgang aktuell wird, zusammenzutragen.

I.

Beim Einzelnen

Das Gehen, das am Ende des Gottesdienstes erfolgt, hat den Charakter der Trennung. In ihm wirken mehr oder weniger deutlich jene Konfliktkonstellationen nach, die die frühkindlichen Trennungserfahrungen prägen. Das Verlassen des umfriedeten Raums durch die schmale Eingangspforte mag unter besonderen Umständen Assoziationen an schmerzhafte Geburtsvorgänge[1] aufblitzen lassen. Sehr viel deutlicher ist das Schlußritual von jenen Problemen bestimmt, die sich aus den ersten sozialen Trennungserfahrungen zwischen Mutter und Kind ergeben.

M. Klein hat zur Beschreibung solcher Erlebnisse den Begriff der »depressiven Position« eingeführt und damit im Blick auf den Vorgang der Nahrungsaufnahme die Angst bezeichnet, »ein reales gutes Objekt nach der Einverleibung im Inneren zu gefährden«.[2] Im einzelnen differenziert sie die Gefühle der depressiven Position in zwei Gruppen. Die erste besteht »aus verfolgenden Gefühlen und Phantasien, die durch die Furcht vor der Zerstörung des Ichs durch innere Verfolger charakterisiert ist«. Für die zweite Gruppe der »Gefühle von Gram und Sorge um die ›geliebten‹ Objekte, für die Ängste, sie zu verlieren und den Wunsch, sie wieder zu gewinnen«, schlägt sie ein Wort aus der Alltagssprache vor, »nämlich die ›Sehnsucht‹ nach dem geliebten Objekt«.[3] Erst ganz allmählich lernt das kleine Kind, das Bild der guten Mutter trotz Trennung von Mutterbrust und Muttermilch in sich aufzubewahren.

Von anderen tiefenpsychologischen Voraussetzungen aus hat J. Bowlby die frühkindlichen Trennungsängste interpretiert. Im Rahmen einer verhaltenstheoretisch modifizierten Betrachtung betont er, »daß die Tendenz zur Furcht vor all diesen gewöhnlichen Situationen weder als phobisch noch als infantil, sondern als natürliche Disposition des Menschen betrachtet werden muß; mehr noch, als natürliche Disposition, die ihn in gewissem Grade von der Kindheit bis ins hohe Alter begleitet und die von vielen Tierarten geteilt

1 O. Rank, Das Trauma der Geburt und seine Bedeutung für die Psychoanalyse (1924), Frankfurt 1988, 90, verweist auf die analytische Erfahrung, daß viele Symbole »im Wunschtraum letzten Endes regelmäßig den Aufenthalt im Mutterleib darstellen, während im Angsttraum das Geburtstrauma, die Vertreibung aus dem Paradies, oft mit allen wirklich erlebten körperlichen Sensationen und Details reproduziert wird«.

2 M. Klein, Zur Psychogenese der manisch-depressiven Zustände, in: Das Seelenleben des Kleinkindes und andere Beiträge zur Psychoanalyse, Reinbek 1972, 56.

3 A.a.O. 78.

wird«.[4] In der empirischen Untersuchung von Kindern, die im Alter von 12 Monaten und später für mehrere Tage von ihrer Bezugsperson getrennt wurden, ergab sich als grundlegende Reaktion die Folge von »Protest, Verzweiflung und Ablösung«.[5] Im einzelnen umfaßt diese Sequenz folgende Verhaltensformen des Kindes: »Zuerst protestiert es heftig und versucht mit allen zur Verfügung stehenden Mitteln seine Mutter wiederzufinden. Später scheint es die Hoffnung, sie wiederzufinden, aufzugeben und zu verzweifeln, aber es beschäftigt sich dennoch weiterhin mit ihr und ersehnt ihre Rückkehr. Danach scheint es das Interesse an der Mutter zu verlieren und sich von ihr emotional abzulösen. Trotzdem bleibt ein Kind nicht für immer entfremdet, wenn die Trennungszeit nicht allzu lang ist«.[6] Die Bedeutung derartiger Erlebnisse für die künftige Entwicklung faßt Bowlby in drei Thesen zusammen, die das Selbstvertrauen Erwachsener und deren Erfahrungen mit der Zugänglichkeit und Verfügbarkeit relevanter Bezugsfiguren in der Kindheit korrelieren. »Denn nicht nur kleine Kinder, sondern Menschen aller Altersstufen erweisen sich dann am glücklichsten und imstande, ihre Talente optimal zu entfalten, wenn sie zuversichtlich und überzeugt sind, daß hinter ihnen eine oder mehrere zuverlässige Personen stehen, die bei auftauchenden Schwierigkeiten zu Hilfe kommen. Die zuverlässige Person stellt eine sichere Basis dar, von der aus das Individuum operieren kann. . . . Paradoxerweise erscheint die wirklich selbstsichere Person in diesem Licht keineswegs so unabhängig«.[7]

G. Bruns hat am Beispiel der kleinen Charlotte geschildert, welche Prozesse die Ablösung von der Mutter erleichtern und den Grad der individuellen Autonomie steigern. »Diese wird in erster Linie durch Identifizierung erreicht; das innere Objekt erübrigt zumindest partiell das äußere. Der zweite wichtige Mechanismus dabei ist die Symbolisierung in einem Übergangsobjekt (z.B. Schnuller) oder auch in der Sprache, die die vorbewußte Illusion der Anwesenheit und Verfügbarkeit des geliebten Objektes erhält. Der dritte wichtige Mechanismus schließlich ist die Überwindung der aktuellen Trauer über den Verlust des Objekts durch die Funktionslust aus der Beherrschung und Durchführung eines Rituals. Der Gewinn aus dem Erwerb dieses Rituals ist die schnelle und unmittelbare Überwindung von Verlassenheitsängsten und das Bewußtsein einer fortbestehenden Einheit mit dem entschwundenen Objekt«.[8]

4 J. Bowlby, Trennung. Psychische Schäden als Folge der Trennung von Mutter und Kind, Frankfurt 1986, 113.

5 A.a.O. 33.

6 A.a.O. 45f.

7 A.a.O. 410.

8 G. Bruns, Über die psychologische Bedeutung des Abschiedsgrußes, Psyche 42, 1988, 633f.

In der Gesellschaft

Was das Kleinkind in den ersten beiden Lebensjahren mühsam erlernt, hat sich in der Gesellschaft zu umfassenden Trennungsriten entwickelt, zu denen in den meisten Fällen Verhaltensvarianten des Händeschüttelns, des Umarmens, des Küssens und des Winkens gehören. »Im allgemeinen halten die abschiednehmende und die zurückbleibende Person diese verschiedenen Gesten synchron und in gleicher Weise ein. Diese simultane, parallelisierte motorische Aktivität dient einer weitgehenden wechselseitigen Identifizierung, die den jeweils anderen als internalisiertes Objekt erhält. Die Trennung führt so nicht zum Verlust des Objektes. Für den Moment des Abschiednehmens kann sogar durch das Spiegelverhalten des Gegenübers die Illusion der Verschmelzung und der Auflösung der Subjekt-Objektgrenzen in der Symbiose erlebt werden. Die Abschiedsrituale können so als Versuch betrachtet werden, das Erlebnis eines schmerzlichen Objektverlustes zu umgehen, indem für einen kurzen Moment ein narzißtisch beglückender Zustand der Verschmelzung empfunden wird und das verlassene oder verlorene Objekt durch Identifizierung verinnerlicht und damit weiterhin präsent erhalten wird«.[9]

Seit der Abnabelung bei der Geburt besteht das Gefahrenmoment jeder Trennung in der Zerstörung einer lebenswichtigen Bindung. Frühkindliche Ängste sind darin realitätsgerecht, daß sie auf diese Bedrohung durch innere Panik und äußeren Protest reagieren. Und auch das Alltagszeremoniell der Verabschiedung zwischen Erwachsenen[10] erfüllt die Aufgabe, den Trennungsvorgang für die Partner möglichst erträglich zu gestalten. Weil jeder abrupte Kontaktabbruch vermieden werden soll, wird das Auseinandergehen frühzeitig angekündigt. Begründungen dafür, daß man den anderen jetzt verlassen muß, werden vorgetragen. Im Augenblick der Trennung tauscht man Geschenke aus, entweder Sachen oder Berührungen oder gute Wünsche. »Auch diese Regeln werden mehr oder weniger ausgeprägt in allen

9 A.a.O. 631.

10 Das Fehlen von Abschiedsritualen bei Primaten ist für D. Morris, Der Mensch, mit dem wir leben. Ein Handbuch unseres Verhaltens, München 1978, 125, folgendermaßen begründet: »Die meisten Primaten bewegen sich in ziemlich geschlossenen Gruppen. Gelegentlich kommt es vor, daß ein Gruppenmitglied sich vorübergehend entfernt und bei seiner Rückkehr mit kleinen Begrüßungsgesten empfangen wird. Aber nur selten sondert sich ein Individuum ganz bewußt von der Gruppe ab: Diese Primaten haben daher keinen Anlaß zu Abschiedszeremonien. Der Mensch der Frühzeit entwickelte sich zum Jäger; die männliche Jagdgruppe entfernte sich zu einer ganz bestimmten Zeit zu einem ganz bestimmten Zweck und kehrte dann mit der Jagdbeute in die heimische Höhle zurück. Seit Millionen Jahren brauchten wir daher Grußzeremonielle«.

Kulturen beachtet, bei verbaler wie bei nichtverbaler Verabschiedung«.[11] Für die Theorie des Symbolischen Interaktionismus geht es in solchen Verhaltenssequenzen zunächst um Techniken der Imagepflege, die im bestätigenden Austausch der Interaktion die soziale Identität der Kommunizierenden stabilisieren. »Verabschiedungsformen fassen die Wirkung der Begegnung für die Beziehung zusammen und zeigen, was man voneinander erwarten kann, wenn man sich das nächste Mal trifft«.[12] Aber der unrealistische Enthusiasmus von Trennungsschmerzen, der bei solchen Gelegenheiten manchmal aufgeführt wird, drückt nicht nur übertrieben die Bereitschaft zur Fortsetzung des Kontaktes aus, sondern garantiert auch, »daß vielfältige Kanäle für potentielle Kommunikation in der Gesellschaft offen gehalten werden«.[13] Besonders heikel ist die Gestaltung solcher negativen »Zugänglichkeitsrituale«[14], wenn einer der Teilnehmer deutlich sein Interesse an der direkten Fortsetzung des aktuellen Kontaktes bekundet. Abschiedsfeiern bei Schulentlassungen und beim Ausscheiden aus dem Berufsleben, aber auch die umständlichen Prozeduren bei Ehescheidungen belegen die These: »je länger und strikter die bevorstehende Trennung ist, desto ausgedehnter ist das Ritual«.[15]

In der Religion

Im Extremfall mobilisieren Trennungen jene Gefühle und Gesten, die zur Trauerarbeit beim biologisch oder sozial bedingten Verlust eines geliebten Menschen gehören.[16] Jeder Abschied enthält die Möglichkeit der Erinnerung an die Lebensgefährdung, die die Trennung von der Mutter bedeutet hat. Jeder Abschied enthält aber auch den Verweis auf die Lebensvernichtung, der jedes Lebewesen entgegengeht. E. Becker hat die These vertreten: »Der Gedanke an den Tod, die Furcht vor ihm, verfolgt das Tier Mensch wie nichts sonst; er ist einer der Triebfedern menschlichen Handelns, eines Handelns, das hauptsächlich ausgerichtet ist, dem Schicksal des Todes zu entgehen oder es zu besiegen, indem wir leugnen, daß es unser aller endgültiges

11 I. Eibl-Eibesfeldt, Die Biologie des menschlichen Verhaltens. Grundriß der Humanethologie, München 1984, 668.
12 E. Goffman, Interaktionsrituale. Über Verhalten in direkter Kommunikation, Frankfurt 1971, 49.
13 Ebd.
14 E. Goffman, Der bestätigende Austausch, in: M. Auwärter/E. Kirsch/M. Schröter (Hg.), Seminar: Kommunikation, Interaktion, Identität, Frankfurt 1976, 50.
15 A.a.O. 59.
16 Zu den regressiven und progressiven Abwehrmanövern des Ich vgl. I.A. Caruso, Die Trennung der Liebenden. Eine Phänomenologie des Todes, München 1974, 101ff.

Schicksal ist«.[17] Wenn das zutrifft, dann besteht das Problem, das in den Trennungsritualen bearbeitet wird, nicht nur im Abbruch einer relevanten Kommunikation und nicht nur in der Sicherung künftiger Kontaktmöglichkeiten zwischen den Interaktionspartnern. Dann ist vielmehr mit jedem Auseinandergehen die Überlebensfrage gestellt: Wie geht es weiter? Was nehme ich mit? Wie werde ich leben?

Ein verbreitetes Verfahren, im Augenblick der Trennung Lebenskraft weiterzureichen, bildet der Akt des Segnens. Dieser religiöse Ritus, der in unserer Kultur normalerweise nur im kultischen Kontext vollzogen wird, wird weltweit und auch in der Bibel von Personen praktiziert, die durchaus keinen religiösen Beruf ausüben, und auch bei Gelegenheiten gespendet, die keinen kultischen Charakter aufweisen. Natürlich setzt die Weitergabe von Lebenskraft deren Gegebenheit voraus. Deshalb verfügen insbesondere die »Ältesten« einer Gesellschaft, Könige, Häuptlinge, Priester, Familienväter, über die Vollmacht zur Austeilung positiver oder negativer Vitalkraft, »die wiederum aus keinem anderen Quell als dem übervollen Reservoir ihrer Vitalenergien schöpft: Charakteristischerweise wird sie gewöhnlich durch das gesprochene Wort (bzw. den Atem) oder das Auflegen der Hand, gelegentlich auch durch Speichel - etwa durch Bestreichen oder Anspeien - übertragen und bewirkt bei dem, gegen den sie gerichtet ist, entweder eine Stärkung oder Minderung, ja unter Umständen die Vernichtung seiner Lebenskraft«.[18] Was dem modernen Betrachter als individueller Privatbesitz oder charismatische Verfügungsgewalt erscheinen möchte, ergibt sich für archaisches Denken aus der sozialen Zentralstellung dieses Personenkreises.

Dementsprechend müssen Aktionen des Segnens insbesondere dann stattfinden, wenn einzelne Mitglieder der Gemeinschaft aus der lebensgesättigten Endosphäre in die bedrohliche Exosphäre aufbrechen. Ob man den umfriedeten Raum der eigenen Lebenswelt nur stundenweise, etwa zur Jagd, verläßt oder ob man aus dem Elternhaus aufbricht, um in der Ferne sein Glück zu suchen, immer benötigt man für das Vordringen in gefahrvolle Außenzonen eine Verhaltenssequenz, in der sich die Beteiligten der Notwendigkeit der Trennung, der Freigabe für die Trennung und der Kraftübermittlung bei der Trennung versichern. Indem er Vitalenergie mitgibt, sorgt der Segen dafür, daß der für den Einzelnen lebensbedrohliche Vollzug des Weggehens möglich wird. Wie im Augenblick unvermeidlicher Trennung die unverzichtbare Verbindung aufrechterhalten bleibt, ist das Grundproblem, das in jedem Abschiedszeremoniell bearbeitet wird. Der Akt des Segnens umfaßt deshalb nicht nur körperliche Berührungen und sprachliche

17 E. Becker, Dynamik des Todes. Die Überwindung der Todesfurcht - Ursprung der Kultur, Olten 1976, 9.

18 K.E. Müller, Das magische Universum der Identität. Elementarformen sozialen Verhaltens - Ein ethnologischer Grundriß, Frankfurt 1987, 176f.

Versicherungen zwischen den beteiligten Partnern, sondern führt auch den Grund allen Lebens, nämlich die Gottheit, als Garanten für die künftige Lebenserhaltung ein. Der Psychoanalytiker F. Meerwein redet deshalb von der »Trennungsverleugnung in den seit alters gebräuchlichen Abschiedsformeln wie ›à dieu‹, ›good bye‹ (God be with you), ›behüt dich Gott‹ und ähnlichen, in denen im Augenblick der Trennung Gott angerufen wird. Die Einsetzung Gottes in diesen Situationen scheint den Sinn zu haben, für die bedrohte Objektbeziehung zu entschädigen bzw. einen Besetzungswechsel zugunsten einer Instanz vorzunehmen, deren hervorstechendstes Merkmal eben gerade ihre Konstanz, Allgegenwart und Unbegrenztheit oder die Repräsentanz des sogenannten Heimatgefühls ist. Trennungserlebnisse werden im Hinblick auf diese Instanz bedeutungslos bzw. irgendwann und irgendwo wiederaufgehoben«.[19] Der Abschied am Ende des Gottesdienstes enthält insofern eine Radikalisierung wie eine Relativierung des Trennungsproblems, weil es hier um die Trennung von jener Instanz geht, die für die Konstanz von Objektbeziehungen einsteht.

19 F. Meerwein, Neuere Überlegungen zur psychoanalytischen Religionspsychologie, in: E. Nase/J. Scharfenberg (Hg.), Psychoanalyse und Religion, Darmstadt 1977, 353.

II.

Die innere Situation der Gottesdienstteilnehmer nach dem Vereinigungsgeschehen des heiligen Essens trifft am präzisesten der alte Entlassungsruf der römischen Messe: Ite, missa est. In eine Stimmung, in der sich Erschöpfung und Erleichterung, Beklommenheit und Ernüchterung mischen, stößt dieses Aufbruch-Signal fast wie eine Rausschmiß-Parole. Nun ist Schluß! Verglichen mit anderen Formeln, die sehr viel religionshaltiger gestaltet sind, ist das verwendete Vokabular in diesem Fall erstaunlich nüchtern, ja ausgesprochen profan und der Tonfall abrupt.[20]

Immer wieder hat man auch konstatiert, daß die Abschlußsequenz des am Meßtyp orientierten Gottesdienstes auffällig kurz verläuft. Nach einem langen Anmarschweg, der die Etappen der Reinigung und der Erleuchtung ausführlich entfaltet, nach dem Erde und Himmel, Vergangenheit und Zukunft, Gott und Mensch umfassenden Akt der Vereinigung fällt die Spannungskurve erstaunlich rasch. Schlußkollekte, Entlassung und Segen, wie diese Etappen in der Agende lauten, enthalten ein anderes Zeiterleben als die Akte der Präparation. Die Abschnitte sind kurz, in den Worten sparsam, das Erwachen aus der Traumzeit geht schnell. Was dort ausgedehnt wurde, huscht hier fast vorüber. Alles, was jetzt noch gesagt und getan wird, strebt schon dem Ausgang zu.

Schlußkollekte

Wieder markiert den Einschnitt der Wechselgruß. »Der Herr sei mit euch – Und mit deinem Geiste«. Nach dem intensiven Geschehen der Einigung in den Leib des Erlösers rüsten sich Liturg und Gemeinde für die Rückreise in die Alltagswelt. Wie man sich zu Beginn des Sakramentsteils den Beistand der Gottheit für den Aufbruch in die Zone des Unheimlichen zugesagt hat, so stellt man sich auch für die Rückkehr unter göttlichen Schutz. Das ist schon deswegen notwendig, weil der Übergang aus der identitäts- und wirklichkeitserweiternden Traumzeit, wie sich vor allem im Drogengenuß zeigt, durchaus mit Gefahren der personalen Diffusion verbunden ist.

Inhaltlich sind Versikel (Psalmvers) und Schlußkollekte vom Motiv des Dankens bestimmt. »Danket dem Herrn« – heißt die Aufforderung. Und der Gebetsanfang lautet: »Wir danken dir, allmächtiger Herr Gott«. Natürlich geht es hier um die menschliche »Antwort auf das schenkende Handeln Christi«.[21] Aber das Motiv des Dankens an dieser Stelle ist erst verstanden, wenn auch seine wahrnehmungs- und verhaltenssteuernden Implikationen

20 Vgl. J. A. Jungmann, Missarum Sollemnia II, Wien 1948, 525.
21 Erneuerte Agende, a.a.O. 657.

freigelegt sind. Nach der sinnverwirrenden Traumzeiterfahrung dient es in mehrfacher Hinsicht als Strukturierungsmittel. Während für das Erleben dort die Grenzen von Raum und Zeit aufgehoben waren, blickt man im Akt des Dankens auf diese heilvolle Erfahrung zurück. Und während im Vorgang der Inkorporation die innergemeindlichen, aber auch die gottmenschlichen Grenzen verschwammen, konstituieren sich in der Postcommunio wieder differente Subjekte. Liturg und Gemeinde, die im Gruß einander gegenübergetreten sind, wenden sich im Dankgebet nun der Gottheit zu und bitten mit den Stichworten Glaube und Liebe um jene elementaren Lebenshaltungen, die die Beziehung zur Gottheit und unter den Menschen bei vorausgesetzter Verschiedenheit charakterisieren. Die heilvolle Qualität der empfangenen Gabe soll sich darin erweisen, daß sie auch nach Aufhebung des Einheitsgeschehens eine lebensförderliche Verbindung zu Gott und untereinander ermöglicht. Wenn der Akt des Dankens eine Distanzierung gegenüber dem Geschehen darstellt, auf das sich der Inhalt des Dankens bezieht, dann will der Inhalt der Bitte dieses Geschehen für die Lebensbedingungen fruchtbar machen, die im Akt des Dankens rekonstruiert werden.

Entlassung/Sendung

Die Überschrift für den folgenden Teil variiert. In Agende I ist von Entlassung die Rede, die Erneuerte Agende spricht von Sendung. Inhaltlich geht es um die explizite Aufforderung, den umfriedeten Raum nach der Einigung mit der göttlichen Atmosphäre zu verlassen. »Gehet hin im Frieden des Herrn«. Die vorgeschlagenen Überschriften deuten diesen Satz jeweils als einen spezifischen Sprechakt. Im ersten Fall ist er als Erlaubnis verstanden, als Erklärung einer Freigabe: Die Teilnehmer des Gottesdienstes dürfen sich aus dem Wirkungsbereich des Heiligen wieder entfernen.[22] Der zweite Begriff hat im Theologenjargon der Gegenwart einen stark imperativischen Sinn: »Sendung ist Beauftragung. ... Sein Auftrag bezieht sich nicht nur auf die verbale Weitergabe der Guten Nachricht, sondern schließt deren Verwirklichung im Leben und Handeln, im konkreten Miteinander der Menschen, ein«.[23]

Beide Interpretationen enthalten gewiß Wahrheitsaspekte, aber treffen den mit diesem Satz angesprochenen Konfliktkern noch nicht genau. Die Aufforderung zu gehen trifft Menschen in einer Situation, die, wenn das Ri-

22 Th. Bogler, Ite, missa est? Ein Beitrag zur Gestalt der Messe, LJ 12, 1962, 54, sieht in der Formel »die Feststellung, daß die Feier des Opfermysteriums beendet ist und die Gläubigen den Kirchenraum verlassen dürfen«.

23 So K.-H. Bieritz/M. Ulrich (Hg.), Gottesdienstgestaltung. Ein ökumenisches Werkbuch, Graz/Göttingen 1985, 278. Die Autoren haben unter der Überschrift auch die Abkündigungen und den Schlußsegen gefaßt und können deshalb die »Beauftragung« durch die Stichworte »Verabredung« und »Segnung« ergänzen.

tual gelungen ist, hochgradig faszinierend und attraktiv ist. In den Akten der Reinigung haben sie die Kalamitäten des Alltags hinter sich gelassen. Im Vorgang der Erleuchtung wurden die Dunkelheiten des individuellen und kollektiven Lebens erhellt. Die Vereinigung mit dem Erlöser hat gegen alle Schuld- und Todeserfahrung Lebenskraft übermittelt. Wenn man in die Traumzeit geraten ist, wenn die Atmosphäre des Göttlichen wirklich präsent ist, meldet sich das Bedürfnis nach Dauer des grandiosen, konfliktfreien Zustands: »Es ist gut, daß wir hier sind, wir wollen drei Hütten bauen« (Mk. 9,5)[24]. Die Aufforderung zum Gehen ist also nicht nur eine Entlassung und nicht nur eine Sendung, sondern auch eine Vertreibung. Sie setzt voraus, daß die religiöse Erfahrung im Ritual immer nur begrenzt möglich ist. Die Regression macht eine Re-Regression erforderlich. Der Weg in das Leben, den der Gottesdienst geht, führt aus dem Gotteshaus auch wieder heraus. Die Entlassung, die Sendung ermutigt und zwingt zur Rückkehr in die Alltagsrealität. Den Gottesdienstteilnehmern wird zugemutet, was im alten Meßformular die Lesung des Schlußevangeliums Joh. 1,1-14 vom Erlöser erzählte: der Weg in die irdische, fleischliche Existenz.

Daß diese Zumutung keine leere Forderung ist, dafür bürgt der Zusatz: »im Frieden des Herrn«. Das Verlassen des umfriedeten Raumes, die Trennung von der Einheit mit der göttlichen Atmosphäre, die Rückkehr in die friedlose Alltagswelt werden möglich durch die Zusage einer Macht, die die Teilnehmer auf ihrem weiteren Weg wie ein Schutzmantel umgeben wird. Der Begriff meint also in der Tat »nicht ein Gefühl des Herzens, nicht eine Empfindung unserer Seele«, wie O. Dietz mit Recht konstatiert.[25] Aber auch die von ihm angebotenen Alternativen sind ungenau. Der hier gemeinte Friede ist weder »ein Zustand, in dem man von den widergöttlichen, dämonischen oder dämonisch beherrschten menschlichen Mächten nicht angegriffen wird«[26], noch beschreibt er eine Koalitionssituation, in die man »den Allmächtigen zum Schirmherrn, zum Bundesgenossen« hat.[27] »Im Frieden des Herrn« das Kirchengebäude verlassen, das läßt sich vielleicht so umschreiben: Der Schutzraum, der sich im kultischen Ritual gebildet hat, die Lebenskraft, die durch die Akte der Reinigung, Erleuchtung und Vereinigung vermittelt wurde, die energiegeladene Atmosphäre, die sich eingestellt hat, das

24 Vgl. E. Drewermann, Das Markusevangelium I, Olten 1987, 602f: »Man kann derartige ›Orte‹ nicht im Raume suchen; diese Berge des Herzens sind Aufschwünge des Glücks, Erlebnisse einer unbedingten Befreiung, absolute Standpunkte der Existenz. Es ist, als beträte man in solchen Momenten das Zentrum der Welt wie ein Heiligtum und verließe alles Erstickende, alles Umlagernde, alles Bedrängende, bis daß unser Herz weit genug wird, um die Stimme Gottes zu vernehmen, die uns sagt, wer wir sind und welch eine Rolle wir im Leben zu spielen haben«.

25 O. Dietz, Unser Gottesdienst, 2. Auflage, München 1983, 210.

26 A.a.O. 172.

27 Ebd.

alles geht mit dem Ende des Gottesdienstes nicht einfach verloren. Sondern das alles kann aus dem Gottesdienst auch exportiert werden. Alle Verhaltensoperationen des Schlußrituals zielen ja darauf ab, im Augenblick der Trennung vom göttlichen Lebensgrund die Verbindung zur Lebenskraft in modifizierter Form zu bewahren.

Ihre Bereitschaft, der durch diese Zusage fundierten Aufforderung Folge zu leisten, bekundet die Gemeinde mit einer Variation des »Benedicamus«: »Gott sei ewiglich Dank«. Das Motiv des Dankens, in der Schlußkollekte auf das Abendmahlsgeschehen bezogen, ist hier auf alle Zukunft hin orientiert und dient zur Bezeichnung der existenziellen Situation, in die man durch die Erfahrung des Heilsgeschehens versetzt wird. Weil der Dank an Gott immer schon eine gewisse Distanz ihm gegenüber einschließt, gehört zur Konsequenz dieser Äußerung offensichtlich das Einverständnis mit der angeordneten Rückkehr ins Alltagsleben. Wer der im christlichen Kult präsenten Gottheit dankbar entsprechen will, der muß auch der Gottheit gegenüber auf symbiotische Wünsche verzichten und aus der Macht der Vereinigung den Mut zur Trennung gewinnen. Was er für diesen schmerzlichen Schritt benötigt, das annonciert das an allen Bittagen, aber in manchen Gemeinden auch regelmäßig gesungene Schlußlied: »Verleih uns Frieden gnädiglich« (EKG 139).

Segen

Diejenige Prozedur, die in prekären Situationen der Trennung Lebenskraft mitgeben soll, ist das Segnen. Was in den Abschiedsritualen des Alltags an Gruß- und Wunschfloskeln ausgetauscht wird, enthält der Segen in hochkonzentrierter Form – es geht um den wirkmächtigen, durch den Einbezug der Gottheit angereicherten Zuspruch von Zukunft. Für C. Westermann liegt gerade an dieser Stelle des Gottesdienstes ein Knotenpunkt zwischen dem rettenden und dem segnenden Handeln Gottes, zwischen der eschatologischen Heilstat in Christus und ihrer rituellen Begehung. Weil es im Gottesdienst um diese elementaren Polaritäten geht, die in der Predigt und im Segen ihren deutlichsten Ausdruck finden, eignet ihm »in gleicher Weise ein Element des Missionarischen und ein Element des Liturgischen. Die Verkündigung der Botschaft erfordert die der Gegenwart verständliche, der gegenwärtigen Situation entsprechende, daher notwendig sich wandelnde Sprache; das Segenselement erfordert die gleichbleibende Gottesdienstgestalt und die gleichbleibende Sprache, die vertikal mit der Geschlechterreihe und horizontal mit der ganzen Christenheit verbindet«.[28]

Der Schlußsegen ist in der römischen Messe ursprünglich Privileg des Bi-

28 C. Westermann, Der Segen in der Bibel und im Handeln der Kirche, München 1968, 106.

schofs gewesen. Als im Verlauf des Mittelalters auch die priesterliche Segensspendung üblich geworden ist, soll gleichwohl der Unterschied zwischen bischöflicher und priesterlicher Segensgewalt dargestellt werden. »Der Bischof bildete das Kreuzzeichen mit der Hand, der Priester sollte sich eines geheiligten Gegenstandes bedienen. Schon im 11. Jahrhundert war es manchenorts Brauch, mit Reliquien, die man während der Messe auf den Altar stellte, oder mit einer Kreuzpartikel am Schluß derselben den Segen zu spenden«.[29] Die Grundform ist schlicht: »Es segne euch der allmächtige Gott, der Vater und der Sohn und der heilige Geist«. Während Luther in der Formula Missae 1523 noch verschiedene Formulierungen zur Wahl stellt, enthält die Deutsche Messe 1526 nur noch den Aaronitischen Segen. In der Reformation und im Rationalismus erscheinen noch eine Vielzahl von Segensformen in den Agenden; Num. 6, 22-27 hat sich erst seit dem 19. Jahrhundert in seiner Exklusivstellung endgültig durchgesetzt.[30]

Wie die linguistische Analyse zeigt, handelt es sich beim Aaronitischen Segen nicht um einen explizit performativen Sprechakt; der müßte lauten: »Hiermit segne ich dich«. Er macht jedoch »zunächst nicht einmal eine Zusage, etwa im Sinne von ›Hiermit sage ich dir zu: Gott segnet dich‹. Vielmehr ist seine Illokution als ein ›anwünschen‹ zu bestimmen, und diese ist schon in der sprachlichen Form des Jussivs (›es segne dich x‹) verankert. Zugleich setzt dieser Segen an die Stelle des handelnden Ichs des Segnenden den Bezug auf Gott«.[31] Damit ist die menschliche Kompetenz zur Spendung des göttlichen Segens präzise begrenzt. Priester und Pfarrer dienen als Mediatoren. Ihr Verhalten kann den heilvollen Akt nicht selber vollziehen, sondern bildet nur, aber auch: auf jeden Fall, die Grundlage für das göttliche Handeln. Die Synergie, die auf dem Höhepunkt des gottesdienstlichen Geschehens die partielle Identität zwischen dem Erlöser und dem Liturgen, der dessen Worte zitiert, ermöglicht hat, diese Synergie wird nun wieder entzerrt. Zwischen dem Verhalten der Menschen und dem Handeln Gottes wird unterschieden: »Ihr sollt meinen Namen auf die Israeliten legen, damit ich sie segne« (Num. 6,27).

B. J. Diebner hat vier gängige Formulierungstypen des Textes, wie sie in der liturgischen Praxis gebräuchlich sind, zusammengestellt und auf Grund exegetischer Einsichten kommentiert:

»1. Die Segensworte in der Sprachform der Verkündigung (Realis): Der Herr segnet dich . . . Hierbei handelt es sich nicht um einen Segen sondern um Verkündigung. . . .

2. Die Segensworte in der Sprachform des Segnens (Modalis): Der Herr seg-

29 J.A. Jungmann, a.a.O. 539.

30 Vgl. K. Frör, Salutationen, Benediktionen, Amen, Leiturgia II, Kassel 1955, 589f.

31 R. Wonneberger/H.P. Hecht, Verheißung und Versprechen. Eine theologische und sprachanalytische Klärung, Göttingen 1986, 200f.

ne dich . . . (= will dich segnen (Verheißung)). Diese Sprachform wird als einzige der hier besprochenen der liturgischen Funktion von Segen im Gottesdienst gerecht. . . .
3. Die Segensworte in der Sprachform des Wunsches (Modalis): Der Herr segne uns . . . Dies ist nicht die Sprachform des Segens sondern des Seufzers. . . .
4. Die Segensworte in der Sprachform der Bitte (Imperativ): Herr, segne uns . . . Bei dieser Sprachform handelt es sich mit der gleichen Eindeutigkeit wie bei Nr. 1 nicht um die Sprachform des Segens«.[32] Auch sein Plädoyer für den Singular in der Adressatenanrede ist beherzigenswert.[33]

Was wird mit den Worten des Aaronitischen Segens auf die Gemeinde gelegt? In seinem ausführlichen Kommentar betont K. Seybold sehr stark den formelhaften Charakter des Textes. »Der Segen besteht aus vorgeprägten Wendungen, aus denen sich als besonders markant und formgeschichtlich signifikant die Grußformel (V. 24a), die liturgische Epiphanieformel (vom leuchtenden Angesicht Jahwes, V. 25a) und die charakteristische Rechtsformulierung (V. 26b) herausheben«.[34] Auf den liturgischen Sitz im Leben verweist der sprachliche Duktus: »Der Text ist spürbar auf einen Sprechrhythmus hin angelegt. Die einzelnen Zeilen entsprechen Atemzügen, die immer länger werden. Das Atemholen fällt in die Zeilenzäsuren (Asyndese, Neuansatz). So entsteht durch zunehmende Zeilenlänge eine natürliche Steigerung, die nach drei Anläufen in dem überlangen Schlußsatz ihren Höhepunkt findet«.[35] Umstritten ist unter den Exegeten, an welchem Punkt des kultischen Ablaufs der Segen gesprochen wurde. »Da das Aufleuchten des göttlichen Angesichts betont in Aussicht gestellt wird, gehörte der Segen wohl nicht an das Ende einer Kultfeier wie im protestantischen Gottesdienst, sondern vor deren Höhepunkt in der Theophanie«[36]. Auch wer diese Meinung K. Kochs nicht zu übernehmen vermag, wird auf jeden Fall feststellen, daß die heilvolle Gegenwart der Gottheit für die nähere Zukunft zugesagt wird.

Im Blick auf die Detailaussagen verdient die Beobachtung Seybolds festgehalten zu werden, daß die beiden Sprachhälften in allen drei Sätzen jeweils spezifisch gefüllt sind. »Die erste Hälfte operiert mit personalen Aussagen, Redeweisen, die Persönliches anzeigen, ja das Persönlichste überhaupt nen-

32 B.J. Diebner, Der sog. »Aaronitische Segen« (Num 6,24-26) – biblischer Text und liturgische Praxis, in: Freude am Gottesdienst. Festschrift F. Schulz, Heidelberg 1988, 215f.
33 A.a.O. 216: »Die agendarisch vorgesehene Pluralform (Der Herr segne euch . . .) löst die Gemeinde auf und leistet m.E. einem individualistischen Mißverständnis des Segens Vorschub: als gelte er jedem/jeder Einzelnen in der Gemeinde«.
34 K. Seybold, Der aaronitische Segen. Studien zu Numeri 6, 22-27, Neukirchen 1977, 63.
35 A.a.O. 19.
36 K. Koch, Segen des Aaron, BHHW III, 1758f, zitiert nach K. Seybold, a.a.O. 55.

nen: das Gesicht (zweimal mit Betonung), den Namen (dreimal)«.[37] In der zweiten Hälfte dagegen tritt »an die Stelle der Kommunikationsformeln und der metaphorischen Rede vom Angesicht die theologische Sachaussage . .: Die Wirkung persönlichen Handelns wird benannt und bekannt. . . . Man betritt in der zweiten Hälfte den Raum menschlichen Daseins. Die Dimensionen sind genannt, in denen das göttliche Handeln zur Wirkung kommen soll: der Schutz vor der Außenwelt, der Zugang zur Gottheit und die heilvolle Gemeinschaftsordnung«.[38] Die Macht der Gottheit, die der Gemeinde im Segen heilvoll vermittelt wird, soll also alle Lebensbereiche umfassen.[39]

Für den Text konkretisiert sich die Gegenwart des Heiligen erstaunlicherweise in der gnädigen Zuwendung eines Gesichts. Exegetisch ist an dieser Aussage vieles umstritten. Die Rede vom Angesicht Jahwes kann entweder auf ein bestimmtes Kultobjekt weisen oder stärker metaphorisch gemeint sein; als ihr Sitz im Leben kommt dann entweder die rituelle Theophanie oder die Audienz des Königs in Frage.[40] Auf jeden Fall bleibt erklärungsbedürftig, weshalb die Beschwörung eines Gesichts nach dem Zerfall des liturgischen und des höfischen Zeremoniells auf viele Zuhörer noch immer eine faszinierende Wirkung ausübt.

In seiner Untersuchung von literarischen Gesichtsdarstellungen rechnet P. von Matt damit, daß bei der Rezeption der entsprechenden Texte vier Größen eine Rolle spielen: »Autor, Text, Leser und Mitleser«.[41] Deshalb enthält jeder Leseakt eine spezifische »Erfahrung von gesellschaftlicher Integration und Gruppengemeinschaft«.[42] Wenn bei diesem Akt »in einem bestimmten Moment der Lektüre das Gesicht der Figur für den Leser feststeht«,[43] dann stellt sich bei ihm ein Gefühl von Heimat, Geborgenheit und Vertrautheit ein. Beim Lesen werden das eigene und das ersehnte Gesicht des relevanten Anderen präsent, ja die Welt insgesamt gewinnt in diesem Augenblick ein neues Aussehen. Fundiert ist dieser Rezeptionsvorgang natürlich in den Erfahrungen der frühesten Kindheit. »Die älteste Hermeneutik entspringt aus den Schrecken über die Veränderlichkeit des Muttergesichts«.[44]

Wenn der Aaronitische Segen im Augenblick der Trennung das lichtvolle, huldreiche Angesicht aufgehen läßt, dann vergegenwärtigt er eine Instanz,

37 K. Seybold, a.a.O. 38.

38 A.a.O. 39.

39 Eine ausführliche Auflistung findet sich Dt. 28, 3ff.

FN Vgl. A.S. van der Woude, Art. pānīm Angesicht, THAT II, 3. Auflage, München/Zürich 1984, 449ff.

41 P. von Matt, . . . fertig ist das Angesicht. Zur Literaturgeschichte des menschlichen Gesichts, Frankfurt 1989, 258.

42 A.a.O. 259.

43 Ebd.

44 A.a.O. 154.

die den Einzelnen seit jeher voller Vertrauen ins Leben entlassen und im Leben getragen hat. Aktualisiert wird ein »intermediärer Bereich von Erfahrungen, in dem in gleicher Weise innere Realität und äußeres Leben einfließen« und in dem nach Winnicott sowohl die kindlichen Übergangsobjekte als auch die grundlegenden Symbole lokalisiert sind.[45] Was F. Grünewald im Rückgriff auf diese Theorie vom Gebet gesagt hat, gilt erst recht vom Segen: »Wenn Gott, der Betende und die Realität so ins Gebet genommen sind, bestärkt sich ein Wissen um die Einheit in der Trennung«.[46] Gewiß werden manche Gottesdienstbesucher das beschworene Antlitz auch als Kontroll- und Strafgröße über sich aufsteigen sehen[47], aber in den meisten Fällen kann der Segen sein Ziel erreichen und die Gewißheit vermitteln, daß eine persönliche Schutzmacht den Weg in die Alltagswelt mit Frieden erfüllt.

»Segen ist Lebensmacht, Lebenssteigerung, Lebensüberhöhung. Segen ist Ausstrahlung von Macht und Kraft. Gott segnet, denn Gott schafft Leben«.[48] Der Inhalt der Worte findet in Körpergebärden und Seelenhaltung seine Entsprechung. Wenn eine direkte Kraftübertragung durch körperliche Berührung zwischen dem Einzelnen und einer Gruppe technisch nicht möglich ist, wird die gängige Geste der Handauflegung (Gen. 48, 13ff u.ö.) zum Erheben der Hände modifiziert (Lev. 9,22). Im Augenblick der Entlassung ist in dieser Gebärde auch unübersehbar das Moment der Ausweisung involviert.

Für das neuzeitliche Bewußtsein sehr viel schwieriger sind die inneren Techniken zu bestimmen, die die Vollmacht des Segnens konstituieren. Der notwendige Hinweis darauf, daß der Segen von Gott kommt, kann die Frage nach der Vorbereitung auf die Segensvermittlung zwar relativieren, aber nicht aus der Welt schaffen. Auch wenn seine Aussagen in vieler Hinsicht fremdartig klingen, soll Mowinckels Beschreibung des Vorgangs nicht unterdrückt werden: »Die Gottheit ist die Quelle des Lebens, aus der auch die Lebensquellen aller an ihrem Kult in festlicher Begeisterung Teilnehmenden strömen; in Verbindung mit dieser Kraftquelle muß sich der Segensspender und -Vermittler durch kultische Handlungen und Riten setzen; er schöpft aus der Quelle und tränkt die übrigen Mitglieder des Bundes. Durch ihn

45 D.W. Winnicott, Vom Spiel zur Kreativität, 2. Auflage, Stuttgart 1979, 11.

46 F. Grünewald, Das Gebet als spezifisches Übergangsobjekt, WzM 34, 1982, 227.

47 Im durchaus ambivalent erlebten Augenmotiv liegt für O. Koenig, Urmotiv Auge. Neuentdeckte Grundzüge menschlichen Verhaltens, München 1975, 143 ff, eine der »Wurzeln der Gottesvorstellungen«; die figürliche Darstellung des Auges Gottes als Dreieck ist von der katholischen Amtskirche lange Zeit kritisiert worden, weil das Dreieck auch als Sexualsymbol interpretiert werden kann (vgl. die Beispiele aus aller Welt bei O. Koenig a.a.O. 413ff).

48 F. Horst, Segen und Segenshandlungen in der Bibel, in: Gottes Recht. Gesammelte Studien zum Alten Testament, ThB 12, München 1961, 194.

strömt die heilige Kraft«.[49] Daß die Agende am Schluß des Gottesdienstes den Segen vorsieht, basiert auf einer doppelten Unterstellung. Die erste Annahme lautet: Wer aus dem Gottesdienst geht, kann aus der erfahrenen Gottesgemeinschaft Lebenskraft mitnehmen. Die zweite Annahme besagt: Wer die Gemeinde durch die Akte der Reinigung und der Erleuchtung und der Vereinigung anhand der Agende geleitet hat, der ist dadurch auch innerlich und äußerlich fähig geworden, anderen den Segen Gottes zuzusprechen. Der Weg in das Leben, den der Gottesdienst absolviert, schließt am Ende auch die Möglichkeit zur heilvollen, gesicherten und gnadenerfüllten Rückkehr in die Alltagswelt ein.

49 S. Mowinckel, Segen und Fluch in Israels Kult und Psalmdichtung, Psalmenstudien V (Oslo 1923), Amsterdam 1961, 20f. Wie Segenskraft berufsständisch organisiert werden kann, zeigt H. Schulz, Leviten im vorstaatlichen Israel und im Mittleren Osten, München 1987, 140ff. - E. Otto, Sigmund Mowinckels Bedeutung für die gegenwärtige Liturgiedebatte. Ein Beitrag zur Applikationsproblematik biblischer Überlieferung, JLH 19, 1975, 19ff, zeigt die Probleme einer Aktualisierung, wenn man von einem kognitivistischen Weltbild ausgeht.

III.

Geld und Gabe

Wer nach dem Segen die Kirche verläßt, wird um eine Gabe gebeten. Am Ausgang steht eine Opferbüchse, oder ein Kirchenvorsteher hält einem den Kollektenteller entgegen. In den meisten Gottesdiensten ist schon vorher, während des Predigtliedes, mit Hilfe des Klingelbeutels einmal gesammelt worden. Aber im Unterschied zu vielen anderen Veranstaltungen, für die man beim Eintritt bezahlt, scheint man sich hier den Austritt durch eine mehr oder weniger freiwillig geleistete Spende erkaufen zu müssen. Der Gottesdienst tangiert also auf jeden Fall auch das sehr prekäre Verhältnis von Geld und Religion. Dreimal wird im Alten Testament mit Blick auf die großen Wallfahrtsfeste eine grundlegende Regel formuliert: »man soll nicht mit leeren Händen vor dem Herrn erscheinen; ein jeder gebe, was er geben kann nach dem Segen, den dir der Herr, dein Gott, beschieden hat« (Dt. 16,16, ähnlich Ex. 34, 20; 23, 15). F. Crüsemann konstatiert zwar den Tatbestand, daß »der Besuch von Gotteshaus und Gottesdienst sich notwendig mit der Abgabe materieller Güter verbindet«[50], und trägt dazu aus der Geschichte Israels viele Einzelbelege zusammen, aber die Logik dieser Koppelung von religiöser und ökonomischer Praxis bleibt in seinen Ausführungen letztlich offen. Warum darf man »vor dem Angesicht Jahwes«, wie es im Urtext heißt, nicht mit leeren Händen erscheinen? Oder anders: Warum darf man nicht mit leeren Händen kommen, aber soll man mit leeren Händen gehen?

Die Funktionen der Gabe, die man am Heiligtum zu entrichten hat, haben sich für das religiöse Bewußtsein erst allmählich differenziert. Auch wenn in der Religions- und in der Kirchengeschichte die verschiedenen Zielrichtungen auf vielfältige Weise miteinander verknüpft worden sind, wird man zwischen einer latreutischen, einer kurativen und einer diakonischen Intention unterscheiden müssen. Die mitgebrachten Natural- und Geldabgaben gelten als Opfer gegenüber der Gottheit, dienen zur Versorgung des kultischen Personals und sollen bei der Unterstützung von Armen helfen. Wie unterschiedlich im alten Israel die priesterlichen Rechtsansprüche fixiert waren, zeigt der von Crüsemann durchgeführte Vergleich zwischen 1. Sam. 2,13ff und Dt. 18,3/Lev. 7,31ff.[51] Während nach den späteren Texten der Priesterschrift bestimmte Stücke der Opfertiere auf jeden Fall dem Kultpersonal zustanden, war ihr Anteil in Silo nur von der Zufallspraxis bzw. vom Gottesurteil bestimmt. Aus der neutestamentlichen Überlieferung ist der Tatbestand be-

50 F. Crüsemann, Religiöse Abgaben und ihre Kritik im Alten Testament, in: W. Lienemann (Hg.), Die Finanzen der Kirche. Studien zur Struktur, Geschichte und Legitimation kirchlicher Ökonomie, München 1989, 486.
51 A.a.O. 491.

merkenswert, daß der Lebensunterhalt der urgemeindlichen Wandercharismatiker »wohl ursprünglich nach dem Armenrecht« bestritten wurde.[52] Der von ihnen zugunsten der missionarischen Tätigkeit geleistete Besitzverzicht begründete einen Versorgungsanspruch durch die Gemeinden.[53] Vor allem die Didache macht »den Übergang deutlich, wo sich die Unterstützung für Wanderpropheten in eine Entschädigung für die Gemeindeleiter verwandelt«.[54]

Die Sonntagskollekte ist explizit zum erstenmal bei Justin (Apol. 1,67) bezeugt. Der Gottesdienst bleibt dann auch der bevorzugte Ort für die Einsammlung der Gemeindegaben.[55] Die Funktionen werden im Lauf der Geschichte differenziert und schließlich auch in der Praxis getrennt. »In den ersten drei Jh. war es neben dem vorrangigen eucharistischen Anliegen (Dankopfer an Gott) die Sorge für die Armen, aber auch schon für den Unterhalt der Kleriker. Seit dem 4. Jh. trat im Osten der Zusammenhang der Gläubigenoblation mit der Eucharistie mehr und mehr zurück; sie wurde nur noch als Almosen verstanden, andererseits erschien das eucharistische Opfer als Sache der Priester. Im nordafrikanisch-westlichen Liturgiebereich hingegen sah man sie weiterhin im Sinne des Mitopfers der Gläubigen«.[56] Zu Beginn des Mittelalters hat diese Entwicklung dann auch den Westen erreicht. In extremer Fassung bestimmt dieses Gebeverhalten den gegenwärtigen Protestantismus. Die Kollekten im Verlauf und am Ende des Gottesdienstes dienen nur noch diakonischen Zwecken, weil das Opfer Gott gegenüber aus theologischen Gründen unmöglich und der Beitrag zur Klerikerversorgung durch die Organisation des Kirchensteuersystems überflüssig geworden ist. Aber wichtiger als diese historischen Informationen, die wir bisher beigebracht haben, ist die Klärung einiger Grundsatzfragen. Wieso gehört zum Besuch des Gottesdienstes auf jeden Fall eine Gabe? Und was bedeutet es für den Besuch des Gottesdienstes, wenn diese Gabe durch die geschichtliche Entwicklung auf die diakonische Funktion reduziert ist?

Daß man »nicht mit leeren Händen vor dem Angesicht Jahwes erschei-

52 U. Luz, Die Kirche und ihr Geld im Neuen Testament, in: W. Lienemann (Hg.), Die Finanzen der Kirche, a.a.O. 553.

53 Vgl. die Studien von G. Theißen, »Wir haben alles verlassen« (Mc. X. 28). Nachfolge und soziale Entwurzelung in der jüdisch-palästinischen Gesellschaft des 1. Jahrhunderts n.Ch., in: Studien zur Soziologie des Urchristentums, WUNT 19, 2. Auflage, Tübingen 1983, 106ff, sowie: Legitimation und Lebensunterhalt: ein Beitrag zur Soziologie urchristlicher Missionare, ebd. 201ff.

54 U. Luz, a.a.O. 538.

55 Vgl. R. Staats, Deposita pietatis – die Alte Kirche und ihr Geld, ZThK 76, 1979, 5: »Die Quellen des 2. Jahrhunderts reden eindeutig: Die sonntägliche Kollekte wird zu einer Demonstration christlichen Selbstverständnisses«.

56 H.B. Meyer, Eucharistie. Geschichte, Theologie, Pastoral, Gottesdienst der Kirche 4, Regensburg 1989, 244.

nen« soll, definiert den Gottesdienst, das Gottesverhältnis und die Gottesdienstbesucher. Der Kult ist dann auf jeden Fall als Institution des Gabentausches verstanden. Dort findet Kommunikation in der Folge von Geben, Annehmen und Erwidern statt.[57] Wie die Machtverhältnisse unter den Kommunikanten verteilt sind, von wem die Initiative ausgeht und wie adäquat die getauschten Gaben sich zueinander verhalten, darüber kann man, wenn es um die Beziehung zwischen der Gottheit und der sie verehrenden Gemeinde geht, sehr verschiedene Aussagen machen. Vorausgesetzt ist bei aller Opferpraxis jedoch, daß ein Bund, eine vielleicht höchst asymmetrische Partnerschaft zwischen beiden besteht. Und das bedeutet, daß die Teilnehmer, die im Kult Heil und Segen erwarten, wenn sie »nicht mit leeren Händen« erscheinen, der Gottheit gegenüber handlungsfähige, weil gebefähige und insofern kommunikationsfähige Subjekte sind.

»In jeder Gesellschaft geht der Austausch auf mindestens drei Ebenen vor sich: Austausch von Frauen; Austausch von Gütern und Dienstleistungen; Austausch von Mitteilungen. Infolgedessen bietet das Studium des Verwandtschafts-, das des Wirtschafts- und das des Sprachsystems gewisse Analogien«.[58] Für die strukturale Analyse ergibt sich auf der Basis dieser Einsicht die Aufgabe, die Regeln, die in den verschiedenen Bereichen herrschen, zu erhellen und zueinander in Beziehung zu setzen. Im Blick auf die soziale Situation Gottesdienst wird von da aus zunächst verständlich, daß hier ein Austausch von Worten, ein Dialog etwa zwischen kerygmatischen und doxologischen Sprachformen, stattfindet. Auch die Tatsache, daß sich im religiösen Ritual ein spezifisches Verwandtschaftssystem konstituiert, daß man hier zum Kind Gottes gemacht und in die Gemeinschaft von Brüdern und Schwestern aufgenommen wird, gewinnt auf diesem Hintergrund neues Licht. Heikel, ja geradezu gestört scheint die Kommunikation aber auf der Ebene des Gütertausches zu sein, wenn man zwar für die »heilsame Gabe« des Abendmahls danken kann, aber die mitgebrachten Geldbeträge nicht als Opfer gegenüber der Gottheit verstanden werden dürfen. Das ist umso auffälliger, weil in den meisten Gemeinden der gottesdienstliche Gabentausch in einem Dreischritt aufgeführt wird. Erst wird der Klingelbeutel zum Altar gebracht; dann gibt es gute Worte zu hören und eine heilsame Speise zu essen; und schließlich hat man beim Ausgang wieder zu geben.

Der entscheidende Störfaktor, der die kommunikative Kraft der Opferpraxis verdorben hat, dürfte mit der Einführung der Geldwirtschaft anzusetzen sein. »Im Zug der Rationalisierung und Merkantilisierung lag es auch, daß Naturalabgaben in zunehmendem Maße durch Geldzahlungen ersetzt

57 Vgl. die klassische Studie von M. Mauss, Die Gabe. Form und Funktion des Austauschs in archaischen Gesellschaften, in: Soziologie und Anthropologie II, Frankfurt 1978, 11ff.

58 C. Lévi-Strauss, Strukturale Anthropologie, Frankfurt 1967, 322.

und damit mehr und mehr dem ursprünglichen Sinn der unmittelbaren Darbringung von Gütern, die dem Segen Gottes zu verdanken waren, entrückt wurden«.[59] Auf diese Weise hat die ökonomische Entwicklung die Beziehung zur Gottheit von Grund auf verändert. Aus den Gaben im Opferakt wurden Waren. Die religiöse Fundierung gesellschaftlicher Tauschmechanismen schlug um in die Säkularisierung kultischer Opferhandlungen[60], die nach den Gesetzen des Warentausches nur noch als Geschäft abgewickelt und verstanden werden konnten. Daß der Protestantismus zur Zeit des aufblühenden Frühkapitalismus die Opferpraxis konsequenterweise vollständig beseitigen wollte, stempelt ihn nicht zum Höhepunkt der Religionsgeschichte, sondern bezeugt nur sein waches Gespür für die destruktive Potenz des Mammons und das Vertrauen darauf, daß das Gottesverhältnis auch im Kontext einer zerstörerischen Ökonomie heilvoll gestaltet werden kann.

Die Grundstörung, die mit der Einführung des Geldes in der Gesellschaft unvermeidlich entstanden ist, bestimmt bis heute das Verhalten der Gottesdienstbesucher am Ausgang. Sie geben nichts von sich selbst, so wie die Gottheit sich ihnen in Fleisch und Blut des Erlösers geschenkt hat. Was sie mitgebracht haben, ist ein abstraktes Gebilde. Und sie geben es in einer abstrakten Aktion. Denn die Gabe kommt weder direkt der Gottheit zugute, noch dient sie zum Lebensunterhalt für Pfarrer/Pfarrerinnen. Selbst die diakonische Institution oder die soziale Randgruppe, für die die Kollekte an diesem Sonntag bestimmt sein mag, bleiben abstrakt, weil nicht angewiesen auf die Zuwendung durch das persönliche Opfer; denn in den meisten Fällen ist zu vermuten, daß im sozialen Netz staatlicher oder kirchlicher Fürsorgemaßnahmen andere Hilfsquellen zur Verfügung stehen. So ist die Gabe, die den Gottesdienstteilnehmern am Ausgang abverlangt wird, nur in seltenen Fällen wirklich Not-wendig, und entsprechend gering fällt sie aus.

Der Weg vom Segensempfang zur Kollektenspende ist zeitlich und räumlich kurz, aber sachlich sehr lang. Die Trennung von der Gottesbegegnung erfordert als ersten Akt die Trennung vom Geld. Am Ausgang wird schon getestet, ob das durch Reinigung, Erleuchtung und Vereinigung genährte

59 M. Noth, »Geld und Geist« im Kult des alten Israel, Festschrift E.H. Vits, Frankfurt 1963, 194.
60 Vgl. F. Fürstenberg, Religionssoziologie einer Kritik des Geldes. Aspekte des Kapitalismusproblems, in: W.F. Kasch (Hg.), Geld und Glaube, Paderborn 1979, 138: »Religionssoziologisch wäre hier zu bemerken, daß die ursprünglich religiös gebundenen sozialen Austauschprozesse mit Hilfe eines allmählich völlig entritualisierten und streng rationalisierten Geldgebrauchs säkularisiert werden. Ihr Regulativ sind dann nicht im Individuum verinnerlichte transzendentale Werte, sondern die funktionalen Erfordernisse des Tauschmechanismus. Geld als Rationalisierungsinstrument wirtschaftlicher Austauschprozesse hat auch einen Großteil sozialer Beziehungen aus der Kontrolle durch traditionelle Wertorientierungen gelöst und sie gleichzeitig in versachlichte Austauschprozesse umgewandelt«.

Vertrauen so groß ist, daß man zum Verzichten bereit ist. Aber die nun erworbene Hingabefähigkeit kann sich nicht gegenüber den Größen artikulieren, die die Beziehung im Kult strukturiert haben, nämlich gegenüber der Gottheit und gegenüber dem liturgischen Personal. Sie kann sich auch nicht konkreten Menschen zuwenden, die, wie in früheren Zeiten und in anderen Kulturen, als Bettlerscharen den Ausgang des Tempels umlagern. Was die nicht leeren Hände in den Gottesdienst mitgebracht haben, wird am Schluß ins Leere gegeben. So endet der Weg in das Leben mit der Rückkehr in eine von abstrakten Medien, Prozessen und Gesetzen beherrschte Gesellschaft.

Aber wie können Menschen es wagen, den umfriedeten Raum zu verlassen, nachdem sie durch Gottes Geist gereinigt sind? Wie können sie aus der heilvollen Präsenz der göttlichen Atmosphäre zurückkehren in eine Welt, die von Todesmächten beherrscht scheint? Am Ausgang des Gottesdienstes hat die Trinitätslehre ihren praktischen Sitz im Leben. Für den Übergang aus dem umfriedeten Raum in eine friedlose Welt stellt sie fest, daß auch die Welt, mag sie sich noch so gottlos gebärden, von Gott geschaffen, begnadet und beschlagnahmt ist. Weil Gott, der Vater, der Sohn und der Heilige Geist, in der Dreieinigkeit seines Wesens, Lebens und Wirkens diese Welt schafft, versöhnt und erlöst, führt der Ausgang aus Gottes Haus nirgends anders hin als in Gottes Welt. Am Ende des Gottesdienstes mögen die Menschen erleichtert oder ernüchtert, bedrückt oder getröstet sein. Sie können ohne Furcht aus dem sakralen Raum in die Sphären der Profanität zurückkehren, weil der dreieinige Gott in seiner Heiligkeit Herr ist über Himmel und Erde, Kirche und Welt.

Namenregister

(Herausgeber sind nicht aufgeführt)

Manfred Josuttis

Rhetorik und Theologie in der Predigtarbeit
Homiletische Studien
216 Seiten, kartoniert
ISBN 3-579-02041-2

Der Weg in das Leben
Eine Einführung in den Gottesdienst auf verhaltenswissenschaftlicher Grundlage
328 Seiten, kartoniert
ISBN 3-579-02042-0

Praxis des Evangeliums zwischen Politik und Religion
Grundprobleme der Praktischen Theologie
Kaiser Taschenbücher 25
272 Seiten, kartoniert
ISBN 3-579-05025-7

Der Pfarrer ist anders
Aspekte einer zeitgenössischen Pastoraltheologie Band 1
Kaiser Taschenbücher 20
232 Seiten, kartoniert
ISBN 3-579-05020-6

Der Traum des Theologen
Aspekte einer zeitgenössischen Pastoraltheologie Band 2
296 Seiten, kartoniert
ISBN 3-579-02040-4

Über alle Engel
Politische Predigten zum Hebräerbrief
218 Seiten, kartoniert
ISBN 3-579-03002-7

Ehe-Bruch im Pfarrhaus
Zur Seelsorge in einer alltäglichen Lebenskrise
Herausgegeben von Manfred Josuttis und Dietrich Stollberg
Kaiser Taschenbücher 87
248 Seiten, kartoniert
ISBN 3-579-05087-7